큰아이 입양하기

Adopting the Older Child

큰아이 입양하기

분리와 상실 극복을 돕는 저자 Claudia L. Jewett 저 | 김외선 역

한국입양가족상담센터

들 어 가 기

　몇 년 전 나는 남편하고 큰 모험을 떠나기로 결심했다. 우리에게는 이미 세 명의 아이가 있었는데 부모를 기다리고 있는 나이가 든 큰아이를 더 입양해서 우리의 대가족 꿈을 실현시키기로 했다. 우리가 입양을 하게 된 것은 약간 연민의 마음이 없었다고는 말할 수 없지만 결코 동정심으로 한 것은 아니었다. 우리는 정말 대가족을 원했고 또 입양이 우리의 원함을 실현하기에 좋은 방법이라고 생각했기 때문이었다. 비록 사회의 시선은 그렇지 않더라도 우리는 입양을 위한 입양을 하지 않았다. 정말 부모가 되고 싶었고 우리가 아이를 더 낳을 필요가 없다고 생각했기 때문이다. 고상하고 특별해서도 아니었다. 비록 수입이 많지 않았음에도 불구하고 우리와 같이 살려고 하는 아이들을 원했다.

　입양으로 우리는 많은 어려움을 겪을 수밖에 없었지만 문제를 점점 더 잘 해결할 수 있게 되었고 더 능력 있는 사람으로 변해 왔다. 아이들과 같이 겪으면서 우리는 점점 더 현명해졌고 우리 스스로를 더 잘 알게 되었다. 한 가족이 되어 가는 과정에서 흥분하고 실망도 하면서 서로를 더 잘 알 수 있게 되었다. 그렇게 우리는 성장해 왔다.

그 과정에서 우리 스스로에게 허락하는 꿈과 위험의 크기 또한 커져 갔다. 그 누구도 어떤 결과를 예측할 수 없었다. 그러나 매일의 생활은 좋았고, 풍성했고 그리고 충만했다. 그럴 수 있을 거라고 추측했던 것보다 더 좋았다.

수년에 걸쳐 큰아이를 입양한 입양 부모로서의 나의 경험은 가족상담 전문 훈련과정과 만나게 했다. 특별한 유형의 입양을 경험하는 수많은 가족들과 깊이 공감할 수 있는 자리에다 나를 있게 만들었다. 때론 나이든 큰아이와 가족 세우기를 위한 좋은 방법을 찾고 있는 입양 배치 기관과 사회복지사들과도 함께 일을 했다. 그리고 가족이 필요한 많은 아이들을 알게 되었다. 또한 그 아이들의 혼란, 외로움, 고통을 함께 느끼면서 지내 왔다.

이 책은 이런 경험들로 인해 만들어졌다. 각각이 다른 필요, 나이, 개성, 가족을 가진 다섯 명의 독특한 아이들의 이야기를 들려준다. 이 이야기의 주인공들은 내가 아는 아이들이 아니다. 나와 같이했던 어떤 특별한 가족의 이야기도 아니다. 이 이야기는 큰아이가 입양되었을 때 또 큰아이를 입양한 가족들의 공통된 감정, 걱정, 문제들을 말해 주고 있다. 등장인물은 허구이지만 그 경험과 입양을 이루어 낸 방법은 실제 이야기이다.

이야기 속의 가족들은 입양 경험을 함께 공유할 수 있었던 사회복지사가 있어서 운이 좋은 편이었다. 그 복지사는 기관의 인력, 교육 및 행정을 위한 충분한 자금을 동원하여 아이들이 훌륭한 서비스를 받을 수 있도록 의원들과 특별한 약속을 한 상태에서 일을 했다. 대부분의 복지사들이 겪고 있는 **빡빡한** 일정과 시간에 쫓기면서 위기감을 느끼면서 어렵사리 업무를 해내야 하는 것이 아니라, 아주 이상적인 환경에서 직무를 수행했다. 그녀가 가진 개인적 감수성, 철저함, 전문성은 주목할 만하다. 거기다 입양복지사로 꽤나 높은 능력자로 일할 수 있도록 만든 프로그램, 합당한 준비와 적절한 업무 분량이 주어졌기에 가능할 수 있었다.

만약 우리가 미래를 더 생각한다면 기금 모금에 실제로 동참하면서 입양복지사들이 아이들을 더 잘 배치시키고 이 책에서 소개되는 서비스를 더 많은 아이와 가족들에게 공급할 수 있기를 바란다.

Claudia L. Jewett
매사추세츠, 하버드
1977년 9월

| 목 차 |

들어가기 _4

1장 기다리는 아이들 _8

2장 큰아이 입양을 결정하다 _21

3장 가정 조사 _41

4장 입양 전 준비 - 부모와 복지사 _70

5장 아이 준비시키기 _82

6장 가족 맺기 _114

7장 매기 _123

8장 제나와 토미 _199

9장 데니 _248

10장 조이 _300

11장 그 후 _350

역자의 말 _356

참고문헌 _360

1장
기다리는 아이들

당신이 이 글을 읽고 있는 동안에도, 이 나라(미국)에서는 약 10만 명에서 12만 명[1]의 아이들이 가족을 기다리고 있다. 이 아이들은 출생 가족으로부터 분리되어, 다시는 되돌아가지 못하게 된 아이들이다. 입양은 이 아이들을 관심하고, 인도하고, 사랑하는 유일한 기회가 될지도 모른다. 타인을 사랑하며, 훗날 결혼생활을 하고 자신의 자녀를 건강하게 키울 수 있는 온전한 한 명의 성인으로 성장하기 위해 그와 같은 보살핌은 모든 아이에게 필요하다.

그러나 한 해, 한 해 무심히 지나가는 시간들로 어떤 아이들을 영원히 가족 결핍자로 남게 된다. 여전히 거절당하고, 무시되고, 옮겨지기를 계속하면서 영구적으로 소속될 가정을 기다리고 있는 아이들이다.

이 아이들을 위해서 사회복지제도가 필요하기 마련인데, 섬세한 계

---

[1] 우리나라는 2021년 기준으로 사회보호가 필요한 아이가 4,120명 발생했다, 그중에서 국내에서 226명, 국외에서 189명의 아이들이 입양을 통해 영구적인 가정에 배치되었고(보건복지부, 2021), 입양이 필요한 입양 대상 아동의 전체 통계 숫자는 발표되지 않고 있다.

획 없이 그저 가두어 두는 식의 관료적이고 형식적인 것이 아니라, 예산을 충분히 들여 예비 부모들을 모집하고, 가정 조사를 실시하여 배치할 수 있는 체계가 갖추어져야 하겠다. 이 아이들을 비인격적으로 사례 연구 대상으로만 삼아서는 안 될 것이며, 삶의 생동감을 회복시켜 줄 수 있는 헌신적인 사회복지사와 아이의 소중함을 잘 알아 자녀 양육에 가치를 갖고 아이의 잠재 능력을 발휘하며 성장할 수 있도록 도울 가족이 필요하다.

이 아이들 모두는 제각기 이야기해 볼 만한 사연을 갖고 있다. 만약 이 아이들이 지나오면서 겪었던 분리, 상실, 적응과 같은 사연을 모두 한곳에 모으려고 한다면 아마도 엄청나게 큰 파일 보관실이 필요할 것이다. 어떤 사람이 그 파일 보관실에 들어가서 서랍 하나를 열어 보는 상상을 해 본다. 그 사람은 서랍 속의 파일들을 뒤적이다 무심히 몇 개의 파일을 집어 들어 들여다보게 된다.

하나는 모서리가 접혀진 두터운 것, 또 하나는 거의 만진 흔적이 없이 술술 잘 넘어가는 얄팍한 것, 나머지 두 개는 두께가 중간쯤 되는 것이다. 속 내용은 이미 큰아이를 입양 배치 해 본 경험을 가진 사회복지사나 혹은 부모들에게는 그다지 놀랄만한 것은 아니지만, 만약 그것들을 탁자 위에 펼쳐 놓고 앉아서 찬찬히 읽어 본다면 과연 어떤 아이들이 입양을 기다리고 있는지를 알 수 있게 된다.

▌ 열세 살 데니

가장 크고 잘 정리된 파일 안쪽 표지에 표정이 풍성한 갈색 눈과 찌푸

렸지만 날렵하고 민첩하게 생긴 흑인 청소년의 컬러사진이 끼워져 있다. 중간 톤의 갈색 피부와 세련된 아프리카 머리 스타일을 하고 있다. 조금은 도전적이지만 매력이 풍긴다. 이 사진 한 장이 대강 묘사된 기록보다 더 실감이 난다. 그러나 이 십 대 청소년은 친구를 아주 쉽게 사귀고, 축구와 길거리 하키를 잘하며, 유행하는 록에 심취되어 시간을 보내고 있으며, 자기 밴드에서 기타를 연주하는 꿈을 꾸면서 현재 상황을 어떻게 회피하고 있는지에 대해서는 말해 주지 못하고 있다.

기록대로라면 데니는 출생 후 초기 몇 년간은 부모와 함께 지냈다. 하지만 관심 어린 보호를 받지 못한 것 같다. 부모 둘 다 심각한 알코올 문제를 가졌고, 아빠는 자주 실직을 했다. 데니가 여덟 살 때 학교에서 부모를 신고했는데, 이때 아이는 심각한 영양실조와 방임 상태에 처해 있었다. 데니는 집에서 분리되어 아동보호 전문기관을 통해 위탁가정에 놓였다. 데니의 부모를 돕기 위한 시도가 없었던 건 아니었지만 사정은 그다지 변하지 않았다.

그다음 데니는 위탁 가족과 잘 어울려 지낸 것 같다고 기록되어 있다. 그러나 2년 후 위탁부가 다른 주로 전출 가게 되었을 때, 위탁 가족의 계획 안에는 데니가 포함되지 못했다. 두 번째 위탁 집에서는 위탁모가 몸을 다치고 난 뒤에서야 데니를 편하게 대해 주기 시작하였지만 데니는 또 다시 옮겨져야만 했다.

지금은 아이들이 아주 많이 맡겨진 위탁 집에서 생활하고 있다. 그 누구도 데니 자체뿐만 아니라 데니의 생각, 느낌, 행동에 관심을 기울여 주지 않는다. 아이는 마음이 내키는 대로 왔다 갔다 한다. 지능검사 결과를 보면, 지적 능력은 평균이고 훈육에 문제가 있는 것도 아닌데 학교 성적은 뒤처지고 있다. 아마 학교 공부를 포기한 듯하다.

가족을 기다리고 있는 많은 아이들이 그렇듯이 데니의 문제도 만성 질환, 실업, 빈곤 때문에 어려운 가정에서 태어나 욕구가 채워지지 않은 것으로부터 시작되었다. 이런 가정에서 가장 역할을 하고 있는 부모는 주로 불행한 과거로 인해 현재의 삶도 고통 속에서 지내는 경우가 허다하다. 나중에 좋은 부모가 될 수 있도록 하는, 어린 시절의 애정 어린 보호를 제공하지 못했을 것이다.

데니처럼 법의 보호를 받게 되는 아이들은 출생 가족들이 회복되거나 다른 영구적인 계획이 세워질 때까지 주로 위탁 가정에서 지내게 된다. 그 과정에서 입양이 될 수 있는 큰아이들의 절반 정도는 위탁 가정에서 합법적으로 영구적인 가족 구성원으로 전환된다. 그런 위탁 부모는 애정이 많은 편이며 아이를 헌신적으로 돌본다는 걸 알 수 있다. 그러나 불행히도 그렇게 좋은 위탁 가정은 많지 않고, 그런 가정이 필요한 아이들의 수가 항상 더 많다는 것이 문제다. 더구나 대부분 아이들은 갑자기 위탁 가정에 배치되는 상황이 자주 발생하므로 사회복지사가 아이의 특별한 욕구와 그것을 채워 주고 도와줄 수 있는 가정으로 연결시키는 성공적인 사례는 무척 드물다. 그래서 아이의 욕구는 충족되지 못한 채 머물 수밖에 없다.

더구나 위탁 보호는 '일시 보호'이기 때문에 위탁 부모는 위탁된 아이와 깊은 정서적 유대를 꺼리는 경우가 종종 있다. Goldstein, Freud, Solnit (1973)가 지적한 바와 같이, 위탁 부모들에게는 부모만이 가질 수 있는 포용력, 인내력, 헌신의 토대-당연히 아동의 유일한 소유자이고 아동의 운명을 최종 결정짓는 자임에 대한 인식-가 결핍되어 있다. 일단 맡겨진 과업을 양심적으로 수행하는 건 둘째로 치더라도 힘없고 미성숙한 존재는 항상 성숙한 어른에게 관심을 호소한다는 걸 아기와 어린아이들을 보면 잘 알 수 있다. 반면 나이가 든 큰아이는 덜 무기력하고, 더 말썽을 피우기 때문에 덜 호소적인 것처럼 보인다. "위탁 가정에서 생활하고 있는 아이의 존재가 불편하고 싫증날 때마다 어른과 아이의 정서적 유대는 외부 상황에 의해 깨질 만큼 충분히 느슨하다. (후략)" 그 결과 위탁 보호는 자주 무너지게 된다(Goldstein, Freud, Solnit, 1973). 그래서 데니와 같은 아이는 반복적으로 옮겨질 수밖에 없다.

옮겨질 수밖에 없는 많은 아이들은 데니처럼 반응한다. 가정, 친한 이웃, 좋아하는 사람들 을 차례로 잃고 난 후 점점 더 격렬하고 거칠어지는데, 마치 자기는 그 누구도 필요치 않은 것처럼, 어디든 옮겨 다닐 수 있는 것처럼 행동한다. 아이의 무관심과 외견상 거친 행동이 그냥 보기에는 위협적으로 느껴질 수도 있겠지만, 뭔가가 갈급하고 불안해하는 어린 소년의 속내를 알아차릴 수 있는 사람이 없지는 않았을 것이다.

데니는 불안한 배경을 가진 십 대 흑인 소년이기 때문에, 영구적 부모를 찾을 때 쉽게 차별을 받는다. 데니와 같은 환경에서 나이가 든 아이들은 초기에 형성된 성격과 가치관이 영영 고착되었기 때문에 도움의 여지가 없는 아이라고 생각하고 무서워하는 사람들도 있다.

그러나 그런 신념을 가진 사람 자신도 여전히 성장, 변화, 성숙하고 있다고 생각할 것이다. 2살, 5살, 10살, 20살 그때마다 자신은 계속 변해 왔고 십 대였을 때와 현재 자신을 비교해 봤을 때 생각과 가치가 얼마나 크게 변했는지 그리고 재정립되었는지를 생각해 볼 수 있을 것이다. 데니또한 그들처럼 변화될 수 있다. 만약에 특히 아이의 생활 조건이 지금과 달라진다면 더 더욱 변화될 것이라고 예상하는 편이 더 합당하다.

많은 아동 행동 연구가들은 데니가 변화에 저항할 수 있겠지만 그것보다 성장할 수 있는 능력을 오히려 더 크게 믿는다. 데니와 같은 아이는 지나치게 틀에 박혀 버린 것도 아니고, 나이가 너무 많이 들어 버린 것도 아니고, 너무 큰 상처를 받은 것도 아니다. 심각하게 박탈을 당한 아동에 대한 연구를 여러 차례 한 바 있는 Michael Rutter는 이렇게 말한다. "유아기는 성장발달에 있어서 특별히 중요한 시기다. 그래서 인생 초기의 환경적 영향이 이후에 어떠한 경험을 하든 간에 지배적이라고 믿는 경향이 있다. 이런 주장은 수차례의 검토를 통해 논의된 바 있지만, 실제로 환경적 요인이 아동기 초기에 결정적 영향을 미친다는 유일한 요인이라는 증거는 없다"(Rutter, 1972).

자라면서 불안과 상처로부터 완전히 보호되는 아이란 단 한 명도 없다. 오히려 그것들로부터 어떤 영향을 받을지, 자신에게 발생한 사건들을 어떻게 다룰지, 또 어떤 종류의 지지와 도움을 받느냐에 달려 있다고 하겠다.

Alfred Kadushin(1971)이 다섯 살에서 열두 살 사이의 아이를 입양한 95 가정을 연구한 결과, 일단 가정 내에 적응이 이루어지면 입양 배치가 될 때의 아동의 나이가 입양의 성공 여부를 결정하는 주원인이 아니라는 것을 발견했다. 아동 스트레스의 영향에 관한 공인된 권위자인 Sula Wolff는 이렇게 말한다. "자신의 가정 밖에서 보살핌을 받을 필요가 있는 아동들은, 이유가 무엇이든지 간에 모두가 위험에 처해 있다. 그 아동들은 일상적이지 않은 스트레스들을 경험하고 있고 대부분 혼란스러운 상태에 있다. 그 아동을 입양한 사람은 그러한 인생의 위기가 병리적으로 전환되는 것과 분리된 경험이 결핍으로 악화되는 것을 예방하고, 과거의 결함들을 전화위복시킬 수 있는 양육을 제공해야 하는 특별한 입장에 처해 있다"(Wolff, 1969).

큰아이를 입양한 부모들이 얻게 되는 가장 큰 기쁜 경험은 '변화'를 맞보는 것이다. 부모들은 아이가 잃어버린 부분을 회복해 가는 능력인, '환경 적응 탄력성^{Resilience}'에 자주 감탄을 한다. 아이들은 새로운 기술을 익히고, 새로운 개념을 받아들여 통합시키면서 자신의 가치관을 만들어 갈 수 있는 능력을 지니고 있다. 그런 아이를 보고 있자면, 부모라면 보통 누구라도 비록 지금까지 지내면서 힘들게 한 일이 많았다 하더라도 기쁨이 더 크고 흥분하게 마련이다.

▌ 열한 살 제나와 일곱 살 토미

소설과도 같은 파일에서 선택된 중간 크기의 폴더 중 하나에는 열한 살인 누나 제나와 일곱 살 남동생 토미의 이야기가 들어 있다. 현재 담당하고 있는 복지사는 다음과 같이 두 아이를 묘사했다.

> 빛나는 금발과 푸른 눈동자의 매력적인 두 아이, 제나와 토미는 함께 가정을 찾고 있음. 제나는 말을 아주 유창하게 하고, 똑똑하고, 상상력이 풍부함. 끊임없이 움직이고, 사람을 좋아함. 제나와 토미는 4년 전, 엄마에 의해 포기되었음. 제나는 사랑받고 싶고, 누군가에게 필요한 존재로 느껴지기를 크게 갈망. 관심에 굶주려 있는 것처럼 보임. 제나는 오랫동안 토미에게 신경을 쓰고 있는데 자신은 동생에게 유일한 가족임을 느끼게 하려는 책임감을 갖고 있음. 어린 동생을 과보호하는 경향이 있고, 동생 스스로 어떤 일을 할 수 있도록 기회를 주지 않음. 동생이 자기에게 의존하고 있다는 걸 알게 해 주고 싶어 함. 자주 혼내고 두목 행세를 함. 몇 가지 기본적인 학

업 기술이 부족하긴 하지만, 똑똑하고 배우려는 열망이 있음. 현재 6학년. 토미는 호감이 가고 잘생긴 남자아이. 누나에게 꽤 의존하고 있음. 신체 균형이 좋고 자전거 타기를 좋아함. 학교에서 열심히 배우려 하고, 칭찬과 격려를 받으면 잘하지만, 너무 많은 선택권이 주어지면 좌절하고 어쩔 줄 몰라 함. 기쁨을 매우 갈망하기 때문에 자기에게 능력이 없다는 느낌으로 두려워질 때 과잉행동을 하고, 너무 쉽게 과업을 포기함. 학업 수행 중에 하게 되는 새로운 시도를 싫어함. 민감해서 쉽게 울고, 나이에 비해 많이 어려 보임. 자주 악몽을 꾸고 어두움을 두려워함.

제나와 토미 같은 아이들은 그들에게 애정을 줬던 어른들을 단 한 사람도 만나 본 적이 없을 수 있다. 주목받고 싶고, 필요한 존재가 되고 싶고, 사랑받고 싶은 욕구를 강하게 그리고 자주 보인다. 자신을 돌봐 줄 사람을 끊임없이 갈망한다. 인생의 고통과 부모들의 문제를 이해할 수 없는, 그런 아이들은 종종 포기된 이유가 자기 자신에게 있다고 믿는다. 부모가 사랑할 수 없을 만큼 자기가 나쁜 아이였음에 틀림없다고 생각한다.

제나와 토미 같은 아이들은 만약 자기가 그렇지 않았더라면 혹은 더 착했더라면 상황이 이렇게 펼쳐지지 않았을 거란 생각을 많이 한다. 그래서 실수하고, 잘못하는 자기 자신을 용납하지 않으려고 한다. 제나의 경우는 자신이 쓸모없다는 느낌이 들면 가끔 아무 사람에게나 무차별적으로 다가가 그 느낌을 재확인한다. 토미 역시 유사한 두려움과 느낌으로 불안해하고 무서워한다.

이런 제나와 토미에게 무슨 일이 생길까?

▌여덟 살 매기

파일의 크기는 거의 비슷하지만 제나의 것과 매기의 것은 현저히 대조적이다. 매기에 대해서는 "수줍음이 많고 조용한 아이, 대체로 올바른 행동을 하며 요구를 하지 않음. 때때로 적대적으로 보임. 사람에 대한 신뢰가 어려움"으로 기술되어 있다. 부착되어 있는 사진에는 눈에 띄게 예쁘고, 가냘픈 얼굴과 굽슬굽슬한 머리카락, 커다란 눈망울의 여성을 연상시키는 작은 소녀가 있다.

매기의 원 가정은 이혼으로 해체되었는데 부모 그 누구도 아이를 맡으려고 하지 않았을뿐더러 할 수도 없었다. 매기는 친척 집을 전전하면서 시간을 보내다가 기관에 들어오게 되었다. 외향적인 제나와는 달리, 매기는 자신의 실패와 무가치 때문에 내적 갈등이 심하다. 영구적인 가정을 제공해 주지 못했던 과거 어른들로부터 수없이 거부되었던 매기는 적대감과 불신감으로 꽉 차 있었다. 매기는 항상 인생이란 그보다 더 심할 것이라고 믿어 왔다. 만약에 머물러 있기를 원하고, 사랑하고 사랑받기를 원하면서 자기를 방치한다면 더욱 고통스러운 상실감, 실망감, 슬픔에 또 다시 노출될 뿐이라고 생각한다. 그래서 자신의 진짜 욕구는 감추고, 감정이 없는 방관자처럼 행동한다. 위탁모는 매기를 좋아하지 않고, 빨리 옮겨 가 버리기를 바라고 있다. 냉정하고, 둔감하고, 밤에 오줌까지 싸는 아이를 참을 수 없다고 불평한다.

입양 대기 중인 아이들 중에는 부모를 갖기 열망하면서도 한편 매기처럼 새 가족은 이전 가족과는 다르고 안전해야 한다는 확신을 갖고 싶어서 도전적으로 행동하는 아이들이 있다. 그 아이들은 마치 다음과 같이 말하는 듯하다. "내가 당신들을 필요하다고나 했나요?" 외부에서 제공되는 애정, 생활방식, 훈육 혹은 새 부모가 좋아하는 사람들을 거부하면서 과거의 다른 어른들과 새 부모를 매우 비판적으로 비교한다.

만약 매기가 입양이 된다면 새로운 가정으로 들어가게 될 터인데, 그 새 가족을 사랑하기는커녕 새 부모에게 관심이나 가질지 모르겠다.

그러나 새 부모가 자기와 같은 아이를 사랑할 수 있다는 것, 그리고 자기가 그들을 사랑하는 것이 안전하고 즐겁다는 것을 처음에는 믿기 어렵겠지만, 결국에는 알게 된다. 시간이 흐르면서 부모로부터 지속적인 애정과 이해를 받고 자기 자신을 믿게 될 것이다. 아마 매기가 다시 사랑의 모험을 시작하려면 생각보다 훨씬 더 많은 시간이 필요할지 모른다. 그래서 매기에게는 보상받을 것이 없다고 느껴질 때조차 멈추지 않고 줄 수 있는 부모, 아이에게 인격적으로 거부당한다는 느낌을 갖지 않는 정서가 안정된 부모, 기다려 줬으니 대가를 받을 거라는 조바심과 생각을 참을 수 있는 부모, 그런 부모가 필요하다. 자주 옮겨진 매기와 같은 아이에게는 불안한 정서로 인해 자면서 오줌 싸기, 떼쓰기, 거짓말하기와 같은 일시적 행동들이 쉽게 예상된다.

초등학교 생활기록부를 통해 매기는 학교 성적이 뒤쳐지고 있음을 알 수 있다. 생활기록부 하단에 담임은 매기가 공상가이고, 집중력이 떨어지고, 맡은 일에 늑장을 피우는 경향이 있다고 기록해 놓았다.

부모 보호를 박탈당한 아동들의 성장발달-신체적, 지적, 사회적-은 거의 지체된다(Bowlby, 1965). 매기와 같은 아동은 급우들보다 훨씬 빈약하게 학업을 수행한다. 일반적 지식, 읽기, 산수, 토론 시간에 표현 능력이 뒤떨어진다. 집중력도 떨어지는데, 교사들은 산만하고, 물불을 가리지 않고, 부주의하다고 흔히 묘사한다. 신체도 토미처럼 또래에 비해 상당히 미성숙하다. 일곱 살이 될 때까지 위탁보호를 받아 온 많은 아동들이 나이에 비해 키가 작고 몸무게도 가벼운 것을 볼 수 있다. 글을 쓸 때나 단추를 풀고 잠글 때 손놀림이 자연스럽지 못하다. 안절부절 못하고, 달리기, 뛰어오르기, 공 던지기를 할 때 신체 균형을 제대로 잡지 못한다. 제자리에 가만히 앉아 있질 못하고, 다루기가 어렵다. 교사들은 다른 아동들에 비해 이런 아동들을 좋아하기가 힘들다고 묘사한다. 다섯 명 중 한 명은 단정하지 못하거나 매우 더럽고, 열 명 중 한 명은 영양이 부족한 상태에 처해 있다(Pringle, 1975).

과연 매기의 가족을 찾을 수 있을까?

▌열 살 조이

조이의 파일에는 거의 아무런 정보가 없다. 보호 중이었을 때 이 아이에게 배치되었던 사회복지사가 부재한 상태에서 오랜 시간이 지났으므로, 기록된 내용들 사이에는 몇 년간의 공백이 있었다. 초기 기록에는 조이가 어리고 미성숙한 미혼모에게서 태어났는데, 나서 15개월 동안은 생모가 조금 돌봤다고 기재되어 있다. 그러나 그녀는 변덕스럽게 아기를 다룬 것 같다. 아기가 자기 옆에 오래 있는 것을 좋아하지 않았고, 아기가 다시 보고 싶어질 때까지 이웃에다 돈을 주고 맡겼다. 결국 주 정부의 허가증을 가진 위탁가정에 조이를 맡겼는데, 그 위탁모는 조이의 신체와 언어발달이 많이 느렸다고 지적했다.

그다음 칸에는 조이가 다섯 살이 되어도 발달은 여전히 느렸지만, 이

전 보고에 비해서는 평균에 많이 가까워진 것으로 기록되어 있다. 더 이상 지적 장애를 가진 아이로 추정되지 않았다. 그래도 담당 복지사는 조이를 위해 입양을 의뢰하지 않았는데, 왜냐하면 이 남자애의 '느린' 역사와 '많은' 나이를 생각하니 입양에 부적격하다고 판단했기 때문이다.

이제 조이에게 새로운 담당 사회복지사가 생겼다. 그녀는 "주근깨 얼굴에 열광적인 열 살 소년, 뭔가를 위해 노력하면 대부분 성공할 수 있지만, 자아상이 부정적임. 자신의 행동이나 사고를 끝까지 생각하지 못하기 때문에 충동적이고 혼란에 빠지기 쉬움. 쉽게 좌절함. 위탁모는 '짧은 퓨즈를 가진 호감 가는 아이'라고 불렀음. 일이 순조롭게 진행되지 않을 때는 떼를 심하게 씀. 최근에 이러한 행동들이 더욱 자주 나타나고 있음"이라고 묘사했다.

조이는 학교에서 나이 많은 1학년이며, 읽기와 수학은 특별 지도를 받고 있다. 이번에는 조이를 위한 입양 가족 연결을 계획 중이다.

충동적이고, 화를 쉽게 내고, 쉽게 좌절하는 조이의 특징은, 부모가 필요한 아이들에게 흔히 나타난다. 기다리며, 다시 시도하며, 미리 계획하며, 문제를 해결하는 방법을 배우지 못했다. 개인적 능력과 통제력이 부족하며 낮은 자존감으로 어려움을 겪고 있다. 때때로 가능하지도 않은 목표를 세웠다가 자신을 영원한 실패자로 만들기도 한다. 성공했을 때조차 잘할 수 있는 어떤 것의 가치를 떨어뜨려서 자신이 이룬 성공의 가치를 평가절하 하는 경향이 있다. 아이는 이런 식으로 낮은 자존감의 주기 속에서 계속 돌고 있다.

데니, 제나와 토미, 매기, 조이. 이 아이들에게 필요한 것은 돌봄이 있는 영구적인 가정이다.

(전략) 환경을 지속적으로 제공할 책임을 갖고 또 제공할 수 있는 (중략) 그곳에서 아동의 신체는 돌봄을 받고, 영양이 공급되며, 보호될 수 있다. 아동은 자신의 감각과 지각을 이해하고 조직화하기 위해 도움이 필요하다. 사랑하고, 사랑받기 위해서도 그렇지만 유아의 분노와 공격성의 안전한 대상으로 기능할 수 있는 사람이 필요하다. 원초적인 본능Primitive drives(성Sex과 공격성Aggression)을 억제하고 조절하는 데 있어서 성인의 도움이 필요하다. 도덕적 양심Moral conscience이 기능할 수 있으려면 부모가 제공하는 동일시Identification 패턴이 필요하다. 다른 것들과 마찬가지로 아동은 한 명의 가족 구성원으로서 수용되고, 인정되고, 원해질 필요가 있다(Goldstein, Freud, and Solnit, 1973).

만약 이 아이들의 이야기가 잊힌 서랍 속-원하는 사람 없이, 희망 없이, 그 속에서 홀로 남아-에 파일로 일단 정리되어 다시 보관되어 버린다면 어떻게 될까? 우리는 여기서 이 아이들의 인생을 들여다본 이상 데니, 제나와 토미, 매기, 조이를 외면할 수가 없다.

2장
큰아이 입양을 결정하다

70년대 초까지는 입양을 기다리고 있는 나이 든 큰아이들이 가족을 가질 수 있으리라는 희망을 그다지 크게 가질 수 없었다. 1971년에 다섯 살이 넘어 입양된 아동은 입양된 아동 중 4%뿐이었다. 그런데 70년대 중반에 이르자 큰아이의 입양이 늘기 시작했다. 어떻게 해서 이 아이들을 가족원으로 받아들이기로 결심한 가족들이 증가했을까?

잭과 모린 레일리

때는 뜨거운 늦여름 일요일 오후다. 잭과 모린은 아파트 현관 계단에 앉아 이야기를 나누고 있다. 만 1년이란 시간이 흘렀고, 지금은 조금 쉬워졌다는 느낌으로 막 새로운 방향으로 나아가는 중이다. 이십 대 후반의 젊은 천주교인 커플, 그들은 결혼 후 5년 내내 아기를 가지려고 노력했으나 거듭 실패했다. 작년 봄에 검사를 받아 어디에 문제가 있는지 또 어떻게 해야 하는지를 알아보려고 아주 유명한 불임 전문가에게 갔었다. 일련의 검사를 거친 후, 잭이 생식 불능이라서 그리도 원하는 아기를 절대 가질 수 없을 거라는 검사 결과를 듣게 되었다.

그동안 잭은 결과를 인정해야만 하는 엄청 괴로운 시간을 보냈다. 남자 구실을 제대로 하지 못한다는 기분에 스스로 의심했다. 아내가 무슨 생각을 할지도 걱정이었다. 여전히 자기를 남편으로 사랑할까? 아내는 자신들의 사이에는 변함이 없다고 확신시키려고 노력하면서도, 남편이 상처받지 않도록 혼자서 울었다. 부부 둘 다 마음속에서는 엄청난 분노가 일었다. 왜 이런 일이 자신들에게 일어나야 하는 거지? 자신들은 훌륭한 부모가 될 수 있을 텐데, 왜 하필이면 우리가? 작년에 임신한 것처럼 보이는 그 사람보다 자신들이 아이를 더 잘 키울 수 있을 것 같은데….

오늘날 우리 사회에서 임신은 점점 더 개인적 선택으로 인식되고 있다. 임신은 원해야 하는 것이고 모든 커플이 당연히 아이를 갖는다고 생각하지 않는다. 그래서 원하는데 아이를 갖지 못할 거라는 생각은 거의 하지 못하는 것 같다. 대부분의 청소년들은 "네가 성인이 되어 아이를 가졌을 때…"라는 말을 들으면서 큰다. 부모의 사고가 자유로우면 "네가 성인이 되어서, 만약에 아이를 갖기로 결정한다면…"이라고 말하기도 한다. 그러나 "네가 성인이 되어서, 만약에 아이를 가질 수 있다면…"과 같은 말은 거의 하지 않는다. 그래서 잭과 모린 같은 커플은 아이를 갖지 못할지도 모른다는 가능성에 대한 준비를 전혀 하지 않았다. 치료가 불가능한 생식 불능이라는 진단은 자존감, 건강 감각, 성적 관심, 감정 통제, 특히 미래를 위한 계획에 큰 타격을 입힌다.

여름이 시작될 무렵, 잭은 자신들의 상황에 대해 많이 체념했다. 그러자 아내가 아기를 입양하면 어떠냐고 물었다. 얼마간의 숙고 끝에 좋은 해결방법으로 받아들였다. 그래서 거주지 근처에 있는 입양기관에 전화를 넣었다. 자신들의 이름을 소개 목록에 올리면, 원하는 가족을 만들어 갈 수 있을지도 모른다는 희망을 갖고…. 그러나 어린 아기를 입양하려면 얼마간은 기다려야 할 거라는 짐작은 했지만, 기관 직원으로부터 그 정도의 말을 들을 줄은 정말 몰랐다. 아무도 그들의 이름을 목록에 올려주지 않을 것이고, 아무도 그들과 상대도 안 해 줄 것이다. 어떤 직원 한 사람은 웃으면서 최근 몇 년 동안 어디에서 살았는지를 되물었다. 그러면서 이 시 안에, 이 주 안에, 아마 이 나라를 다 뒤져도 아기는 없을 거고 말했다.

왜냐하면 이제는 과거와 달리 원치 않았던 많은 임신은 낙태로 끝나버리고, 오히려 입양을 원하는 커플들은 점점 늘어나는 동시에, 혼자서라도 아기를 키우기로 선택하는 미혼모도 늘어나고 있어서 입양 대상 아기들의 수는 급격히 줄었기 때문이다. 어떤 입양기관은 몇 년씩이라도 기꺼이 기다리겠다는 커플들만 영·유아 입양의 순번을 기다리게 하고, 또 어떤 입양기관에서는 건강한 백인 영·유아를 원하는 커플들에게는 가정 조사조차 해 줄 생각을 하지 않는다. 이렇게 입양 가능한 아기의 수가 부족하므로 처음에 아기를 입양해서 부모가 될 거라고 기대했던 커플들은 계획을 다시 수정하지 않을 수 없다.

사정이 이렇다 보니 잭과 모린이 실제로 취할 수 있는 합법적 선택은 이 셋 중에 하나다. 첫 번째 아이 없이 지내는 것, 둘째 외국 아이를 입양하는 것, 셋째 나이 든 큰아이나 장애가 있는 아이를 입양하는 것이다. 첫 번째 선택에는 의심의 여지가 없다. 그들은 분명히 아이를 원한다. 다음으로 외국 아이 입양에 대해서도 곰곰이 생각해 보았다. 하지만 마음에 걸리는 것들이 한두 가지가 아니다. 복잡한 절차, 비싼 비용, 게다가 만일 다른 인종의 아이를 키우다 보면 친척들과 혹은 동네에서 생겨날 수 있는 감정적 문제들이 쉽지 않을 것 같다. 어쩔 수 없이 아기를 포기하고 나이가 좀 든 아이와 함께 가족을 시작하는 데까지 생각이 미치면서 자신들의 느낌을 살펴보는 중이다.

모린은 왠지 의지할 곳 없는 어린 아기를 맡아서 꼭 껴안아 줄 수 있는 기회를 놓치고 싶지 않다. 그녀의 머릿속은 온통 인생의 첫 단계부터 불확실하게 던져진 아기들로 꽉 차 있다. 그 아기들을 위해 무릎을 구부리고 손을 내민 자신의 모습을 상상하고 있다. 세상을 향한 호기심 어린 아가들의 눈망울, 유모차를 밀면서 한가하게 산책하고 자장가를 부르는 모습들이다. 나이 든 아이들은 이런 경험을 다른 사람과 함께했을 수도 (전혀 하지 못했을 수도) 있다. 한편 잭이 상상하는 것은 비록 마음이 끌리는 어떤 아이를 발견한다 해도 진짜 하고 싶은 것들 대부분은 나이 든 큰아이와 함께 할 수 있는 것들이다.

그들에게 제일 큰 의문은 과연 학교를 다닐 만큼 큰아이에게 아기^{Infant}나 걸음마아이^{Toddler}와 같은 애정이 생길 수 있을까? 하는 점이다. 아마도 나이 든 아이^{Older child}는 이미 만들어진 습관, 성격, 주관 때문에 분명 낯설 수 있을 것이다.

계단 바닥에 앉아 냉차를 홀짝거리면서 길 건너 공원에서 공놀이하고 옆집 아이들을 바라보고 있다. 모린과 잭은 갑자기 저런 아이들의 부모가 된다는 건 어떤 걸까 상상해 보려고 애를 쓴다. 어떤 애는 화나게 만들 것이고, 어떤 애는 분명 싸우려고 할 것이다. 혹시 지금 당장에 마음이 끌리는 아이가 나타난다고 한다면, 그것은 이미 상당히 진전된 아이의 성격까지 좋아한다는 뜻일까?

큰아이 입양은 비교적 새로운 일임에도 불구하고, 그것에 대한 사람들의 의견은 분분하다. 그 의견들은 흔히 일관성이 없거나 모순이 많다. 레일리 부부는 그런 상반된 의견들에 직면하게 된다. 예를 들면, "당신들은 절대 당신 자신처럼 아이를 사랑할 수 없을 겁니다" 혹은 "첫눈에 빠질 겁니다"라는 식이다. 이런 상반된 의견에 대한 진실은 어느 정도 그 사이에 있다. 잭과 모린은 아이를 갖는다는 자신들의 생각을 사랑할 수 있다. 말하자면, 한 아이와 관계하려는 그들의 희망은 확실히 사랑스럽게 느껴진다. 그러나 나이 든 아이는 첫눈에든, 두 번 보든, 세 번 보든지 간에 생각처럼 사랑스럽지 않을 것이다. 그럼에도 불구하고 그들 서로가 사랑해 가는 것처럼, 입양된 큰아이 역시 사랑할 수 있게 되고, 결국에는 입양하려고 결정하게 될 것이다. 낳은 자녀와 커서 입양한 자녀 둘 다를 가진 부모는 이런 점에서 명확하게 말할 수 있다. 우리 가족의 경험을 통해 얻은 나의 확신은, 시간이 지나감에 따라 아이가 집에 올 때 몇 살이었는지, 혹은 그 애가 내 배 속을 통해 왔는지, 기관을 통해 왔는지에 대해 별 다른 차이를 못 느낀다는 것이다. 열세 살에, 열네 살에, 열일곱 살에, 우리에게 온 아이들에게 느끼는 사랑이, 더 어린 두 살에, 다섯 살에, 열 살에, 열한 살에, 우리에게 온 아이들에게 느끼는 사랑에 비해 결코 작지 않았다. 입양된 아이들을 향한 애정이 친생 아이들을 향한 애정에 비해서 결코 약하지 않았다. 그런 조건이 어떠한 차이를 만들지 않았다. 중요한 것은 '돌봄Caring'과 '나눔Sharing'이었다. 지난날의 시간과 사건을 공유하지 않았다고 해서 사랑할 수 없는 것이 아니었다.

어느 월요일, 잭은 일을 마치고 퇴근 중이다. 차가 막혀 힘들어하면서도 지난 주말에 아내와 나누었던 대화를 생각하고 있다. 자기도 아내와 마찬가지로 나이 든 아이를 입양한 어떤 가족을 만나면 좋겠다. 소설 같은 일에서 벗어나서 현실적으로 정말 해야 할지 말아야 할지를 알 수 있도록 도움받을 수 있는 사람을 만날 수 있으면 좋겠다. 빨간 신호등이라 느긋이 기다리고 있는데, 뉴스와 음악을 흘려보내고 있는 지방 방송 채널에서 나오는 어떤 광고에 갑자기 귀가 솔깃해졌다. 팔을 재빨리 뻗어 라디오 볼륨을 올렸다. '맞아! 오늘 저녁 고등학교 근처에서 특수욕구를 가진 아동의 부모가 되고 싶은 사람들을 위한 모임이 있구나. 야! 바로 이거야!' 모린하고 모임에 제시간에 도착할 수만 있다면 지금껏 궁금했던 모든 걸 알 수 있을 거라고 생각한다.

모임에 마음이 너무나 끌린다. 저녁 식사를 서둘러 마치고 출발한다. 숨 가쁘게 도착한다. 맨 앞줄의 두 자리를 잡아 앉는다. 홀은 거의 다 채워져 있었다. 그렇게 많은 사람들이 관심을 갖고 있는 줄 정말 몰랐다.

몇몇 입양기관 대표자 소개에 이어 불빛이 서서히 어두워진다. 부모가 필요한 아이들이 한 명씩 화면에 비추어진다. 그 아이들은 아기가 아니다. 모린은 몇 아이에게 마음이 끌리고 있는 자신을 느낀다. 불현듯 나이 든 아이를 입양할 수 있을 거라는 생각에 흥분되기 시작한다. 그 어두운 방에서 여러 아이들이 한 명씩 보일 때마다, 옆에 앉아 있는 남편의 숨소리와 함께 감동의 소리가 모린에게 들렸다. 남편도 역시 같은 기분을 느끼고 있었다.

영상 쇼가 끝나자 홀은 다시 밝아지고 사회복지사 한 명이 슬라이드에 비친 아이들과 유사한 아이를 입양한 세 커플과 함께 좌담회를 진행한다. 부모들은 자신들이 경험했던 어려움과 문제점들을 이야기할 때, 그것들이 쉬운 것처럼 꾸며서 말하지 않았다. 그들은 어렵게 적응을 했다. 그러나 지금은 그들 모두 자신의 아이에게 매우 긍정적이었다. 좌담회 대화를 들으면서 모린은 조금 압도당하는 기분을 느낀다. 저 부모들은 모두 저렇게 침착하고, 논리적이고, 인내가 많고, 현명해 보이는데 말이다…. 정말 저런 부모들이 말도 안 되게 화를 내고, 엄청난 무력감을 느끼고, 이 현명한 선택을 의심한 적이 있었던 말인가 하는 의문이 든다. 그녀는 동생들을 돌봤을 때, 때때로 어떻게 해야 된다는 것을 알면서도 갈등을 느끼곤 했었다. 동생들은 '걱정스러운' 아이가 아니었는데도 자기가 소리를 지를 만큼 화나게 만들었다. 그렇다면 진짜 문제를 가진 아이와는 자기가 어떻게 행동하게 될까? 아마도 큰아이를 입양하는 사람들은 그녀가 했던 것보다 덜 좌절해야 하고, 더 어려운 상황을 더 잘 견뎌 내야 할 것 같다는 생각을 해 본다.

걱정스러운 아이를 입양하여 부모가 되기를 결정하는 건 하나의 큰 도전이란 걸 알 수 있다. 그러나 모린이 놓치지 말아야 할 것은 대부분의 부모들이 최선을 다해 현명하게 대처해 가는 동안, 그 누구도 어떻게 해야 할지 항상 잘 알고 하는 건 아니라는 것이다. 아이들은 진짜 '인간적인 반응'을 원한다. 아이들처럼 부모들에게도 좋은 날도 있고 안 좋은 날도 있다. 베푸는 날이 있는가 하면 이기적인 날도 있다. 현명하고 관용적인 날이 있는가 하면 참지 못하고 마음속이 끓는 날도 있다. 그러나 간간히 실수를 저지를 수밖에 없는 부모들은 실수를 통해서 또한 배울 수 있다.

기다리고 있는 아이들에게는 아이로부터 열을 받거나 도전적으로 느껴질 때조차 아이를 사랑할 수 있는, 만약 필요하다면 도움을 받아서라도 문제를 직면하고 풀어 갈 수 있는 부모가 필요하다. 모린은 이 아이들에게 완벽한 부모가 필요하다는 걱정을 할 필요가 없다.

레일리 부부가 큰아이 입양을 고려하고 있는 동안… 한편 조이의
위탁부가 커피 잔을 들고 부엌 문 기둥에 기대어 전화를 하고 있다.

아내가 부엌 창문을 통해 소리를 지른다. "애들아, 저녁식사야!" 그러자 여러 크기의 아이들이 부엌 뒷문을 통해 쏟아져 들어온다. 조이는 앞방으로부터 뛰어들어 가다가 위탁부를 떠민다. 아빠의 셔츠에 진한 얼룩이 튄다. 순간 얼어붙는다. 짧은 비명을 지르며 벗어나려는 몸짓. 그러나 아이의 여린 팔을 바이스와 같이 잡아 버린 손길을 피할 수 없다. 조이의 위탁부는 늘 하던 식으로 식탁 위의 무거운 전화번호부 책자를 집어 들어 아이의 머리, 얼굴, 귀를 마구 갈긴다. 조이의 방어는 필사적이다. 조이의 담당자가 다음 방문을 할 때, 이런 이야기는 언급되지 않을 것이다. 전에도 유사한 일이 있었지만 그때도 그랬으니까. 모든 것이 양호하다는 확신을 위탁모로부터 받고 한 번도 만나보지 못한 위탁부와 조이와의 사이에 어떤 긴장감이 있는지 의심조차 못할 것이다.

▎ 딕과 엘렌 램버트

램버트 부부 역시 나이 든 큰아이에 대한 정보를 더 얻기 위해 그 모임에 참석했다. 레일리 부부보다 나이가 더 많은 30대 후반인 딕과 엘렌은 한동안 아이를 갖지 못한다는 사실을 알면서도 아무것도 하지 않고 미루어 왔었다. 두 사람 모두 각자의 전문가 생활에 에너지를 쏟고 살았다. 딕은 기계 엔지니어이고 엘렌은 대형 백화점 바이어이다. 현재 자신들의 직업에서 성공한 편이다. 결혼 생활도 원만하고, 수입도 많고, 서로 즐길 수 있고, 또 같이할 수 있는 일이 있다. 그러나 여전히 뭔가가 부족한 느낌이다. 요트와 스키 타기를 좋아해서 많은 시간을 즐기면서 보내지만, 돌보고 먹이고 같이 재미있게 지낼 수 있는 아이 한 명만 있으면 정말 좋겠다. 엘렌은 딕이 멋진 아빠가 될 거라고 생각한다. 딕은 아이들을 많이 좋아한다. 옆집 아이들이 딕을 매우 잘 따른다. 한편 딕은 엘렌과 같이 재주 많고 온유한 엄마를 가질 수 있는 아이는 행운아라고 생각한다. 램버트 부부는 둘 다 아기보다는 나이가 조금 든 아이가 자신들의 생활스타일에 더 자연스럽게 적응할 거라고 생각한다. 램버트 부부와 같은 연령대에 있는 사람들은 비록 입양할 수 있는 아기가 있다 하더라도 기저귀를 갈고 한밤중에 일어나 수유를 하고 싶지 않다.

이 부부와 같은 사람들은 많이 있다. 자신들의 개인 경력을 쌓는 동안, 부모 되기를 미루어 왔거나 혹은 아이를 가져 보려고 많은 시간을 허무하게 보낸 부부들이다. 그들이 막상 입양을 하려고 할 때는 친구 자녀와 비슷한 나이대의 아이를 원하게 된다. 육아에 얽매이고 싶지도 않다. 그래서 자연히 큰아이 입양 쪽으로 마음이 기운다. 딕과 엘렌의 직장 동료들은 믿기가 어렵다. 램버트 부부 같은 사람이 왜 그 부러운 생활 스타일과 지금처럼 좋은 관계를 변화시키려고 하는지 이해하기가 어렵다. 더군다나 부모가 되어 본 경험도 없으면서 어떻게 큰아이를 입양하겠다는 건지 더 이해가 안 된다. 램버트 부부라면 갓난아기와 시작하든지 아니면 차라리 그대로 있는 편이 낫다고 그들 대부분은 생각한다. 한 직장 동료는 엘렌에게 만약 아이가 생기면 어떻게 하겠냐고 물어봤을 때 엘렌은 그다지 엄마가 되는 걸 좋아하지 않는다고 느꼈다.

큰아이 입양을 염두에 두고 있는 다른 많은 커플들과 마찬가지로 램버트 부부도 자신들이 정말 잘하고 있는 건지 잘 모른다. 더구나 주변 친구들은 잘도 김을 뺀다. 어떤 날은 일이 잘 되어 가고 있는 것처럼 보인다. 아이를 원하고 있다는 사실에는 변함이 없다. 더구나 큰아이를 입양할 생각을 하니 흥분되기까지 한다. 그러다가 어떤 날은 혼란스럽고, 불확실하고, 두렵기까지 한다. 보장되어 있는 거라고는 아무것도 없다. 무슨 일이 닥칠지, 이 도박의 결과가 어떻게 될지에 대해 말해 줄 수 있는 사람도 주위에 한 명도 없다. 만약 잘못되면 어떡하지? 잘못 결정한 거라면? 불쌍한 아이에게 상처를 주게 된다면?

램버트 부부에게는 과연 아이에게 무엇을 줄 것이고, 그들 또한 아이로부터 무엇을 바라고 있는지를 살펴볼 시간이 조금 더 필요하다. 아이들은 늘 귀엽거나, 반듯하게 행동하지 않는다는 걸 알아야 한다. 아이들은 진짜 피곤하게 만들고, 더럽히고, 괴롭힌다. 징징대고, 요구하고, 고집을 피운다. 잘못하고, 슬퍼하고, 갖은 방법으로 압박에 대응한다. 이 부부는 부모가 되기 위해 요구되는 사항들을 즐거워하는 만큼이나 현실감을 갖고 있는 걸까? 아마도 진정으로 그 생활을 원하는지 확인해 보기 위해서 더 많은 시간을 자녀를 가진 친구 부부와 함께 보내 봐야 할 것 같다.

램버트 부부에게는 시간이 흘러감에 따라 입양에 대한 마음이 점점 더 강해지고 있다. 어디에선가 자신들과 함께 살기를 기다리고 있는 한 명의 아이가 존재하고 있다. 그 아이에겐 그들이 필요하다. 그들 역시 그 아이를 원한다. 혹여 끔찍한 실수가 될지도 모르겠지만, 아마도 그들과 그 알려지지 않은 아이에게는 멋진 경험이 될 것이다.

램버트 가족이 처음에 큰아이를 입양하려고 생각하고 있었을 때, 그들에게 도움이 되는 정보를 얻기가 무척 어려웠다. 그들은 신중하게 결심하려고 애썼으나 이런 식의 입양이 어떤 것이라고 그들에게 말해 줄 수 있었던 사람은 아무도 없었다. 읽을거리도 없었다. 친구와 가족들은 그들을 너무나 실망시켰다. 그리고 나서야 알게 되었다. 그들이 하고자 하는 입양은 많은 사람들이 위험하다고 생각하고 있다는 것을.

마침내 남편이 가장 유용한 분석을 할 수 있게 되었다. 그들이 이야기하고 있었던 것은 아주 새로운 것이며, 그들을 아는 사람 중 그 누구도 시도하지 않았던 것이었다. 그것은 마치 경작지를 팔고 서부로 떠나기를 결심한 초기 개척자들처럼 아는 것을 버리고 모르는 것에다 도박을 거는 것과 같았다. 그곳은 비록 적의로 가득 찬 황야는 건너야 하는 건 아닐지언정 의심할 여지없이 어려움과 위험이 도사리고 있는 곳이었다. 그 누구도 무슨 일이 닥칠지 말해 줄 수 없었다. 그럼에도 불구하고 그 여정의 끝에는 그들이 그토록 원했던 어떤 것이 있다는 약속이 있었다. 결국, 그들은 모험을 시도하기로 결심했다. 그들이 옳은 일을 하고 있다는 확신은 전혀 없었다. 그리고 쉬운 것이 아님은 분명했다. 그러나 원하는 것을 하고 있었다. 그들의 꿈을 이룰 기회가 주어지고 있었다.

램버트 부부가 확신과 흥분 그리고 염려와 고통의 무드로 오락가락하는 건 극히 정상적이다. 큰아이 입양에 대한 자신들의 느낌을 살피면서, 지금 막 입양기관과 함께 그 아이디어를 탐험해 갈 준비를 하고 있다. 좋은 입양기관이라면 그 부부로부터 입양하겠다는 즉각적 대답을 얻으려고 하지 않을 것이다. 오히려 일반적인 입양과 특별히 큰아이 입양에 대해 램버트 부부가 가질 수 있는 의문과 염려를 해결할 수 있도록 도우려고 할 것이다. 입양절차가 시작되기도 전에 이런 유형의 입양이 그들을 위해 긍정적이라고 확신할 필요는 없다.

때는 제나와 토미의 위탁가족이 쇼핑으로 바빴던 하루의 끝자락이다. 아이들은 저녁 식사 내내 안목 높은 위탁부를 위해 새로 산 교복을 입고 모델이 되느라 분주하다. 애들이 얼마나 귀여운지. 여자

애를 위한 새 양말과 새 옷은 아주 잘 어울리고, 남자애는 새 운동화를 신으면 달리기를 잘할 수 있다. 관심과 애정이 넘치는 화기애애한 분위기다.

새 옷가지들을 옆으로 얌전히 밀쳐두고 아이들은 잠이 든다. 그러자 위탁모는 남편에게 말한다. 제나와 토미에게 완전히 정착할 수 있는 입양가정을 찾아 줄 기관의 새 담당자가 전화를 했는데 곧 방문이 시작될 거라고 말했단다. "음… 다른 애들도 그랬잖아, 여보. 그게 제일 낫다는 걸 우린 알잖아." "알아요. 여보, 근데 지난번 혼자 잘난 그 여자가 나한테 말했어요, 자기는 결코 위탁 부모가 안 될 거라고, 아이들을 너무 너무 사랑해서 그냥 떠나도록 놔둘 수 없다고 말이죠. 좋은 생활환경이 필요한 애들을 지네들이 뭘 잘 안다고 그렇게 말하는지… 애들은 옮겨가야만 하는데… 이게 날 미치게 만들어요!" 이별을 해야 하는 고통이 목소리에서 역력하다. 남편이 아내를 끌어당기며 안는다. 눈물이 그의 목덜미에 떨어지는 것을 느낀다. 그 역시 아이들이 옮겨질 때마다 집 안을 가득 채우는 슬픔과 허전함을 잘 알고 있다. 지금 위층에서 자고 있는 저 두 아이를 위해서는 젊은 커플이 입양하는 것이 최고 나을 거란 확신을 굳게 잡으려고 애를 쓴다.

▮ 봅과 린다 앨런

앨런 부부는 데니, 매기, 제나와 토미, 조이에 관해서 아무것도 모른다. 이 부부는 가족에다 큰아이 한 명을 더할 생각을 하는 중이다. 봅과 린다는 인구 과잉으로 인한 과밀한 주거 환경, 자원 부족, 황폐화 되고 있는 자연에 대해 관심이 매우 높다. 3년 전, 봅은 시장 분석가란 직업을 그만두고, 아내와 두 아이와 함께 도시를 떠나 주 서쪽에 있는 옛 농장으로 이사를 했다. 잡목으로 덮여 있던 땅을 많이 개간해서 지금은 생산성 높은 유기 농장을 가지고 있다. 작은 골동품 사업으로 부수입을 올리고 있고, 가능한 한 자기 땅에서 자급자족할 수 있는 것을 늘여서 지출은 최소화하고 있다. 앨런이 차리는 식탁은 대부분 가족이 함께 정원에서 노동한 결과물로 차려진다. 자기 땅에서 난 나무를 패다가 집 전체 난방을 한다. 많은 노동이 요구되는 생활이지만 봅과 린다는 만족한다. 그런 만족 속에서도 아이는 여전히 부족하다고 느끼고 있다. 열두 살인 줄리와 여덟 살인 마크는 그들에게 엄청난 기쁨이다. 그러나 이 두 아이만으로 만족이 안 된다. 린다는 늘 대가족이었으면 좋겠다는 생각을 하고 있다.

최근 들어 가족의 수를 늘이고 싶어서 입양을 많이 생각했었다. 자신들은 이미 부모가 되어 보았고 아이 돌보기를 좋아한다. 아이가 한 명이 더 있다는 건 얼마나 많은 일인지! 새 가족에 합류하는 아이는 바뀐 환경 때문에 처음에는 정서적으로 혼란한 건 당연할 것이다. 만약 줄리와 마크도 그 애처럼 완전히 낯선 가족 안으로 갑자기 옮겨진다면 얼마나 불안하고 힘들 것인가. 그럼에도 옮겨짐으로 발생되는 문제들은 아이가 편안하게 느끼게 될 때 사라질 거라고 확신하고 있다.

빠르게 증가되는 세계 인구와 빠르게 감소되는 천연자원에 대한 염려가 많은 부모들로 하여금 생물학적 생산을 제한하고, 그 대신 완전한 가족을 만들기 위한 방편으로 입양을 선택하도록 하는 동기가 되고 있다. 이런 부모들은 전통적으로 생산 불능이 이유가 되어 입양하는 부모들과는 다르다. 이미 부모가 되어 본 경험이 있기 때문에 입양 가능한 아이

조건에 대해서 더 많이 유연하고 아이와 아이를 키우는 것에 대한 현실적인 감각이 더 있을 수 있다. 그래서 입양기관의 관행적인 업무나 혹은 입양기관에서 입양 불가한 아동으로 분류해 버린 아이들에 대해서도 생각해 보라고 자주 주장하기도 한다.

앨런 부부는 아이 한 명이 가족으로 들어오는 걸 진정으로 원하는지를 잘 살펴보아야 한다. 지금 그들이 말하고 있는 아이는 욕구, 생각, 재능을 가진 또 다른 인격체다. 그 아이는 사회 관심사의 전시물이 될 수 없는 진정한 개성체다. 그들은 정말 아이를 위해 일하고, 걱정하고, 도와주고, 사랑하기를 원하는가?

봅은 자기 부부는 큰아이 입양 등록 리스트에서 아주 유력한 후보자라고 생각한다. 다른 환경에서 오는 아이는 다른 소신과 다른 사고방식을 갖고 있을 것이고, 매일의 습관과 인간관계를 맺는 방법 또한 다를 것이라고 잘 알고 있다. 줄리나 마크를 키우면서도 어떤 예상치를 미리 정하고 키우진 않았다. 누구나 다 자신이 가장 만족하는 방법으로 살아야 하고, 그것이 다른 사람을 위해서도 최고의 기여가 된다는 자기 입장을 밝혀 두고 있다. 그래서 또 한 명의 아이를 위해 하고자 하는 것은 아이에게 방을 주고 아이 자신이 누구인지, 무엇을 해야 하는지 알 수 있도록 용기를 주고 돕는 일이다. 자신의 틀에다 아이를 맞추려 하지 않을 것이다.

린다는 아이들이 심하게 요구하고 자기만의 공간으로 침범해 들어와도 쉽게 당황하지 않는 꽤나 참을성이 있는 엄마라고 스스로 자부하고 있다. 늘 대가족의 매력에 끌렸기 때문에 같이 이야기하고, 놀고, 즐길 또 한 명의 아이가 생긴다는 기대에 점점 더 흥분되고 있다. 그녀는 자신의 조용한 천성과 아이들 자체와 아이들의 강한 감정들을 진심으로 받아들이는 자신을 좋아 한다.

만약 앨런 부부가 큰아이를 입양하게 되면 그녀의 강한 감정을 수용할 수 있는 능력은 중요한 기능을 할 것이다. 새 가족 안으로 합류되는 이런 많은 아이들은 과거 사건들로 인해 고통과 슬픔에 압도되어 있다. 마음 속 깊이 쌓인 분노를 아이는 일상생활 속에서 반응으로 드러낼 것이다. 이런 감정을 수용할 수 있는 강한 부모가 필요하다. 부정적인 감정이 튀어나올 때마다 더 나은 감정이 생길 때까지 기다리면서 그것들과 함께 버틸 수 있는 강한 부모가 필요하다.

봅과 린다는 아이-특별히 곤란을 일으킬 아이- 한 명이 가족에게 미칠 영향에 대해 말해 보면서 한동안 조용한 시간을 보낸다. 만약 큰아이가 가족으로 들어오게 된다면, 실제 발생 가능한 것들을 줄리와 마크에게도 말해 주려고 노력한다. 그러나 줄리와 마크는 남잔지 여잔지 암튼 가족이 더 생긴다는 사실에만 좋아서 뛰고 있다. 그건 자기 소유의 것들을 새 아이와 나누어 써야 한다는 뜻이라고 아빠와 엄마가 말해 주지만, 아이들은 재미있을 거란 생각만 한다. 줄리는 같이 비밀을 갖고, 같이 놀고, 같이 방을 쓸 수 있는 작은 여자애가 왔으면 좋겠다. 그 작은 여자애는 자기가 재미있어하는 걸 같이 재미있어할 거라고 상상한다. 마크는 줄리의 계획에 완전히 반대다. 자기 가족은 이미 여자가 충분하다고 생각한다. 난 남자애가 필요하다구요! 마크 역시 미래에 입양할 아이와의 관계에서 자기가 얼마나 불쾌할지 도무지 상상할 수 없다.

보통은 가족 내에 새 아이가 도착하면 기존 아이들이 실제로 어떻게 반응할 것인가를 미리 알기란 쉽지 않다. 기본적으로 부모는 가능한 한 가족 전체는 물론이고 동시에 기존 아이들을 위한 현명한 결정을 내려야 한다. 미래의 아이는 한동안 그들 누구도 좋아하지 않을 것이며, 위탁 가정의 부모, 형제, 자매를 그리워하면서 새집에 있기를 좋아하지 않을 수 있다는 점을 말해 주면서, 앞으로 겪게 될 가능한 부정적 경험을 줄리와 마크가 이해할 수 있도록 돕는다. 새 아이는 이기적이고, 샘이 많고, 요구가 많을 수 있다. 그 애 때문에 부드럽게 잘 지내 오던 가족 분위기가 험악하게 변할 수 있다. 그러나 그 무엇보다 중요한 것은 기존 아이들이 이러한 문제들은 해결될 수 있다는 확신을 갖도록 하는 것이다. 이런 식의 가족 만들기는 힘든 작업이지만 진정 가치 있는 일이라는 걸 말해 주어야 한다.

왜냐면 앨런 부부는 이전에 단 한 번도 자녀들을 불안한 상태로 방치한 적이 없었다. 그러나 가족이 농장으로 이사하면서 겪었던 경험에 비추어서 말해 줄 수 있는 입장에 있다. "우리가 농장에서 살게 되면 맨 날 소풍 같은 날이 될 거라고 얼마나 많이 상상했니? 그리고 잡초를 보면서 얼마나 많은 걸 배웠는지 생각을 해 보자!" 그들은 낯선 상황을 바꾸고, 다루고, 좋은 경험을 얻으면서 적응해 가는 아이들을 지켜봤다. 이런 부모는 어려운 큰아이 입양을 해서 기존 아이들이 힘들어하는 많은 다른 가족에 비해서 훨씬 덜 걱정스럽다.

매기는 침대 위에 뻣뻣하게 누워 있다. 베개를 가슴에 껴안고는 천장 한 곳을 바라보고 있다. 이렇게 신경을 한 군데 집중시키면 벽장 뒤 구석에서 팔과 무릎으로 기면서 더러워진 침대보를 잡아당기고 있는 여자가 하는 욕설을 겨우 무시할 수 있다. 익숙한 김 빠진 오줌 냄새가 방안에 가득하다. "야~ 이 지저분한 것아! 너 같은 애하고 내가 어떻게 해야 할지를 모르겠다. 아기냐? 침대에다 싸 댈 나이는 아니잖아! 이 침대보를 네 방 창문에다 널어야겠어. 그럼 이 멍청한 짓을 그만둘지 모르겠네."

▌토니와 베스 드산도

새벽 한 시 삼십 분, 드산도 부부는 거실 소파에 앉아 있다. 신문에 난 데니의 사진과 기사를 보고 이야기하고 있다. 마음은 끌리지만 심히 걱정되는 이 청소년을 열한 살의 샘, 아홉 살인 질리안, 여섯 살인 아담 세 아이가 있는 이 가족에다 더한다면 어떨지를 말해 보고 있다.

이전에는 십 대 아이를 입양하겠다는 생각을 해 본 적이 한 번도 없었다. 그들은 데니 나이의 아이들과 함께 많은 활동은 해 왔다. 자신이 흑인 히스패닉 거리에서 자랐던 험난한 세월을 기억한다. 토니는 베스와 함께 교회 청년부를 맡아 봉사하면서 접하게 된 청소년 문제들을 심각하게 생각하고 있다. 이 부부는 흑인 십 대가 격렬한 성장기에 그들만이 가질 수 있는 고민거리를 깊이 만져 줄 수 있는 예민한 감성의 소유자다.

지금 두 부부는 데니에게 강하게 끌리면서 흥분되고 조금은 두렵다. 정말 자신들의 가정을 데니에게 열어 줄 수 있을까? 그리고 만약 그렇게 한다면 어떤 문제가 생길까? 그것들이 실감나면 좋겠다. 과연 데니가 가족과 잘 어울릴 수 있을까? 그리고 애들한테 데니는 어떤 영향을 미칠까? 당장 신경이 쓰인다.

토니 드산도는 자기가 독립해서 가족을 떠나기 시작했던 그때 나이와 같은 데니를 가족원으로 다룰 수 있을지가 의문스럽다. 데니가 과연 가족과 섞이려고 하고 진짜 가족 구성원이 되려고 가르침을 배우려고 할까? 아니, 배울 수 있기나 할까?

그 의문에 대한 답은 많은 부분 데니에게 달려 있다. 어떤 십 대는 혼자 있는 게 너무 익숙해서 이미 짜여 있는 가족의 틀에 자신을 맞출 수가 없다. 한편 어떤 십 대는 여전히 '부드럽다'. 그리고 가족 관계를 만들려고 자신을 오픈한다. 데니가 만약 후자를 선택하고, 그렇게 할 수 있기만 하면 진정 가족의 일원이 될 수 있다. 데니가 친한 친구를 가지고 있다는 사실은 주고받는 대인관계 기술을 익혔다는 것을 의미한다. 그 기술은 아이가 입양 가족에 합류할 수 있도록 도울 것이다. 데니 자신에게나 입양 가족에게나 '독립 대 소속'의 충돌을 힘으로 이겨 내려고 한다면 어려움이 예상 되겠지만, 오히려 그럴 때일수록 좋은 기회가 될 수 있다. 그럴 때는 초기에 가졌던 불신을 극복하게 되고 그다음은 순응하게 되고 결국 가족의 일원으로 기쁨을 느낄 수 있게 된다.

베스 드산도는 화목한 대가족 흑인 가정에서 자랐다. 그녀는 데니가 자기를 부모로 받아들이기를 더디 하더라도, 자기가 데니를 계속 아들로 대한다면 언젠가는 느끼게 될 거라고 기대한다. 자신들의 돌봄을 거부한다고 해도 십 대 후반이 되면 이 가족과 부모는 데니가 새 출발을 할 수 있는 토대가 될 것이다. 오히려 샘, 질리안, 아담이 더 걱정된다. 샘은 장남이다. 그의 입지를 잃게 되면 어떤 기분일까? 데니가 침범자 같아 보여서 분노할까? 불량한 데니의 행동에 전염되는 건 아닐까? 신문에 난 대로라면 데니는 학교생활을 포기한 것 같은데, 샘이 따라하지나 않을까? 샘, 질리안, 아담은 부모, 가정, 삶의 나머지 부분을 딴 아이와 공유하기를 강요당함으로써 보통 아이들의 권리인 어린 시절을 박탈당하는 건 아닐까? 또 데니가 자기들보다 편안하게 살기 때문에 질투하거나 혹은 속은 기분이 들지는 않을까?

만일 데니와 같은 나이의 아이를 가족으로 더하게 되면 드산도 부부와 같은 많은 부모들은 자녀들에게 행동이 전염되고 생각이 오염될 가능성을 걱정한다. 실제로도 가족에다 새 구성원을 더하게 되면 기존의 아이들에게서 일시적 혼란과 퇴행이 발생하는 것을 자주 볼 수 있다.

그러나 그것은 마치 기존 아이가 새 아이의 오래된 나쁜 습관이나 태도를 따라가기보다는, 새 아이가 기존 형제자매의 행동을 따라잡게 되는 장거리 경주와도 같다.

그런 걱정을 하기보다 데니가 집으로 오게 되면 아이들의 기분이 어떨지를 아이들과 대화하면서 알아차리는 편이 더 현명하다. 샘은 자기보다 나이 많은 다른 애를 집안의 장남으로 만든다는 아이디어에 분명히 반응을 보일 것이다. 혼란스러워할 것이다. 아이는 가족 안에서 자신의 위치 때문이라기보다, 유일하고 특별한 존재로서 사랑받고 있고, 존중되고 있다는 걸 확인받고 싶을 것이다. 혹시 샘이 계획을 방해하려 한다든지, 다른 사람들의 예를 들면서 불편한 기분으로 대답을 안 한다든지 하는 반응은 극히 정상이다.

만약 십 대인 형제를 새롭게 맞이하기로 한다면, 질리안과 아담 역시 반응을 보일 것이다. 보통 아이라면 부모가 없는 아이가 세상에 왜 있는지를 궁금해할 것이고, 마치 그것이 자신에게도 일어날 것처럼 무기력한 기분을 느끼기도 한다. 인생의 무게가 너무 무거워서 자기가 낳은 아기조차 돌볼 수 없는 부모들이 있다는 사실을 아이들에게 이해시킬 필요가 있다. 그런 이야기를 들으면서 자기 부모는 자기를 돌보기에 충분한 나이이고, 이혼을 생각하지도 않고 있으며, 아무리 어렵더라도 자기 가족은 끝까지 함께 할 거란 확신을 갖기도 한다.

기본적으로 드산도 부부가 데니의 부모가 되겠다는 갈망과 능력을 확신한다면, 아이들에게 닥칠 불확실한 영향들에 대한 생각이 스쳐 갈 것이다. 우리 가족도 기존 아이들이 중간이 되도록 나이가 제일 많은 아이를 더하거나 혹은 제일 적은 막내를 더할 때, 아이들은 각자가 가족이란 덩어리 속에서 자신의 위치를 구별해 내려고 했고, 그때마다 일시적인 혼란과 부조화가 발생하는 것을 경험했다. 그러나 그런 문제가 오래 지속되는 걸 결코 보질 못했다.

우리는 아이들이 비록 적응하기가 매우 어렵고, 각자의 개성이 강하게 부딪힐 때조차, 다른 아이들이 더해짐으로써 오히려 배우는 것이 더 많은 것을 보아 왔다. 이것은 사랑이란 다가올 것이며, 자랄 것이며, 그리하여 해결될 것이라는 우리의 확신 덕분이었다. 아빠와 엄마가 나아질 거라고 믿었던 그것이 우리 아이들을 보호한 것 같다. 입양을 할 때마다 아이들은 주고받는 대상이 되는 한 사람 그리고 관심을 갖고 돌볼 수 있는 한 사람을 얻는다. 어려웠던 시간의 분노는 종국엔 대부분 다 사라진다. 아이들 각자는 우리 가족을 완전하게 사랑스런 가족으로 만들어 온 긴 시간 동안 자신이 해낸 몫에 대해 대단한 만족감을 표현한다.

나이 든 큰아이 입양에 대한 진정한 결정은 두 가지 질문으로 귀결된다.

내가 할 수 있다고 생각하는가?
나는 시도하기를 원하는가?

만약 레일리 부부, 램버트 부부, 앨런 부부, 드산도 부부가 스스로 이 두 질문에 대한 긍정적인 답을 갖게 된다면, 큰아이 입양은 방법으로 풍성함을 더해 줄 것이다. 그동안 데니, 매기, 제나, 토미, 조이는 기다리고 있다.

3장
가정 조사

█ 입양기관 찾기

아이들은 기다리고 있다. 한편 입양절차가 시작되면서 새로운 가족 탄생은 절정에 달하게 된다. 레일리 부부에게는 오늘이 그 첫날이다. 그들의 결정은 확고하다. 모린은 점심시간에 주 입양기관에 전화를 넣어 큰아이를 입양하려면 어떻게 해야 하는지를 알아보려고 한다. 출근길 혼잡한 지하철 내에서 줄곧 해야 할 말을 연습하고 있다. 흥분되기도 하지만 조금은 걱정스럽다. 입양기관에게 실망하면 어떡하지? 입양허가를 받을 수 있을지에 대한 여부를 알기까지 얼마나 기다려야 할까? 입양기관이 자기들을 싫어하면 어떡하지?

비록 처음 시도하는 거라 모린이 긴장되는 건 충분히 이해할 수 있지만, 어떤 기관과 함께 입양절차를 시작하려고 할 때 자신들이 서비스를 구매하고 있는 입장이란 걸 잊어서는 안 된다. 직접 비용을 지불하는 사설 입양기관이든지, 그들이 낸 세금으로 지불되는 공공 복지기관이든지 간에 소비자들에게는 서비스를 제공하게 되어 있다. 레일리 부부는 자신들만을 위해 만족스럽게 일해 줄 수 있는 기관을 선택할 필요가 있다. 아이를 허락하기도 하고, 거부하기도 하는 입양기관의 힘에 너무 압도되어서 당연히 받아야 하는 기관으로부터의 정보와 서비스를 얻지 못해서는 안 된다.

함께 할 입양기관을 결정하기 전에 모린은, "이 기관에서는 보통 어떤 유형의 아이들을 입양시키는가?", "이 기관은 큰아이를 입양시킨 경험이 많은가?", "지난해에 이 기관에서 큰아이를 몇 명 입양시켰는가?"와 같은 사항들을 물어봐야 한다. 대체적으로 큰아이 입양을 주로 취급하고 있는 기관과 상의하는 편이 안전하다. 물론, 입양된 아동 숫자가 항상 입양의 질을 나타내는 건 아니지만, 큰아이 입양에 대한 업무 경험이 많고 특수한 문제들을 다루어 본 입양기관에서는 분명히 업무 절차가 시간과 함께 개선되어 왔을 것이기 때문이다.

모린은 책상 앞에 앉아 있지만 타이핑에 집중하기가 어렵다. 벽에 달린 커다란 저 시계 바늘이 빨리 움직여서 입양기관에다 전화를 걸기를 원하는 건지, 아니면 느리게 움직여서 준비할 시간을 더 가지기를 원하는 건지 자신도 모르겠다. 점심시간이 되자, 동료와 늘 가던 식당으로 가질 않고 천천히 걸어서 빈 공중 전화박스를 찾는다. 전화박스 안으로 들어간다. 긴장이 된다. 동전을 넣고 주 입양기관의 번호를 누른다. 전화벨이 울리는 그 잠깐의 시간이 아주 길게 느껴진다. 분명히 사무실 문이 닫혔다고 생각하는 찰나에, "여보세요~"라고 비서가 답을 한다. 모린은 자신의 이름을 소개한 후, 자기 부부는 나이 든 아이 한 명을 입양하고 싶다고 설명한다. 비서의 목소리는 반기는 듯하지만, 여전히 사무적인 어투로 몇 가지를 알려 준다. 다음 달에 입양 안내 모임이 있을 예정이고, 레일리 부부를 명단에 올릴 것이고, 그곳에 참석하면 입양기관이 어떻게 일하는지, 대기 중인 아이들은 어떠한지를 알 수 있을 거라고 말해 준다(그렇게 빨리 고객 문의를 만족시킬 수 있는 입양기관에 전화가 연결된 것은 운이 좋은 편이다. 직원 부족으로 입양 수속을 시작하기 전까지 몇 달씩이나 기다리게 되는 경우가 흔하다).

모린이 그 입양기관에서 보통 입양시키는 아이들의 유형과 숫자에 대해서 물어본다. 비서는 대답을 조금만 해 준다. 자기는 신입 사원이라서 그런데, 모임에 참석하면 궁금한 것 모두를 알 수 있을 거라고 답한다. 모린은 만족스럽게 전화를 끊는다. 그리고 레일리 부부는 기다린다.

베스와 토니 드산도는 데니에게 진심으로 많은 관심을 갖고 있다. 주 입양자원교환소의 전화번호가 신문에 끼어 있다. 베스는 전화를 걸어 자신들이 데니에게 관심 있다고 말한다. 그리고 그 애를 입양하려면 어떻게 해야 할지를 묻는다. 전화를 받은 사람은 드산도 부부가 데니에게 끌리고 있다는 점에 대해 따뜻한 공감을 표한다. 그러면서 그곳은 입양 기관이 아니라 이미 조사된 가정들과 아이들을 연결시키며, 입양기관과 아이들을 위한 서비스를 제공하는 곳이라고 설명한다. 입양절차 중 제일 첫 단계는 가정 조사다. 데니는 주 입양기관들의 명단에 등재되어 있기 때문에, 원한다면 데니의 입양기관에 전화를 해서 가정 조사를 시작할 수 있는지에 대한 여부를 알아볼 수 있다고 그녀는 말해 준다.

입양자원교환소^{Adoption resource exchange2)}는 입양 절차를 시작하기에 좋은 곳이다. 거기서 관심 있는 유형의 아이가 있는 입양기관의 위치를 알 수

---

2) 우리나라는 아동권리보장원(www. ncrc. or. kr)에서 입양 대상 아동들의 정보를 통합 관리한다. 동란 이후 입양기관에서 주도해 왔던 입양 절차를 2020년 7월부터는 입양을 의뢰하는 새 부모는 지자체의 아동보호 전담요원에게 신청하도록 하고 있으며 한편, 입양을 하려는 예비 부모들은 입양기관의 입양 담당자에게 신청하도록 하고 있다.

있다. 큰아이 입양 업무를 적극적이고 활발하게 하고 있는 주거지 근처의 입양기관을 소개받을 수 있다. 그 입양기관에서 실시하고 있는 가정 조사 대기 명단의 유무도 알 수 있다. 지역의 입양 부모 모임의 연락처나 관심 있는 아이와 유사한 아이를 입양한 가정의 연락처도 알 수 있다. 그렇게 다른 입양 부모로부터 큰아이 입양에 대한 더 많은 정보를 얻을 수 있다.

베스가 주 입양기관에 전화를 하자 그들 부부 또한 입양 안내 모임에 참석토록 권유받는다. 전화를 받은 사람은 드산도 부부처럼 그렇게 빨리 특정 아이에게 끌리게 되는 경우는 흔치 않지만, 데니가 드산도 부부에게 꼭 맞는 아이로 느껴진다고 말해 준다. 데니에 대한 관심을 동료들에게 전하겠다고 약속한다. 그러나 반드시 데니를 집으로 데려갈 수 있을 거라는 기대는 너무 하지 않도록 하라고 주의 준다. 왜냐하면 그 아이에게 관심이 있는 다른 부부가 이미 허가를 받았을지도 모르기 때문이라고 한다. 베스가 실망하고 있음을 알아차렸는지 입양기관에는 데니와 같은 아이들이 많이 있고, 비록 데니와 입양이 이루어지지 않는다고 해도 비슷한 필요를 가진 다른 아이들이 반드시 있을 거라고 덧붙여 말해 준다.

한편 딕과 엘렌 램버트는 다른 방법으로 입양기관을 찾기 시작한다. 특수욕구 아동들을 위한 입양 모임에 참석해서, 그 주의 입양 부모 단체에 대한 안내 책자를 집어 들었다. 엘렌은 전화로 지역 회장과 좋은 대화를 나누었고, 램버트 부부는 단체 회원들과 만날 수 있는 조촐한 저녁 식사에 초대를 받는다. 저녁 식사를 하는 동안 큰아이를 입양한 몇 커플들과 이야기를 나누면서 그들이 이용한 입양기관은 어떠한지, 그리고 가정 조사에서는 어떤 답을 해야 하는지를 알게 된다.

입양 부모 모임은 다른 어떤 것보다 예비 부모에게 가장 중요하다. 램버트 부부는 거기 부모들이 경험한 입양기관에 대한 의견과 입양 수속에 얼마나 만족했는지를 묻는다. 그 입양기관을 추천해 줄 만한지, 그렇지 않다면 좀 더 나은 다른 기관은 어딘지를 물어볼 수 있다. 어떤 입양 부모는 경험했던 서비스 질을 상세하게 설명해 준다. 같은 입양기관이라 하더라도 다른 직원과 경험을 했기 때문에 부모들 사이에서도 의견 차이가 있음을 발견할 수 있었다. 모든 전문 직업이 그렇듯 입양 담당 직원들의 능력이 각각 다양하고 부모들 또한 당연히 각각 다른 견해를 가질 수 있다.

램버트 부부는 저녁 식사를 마치고 커피와 후식을 들 때 즈음 되자 특별히 한 사설 입양기관에 관심이 쏠리고 있었다. 내일 엘렌이 전화를 해서 몇 가지 물어봐야겠다고 생각한다. 이렇게 해서 램버트 부부의 입양은 진행되기 시작한다.

다음 날 아침 엘렌은 전화를 건다. 입양기관이 자기 부부는 아이를 가지기에는 너무 늙었다고 말할까 봐 마음을 졸인다. 때때로 종교도 영향을 미친다는 말을 들어 왔기 때문에, 자신들의 종교적 배경도 문제가 될까 봐 걱정된다(입양기관과 지리적 위치에 따라서 종교는 아이 입양에 영향을 미칠 수 있다). 비서는 엘렌을 신규 채용된 사회복지사에게 연결해 준다. 그녀는 새 고객들의 질문에 답하고 설명해 주느라 하루 종일 전화기에 매달려 있다. 그 기관에서는 특별히 정해 놓은 입양조건과 요구사항은 없다고 말한다. 나이나 종교를 문제 삼지 않는단다. 오히려 그 입양기관의 주요 관심사는 부모 없는 아이들을 위해 가정을 찾아 주는 데 있단다. 입양 수속은 모임에 주 4번 연속해서 참석함으로써 시작될 예정이고, 그 모임에서 예비 부모들은 아이들의 유형에 대해 자세히 알 수 있으며, 아이를 입양한다는 것이 어떤 것인지를 배울 수 있다고 설명한다. 만약 어떤 커플이 아직 공식 절차가 시작되지 않은 상태에서 계속하고 싶지 않은 마음이 든다면 그 과정에서 쉽게 중단할 수 있도록 하기 위해, 입양기관은 그 모임이 끝날 때까지는 입양 신청서를 제출하라고 요구하지 않는다. 입양 결정을 위해 시간이 더 필요하거나 혹은 지금 당장은 입양하지 않는다고 해도 나중에 기관을 방문하는 것도 언제든지 환영한다. 이런 방식으로 기관은 커플들이 정말로 큰아이의 입양 부모가 되길 원하고 있는지를 분명히 자각하면서 입양을 결정하도록 돕는다. 입양기관에서 어떤 선입견을 갖지 않는다면, 망설이고 있는 예비 입양 부모들은 고민거리를 마음 편하게 나눌 수 있다.

사회복지사는 다음 모임의 일정을 알려 준다. 엘렌이 수화기를 놓으면서 안도의 한숨과 함께 흥분이 된다.

앨런 부부도 역시 입양기관과 함께 시작하려는 중이다. 다른 기관들은 살고 있는 시골집에서 상당히 멀리 떨어져 있으므로, 우선 편의상 도시 근처의 작은 사설 기관을 택했다. 그들이 처음 전화를 했을 때 입양 담당 복지사에게 바로 연결이 되었고, 그녀는 자신들의 이야기를 듣고 기쁜 듯이 질문에 답해 주었다. 실제로 그 기관에서는 입양 가능한 아이들이 몇 명 안 되지만 앨런 부부를 조사하게 되었고, 다른 기관에서라도 맞는 아이를 찾도록 도울 수 있어서 기쁘다고 말해 준다.

그렇다면 봅과 린다는 그 기관이 어떤 방법으로 자신들을 위한 아이를 찾아갈 것인지를 물어볼 필요가 있다. 데니의 사례를 알려 주었던 그런 입양자원교환소를 이용할 것인지, 아니면 전국 입양대상 아동 등록소를 이용할 것인지, 추가적으로 기다려야 하는 시간은 어느 정도 예상되는지, 그런 방법으로 해서 성공한 가족들이 있었는지, 장거리 여행을 해야만 하는 건지 등등에 관해서다.

교환소들은 일을 잘할 수 있다. 소속된 가족이 없는 아동들을 돌보고 있는 기관은 지방, 주, 또는 국가 입양자원교환소에 그 아동들을 등록시킬 것이다. 마찬가지로 입양을 허락했으나, 입양 보낼 만한 적절한 아동이 없는 기관도 예비 커플들을 등록시키기도 한다. 서로 소개되고 연결될 필요가 있는, 대기 중인 많은 아동들과 커플들에 대한 종합된 정보들을 제공하면서 교환소는 일정 지역의 아동들을 다른 지역의 기관들에게 위탁시킬 수 있다. 그러나 이런 종류의 프로그램에도 문제가 없는 것은 아니다.

만약 주 입양자원교환소가 없어서 전국등록소를 이용해야 할 경우에는 그 절차가 길어지는 경향이 있고, 이동해야 하는 거리는 상당히 멀 수 있다. 그 주의 공공 기관이 활동적인 편이라면 그다지 많은 수의 아동들이 주 입양교환소에까지 언급될 필요가 없을 것이고, 혹여 있다고 하더라도 대기 중인 입양 가능한 아동들은 나이에 비해 발달이 느리다든지, 육체적 혹은 정신적 장애 때문에 혹은 소수 인종이라는 이유 때문에 입양 주선이 어려운 어린아이들일 수 있다.

앨런 부부는 그들과 통화했던 기관이 봉사 대가로 얼마를 청구할지에 대한 걱정도 있다. 필요한 만큼 적당히 벌고 있기는 하지만 여유가 있는 편은 아니다. 그들에게는 현금이 귀하다. 복지사는 일이 성사될 수 있으며, 수수료는 부부의 여력에 따라서 유동적으로 부과된다고 확인시켜 준다. 또 만약 비싼 간호가 필요한 육체적 장애가 있는 아이를 입양하기로 결정한다거나 혹은 아이를 더 입양하려는 데 어려움이 있다면 주 정부의 도움을 받을 수 있고, 그런 보조금이 지급되는 입양을 신청할 수 있다고 더 말해 준다(그렇다고 해서 모든 주에서 실행되고 있는 건 아니다). 앨런 부부는 기꺼이 참석해서 입양절차를 밟겠다고 사회복지사와 약속을 한다.

입양 수수료는 기관마다 일정치 않다. 기관들은 사적 기부금, 종교적 지원, 나라 재정 지원을 받을 수 있다. 일부 사설 기관은 입양시키기 어려운 아동들을 입양하려는 부부에게는 수수료를 청구하지 않는다. 보통 공공 기관은 최종 입양이 이루어지는 시점에 수정된 출생증명서 복사비로 1달러나 2달러를 청구한다. 그들의 봉사는 다른 세금으로 지원받는다. 큰아이 입양을 원하는 커플은 그럴 여유가 있는 기관을 찾을 수 있어야 한다.

레일리 부부, 드산도 부부, 램버트 부부, 앨런 부부 모두는 지금, 원하는 아이를 향해 다가가고 있다. 자신들의 필요를 만족시켜 줄 것 같은 느낌이 드는 기관을 찾았고, 잘 진행될 것 같다. 많은 의문들이 입양 수속을 밟는 과정 중에 생겨나기 마련이므로, 직원으로부터 답변을 편안하게 잘 들을 수 있다는 느낌이 드는 입양기관에 정착하는 것이 현명하다.

1968년 이래로 나이 든 아동과 장애 아동을 전문적으로 입양시켜 온, 미시간주 기관인, Spaulding for Children은 입양기관이 임무를 다하기 위한 효과적인 방법을 제시하고 있다. 이 기관의 접근법과 높은 수준의 서비스를 입양기관들이 본받으면 좋겠다. 여기에 Spaulding for Children에서 제시하는 입양 배치 서비스를 위한 필수 사항들을 소개한다.

입양기관은 열려 있고 솔직해야 하고, 직원들의 친절은 매우 중요하다. 열정적인 사회복지사들은 아동에 관심이 있어야 하고, 아동을 돌본다는 점에서 어떤 유형의 사람들이라도 차별 없이 대화할 수 있어야 한다. 그런 분위기가 없다면 성공할 수 없다. 공적 이미지는 사적 직무 수

행에 의해 입증되어야 한다. 전화를 받는 사람은 따뜻하게 도움을 주어야 한다. 편지에는 즉각 답장해야 하고 응답은 합당하게 해야 한다. 모임은 편안해야 하고 신중하게 계획 되어져야 한다. 약속은 서로가 편리하게 이루어져야 한다. 과정은 순조로워야 하고, 서류는 최소화시켜야 한다. 입양 가족 경험, 나이 든 아이 입양이나 장애 있는 어린아이를 입양해 본 보편적인 가족 경험, 강점과 약점 등을 복지사와 가족이 접촉함으로써 더 잘 이해할 수 있어야 한다. 이미 입양을 경험한 사람들을 과정에 포함시켜야 한다. 그들은 믿을 만한 정보를 훨씬 더 많이 알려 줄 뿐만 아니라 기관의 서비스, 직원의 신뢰성, 사회복지사가 잊어버렸거나 또는 배운 적이 없는 일상적인 세부 사항들까지도 신청 가족들에게 충고해 줄 수 있다.

배치하는 전 과정뿐만이 아니라 그 후까지도 기꺼이 서비스를 제공해야 하고, 조정될 부분은 기꺼이 수용해야 한다. 아동 배치에 대해서 공동 책임을 져야 한다. 가능한 한 지금까지의 게임을 하는 식의 무책임한 태도는 지양하고(만약 적절한 질문에 충분한 시간을 들여서 계속 적절한 답변을 해 준다면 아동으로부터 보상받게 된다), 입양 가능한 아동에 관해 많은 것을 알 수 있고 신뢰할 수 있는 기관의 도움으로 입양 진행을 하겠다고 결정할 수 있는 데까지 이르도록 노력해야 한다. '좋은' 가족의 조건에 관한 우리의 선입견을 쓸어 버려야 한다. 우리에게 다가오는 새로운 가족들은 나이가 많거나, 젊거나, 중간이기도 하다. 그들의 소득은 안정적이기도 하고 간신히 생활해 가는 정도이기도 하다. 각각은 다른 수준의 입양 동기를 갖고 있을 수 있다. 좋은 교육을 받았을 수도 있고, 읽기, 쓰기를 조금밖에 못할 수도 있다. 그러나 그 사람들이 지녀야 하는 공통된 특징은 그들에게 태어나지 않은 아이를 잘 보살필 수 있는 능력이어야만 한다.

입양절차가 시작되려고 할 즈음이다. 매기는 기다리고 있는 커플에게
는 그다지 좋아 보이지 않는 한 해를 보내면서 아홉 살에 이르고 있다. 아
침 식탁 위에 오늘을 기념하는 카드가 놓여 있다. 학교로 출발하기 전 매
기는 따스한 느낌의 화려한 카드를 보란 듯이 화장대 위에 세워 둔다. 교
실에서 커다랗게 적혀 있는 그날이 생일인 아이들의 이름을 슬쩍 본다.
발표 시간이 되자 루이자는 엄마가 다음 화요일에 자기 생일파티를 준비
하고 있다면서 신이 나서 이야기를 독점한다. 루이자는 새 자전거와 강
아지처럼 생긴 케이크를 기대하고 있다. 매기에게 돌아보며 묻는다. "넌
생일날 뭘 받을 거니?" "나도 몰라." 매기는 더듬거린다. "비밀이야…."

낙엽 더미를 발로 툭툭 차면서 집으로 돌아온다. 매기는 자기를 위한
선물도, 파티도, 케이크도 없을 거라는 걸 잘 알고 있다. 집에 도착해서
힘없이 계단을 올라 방으로 간다. 오늘 아침에는 좋아 보였던 그 카드가
지금은 너무 외롭고 슬퍼 보인다. 서랍장 위 칸을 열어 정성 들여 말아
놓은 양말 더미 뒤쪽에 카드를 쑤셔 넣는다. 나중에 위탁엄마는 구겨져
엉망이 된 카드를 발견하고는 무엇이 매기를 그렇게 산만한 아이로 만
드는지 다시 한번 더 궁금해질 것이다.

▌ 가정 조사

밝고 화창한 목요일 아침 열 시, 약간의 가을 기운이 느껴진다. 레일리
부부가 첫 입양정보모임이 개최될 주 입양기관의 홀에 막 들어선다. 커

다란 정사각형 테이블 앞에 앉는다. 다른 커플들도 차례로 자리를 찾아 앉는다. 그들이 모르는 드산도 부부도 이미 그곳에 와 있었다. 안내하고 있는 접수원과 기관 직원들은 매우 즐거워 보이지만 실제로 긴장감이 맴돌고 있다. 몇몇 커플은 머뭇거리면서 옆 사람과 대화를 시도하고 있다. 조금 드러내 놓고 경쟁자들을 평가하고 있는 사람도 있다. 조용히 침묵하고 있는 사람도 있다. 홀 안의 분위기는 조금 격앙된 듯하다. 두 명의 사회복지사가 모임을 진행시킨다. 먼저 자신들을 소개한다. 그런 다음 커플들은 차례로 자기소개를 하고 그리고 관심 있는 아동의 유형을 말해 보도록 요청받는다. 대기 중인 아이들의 사진을 보여 주면서 그 기관에서 입양 가능한 아이들에 대해 설명해 준다. 비용, 요구 사항, 제한 사항, 가정 조사에 관련된 방법과 시기 그리고 입양 배치에 대한 설명을 해 준다. 많은 기관에서처럼 그 기관에서도 큰아이 입양을 원하는 커플들은 그룹 내에서 조사 연구 대상이 된다. 의무적인 집단모임이 여러 차례 있을 예정인데 그 과정에서 문제점을 발견하고 다룰 수 있고 또 정보도 나눌 수 있다. 마지막 집단모임에서 각각의 커플은 담당 사회복지사를 배정받을 것이고, 담당 된 복지사는 여러 차례 그들과 만나면서 평가할 것이고, 또 그들의 감정과 염려를 고려해서 관심이 가는 아이들의 유형을 결정하도록 도울 것이다.

현재에 많은 입양기관들이 이런 식의 집단모임을 가정 조사의 한 부분으로 활용하고 있다. 그 방법은 경제적이고 효과적이다. 특정 복지사 개인의 염려와 생각에 제한되지 않고, 커플들은 훨씬 폭 넓은 질문과 생각을 접할 수 있다. 그곳에서는 개별 조사로는 잘 나타나지 않는 생각들을 쉽게 나눌 수 있다. 사회복지사나 기관 직원들은 다른 사람들과 교류하면서 커플들을 또 다른 방법으로 알게 된다. 그 커플이 어떤 종류의 사람들과 관계를 가지게 되고, 새 아이디어를 어떻게 다루는지, 의견 차이는 어떻게 해결하는지, 어느 부분에서 더 많은 생각을 해야 하는지를 더 쉽게 파악할 수 있다. 이 모든 것은 담당 복지사가 커플의 최고 관심사인 더 나은 입양 배치를 할 수 있도록 돕는다.

오늘 일정이 끝날 즈음에 가정 조사를 위한 신청서가 배포될 것이라고 설명한다. 커플들은 자신들이 가정 조사 절차를 시작할 준비가 되었다고 느끼면 신청서를 작성하게 된다. 신청서에는 배치될 아동을 위해 필요한 서류 목록들이 포함되어 있다.

일단 입양을 결정적으로 마음먹고, 가정 조사 신청서를 제출하게 된다면, 그때부터는 필요한 자료를 모으기 시작하는 편이 현명하다. 출생증명서, 결혼 증명서는 공중된 사본이 필요할 것이다. 주치의나 병원에서 건강 검진을 받아야 할 것이고, 아이를 양육하기 위해 건강에 문제가 없다는 소견서도 필요하다. 그런 신청서는 틀림없이 몇몇 보증인을 요구할 것이다. 이런 서류 부분을 빨리 갖출수록 입양절차는 덜 지연된다.

잭 레일리는 모임에서 이런 아이들이 지닌 문제점에 대해 염려되는 마음을 표현해 본다. 자신들의 경험만으로 걱정스러운 아이를 충분히 도울 수 있을까? 이 아이들은 서로 사랑하는 부모를 가지게 되면 많은 부분이 절로 치료된다는 건 알겠지만, 그것 외에 무엇을 어떻게 해야 하는지를 잘 모르겠다. 어떻게 알 수 있을까? 기관이 도와줄 수 있을까?

이것은 좋은 질문이다. 왜냐하면 입양기관을 선택할 때 입양 배치 전·후로 제공되는 서비스에 관해 미리 생각해 보는 것은 중요하기 때문이다. 그 기관은 예비 부모에게 아이를 잘 양육하는 방법에 대한 강좌를 하고 있는가? 입양 부모로 구성된 입양 후 지지모임을 갖고 있으며, 그곳에서 함께 모일 수 있고, 새 자녀와의 적응 문제들을 함께 나눌 수 있는가?

그 모임에서 알아봐야 할 또 하나의 관심거리는, 신청서를 제출한 후 가정 조사를 기다리는 데 예상할 수 있는 시간의 길이다. 만약 대기 명부가 길면 차선의 기관에 전화해서 그곳 대기 명부에도 등록하는 편이 현명할 지도 모르겠다. 이미 다른 기관에서 진행 중인 커플을 조사한다는 것은 기관 방침에 위배 될 뿐만 아니라 기관으로서도 시간 낭비다. 그러나 아직 조사가 시작되지 않고 기다리고 있는 커플들이 한 명부 이상에 올라가지 못할 이유는 없다.

드산도 부부와 레일리 부부는 모임 직후, 곧 바로 가정 조사 신청서를 작성해서 제출했다. 즉시 연락이 왔고 그들을 위한 가정 조사단이 계획되었다.

램버트 부부는 기관이 지원하고 있는 교육 모임에 네 번 참석했다. 모임은 유익하고 재미있었다. 한 번은 큰아이를 입양했던 부모의 경험담을 들었다. 지금은 그렇지 않지만 한때는 힘들었단다. 또 한 번은 아동 심리학자가 아이들이 부모를 잃어버릴 때 갖게 되는 어려움과 심리상태, 그래서 입양 가정으로 다시 옮겨진 후에 아이들이 보이는 반응에 대해 이야기해 줬다. 참석한 커플들은 부모와 새로 입양된 자녀의 역할을 맡아서 역할놀이를 해 봄으로써 아이들의 과잉행동에 대한 느낌 그리고 그것을 다루는 방법들을 경험할 수 있었다. 교육과정의 마지막이 되자 램버트 부부는 입양하겠다는 결심이 확고해진다. 담당 복지사를 만나서 자신들에 관한 이야기를 해 주고 이런 종류의 입양에 대해 기대하는 바를 나누었다. 그리하여 그들 가정에 가장 적합할 것 같은 아이 찾기가 시작되었다.

밥과 린다 앨런이 간 작은 입양기관은 조사단을 운영하지 않았다. 그러나 시작 단계에서부터 각 개별 사회복지사가 고객을 담당한다. 담당 사회복지사와 네 번에서 여섯 번에 걸쳐 만난다. 제일 먼저 서로를 알고 그리고 앨런 부부가 입양에 관심을 갖는 이유를 알아본다. 두 번째는 봅과 린다가 각기 따로 사회복지사와 만나 개인적인 입양과 결혼 생활에 대해 말할 기회를 갖고, 세 번째는 함께 모여 의논해야 할 것 같은 추가적인 문제들을 이야기하고, 마지막으로 특별히 그들이 입양하길 원하는 아동의 유형을 찾아낸다. 기관의 방침은 모임 중 한 번은-보통 마지막 회에 가깝게- 사회복지사가 앨런의 집에 방문하도록 한다.

가정방문을 한다고 해서 불안하게 느낄 필요가 없다. 가령 수돗물이 나오지 않는 것처럼 사회복지사가 납득할 수 없을 정도로 매우 불결한 상태가 아니라면, 집 안을 잘 꾸몄는지, 청결 검사를 하려고 가는 것이 아니다. 방문의 두 가지 중요한 목적은 앨런의 자녀들을 만나서 가족 관계를 알아본다. 그러면 어떤 유형의 아이가 적합할지 좀 더 쉽게 알 수 있다. 또 하나는 앨런 부부가 편안히 느끼는 집에서 이야기할 기회를 갖는 것이다. 어떤 부부들은 입양기관의 사무실에서 이야기하는 걸 힘들어하는 경우가 종종 있다.

데니의 학교에서는 한창 성적을 매기고 있다. 하루가 끝날 무렵에 데니는 몸을 흔들면서 집으로 들어온다. 먹을 것을 집는다. 그리고 조리대 위에 연두색 경고장 네 장을 얹어 놓는다. 경고장에는 모든 주요 과목 성적이 나쁘다고 지적되고 있다. 멍청하고 짜증나게 만든다는 위탁모의 비난을 무시해 버리고 데니는 친구들을 만나기 위해 문밖으로 나간다. 그런 상황은 친구들에게 큰 재밋거리가 된다. 그 중 두 장은 학습에 문제가 있어 위탁모에게 교사 면담 요청을 하라

고 적혀 있다. 그러나 그녀는 전화할 생각이 없다. 선생님들이 어떻
게 생각하겠어? 불량한 애한테 낭비할 시간이 있으면, 차라리 아무
것도 안 하는 편이 낫겠어.

▎ 큰아이 입양 후보자 평가

가정 조사 방법은 기관마다 차이가 있겠지만 그들이 추구하는 본질은
동일하다. 신청인 각자의 '개인 정서의 안정성'과 '입양 동기'를 평가하고
자 한다. 만약 커플이 불임이라면, 기관에서는 배우자가 불임을 어떻게
처리해 왔는지-의학적 해결 시도, 죄의식이나 노여움 혹은 자기비하-를
알아보려고 할 것이다.

기다리고 있는 아이들 모두는 적어도 한 번 이상은 부모를 잃었기 때
문에 입양기관에서는 아이들이 또 다시 부모를 잃지 않을 거라는 확신
이 들 때까지 최선을 다한다. 그래서 신청인들의 결혼 생활의 건강과 신
체 건강 상태를 체크한다. 입양기관은 자신이 낳지 않은 아이를 사랑하
고 받아들일 수 있는 신청인들의 능력을 평가하는 데 적잖은 시간을 보
낸다. 그 부부는 자녀를 갖기 위한 차선책으로 입양을 보고 있는가? 아
이를 출산한 부모에 대해서는 어떤 생각과 느낌을 갖고 있는가? 자신이
낳은 아이를 유기하고, 방임하고, 학대하도록 한 문제들과 억압감에 대
해 예민할 수 있겠는가? 왜 자기가 버려졌냐는 아이의 질문에 어떤 답을
할 수 있겠는가? 방임, 학대, 유기와 같은 부정적 경험을 아이가 이해할
수 있도록 도울 수 있는가? 위탁보호에 대해서는 어떻게 생각하는가? 사
람들이 위탁을 하는 이유가 무엇이라고 생각하는가? 새 아이가 이전의

위탁 부모와 계속 연락하도록 허락할 수 있겠는가?

입양기관은 예비 부모의 아동 양육에 대한 생각을 알아보려고 할 것이다. 행동 규칙은 무엇인가? 종교는? 아이의 요구, 부모의 요구, 규율, 생활 지도, 기대 사항을 포함한 제반 문제들에 대해 대화하기를 원할 것이다.

큰아이 입양을 위한 후보자들을 조사하고 있는 복지사들은 일반 사항에 더하여 다음과 같은 특징을 더 알아보는 편이 현명하다.

1. *이 사람은 자신을 좋아하는가?* 살아오면서 많은 부정적 경험을 한 아이와 함께 생활한다는 것은 매우 지칠 수 있다. 이 아이들은 대부분 자신을 좋아하지 않는다. 아주 비판적이거나 비협조적이며, 다른 사람들에게 불안감을 퍼부어 버리려는 경향이 있다. 가족을 화나게 만들고 어려운 문제를 일으키고 새 부모를 비난하고 공격할 수 있다. 이런 비난과 함께 생활해야 하는 걱정과 피로 그리고 끊임없는 문제 해결로 부모는 지칠 수 있다. 때때로 부모는 새 아이가 지금까지 다른 곳에서 쌓였던 모든 문제를 짧은 시간 내에 해결해야 한다는 생각을 가질 수 있는데, 그러면 피로가 심해진다. 천천히 어려운 상황을 극복하고 회복할 수 있도록 둘 수 있고, 사정이 어려울 때조차 아이와 자신을 계속 좋아할 수 있는 건강한 자존감을 지닌 부모가 필요하다.

2. *이 커플은 격분된 상황을 어떻게 처리하는가?* 그들은 견해와 생각 차이로 갈등을 어떻게 해결하고 있는가? 화가 난 큰아이와 긴장된 대결이 발생 되면 부부싸움을 할 때처럼 반응하는 커플들이 많다. 살아오면서 겪었던 크고 작은 갈등 경험들을 서로 나누도록 해서, 복

지사들은 그들만의 특별한 갈등 요인을 발견할 수 있다. 좋고 나쁜 기분을 표현하고 해결할 수 있는 방법을 알 수 있고, 상황이 긴장되어 있을 때 자신의 욕구와 다른 사람의 욕구에 대한 민감성의 정도를 알 수 있다. 커플들은 담당 복지사에게 마음을 열어야 한다. 복지사들도 누군가와 함께 살게 되면 반드시 의견 차이는 있게 마련이고 열 받을 수 있는 상황이 발생한다는 건 알고 있다. 상황이 악화될 때 아이와 가족이 서로에게 상처를 주기보다, 서로 보완하여 조화로운 길을 선택할 수 있는 방법을 알 필요가 있다.

또한 복지사는 이 커플이 의견 차이와 불화를 항상 해결해야 한다는 생각을 갖고 있는지를 판단할 수 있어야 한다. 부모는 가족 내의 완벽한 일치는 반드시 필요하지 않지만, 절충된 타협을 편안하게 느끼거나 혹은 어느 한쪽이 이기거나 지는 게 아니라 의견의 차이를 인정할 수 있는 합리적 사고와 상호 존중감을 창출해 낼 수 있어야 할 것이다. 존중감은 입양된 아이가 인간관계에서 긴장을 해결해야 할 때 좀 더 유연하게 접근할 수 있도록 가르친다. 이기고 지는 연속된 대결에 익숙한 아이들은 통제 문제에 대한 편견을 갖지 않는 부모와 좀 더 쉽게 타협할 수 있다.

3. *이 커플은 큰아이 입양으로 무엇을 기대하는가?* 나이가 들어서 입양된 아이가 가진 문제를 극복할 수 있다는 낙관적인 시각과 또 그 과정이 얼마나 천천히 진행되는가를 아는 현실감을 가진 부모를 찾아야 한다. 부모들은 가족과 아이를 위해 계획을 세울 수 있어야 한다. 그러나 또 한편으로는 세운 계획들이 예상대로 실현되지 않아도 유연할 수 있어야 한다. 큰아이를 입양하기로 한 그들의 결정에

흔들림이 없어야 한다. 자신들이 고려하고 있는 아이의 유형과 나이에 따른 아이 행동에 대한 현실적 기대를 할 수 있어야 한다.

4. *이 커플은 과거에 어떤 중요한 문제를 극복한 경험이 있는가?* 큰아이를 입양한 가족은 종종 완전 바닥에 떨어져 소진된다는 느낌 혹은 아무것도 제대로 굴러가지 않는다는 느낌이 들 때가 있다. 그처럼 어려운 시기에는 스스로 이겨 낼 수 있는 자신들의 능력에 대한 자기 확신이 필요하다. 그러한 확신감은 과거에 자주 어려운 상황을 극복했던 경험의 결과다. 스스로 웃을 수 있는 능력인 유머 감각은 또한 진짜 자산이 된다. 그리고 어떤 부모라도 부딪힐 수밖에 없는 실망과 혼란을 해결할 수 있는지도 측정해 봐야 한다.

5. *이 커플은 자신의 행동, 느낌, 생각에 대한 책임감을 느끼는가?* 그들은 의사소통은 명쾌하고 정직한가? 그들은 진실을 직면하는가? 입양된 많은 큰아이들은 자신들의 선택과 행동에 대한 책임을 피하려고 부인하고, 감정을 전이시키고, 거짓말을 한다. 그러한 곤란한 상대를 만나도 감정을 만져 줄 수 있는 부모는, 아이가 책임 있게 행동하고 어려워하는 영역을 개선시킬 수 있도록 잘 도울 수 있다. 정직하고 책임감 있는 어른이 되는 가장 좋은 방법은 정직하고 책임감 있게 행동하는 어른들과 함께 사는 것이다.

6. *이 커플은 아이의 의존 욕구를 인정하고 충족시키는 동시에 성장하도록 도울 수 있는가?* 이 아이들은 이전에 의존하고 싶고, 만족하고 싶은 욕구를 너무 많이 채우지 못했기 때문에 과거에 받았던 무관

심을 보상받고 싶어서 지나치게 의존적일 때가 많다. 아이의 욕구를 채워 주는 편안한 부모, 그러면서도 동시에 아이가 능력 있고 독립적인 어른으로 성장할 수 있도록 용기를 줄 수 있는 부모가 필요하다. 이 아이들에게는 "우리는 너를 사랑한다"라고 말할 수 있을 뿐만 아니라, "우리는 네가 시간이 지나면 네 스스로 할 수 있을 거라고 믿는다"라는 메시지를 보낼 수 있는 부모가 필요하다. 스스로가 선택하게 하고 스스로가 문제를 해결할 수 있도록 두는 동시에, 보호해 주고 돌봐 주는 부모가 필요하다. 이런 방법으로 아이들 스스로 자신이 능력 있는 어른이 될 수 있다는 걸 알게 된다.

7. *이 커플은 성공적인 입양 배치를 예측하는 포브스 척도Forbes scale에서 얼마나 잘할 수 있는가?* Lorna Forbes 박사는 큰아이 입양 배치가 성공하는 가족 특성을 다음과 같이 들었다.

① 기관과 함께할 수 있는 능력
② 친절함을 표현할 수 있는 능력
③ 조정할 수 있는 능력
④ 관대해질 수 있는 능력
⑤ 고립되지 않은 생활을 하고, 가족 범위를 넘어 다른 친분에 흥미를 가질 수 있는 능력
⑥ 어려운 상황을 빨리 극복할 수 있는 능력
⑦ 자신의 욕구 만족을 지연시킬 수 있는 건강한 자아
⑧ 배치된 아동과 상호 작용하는 생활 방식

사회복지사들이 찾는 커플들은 위에 나열된 특성들 중에 '매우 위험'으

로 표기되는 항목이 많아서는 안 된다.

입양을 신청하는 커플들에게는 위의 여러 특성들이 섞여 있을 것이다. 모두를 다 갖출 필요는 없겠지만 그럴 수 있는 잠재력이 많으면 많을수록, 폭풍우를 잠재우고 견디며 모든 사람에게 유익하도록 큰아이 입양을 성공시킬 확률은 높아진다.

제나가 춤을 추며 돌아다니자, 위탁모는 접혀 있었던 스웨터 옷깃을 한 번 더 추슬러 준다. 제나는 기분이 좋아서 반에 새로 온 친구에 관한 이야기를 하고 있다. 학교에 도착해서 제나는 운동장 구석에 있는 그 친구를 찾아낸다. 함께 뭉쳐서 놀고 있는 여자애 서너 명이 제나에게 등을 보이고 수군거리며 낄낄대고 웃는다. 제나는 "애, 셀리야, 우리 같이 놀자"라고 한다. "난 너랑 놀지 않을 거야, 우리 엄마가 너는 주에서 돌봐 줘야 하는 신세라고 했어." "그게 어쨌다는 거야?" 제나가 대꾸한다. "암튼 난 친구가 되고 싶지 않아. 넌 바보야!"

▌입양의 방해 요인

앨런 부부의 가정 조사는 순조롭게 진행되지 않고 있다. 무슨 이유인지는 잘 모르겠지만 어쩐지 사회복지사와 마음이 어긋나고 있다는 느낌이 든다. 담당 복지사는 두 사람을 같이 만나 보았고, 각각 따로도 만나보았다. 일부러 스트레스를 주려고 한 건 아니겠지만, 왠지 봅과 린다 둘다 그 복지사가 자기 부부를 좋아하는 것 같지 않고, 몇 가지 이유를 대면서 허락해 주지 않을 것 같은 느낌이 들고 있다. 오늘도 다시 한 번 더 냉정하게 거부당하는 기분이 들었다. 그러다 보니 봅은 주어지는 질문에 집중할 수가 없었다. 기관이 거절할 것 같은 기분 때문에 대화를 잘해 보려고 애썼지만 가정 조사가 어떻게 되어 가고 있는지를 물어봐야 되겠다고 불쑥 말해 버려서 매끄러운 시작을 망쳐 버린다. 그는 세 사람 사이에 긴장감이 점점 더해 가는 것 같다며 도대체 뭐가 문제인지 알고 싶다고 말해 버린다. 복지사는 잠시 주춤하면서 경직된 듯 긴장하지 않으려고 애쓴다. 혼잣말을 중얼거리면서 앨런 부부와 마음을 열어 보려고 애쓴다. 복지사가 걱정되는 것은 분명 이 부부의 생활 방식이 아니다. 농장으로 이사한 것은 긍정적이다. 어떤 새로운 경험에 잘 적응할 수 있고 배울 수 있다는 면에서는 좋다. 그런데, 앨런 부부가 입양을 결심하게 된 동기가 아이를 더 가지려는 원함인지, 인구 과잉에 대한 강력한 사회적 발언을 하고 싶은 건지, 어느 게 더 강하게 작용했는지 확실하지 않기 때문이다.

좁은 사무실에서 성인 세 사람이 서로에게 솔직히 이야기해 보려고 애써 보지만 봅, 린다, 복지사 모두 자신의 생각을 말로 정확하게 표현한다는 게 얼마나 힘이 드는지…. 앨런 부부는 분명하게 말한다. 자신들은 어떤 '이유'가 있어서 부모가 되려는 게 아니다. 그들은 아이를 원한다고 주장했다. 이렇게 서로 대화를 풀어 가다 보니 복지사가 까다롭게 하려고 한 것이 아니라 오히려 입양 배치를 잘하기 위해서 전념하고 있다는 느낌을 점점 받게 된다. 마지막으로 복지사는 그들을 인격적으로 또 부모로서 더 잘 이해하기 위해서, 앨런 부부와 아이들과 함께 시간을 보내기 위한 농장 방문에 동의한다.

비록 봅과 린다는 뒤이은 가정방문이 진행되는 시간 내내 상당히 긴장하긴 했지만, 오후가 끝날 무렵이 되자, 사회복지사도 훨씬 더 많이 편해진 것 같다. 마음이 많이 열렸다는 느낌이 든다. 가정 조사를 마칠 때쯤 되자 그녀의 망설임은 끝났다. 봅과 린다에게 입양을 하라고 권한다.

앨런 부부에게 일어났던 몇 가지 중요한 점을 살펴보면, 첫째, 그들이 오해받고 있고 허가받지 못할 것이라는 자신들의 걱정을 처리하는 방식이다. 그들은 부정적인 느낌에 대해 사회복지사와 대화할 수 있었고, 복지사는 마음을 열어서 품고 있었던 어려움을 그들과 함께 기꺼이 솔직하게 의논할 수 있었기 때문에 입양 신청은 물거품이 되지 않고 잘 진행될 수 있었다. 그러나 때때로 커플들은 앨런 부부처럼 하기를 주저한다. 일이 잘되어 가지 않는 느낌이 들어도 사회복지사의 기분을 상하게 만들까 봐 표현하지 못한다. 가정 조사 중에 있는 커플들에게 이런 경우가 발생한다면, 자신들이 서비스를 사고 있는 구매자 입장이란 점을 기억할 것과 좋은 서비스를 받을 수 있도록 행동하는 것이 중요하다는 점을 인식해야 한다. 만약 그 사회복지사와 함께 일을 성사시킬 수 없다면, 다른 복지사를 요청할 수도 있다. 또는 일이 해결될 수 있다는 희망을 가지고 사회복지사의 감독자하고 의논을 요청할 수 있다. 만약 커플이 처음부터 담당이 된 사회복지사와 직접적인 대화를 피하려고 한다면 이러한 접근들 어느 것도 쉽지는 않다. 그러나 가정 조사에서 어려움을 해결하려고 여러 방면으로 노력해 봤는데도 소용이 없었고, 여전히 입양하기를 정말 원한다면 다른 기관으로 가기를 망설여서는 안 될 것이다.

사회복지사도 어떻게 말로는 설명할 순 없지만 신청 허가를 망설이게 하는 일반적인 조건을 가졌는지를 자세히 살펴보는 동시에 자신만이 가질 수 있는 개인적 편견에도 민감할 수 있어야 한다. 앨런 부부 편에서 입양허가를 망설이도록 만든 진짜 이유를 제공했을 수도 있겠지만, 다른 한편으로는 복지사 역시 앨런 부부의 특별한 입양동기와 생활 방식을 공정치 못한 선입견을 가지고 봤을 수 있다. 입양을 담당하고 있는 사회복지사들만이 갖고 있는 생각들이 있다. 중류 계층의 배경과 가치를 가진 가족들을 올바르다고 보고, 신체가 매우 비만인 고객은 무의식적으로 거부한다. 비록 치료 중인 그의 환자가 좋은 부모가 될 수 있다고 말해 준다 해도 오랫동안 의료적 문제를 가지고 있는(아빠들보다 더 많은) 엄마들을 받아들이기를 망설이고, 대가족 경험이 없는 부모들과 새 아이의 위치가 '막내'가 되는 가족을 안전하다고 본다.

레일리 부부, 램버트 부부, 앨런 부부, 드산도 부부가 허가를 받았을 즈음, 그들은 자신들이 좋은 가정 조사를 받았는지의 여부를 평가할 수 있어야 한다. 자신들이 누구이며, 개인으로서, 가족으로서 어떤 역할을 하는지, 인생에서 그리고 자녀에게서 얻기 원하는 것이 무엇인지를 더 잘 알아야 한다. 기다리는 아이, 그 아이의 부모가 된다는 것은 무엇을 의미하는지, 그리고 이런 종류의 입양에 참여함으로써 생기는 자신들의 기분을 더 잘 이해할 수 있어야 한다. 그들은 입양에 특히 큰아이 입양에 대해서는 스스로도 어느 정도 묻혀 있었던 관념들을 의식하는 경험을 했을 것이다. 솔직함이 손해가 아니라는 것을 알아야 한다. 가정 조사가 끝날 무렵이 되면, 자신들의 사회복지사가 실제로 어떤 유형의 아이를 고려해야 할지 혹은 고려하지 말아야 할지를 결정할 수 있도록 도와야 한다.

시간은 흘러 겨울이 다가오고 있다. 비록 이른 저녁이지만 학교 식당 안은 불이 환하게 켜져 있다. 가장 아끼는 옷을 입고 데니는 가을 운동 축제를 기다리고 있는 남자애들과 부모들 무리에서 조금 떨어져 서 있다. 코치 선생님들 중 한 분이 신호를 보내자 사람들은 흥

3장_가정 조사 **63**

분되어 식당 안으로 쏟아져 들어간다. 학생들은 각자 부모님을 소개하고 저녁 식사를 위한 자기 자리가 표시된 카드를 찾고 있다. 데니는 위탁모의 이름이 적힌 밝게 인쇄된 카드를 치우면서 조용히 자기 자리로 간다. 음식은 매우 좋다. 함께 열심히 운동했던 사람들과 친하게 정을 나눈다. 저녁 식사 후 마음껏 웃고 코치 선생님들은 학기 동안 있었던 재미난 많은 사건들을 장난스럽게 늘어놓는다. 트로피들이 빛을 발하며 코치들 앞에 줄을 서 있다. 그 저녁 끝에 데니는 무대 위로 올라간다. 우레와 같은 박수갈채를 받으면서 '최우수 선수'로 트로피가 수여된다. 잠시 후, 집에 도착한 데니는 어두운 현관 계단을 올라간다. 집 안은 너무도 조용하다. 모두가 잠들었다. 데니는 침대에 눈을 뜬 채 누워 있다. 아까 상을 받던 순간의 흥분이 가시지 않고 있다. 호루라기 소리, 고함소리, 친구들의 축하 소리가 귓가에 쟁쟁하다. 그런데… 왜 이다지 외로움이 밀려드는지….

▎어떤 아이

비록 사회복지사와 부모는 모든 가족이 어떤 아이라도 입양할 수 없다는 사실을 인정하고 싶지 않겠지만, 그런 기분에 머물지 말고 가족에게 가장 잘 어울리는 아이의 유형에 관해 구체적으로 상의를 할 수 있어야 한다. 이것은 조사 대상 아동의 문제, 행동 스타일이나 그 아이에 대한 예비 부모의 느낌을 말하는 게 아니다. 오히려 여러 유형의 아이들을 양육할 수 있는 그 가족의 장, 단점을 양면으로 본 평가가 되겠고, 미래에 올 아이에 관한 부모 자신의 원함과 한계를 명확히 진술하는 것이 된다. 여기서 몇 가지 사항들을 살펴보면 때가 되면 가장 적절한 아이를 선택할 수 있도록 돕게 된다.

1. 당신이 가장 긍정적으로 생각하는 아동의 유형을 자세히 설명하라. 생김새는? 어떤 반응을 하는가? 부드럽고, 자신감 있고, 호기심이 있고, 신뢰감이 있고, 명랑하고, 자립적이고, 의존적이고, 감사할 줄 아는가? 이 아이와 함께 어떤 활동에 참여하게 될지 상상할 수 있는가? 특별히 원하는 나이는? 그 이유는?

2. 당신이 가장 부정적으로 생각하는 아동의 유형을 자세히 설명하라. 생김새는? 어떤 반응을 하는가? 이 아이와 함께 어떤 문제들을 상상할 수 있는가? 특별히 원치 않는 나이는? 이유는?

3. 당신의 애정 표현 방법은?

4. 당신 집안에는 아이들에 대한 특별한 규칙이 있는가?

5. 어떤 아이들이 당신을 힘들게 하는가?

6. 어떤 행동을 당신은 받아들일 수 없거나 받아들이고 싶지 않은가? 반항, 파괴, 공격, 후퇴, 시무룩함, 미숙함? 어떤 행동들이 여기에 해당된다고 생각하는가? 당신이 가진 인내심의 정도는?

7. 어떤 장애를 당신은 수용할 수 없는가?

8. 당신의 입양이 성공할 것이라고 생각하는 이유는?

9. 당신이 불편하게 느꼈던 아동을 거절할 수 있는가?

드산도 부부는 여전히 데니에게 관심이 쏠린다. 그 아이는 아직 입양되지 않고 있다. 그들의 복지사가 데니의 복지사와 만나서 정보를 교환하고, 데니가 드산도 가족에게 어울리는지를 알아보려고 의논 중이다.

지금은 데니의 담당자가 휴가 중이라 휴가가 마치는 대로 만남이 이루어질 것 같다.

레일리 부부의 복지사는 이 부부가 정신적 혹은 육체적 문제가 있다 하더라도 좀 더 어린아이를 선택하는 편이 낫겠다고 생각하는 중이다. 그는 *특별한 욕구를 가진 아이 입양하기* Adopting children with special needs (Kravik, 1976) 책 안에서 John McNamara가 소개한 안내 지침들을 활용한다. (북미 입양아동 협의회를 통해 이용 가능함)

책 안에 있는 다음과 같은 내용들이 만약 당신에게 적용된다면 당신은 특수욕구아동 입양을 잘 시작할 수 있을 것이다.

1. 당신은 아이들을 좋아하고 가족 부양을 즐거워한다. 만약 당신이 아직 부/모가 된 적이 없다고 하더라도, 봉사 활동, 가르치는 일, 혹은 친척의 아동들과 접촉해 왔다. 그것은 일상에서 부/모 되는 일이 어떠한 일인지 현실적인 안목을 갖도록 한다.
2. 당신은 유연한 사람이다. 평상시에 짜증이 나도 인내할 수 있다. 그리고 자신의 기대와 생활 방식이 바뀌어도 잘 수용 한다.
3. 당신은 인간이란 가능한 존재라고 믿으며, 각자의 잠재력에 따라 사람의 가치를 평가할 수 있다.
4. 당신은 힘들게 사는 사람들과 관계하면서 지내 왔다.

한편, 다음과 같은 내용들이 당신에게 적용된다면, 당신은 특수욕구아의 입양을 시도하기 전에 좀 더 시간을 가질 필요가 있다.

1. 당신은 특수욕구아의 입양을 미안함, 연민, 혹은 의무감을 느끼기

때문에 하는 자비로운 행위로 본다.

2. 당신은 그런 입양은 신나고, 낭만적이고, 또는 공적 혹은 사적인 보고서를 작성하기에 좋은 수단이라고 생각한다.

3. 당신은 '평범한' 또는 '보통의' 아동은 키울 수 없었다고 생각한다.

4. 특수욕구아는 당신에겐 차선책이다. 좋아하는 아이를 기다리는 시간이 너무 오래 걸리기 때문이거나 정말로 원하는 유형의 아동이 없기 때문이다.

5. 당신은 성취와 성공에 높은 가치를 둔다. 그리고 아동의 미래 목표를 이미 정해 놓았다.

6. 당신은 스스로 변화와 긴장에 잘 적응하지 못하는 사람으로 여긴다.

7. 당신이 선택한 생활 스타일은 이미 정해져 있고 특수욕구아 입양은 당신의 중요한 활동을 방해할 수 있다.

그 책에 따르면 비록 자신에게서 위의 나열된 내용이 있다고 해서 당신이 입양할 수 없다는 뜻은 아니라고 말한다. 그러나 한 아이가 진정으로 당신 가족에게 줄 수 있는 것을 알고, 또 당신이 아이에게 줄 수 있는 것을 알아차리기 위해서는, 당신의 큰아이 입양 동기와 느낌, 생활 태도와 방식을 주의 깊게 검토해 봐야 된다고 말하고 있다.

그 책에는 또한 입양을 기다리고 있는 아이들에게서 발견되는 신체적·정신적 어려움에 관하여 많이 공감되고 논의된 유익한 내용들이 수록되어 있다. 특수욕구아의 입양을 위해서 부모는 아이의 있는 모습 그대로를 받아들이면서 사랑하고자 하는 선택 그리고 확고하고 긍정적인 선택이 요구된다. 마치 장애를 가지고 태어난 아이의 부모가 그렇듯이, 부모는 아이와 아이의 문제를 다룰 수 있도록 자신을 준비시킬 필요가 있다. 입양 부모들은 신체적·정신적 장애를 지닌 아이들을 쉽게 도울 수 있다. 왜냐하면 아이의 고통과 자존감에 가해지는 충격을 다룰 때 자신들이 장애를 가진 아이를 낳았다는 죄책감과 싸우고 있지 않기 때문이다. 장애아동을 입양하는 부모는 병원, 외과 수술, 주사, 특수 교육, 약물 치료 일정, 보호 작업장, 고통스런 치료 등과 같은 어려움을 헤쳐 나가야 할 것이다. 그것들은 그들의 생활을 제한시키고 혹은 결정적으로 뒤엎을 수도 있다. 예산, 거주, 계획, 시간 분배 등 모든 것이 변경되기가 쉽다(주저치 말고 주에서 재정적 지원을 받을 수 있는지를 기관과 함께 알아봐야 한다). 그러한 어려움에도 불구하고 이런 아이를 입양하기로 결심한 부모들은 그 입양이 얼마나 만족스럽고, 겸손케 하며, 아름다운지를 알게 된다.

레일리 부부에게 복지사는 입양되기까지 아이를 오랫동안 기다리게 했던 특별한 상황들을 생각해 보라고 권한다. 정서적 어려움, 형제와 함께 입양될 필요성, 십 대 문제 등.

마침내 모린과 잭은 취학 연령의 딸을 입양하겠다고 결정한다. 하지만 열두 살이 넘어서는 안 되겠다. 십 대 청소년의 부모가 되는 경험은 시작부터가 너무 어려울 것 같다. 레일리 부부는 사납고, 시끄러운 기질을 가져 '과잉행동'을 하는 아이는 조금 꺼려진다. 아파트에 살기 때문에 그런 아이는 대체로 골칫거리가 될 수 있기 때문이다. 반면에 내향적이고 말수가 적은 어린애는 괜찮을 것 같다. 아이와 함께 여러 가지를 하고 싶다. 박물관과 동물원에 가고 싶다. 모린은 자신의 즐거움인 집 안 가꾸기 기술을 너무 가르치고 싶다. 새 딸과 함께 요리하고 바느질을 하고 싶다. 학교는 정규적으로 다닐 수 있고, 가능한 한 고등학교까지는 졸업할 수 있는 아이라면 좋겠다는 생각을 해 본다.

램버트 부부는 가정 조사 과정에서 여자아이를 고려하고 있다고 말했지만, 마음은 아들 쪽으로 강하게 기울어지고 있다. 그 아들이 그들의 즐거움인 스키 타기, 요트 타기를 같이할 수 있으면 좋겠다. 지나치게 살찐 아이에게는 관심이 없다. 비록 특수반 교육이 필요할지도 모를 정도로 학습 능력이 떨어진 아이를 생각해 보면 괴로운 정도까지는 아니지만 그렇다고 해서 발달지체 아이를 맡아서 키울 능력이 있다고까지는 생각하지 않는다. 필요하다면 원하는 아이를 입양하기 위해 주를 너머 먼 곳까지 기꺼이 여행을 할 각오가 되어 있다.

앨런 부부는 매우 유연한 생각을 갖고 있는 편이다. 장애가 있는 아이는 입양하지 않겠다고 이미 결정했다. 그러나 남아든, 여아든 상관 안 한다. 나이도 아무래도 괜찮다. 단지 그들이 낳은 두 아이 사이에 끼울 수 있는 정도면 좋겠다. 열두 살인 줄리보다 나이가 더 많은 아이는 입양하고 싶지 않다. 많은 결정을 복지사에게 맡겨 둔 상태다. 기존의 아이들과 잘 어울리고 그들 가족 안으로 들어와서 유익을 얻을 수 있는 어린아이를 찾아 주길 바라고 있다.

마지막 방문을 마치기 전까지 각 가정을 담당하고 있는 복지사들은 적절한 아이를 찾고 있는 방법, 고려 중인 아이의 유형, 이후의 진행 과정을 설명해 주어야 한다. 또한 '결연하기Matching', 가족에게 아이 소개하기, 그리고 기관의 특별한 배치 절차에 관해서 조금이라도 설명해 주어야 한다. 법적 후견인 보호와 최종 입양에 대해서도 설명해 줄 필요 있다. 가정 조사가 마침으로써 결연하기 단계로 나아가고 이제부터는 기다림이 시작된다.

4 장

입양 전 준비 – 부모와 복지사

▌기다리는 시간

레일리 부부가 입양을 할 수 있다고 공식 통보받았던 때부터 3주가 지나고 있다. 시내에 나가 쇼핑을 하면서 모린은 혼자 싱글벙글한다. 샤워 커튼에 어울릴 만한 녹색 타월을 찾으러 갔다가, 여아복 가게로 끌려들어 가고 있는 자신을 보게 된다. 준비 중인 딸을 생각을 하니 얼마나 즐거운지 모른다. 이 맞춤복을 입히면 예뻐 보일까? 저 주름 장식이 더 나을까? 사이즈가 어떻게 될까? 밝은 빨간색이 어울릴까? 병아리색이 어울릴까? 아마도 모린은 기성복을 사 입히기보다 직접 뜨개질을 해서 입힐 것 같다. 요즘 학생들에게 유행하고 있는 최신 스타일을 구경하면서 옷감을 만져 본다. 그러다 한 모녀가 함께 쇼핑을 하고 있는 모습을 유심히 바라본다. 예정된 딸아이에 대해 말하고 싶은 충동에 그들의 대화를 엿들으며 표정을 살핀다. 그러다 잠시 후, 점심을 먹으려고 가구 코너를 지나가는데 작은 여자애의 침실이 꾸며진 코너 앞에 발길이 멈춘다. 고

개를 갸우뚱 기울이며 한 애를 상상해 본다. 멋진 책상 앞에서 열심히 공부하고 있는 긴 머리에 얼굴이 가려진 여자애의 모습이다. 딸이 흰색을 좋아할까? 단풍 색을 좋아할까? 가구 세트의 가격이 저렴해서 잭과 함께 다음 주에 다시 와 봐야겠다는 생각을 한다.

집으로 돌아오는 길, 덜컹거리는 지하철 내 옆자리에 앉은 여자애한테 말을 걸어 본다. 학교, 걸스카우트, 무용 시간이 어떻다고 조잘거려 준다. 그 애는 언니랑 나간다. 모린은 의자에 등을 대고 눈을 감는다. 오늘 하루 스쳐 지나간 아이들을 떠올려 본다. 이전에는 배가 불룩한 여자만 눈에 띄었는데, 이제는 보이지도 않았던 많이 여자애들이 눈에 보이고 형언하기 어려운 기쁨을 느낀다.

모린은 가끔 '입양 전 임신'으로 언급되는 상태에 있다. 기대하는 딸을 위해 자신을 준비시키고 있다. 잭도 마찬가지다. 다른 예비 입양 아빠들처럼 지금까지의 임신을 위해 성실히 임해 왔다. 지금은 더 많은 심혈을 기울이고 있다. 진심으로 이 일이 잘 되면 좋겠다. 그것은 결국 혼자 벌어야 될 뿐만 아니라 먹이고 입혀야 할 아이가 한 명 더 는다는 뜻인데도 말이다.

이 기간은 행복한 기대로 가득 찬 매우 특별한 시간이다. 미래를 꿈꾸고, 신나게 계획할 수 있다. 결혼 생활 안에, 부부 마음 안에 그리고 이 집 안에 또 다른 한 사람을 위한 공간을 만들고 있는 중이다. 새 아이의 침실을 어디로 정할 것이며 더 많아질 요리와 세탁물은 어떻게 다루어야 할 건지 몇 가지 구체적인 계획과 방법을 생각해 본다. 학교를 알아보고 좋은 소아과 의사와 믿을 만한 도우미도 찾아봐야겠다.

모린과 잭은 기다리는 시간을 대화하고 계획을 세우면서 현명하게 보내고 있다. 불안해하는 새 아이가 집안에서 필요한 존재임을 느끼게 만들고 편안하게 안정되어 갈 수 있도록 하는 방법을 물색하는 데에 시간을 보내고 있다. 새 딸에게 적용시킬 기본적인 규칙도 생각 중이다. 잠자리에 드는 시각, 얼마나 많이 그리고 어떤 종류의 텔레비전 프로를 허락할 것인지, 저속한 말과 욕, 용돈, 집안일에 대해서 어떻게 처신할 것인지, 세 번째 가족 구성원인 새 아이가 자신들의 결혼 생활에 미칠 영향에 관해서도 이야기해 본다.

레일리 부부가 할 수 있는 매우 유용한 방법 중 하나는, 예상되는 사항들을 세밀한 목록을 작성해 가면서 이야기해 보는 것이다. 예상할 수 있는 가능한 모든 반응 행동들을 새 아이의 부모로서 예측해 볼 수 있다. 비현실적이거나 불필요한 것들은 제거한다. 예를 들면, 모린은 매일 아침 따뜻한 아침 식사를 하게 하는 것이 아이에게 매우 중요하다고 생각한다. 그러나 잭은 엄마의 사랑이 담겨 있기만 하다면 어떤 음식이라도 아이에게는 똑같다고 생각한다. 좋은 부모가 되는 것은 생각에 차이가 있고 서로의 생각은 조화로울 수 있어야 한다.

대기 중인 부모들은 아이에게 거는 꿈, 두려움, 계획에 대해서도 열린 마음으로 대화할 수 있어야 한다. 한 인간으로서 자신들은 과연 아이에게 무엇을 기대하고 있는가? 아들 또는 딸로서? 형제 또는 자매로서? 가족의 한 구성원으로서? 이런 기대들은 현실적인가? 무엇이 중요하며, 무엇이 대수롭지 않은가? 기존 자녀가 있는 부부는 새 아이와의 관계를 아이들과 미리 이야기해 봐야 한다.

몇 주가 지났는데도 입양기관으로부터는 아직 아무런 소식이 없다. 잭과 모린이 해야 할 일, 이야기해 볼 것들, 그리고 세워야 할 계획들이 점점 줄어들고 있다. 아이의 방 색깔을 바꿀 수 있었다. 그러나 딸의 취향도 모르면서 어떻게 우리 마음대로 색을 정할 수 있겠는가? 직장에서 잭의 상사는 언제 휴가를 갈지 빨리 정하라고 한다. 올해 휴가 날짜를 모린과 의논해 보다가 해결이 나질 않는다. 어떻게 우리끼리 휴가 스케줄을 짤 수 있겠어? 그냥 시간을 써 버릴까? 아니면 기다려서 딸이 온 후에 같이 쓰도록 뒤로 미룰까? 그런데 왜 연락을 주지 않지? 혹시 잊어버렸나?

'입양 전 임신의 행복감'과 함께 '기다림의 우울감'이 동시에 찾아올 수 있다. 이 기간에 처해 있는 예비 부모들은 미리 앞서 어떤 계획을 세운다는 것이 어렵다는 걸 안다. 많은 사람들은 자주 욕구 불만과 불쾌감을 드러낸다. 얼마를 더 기다려야 할지 감이 안 잡히는 상황에서 새 아이를 위한 어떤 직접적인 행동을 할 수가 없다. 그래서 복지사들은 감히 어느 정도 기다려야 한다고 말해 주지 않는다. 약속한 시간까지 아이를 발견하지 못할 경우, 전화를 해서 좌절감과 분통을 터트리는 커플들의 모습이 훤히 상상되기 때문이다.

기다리고 있는 커플들은 전화에 매우 신경이 쓰인다. 벨소리가 울릴 때마다 복지사로부터 어떤 소식이 오지 않을까 기대한다. 전화는 입양 기관과 관계를 유지시키기에 좋은 수단이다. 그것을 통해 진행 상황을 알 수 있고, 그들이 누락되지 않고 있다고 안심시켜 주기도 한다. 귀찮게 할까 봐 걱정이 되면서도, 전화 저편에서 흘러나오는 복지사의 목소리만 들어도 안심이라면서 커플들은 전화할 핑곗거리를 만든다. 어떤 커플들은 3주에 한 번 4주 혹은 5주에 한 번은 전화를 하겠다고 결심한다. 이런 상황에서 복지사는 기다리고 있는 커플에게 다달이 전화로 소식을 주는 편이 낫다. 만약 근무 외 시간이 요구된다면 전화를 받을 때 기분을 이해할 수 있는 수준인지 혹은 좀 심한 수준인지를 정확히 표현해 주어야 한다. 복지사들이 일일이 이렇게 표현해 주지 않는다면, 이 기간에 있는 부모들은 자신들의 복지사가 이런 식의 접촉을 싫어한다고 생각할 수 있다.

해외입양$^{Overseas\ adoption}$은 또 다른 어려움이 기다린다. 적절한 아이를 발견하는 어려움뿐만 아니라, 이미 서신과 사진을 통해 새 부모에게 소개되었던 아이가 비행기에서 내리는 현실이 되기까지 거쳐야 하는 더 많은 절차와 서류들이 있다. 해외입양에 연루되어 있는 부모들은 우편함에 신경이 매우 쓰인다. 그날 집배원이 아이 소식을 가지고 왔다면 최고의 날이 된다. 해외입양을 계획하는 부모들은, 기다리는 동안 아이의 문화적 적응을 돕기 위해 예정된 나라의 사람들을 찾아보는 편이 유익하다. 어떤 부모들은 언어 차이를 중요하게 여긴다. 올 아이의 나라 말, 단어, 짧은 문장을 외우거나, 공항에서 아이가 많이 놀라지 않게 설명해 주기 위해 그 나라 사람의 도움을 받아 환영 테이프를 만들기도 한다. 아시아 어린이의 입양을 준비하고 있는 부모들을 위해서는 아주 훌륭한 소식통인 Holt Adoption Program(P.O. Box 2880, Oregon 97402)과 O.U.R.S.(3148 Humbolt Avenue South, Minneapolis, Minnesota 55408)가 있고, Jan de Hartog(1969)의 저서 *The Children*에서는 그의 가족이 취학 전의 한국인 딸 둘을 맞이하는 과정을 묘사하고 있다.

레일리 부부와 마찬가지로 램버트 부부도 기다리는 시간이 많이 힘들게 느껴진다. 엘렌은 거의 매일 아침마다 출근길 차 안에서 라디오를 틀어 놓는데, 최근 들어 입양 홍보 메시지를 자주 듣게 된다. 오늘도 빨간 신호등 앞 정지선에 멈추어 그것을 듣게 된다.

"이 주 안에는 가족이 없는 어린이들이 이천 명이 됩니다. 기다리고 있는 이 아이들을 돌봐 줄 마음과 가정을 가진 분들이 필요합니다. 여러분들은 이 아이들의 희망입니다. 이 아이들에게 기회입니다. 당신은 이 아이 한 명을 위한 여유가 없는지요? 만약 이 아이의 부모 되어 주길 원하신다면 주 입양자원교환소, 427-1985로 전화주시면 더 상세히 알려드립니다."

엘렌은 더 이상 이 방송이 듣기 싫어졌다. 이천 명이나 있어? 그녀와 남편이 원하는 아이는 딱 한 명인데, 무슨 이유로 이렇게 오래 걸리는 거지? 우리 애는 지금 뭘 하고 있는 거지? 그녀는 지금 그 아이는 어디에 있고, 사랑받고 있는지, 잘 보살펴지고 있는지 알 수가 없어서 답답하다.

전화를 걸었다. 분명히 입양자원교환소에도 등록이 되어 있고 입양을 시켜야만 하는 아이들 중에서 찾는다고 말했던 그 복지사에게 물었다. 하지만 그 복지사는 이런 일이란 그다지 생각만큼 쉽지 않아서 시간이 걸리게 마련이니 엘렌이 좀 더 참고 기다려야 한다고 충고한다.

입양 절차를 밟고 있는 예비 부모들을 가장 잘 도울 수 있는 소식통은 그 지역 입양 부모 모임이다. 입양 과정을 거쳐 온 다른 입양 부모들과 다달이 만나서 이야기를 나누다 보면 많은 도움이 된다는 것을 알 수 있다. 모임의 부모들은 램버트 부부의 이야기를 듣자마자, 기다려 보면 화가 다 사라지게 된다고 안심시킨다. 그런 기다림은 충분히 가치가 있다고 대부분의 부모들은 말해 준다. 만약 다른 아이였더라면 지금 그 아이만큼이나 자신들에게 적합하지 않았을 거라고 말한다. 램버트 부부는 그런 제도를 통해 실제로 자녀를 가지게 된 다른 부모들과 만나보니 다소 안심이 된다. "저 사람들에게 일어났던 일이 우리에게도 일어날 것이야"라고 스스로 위로한다.

이런 종류의 준비된 지지모임과 관계를 맺는 건 매우 유익하다. 기다리는 동안뿐만 아니라, 아이가 도착한 후에도 여러 도움을 받을 수 있다.

유사한 적응 문제들과 두려움을 공유할 수 있다. 새로운 건 처음엔 누구에게나 그렇듯이 입양으로 인해 힘든 시간은 필요하다. 가끔은 복잡한 감정들이 생길 수도 있다. 그렇다고 하나 결국에는 해결되게 되어 있다고 하면서 신출내기 입양 부모들의 기분을 들뜨게해 주기도 한다. 주변 사람들이 걱정하는 것들도 입양 부모 모임에서 밝게 잘 자라고 있는 입양아들을 만나고 나면 대수롭지 않게 여겨진다. 입양아가 가족 안에 긍정적 원인을 제공한다는 사실을 알게 되므로 예비 부모의 마음은 그 어떤 것보다 위로가 된다. 이런 지지모임과 관계를 갖는 것은 또한 혼자만 무겁게 느껴졌던 책임을 덜 수 있도록 도움을 받는다. 긍정적 사고를 하는 부모, 특히 나이 든 큰아이를 입양한 부모들과의 만남은 이 사이 시간에 할 수 있는 좋은 시도가 된다.

　기관의 허락이 떨어진 다음에 오는 시간은 드산도 부부와 앨런 부부 각각에게 다른 느낌으로 다가올 수 있다. 이미 부모가 되어 본 경험이 있는 사람에게는 기다린다는 것이 그다지 힘들지 않을 것이다. 그래도 기존 아이들이 입양으로 영향을 받을 것 같아서 신경이 쓰인다. 이 부모들은 기존 아이들에게 갑자기 생기게 되는 형제자매를 맞을 준비에 심혈을 기울인다.

　그들은 새 가족원에 대한 감정이 시간에 따라 어떻게 자라 갈 것인가를 이야기해 왔다. 그 누구든 처음에는 이상한 느낌이 들 수 있다. 같이 생활하다 보면 서로에게 화가 날 수 있다. 그래서 풀어야 할 문제들이 발생할 것이다. 새 아이는 향수병에 걸릴 수 있고, 전에 살았던 집이 그리워서 슬퍼할 수 있다. 새 아이도, 기존 아이도 입양을 하지 않았더라면 더 나았을 거라고 생각하는 순간들도 있을 것이다. 하지만 그런 감정을 느끼는 것은 극히 정상이고 언젠가는 사라지게 마련이다. 공유하는 시간이 길어질수록 서로에게 애정이 생겨나고, 모든 일상은 다시 정상으로 되돌아갈 것이다. 새로 합류된 가족 구성원과 생긴 문제를 해결하고 친해지려고 할 때 일시적으로 나타나는 현상이 있다.

아이를 소개받으려고 기다리는 마음은 힘이 든다. 생활 스타일을 영구히 그리고 완전히 바꾸어야 하는 순간이 다가오고 있고, 향후 어떤 일이 벌어질지도 모른다는 불확실함을 느끼고 있음에도 불구하고, 예비 부모들은 자주 엄청난 에너지로 충전되어 있다. 일이 잘 진행되어 정말 성사되기를 바라고 기다린다. 흥분된 기대감과 초조감 사이를 계속 왕복할 수 있다. Bruno Bettelheim이 '어정쩡한 불안감'으로 묘사한 상태로 힘들 수 있다. 무슨 질문을 받게 될지, 어떤 문제를 풀어야 한다고 전화가 올지, 어떤 실망을 할지 아무것도 모른다. 이런 걱정을 줄일 수 있는 가장 좋은 방법 중 하나는, 대기 기간의 긴장을 종식시키기 위한 계산된 행동을 취하는 것이다(1950). 그런 계산된 행동도 다가오는 입양 배치를 별수 없이 기다리기만 하고 있는 부모들은 취할 수가 없다.

긴장되는 건 복지사도 마찬가지다. 맡은 업무가 얼마나 중요한지를 잘 알고 있다. 한 아이와 한 가족의 전 인생이 달린 결정 앞에서 무거운 책임감을 느끼지 않을 수 없지만, 자신들의 부족함을 어쩔 수 없이 느낀다. 그러니 주저하게 되고, 미루게 되고, 빠른 결정을 내릴 수가 없다.

그렇다고 하더라도 이 기간에 복지사와 가족은 더 건설적으로 대처할 수 있다. 입양 배치를 빨리 해치우기보다는 더 많이 준비하는 것이다. 복지사는 대기 중인 아이를 준비시키는 데 최대한의 노력을 가하고, 가족과 잘 적응할 수 있도록 도울 준비 태세를 갖추는 것이다. 부모도 마찬가지로 아이를 위해 준비해야 한다. 아이를 이해하면서 듣고, 아이가 알아들을 수 있도록 말함으로써 현실성 있는 계획을 세울 수 있어야 한다.

그러기 위해서는 아이의 정서적, 신체적 발달이 어느 지점에 도달해 있는지를 알 필요가 있다.

▍ 아동발달 이해

아이들은 각자 자신의 시간표에 따라 성장, 발달해 간다. 그러나 그런 개인적 차이가 있다고 하더라도 발달 과업을 수행하도록 도울 수 있는 기본은 이미 밝혀진 아동발달 단계에 대한 생생한 지식에서 온다. 성장 단계에 따른 아이의 생각, 나이에 따른 공통된 아이의 두려움과 같은 거쳐야만 하는 발달 과업을 이해할 수 있다면 복지사나 부모가 아이를 위해 준비하고 계획할 때에 얼마나 큰 도움이 되는지 모른다.

직원과 부모를 진정으로 준비시키기를 원하는 기관은 필요에 따라서 외부강사도 부르고, 아동발달 전문가도 소개시켜 줘 가면서 간단한 강의들을 제공해야 한다. 어떤 기관들은 이런 대기 기간을 이용해서 공유해야 하는 정보에 관한 아주 유용하고 필수적인 학습과정을 시행하기도 한다. 그런 서비스를 받을 수 없는 복지사나 부모는 게젤 연구소[Gesell institute]에서 편찬해 낸 *5세~7세 아동발달*[Child development, the child from five to ten]에 아주 잘 설명되어 있으니 활용하도록 권한다.

▍ 대화법 배우기

또 하나 배울 가치가 있는 유용한 기술은 아이와 함께 하는 대화법이다. 아이의 속내를 끄집어내어 자신의 문제에 맞서서 해결할 수 있도록 용기를 주고, 또 자신의 생각과 느낌을 표현할 수 있도록 허락하고 인정하는 방법이다. 이미 그런 숙련된 기술에 익숙한 어른들도 있지만, 많은 사람들은 그렇지 못하다. 아이를 사랑함에도 불구하고, 아이가 세상을 알고, 좋은 도덕적 가치를 갖고, 가족 밖의 사람들로부터 평가되는 것이 걱정되는 부모들은, 아이에게 표준에 미치지 못한다는 메시지를 계속 보내게 된다. 이런 식의 의사소통은 비수용, 부인, 초조감을 전이시키고 아이 스스로 개체로서의 가치와 존재감을 갖지 못하도록 방해한다.

문제를 가진 가족들과 일하면서 Tomas Gordon 박사가 1962년에 부모가 아이를 효과적으로 다룰 수 있는 과정을 고안해 냈다. 전문가라는 직업인들도 아동과 대화법을 훈련받아서 치료도구로 사용할 수 있는데, 하물며 자녀를 돕고 싶은 더 큰 열망을 가진 부모가 동일한 수단을 이용할 수 없겠냐는 질문을 갖고 이론을 만들었다. 그의 방법은 전 세계로 퍼져 나갔다. 부모역할훈련Parents effectiveness training이라고 명명되어 있는 아이디어와 기술들은 아동을 대상으로 일을 하는 복지사나 부모들의 관심을 끌고 있다.

P.E.T에서는 기본적으로 어른이 혼란스럽고 충돌을 일으킬 수 있는 말은 피하고, 아이에게 명확한 메시지를 보내도록 권한다. 어떤 상황에서는 어른의 반응을 반영한 '나, 메시지'를 권한다("나는 집이 어질러지면 싫어"). 이것은 비난하는 '너, 메시지'의 반대 개념이다("너는 이렇게 지저분해" 혹은 "너는 항상 물건들을 어질러"). P.E.T.는 주어진 문제가 어디에 속한 문제인지-아이, 부모, 혹은 관계 중-를 규정짓도록 하고, 문제가 아이에게 속해 있다면, 스스로 해결할 수 있도록 돕는 방법을 제시한다. 만약에 그것이 어른에게 속한 문제라면 수용되지 못하는 상황을 대

화하도록 하고, 이권 충돌이나 아이와 어른 양쪽 모두에게 속한 문제라면 갈등 해결법을 제시한다.

Carl Rogers가 '감정 톤 반영Reflection of feeling tones'이라고 했고, Gordon이 '적극적 경청Active listening'이라고 한 것을 활용한 아이와의 적절한 대화는 다음과 같은 것들이 있다.

1. 어른이 아이와 동일시하고 있고 아이의 감정을 이해하고 있다는 걸 알 수 있도록 도와라. 즉각적인 유대관계가 형성될 수 있다.
2. 아이의 감정을 어른과 아이에게 명료하게 하라.
3. 아이가 감정을 발산시키고 싶은 욕구가 해소될 때까지 완전히 개방된 방법을 써라. 그렇게 해서 아이가 두려워하지 않고 분노와 좌절감을 발산시킬 수 있다.
4. 아이가 자신을 더 잘 이해할 수 있도록 도와라.
5. 아이가 무슨 말을 해야 할지 모르고 있을 때는 먼저 대화를 이끌어라. P.E.T에서는 아이가 어려움에 처해 있을 때 어른이 아이의 모든 문제를 이해하고 풀 수 있는 능력을 반드시 가져야 한다고 말하지 않는다.

어떤 입양기관은 이런 훈련이 유용하다는 것을 잘 알고, 입양 배치 전에 예비 부모를 위한 기관 자체 내에서 일련의 P.E.T.를 제공하기도 한다. 큰아이 도착을 기다리고 있는 부모들에게 필요한 과정도 만든다. 또 어떤 기관에서는 직원들과 부모들에게 가능한 지역 사회에서 열리고 있는 강좌들을 잘 이용하고, 철학과 방법론 같은 서적들을 읽으라고 권유한다. 아이와 대화를 더 잘해 보려고 혹은 강좌의 도움을 받으려고 P.E.T.

프로그램의 전체 배경 철학을 받아들일 필요는 없다. 철학이란 사람을 생각하게 만들고, 기술은 유용하다는 걸 우리 대부분은 잘 알고 있다.

아동발달의 원리를 더 잘 이해하고 아동과 말하고 듣기 방법을 습득하기 위해 시간을 들인다는 건, 복지사들에게는 입양 배치를 위해 아동을 준비시키는 능력에 자신감을 갖게 한다. 기다리고 있는 부모에게는 미래의 자녀에게 더 좋은 부모가 될 수 있도록 준비하게 한다. 이렇게 한다면 사이 시간을 잘 보내고 있는 것이다.

5장
아이 준비시키기

　맑은 가을날 이른 아침, 가드너 씨는 커피 한 잔을 마신 후 작업 서류들을 가방에 착착 집어넣고 주차장으로 향한다. 주 입양 배치 부서에서 사회복지사로 일하고 있는 그녀는 지금 토미와 제나를 만나러 가는 중이다. 그 애들과는 가능한 한 많은 시간을 보내야 할 것 같다. 아마도 수개월이 걸릴지도 모른다. 왜냐하면 그녀의 업무는 아이들에게 입양의 개념을 이해시켜야 하고, 과거 가족들에 대한 감정들을 처리하게 하여 새 가족으로 잘 옮겨 갈 수 있도록 도와야 하는 것으로 그리 단순한 작업이 아니기 때문이다. 그녀는 아이들이 자기를 믿어 줘서 입양되어 갈 가정에 대한 희망, 두려움, 기대들을 말해 주면 좋겠다. 아이들을 입양 가족에 합류시키기 위해 가능한 한 최선을 다해 준비시키고자 한다. 결국 가장 적절하다고 판단되는 가족들을 아이들에게 추천하게 될 터인데, 그것은 자신이 아이들과 함께 얼마나 잘 해낼 수 있느냐에 달려 있다는 걸 가드너 씨는 잘 알고 있다.

　고속도로를 달리면서 그녀의 머릿속에는 이미 입수된 두 아이에 대한 정보가 하나씩 스쳐간다. 어떻게 하면 잘 도울 수 있을까? 입양이 그 애들에게 진정 유익하려면 무엇을 해야 할까?

입양을 위해 아동을 준비시키는 데 있어서, 복지사 스스로가 적절한 훈련을 받아서 효과적으로 기능할 수 있어야 하는 점이 매우 중요하다. 옮길 준비를 위해 아이와 지지적인 관계를 가지고 필요한 정서 작업을 할 수 있으려면 시간도 충분해야 한다. 가드너 씨는 운이 좋은 편이라 사회복지 인력이 충분한 입양기관에서 일하고 있는지라 아이를 위해 필요한 시간을 충분히 확보할 수 있다. 준비단계에서 시간을 충분히 갖지 못한다면, 입양 배치 이후에 더 많은 시간이 필요하게 된다는 걸 큰아이 입양을 해 본 사람들은 모두 잘 알고 있다. 입양에 대한 자기감정을 다룰 준비가 되어 있지 않은 아동은 적응기간이 더 어렵고 더 길어지는 경우가 빈번하다. 때때로 준비 부족이 입양 배치 자체를 위태롭게 만들기도 한다. 그럴 경우에 배치가 헛되지 않도록 회복시키는 데 필요한 시간은 입양 배치 전 준비를 위해 드는 시간보다 훨씬 더 많이 든다.

수년간 아이를 입양 준비시키면서 기술을 갈고닦아 온 가드너 씨는 아주 훌륭한 복지사다. 만약 어떤 복지사가 가드너 씨의 기술을 따라서 실천해 본다면, 실지로 다른 어떤 준비 기술보다 더 짧은 시간에 더 많은 업무를 처리할 수 있다는 걸 발견하게 될 것이다. 그녀는 시간을 효과적으로 잘 투자하고 있다.

▌위탁 부모 참여시키기

아이들이 학교에서 돌아오기 전에 미리 가드너 씨는 제나와 토미의 위탁모와 이야기를 해 보려고 시간에 맞춰 위탁집에 도착했다. 가드너 씨는 제안되고 있는 입양에 대해 위탁모가 느끼고 있는 기분과 관심이 어느 정도인지를 알아보려고 한다. 만약 위탁모가 기꺼이 관심을 가져 준다면 아이를 준비시켜서 입양으로 옮기는 데 중요한 역할을 해 줄 수 있기 때문이다.

사람들의 편견은 돈 때문에 위탁 부모가 된다고 흔히 생각하지만, 실제로는 그렇지 않은 경우가 더 많다. 제나와 토미의 위탁모는 자신의 자녀들이 모두 학교에 들어가게 되었을 때 위탁 부모가 되기로 결정했다. 굳이 집 밖으로 나가지 않아도 집 안에서 좋은 일을 할 수 있다고 생각했다. 가드너 씨가 위탁 부부에게 묻고자 하는 질문은 두 아이의 입양에 대한 생각이다. 이 질문을 함으로써 두 가지를 알아볼 수 있는데, 하나는 아이가 입양 가능한 아이인지를 위탁모가 복지사에게 말해 주게 되고, 또 하나는 그 가정이 그 아이 입양을 고려해 왔는지의 여부인데, 만약 했다면 왜 입양이 이루어지지 못했는지 그 이유를 알 수 있게 된다. 아마도 위탁 부모들은 나이가 들었다거나 아니면 입양기관 측에서 그 가정은 아이들이 너무 북적거려서 개별적 관심을 충분히 줄 수 없다고 판단했을 수 있다. 아이와 위탁 부모 간의 성격 충돌이 있었을 수도 있고, 위탁 부모가 아이를 입양하기에 충분할 만큼 강한 유대관계를 맺지 못했을 수도 있다. 어쩌면 아이가 이 집에서 잠시만 머물렀을 수도 있으며, 위탁 부모의 선호가 고려되지 못한 채 급하게 아이가 배치되었을 수도 있다. 또 어쩌면 위탁 부모가 위탁아동이 입양으로 잘 옮겨 갈 수 있도록 하기 위해 처음부터 아예 애착을 시도하지 않았을 수도 있다.

햇빛이 잘 드는 깔끔한 부엌에서 가드너 씨와 위탁모는 커피를 마시면서 이야기를 나누고 있다. 위탁모는 남편도 마찬가지지만, 그 애들을 입양할 생각은 없지만 그들이 보살펴 온 다른 애들과 마찬가지로 제나와 토미를 보면 마음이 짠하다고 말한다. 자기 부부는 아이들이 가능한 한 어려움 없이 순조롭게 옮겨 갈 수 있도록 돕겠다고 약속한다. 그러면서 아이를 보내야 되는 슬픔과 영구적으로 안정적인 정착을 시킬 수 있다는 기쁨이 뒤섞인 감정을 나타내 보인다. 가드너 씨는 만약 당신이라면 이 애들을 위해 어떤 유형의 가족을 택할 것인가를 묻고, 한참을 같이 논해 본다. 위탁모의 아이에 대한 명확한 수용은 가드너 씨의 업무가 순조롭게 시작되도록 한다. 아이들은 이 가족에서 잘 어울렸다. 미래의 입양 가족도 이 가정과 비슷한 조건을 갖추고 있다면 잘 적응해 갈 것이다.

아이를 전체적으로 이해하기 위해 구체적인 질문을 할 수 있다. 그것들은 아이와 입양 부모와의 연결을 돕게 되는데, 협력적인 위탁 부모는 그런 정보를 제공할 수 있는 최고의 위치에 있다. 가드너 씨는 다음과 같이 묻는다.

1. 먹는 습관 : 식탁에서 식사할 때 어려움이 있나? 아이는 폭식을 하는 편인가, 아니면 까다롭게 먹는 편인가? 이 집에 온 뒤로 식습관이 바뀌었나? 만약 그렇다면 어떻게?

2. 잠 습관 : 복지사는 기록을 통해 토미가 침대에 싸고 악몽을 꾼다는 사실을 알고 있다. 하지만 밤에 깨어서 돌아다니기까지 하는 몽유병인가? 밤을 무서워하는가? 재우기가 어려운가? 몇 시쯤 잠이 드는가? 잠잘 시간에 난리를 피우는 편인가? 침실을 같이 쓰는가? 어떤 특별한 물건을 가지고 자는가? 깨울 때는 어렵지 않은가?

3. 자립 : 혼자서 옷을 골라 입는가? 혼자서 씻고 양치하는가? 아니면 꼭 말을 해 줘야 하는가?

4. 놀이 : 여유 시간에 무엇을 하는 걸 좋아하는가? 조용히 노는가? 힘을 쓰면서 노는가? 혼자서 노는 편인가? 다른 아이들과 어울려 노는 편인가? 싫어하는 놀이는 어떤 것인가? 특별히 관심을 보이는 활동은? 가장 좋아하는 장난감은? 텔레비전은 얼마나 보는가?

5. 말 : 의사소통을 얼마나 잘하는가? 자기를 이해시킬 수 있는가? 특정한 감정이나 생각을 전달하기 위해 사용하는 특별한 몸짓이나 언어 습관이 있는가? 감정을 잘 표현할 수 있는가?

6. 다른 아이들과의 관계 : 집안에서 다른 아이들과 잘 어울리는가? 이웃에 사는 아이들과는? 큰아이, 작은아이 혹은 또래 아이 중에서 어떤 아이와 노는 것을 좋아하는가?

7. 학교 경험 : 학습 기술은 강한가, 보통인가, 약한가? 권위를 가진 사람들과 얼마나 잘 어울리는가? 학교의 다른 아이들과는? 정규 고등학교 졸업을 할 수 있겠는가? 직업/기술학교에 지원할 수 있겠는가?

8. 가족에서의 기능 : 이 가정에는 어떻게 적응했는가? 합당한 요구에 어떻게 반응하는가? 모든 문제를 싸움에까지 이르게 되는 경우가 잦은가? 일상에서 해야 하는 것들을 어떻게 하고 있는가? 어떻게 훈육을 해 왔는가? 애정 표현, 신체 접촉에 어떻게 반응하는가? 부모가 먼저 애정을 표현하길 좋아하는가? 아니면, 아이들이 먼저 하기를 기다리는가? 여아 혹은 남아 중 누구를 더 좋아하는가? 아이는 인정받기를 많이 원하는가? 어떤 방식으로?

9. 자기조절과 반사회적 영역 : 자는 중에 오줌을 흘리는가? 똥? 거짓말? 훔치기? 불장난? 성적 행동? 충동 조절을 어떻게 하는가? 자기 소유물은 어떻게 보관하는가?

10. 성^{sex} : 성과 관련된 행동들은 어떠한가?

11. 두려움 : 특별히 두려워하는 대상이 있는가? 그것이 무엇인가? 공
    포를 어떻게 다루는가? 동물과 관련된 경험과 관계가 있는가?

12. 개인적 인상 : 아이는 스스로에 대해 어떤 느낌을 가지고 있는가?
    아이는 실패, 스트레스, 행복감, 분노, 신체적 · 심리적 고통, 불안
    등을 어떻게 다루는가? 아이가 다니고 있는 학교 교사나 관련자들
    을 만나서 아이에 대한 인상을 들어 보는 것도 바람직하다.

▌아동 만나기 : 첫 방문

곧 학교 버스가 멈춰서는 소리가 들린다. 버스 문이 열리자 금발 머리
의 여자애가 폴짝 뛰어내려 부엌으로 달려 들어오는 모습을 가드너 씨
는 지켜보고 있다. 제나가 학교에서 돌아왔다. 제나와 함께 온 어린 남
자애는 열려 있는 버스 문 앞에 서 있다. 그 남자애는 작은 발을 조심스
럽게 옮기면서 계단을 천천히 내려와 부엌 문 앞으로 걸어 들어와 선다.
제나는 옷걸이가 있는 쪽으로 빨간 스웨터를 던진다. 그리고 "안녕하세
요. 가드너 선생님이시죠? 존 선생님께서 오늘 선생님이 오실 거라고 말
씀하셨어요. 고양이를 좋아하세요? 우리 집 새끼고양이 보셨어요? 오늘
학교에서 선생님이 칭찬해 줬어요. 토미야~ 빨리 와~ 이리 와서 새 복지
사 선생님께 인사해야지." 토미는 이제 막 들어서려다가 누나와 부엌에
있는 어른들을 조심스레 쳐다본다.

시간이 많이 걸린다 해도 많은 기관들은 이미 친숙한 위탁보호 사회복
지사가 입양을 담당할 사회복지사를 동반하여 위탁집에 가서 담당된 아
동을 소개시키고 넘겨주도록 하고 있다. 담당자가 바뀔 때 거부감이 들

지 않도록 친절하게 대한다면 아이는 또 다시 버려졌다는 느낌과 상처를 덜 받을 수 있다. 아이가 새로운 입양 담당 복지사를 만난 후에도 이전의 복지사가 전화를 하거나 한두 번 들르는 것도 바람직하다. 그렇게 하면 아이는 매몰차게 내버려지는 게 아니라 여전히 관심받고 있다는 느낌을 가질 수 있고, 또 자기가 잘되기 바라고 있는 복지사들의 심정을 이해할 수 있을 것이다.

간식도 먹고 이야기도 했다. 가드너 씨는 아이들을 데리고 밖에서 산책할 수 있도록 청한다. 제나와 토미와 함께 걸으면서 알아가기 시작한다. 그녀는 이제는 존 선생님이 아니고 왜 자기를 만나는지 알고 있냐고 물어본다. 자기는 존 선생님과는 다른 일을 하고 있다고 설명해 준다. 가족이 필요한 아이가 살아갈 좋은 곳을 찾는 일인데, 토미와 제나가 이 위탁집을 떠나야 할 때는 더 이상 옮길 필요가 없이 계속 살 수 있는 가정을 찾는 일이라고 말해 준다.

아동의 입양 준비를 위해 복지사가 찾은 장소는 복지사와 아동에 따라 다양하다. 일부 전문가들은 임박한 이별을 알리는 것은, 불안감을 조성시켜 복지사와의 관계를 불편하게 만들 수 있다는 생각을 하지만, 가드너 씨는 영구적 가정을 갖게 하는 목적과 언젠가는 옮겨가야 한다는 사실을 아이에게 처음부터 알려 주는 것이 중요하다고 믿는다. 아이도 입양 준비 전에 몇 가지 해야 할 일이 있기 때문이다. 먼저 첫 가족과 분리되는 감정에 직면해야 한다. 만약 그곳이 첫 가정이 아니라고 하더라도 위탁 가족들과 헤어질 마음의 준비를 해야 한다. 그 집에서는 위탁아동으로 있었다는 것 그리고 언젠가는 다른 곳으로 옮겨가게 될 거란 것을 아이는 이해할 수 있어야 한다. 옮겨짐에 대한 슬픔, 분노, 거부, 불안 등의 감정도 표현할 수 있어야 한다. 아이는 자기도 영구적 가족의 일원이 될 자격이 있다는 사실을 알아야 되고, 입양에 대한 오해를 갖지 않도록 해야 한다. 그리고 입양 가정을 찾는 계획에 포함시켜야 하고 함께 살고 싶은 가족 유형을 생각할 기회도 주어져야 한다.

가드너 씨는 Spaulding의 이전 관리자였던 Kay Donley가 쓴 *새 문을 연다*Opening New Doors란 소책자에 제시된 '십계명'의 도움을 받는다.

1. *아이와 대화할 때 상투적인 표현을 하지 말라.* 아이들은 진부한 표현을 잘 알고 있으며 만약 그런 표현을 하면 당신은 쉽고 분명하게 이야기하는 방법을 알지 못하는 어른에 불과하다는 것만 드러낸다. 어른들이 사용하는 전형적인 상투적 표현 중에는 "학교 다니는 건 어떠니? 몇 반이야?"와 같은 탐색 질문이다. 아이들과 대화할 때는 그런 방식으로 시작하지 말라. 나중에 그 아이에 대해 정말 잘 알게 되었을 때는 괜찮아도, 시작하는 첫 단계에서는 적절하지 못하다. 아이와의 대화에서는 당신 자신을 간단히 소개하고, 당신이 아이를 알게 된 것이 매우 즐겁다는 몇 가지 유쾌한 표현 정도만 하고 얼마간은 일이 자연스럽게 진행되도록 내버려 두는 편이 가장 좋다. 아이는 자기 앞에 놓인 큰 사건으로 인해 신체적, 정신적으로 압도되기보다는 조금씩 다가오면서 반응할 것이며, 사건에 대한 자신의 깊은 생각을 찾아 나서기 시작할 것이다. 여유를 가져라. 매우 수줍어서 뒤로 물러서는 아이를 만날지, 아니면 매우 공격적인 아이를 만나게 될지는 첫눈에 알아보긴 힘들다.

2. *당신이 함께 일하게 될 어떤 아이든 지금까지는 전혀 적절한 이해를 받지 못했다거나 답변을 듣지 못한 몇 가지 깊은 관심거리를 가지고*

있을 거란 생각을 미리 가져라. 특히 공공기관의 보호를 받는 아이들에 관한 것인데, 그 아이들은 보통 부모와 분리된 경험을 모두 갖고 있다. 또한 많은 경우에 부모나 위탁 부모와 같은 사람들로부터 지속적인 돌봄을 받지 못했다. 아이에게 발생하고 있는 것들을 이해시킬 수 있으려면 당신은 매우 예민하고 노련해야 한다는 걸 알게 될 것이다. 여태껏 그 누구도 아이의 깊고, 가끔은 혼란스러운 관심거리를 충분히 그리고 적절하게 함께 생각해 주지 못했다고 말하는 편이 맞다.

3. 보호 중인 아이는 여러 상처를 받아 왔다는 사실을 처음부터 숙지하라. 일부 아이들은 많이 다쳤다. 다른 모든 사람이 아무리 원래 그대로 손상되지 않았다고 말하면서 큰아이 입양을 소개한다 하더라도 그렇게 생각해서는 안 된다. 아 아이들은 심하게 분별력 없는 사람들에 의해 다루어졌을 수 있다. 혹여 어렵고 고통스런 상황을 만나 상상 외로 잘 적응해 온 특별한 아이가 있을 수 있다. 그렇지만 잘 드러나지는 않고 아직 끝나지 않은 상황으로 인해 손상된 부분들은 늘 잠재되어 있기 마련이다. 당신이 그 점을 이해한다면 반년이 지난 뒤에도 여전히 누군가가 아이에 대해 "당신도 아시다시피, 이 애는 좀 이상해요. 저로서는 '정상'이라고 말할 수 없어요"라고 말하는 것을 들을 때 당황해서 안절부절못하지 않을 것이다.

4. 아이와 함께 일할 때 당신이 반드시 해야 하는 일은 아이 자신과 아이가 처해 있는 상황을 이해시키는 것임을 잊지 말라. 아이 마음속에서 어떤 일들이 진행되고 있는지 정말로 알지 못한다면 당신은 시설

직원이나 위탁 또는 입양 부모가 되려는 사람들에게 아이에 관해 바르고 진실된 설명을 해 주지 못한다. 아이 상태를 당신 혼자 만족할 만큼 알 수 있는 것도 쉽지 않고, 다른 사람들에게 당신이 아는 것을 전달해 줄 준비도 쉽지 않다.

5. *아이와 의사소통을 할 수 있도록 분명하고 구체적인 방법을 개발하라.* 아이들은 누군가와 의사소통을 할 때 보통 언어로만 하지 않는다. 다른 방법을 사용하고 있으며 그것들이 무엇인지를 발견하고 당신 또한 그것을 사용할 수 있어야 한다.

6. *아이가 경험에 근거해서 믿을 수 있고 예측 가능하고 규칙적일 수 있도록 준비하라.* 단순히 월요일에만 잠깐 방문해서 "조만간 다시 보자"라는 식으로 하지 말라. 이런 식의 복지사의 애매한 약속은 대개 몇 주 동안은 아이를 피했다가 다시 잠깐 들르겠다는 소리로 들린다. 이것은 단순히 일을 안 하는 문제를 넘어 실지로 파괴적인 행동이 될 수 있다. 아이가 이미 익히 알고 있는 어른들이란 의존할 수 없고, 예측할 수 없고, 이해할 수 없는 존재라는 사실을 강화시켜 줄 뿐이다. 접촉은 정기적으로 이루어져야 한다.

대부분의 복지사들은 "나는 정말 그렇게 하고 싶지만 시간이 안 됩니다"라고 한다. 이것은 핑계로 들린다. 왜냐하면 방문과 다음 방문 사이의 간격이 길어도 정기적인 접촉은 가능하기 때문이다. 아이에게 중요한 것은 예측 가능성이다. 당신이 만약 약속을 정한다면, 그것을 지켜야 한다(무슨 일이 있더라도 지켜야 한다는 의미다). 만약 어떤 이유로든 당신이 정한 약속을 지킬 수 없다면 아이에게 약속을 지킬 수 없었던 이유를 직접 말해 주는 것이 중요하다. 나는 전화를 할 수 없어서 아이에게 편지를 보냈던 복지사들을 알고 있다. 그들의 책임 의식은 그렇게 강한 것이었다.

7. *각각의 아이에게 경험이란 유일한 것이며, 그것은 각각의 아이가 자기 인생과 맞서 싸워나가는 데 도움이 되어야 한다는 사실이 절대적으로 중요함을 기억하라.* 당신이 부모로부터 포기된 한두 명의 아이와 성공적으로 일해 봤다는 경험으로 자신하면서 일을 시작해서는 안 된다. 분명히 우리는 어떤 하나의 상황에서 배우는 것이 있으며 그 지식을 다른 상황에 적용시킬 수 있다. 그러나 당신이 잊지 말아야 할 것은 아이는 개별적 인격이란 점이다. 쉽게 분별하기 어려운 유사한 경험들이 다른 아이에게는 매우 다른 의미가 될 수 있다.

8. *한 아이와 같이 일하는 동안 내가 '커버스토리*Cover story*'라고 명명한 것을 개발할 수 있도록 도와야 한다.* 많은 사람들이 내가 의미하고자 했던 것과는 다른 방식으로 생각하기 때문에 이 '커버스토리'라는 용어는 썩 훌륭한 표현은 아닌 것 같다. 어찌 되었든 아이는 자신의 상황을 분명히 이해하고 받아들일 수 있는 설명을 들어야 한다고 나는 믿는데, 아이가 마음 편히 사용할 수 있는 것이어야 한다. 예를 들어, 아이가 새로운 학교에 가게 되는 경우에 많은 새로운 애들을 만나고, 친구를 사귀고, 이웃 사람들을 만나게 될 것이다. 그때마다 자신에 대한 질문을 받게 될 터인데 자기는 누구이며, 어디에 있으며, 왜 이렇게 살고 있는지에 대한 설명을 주변에서 받아들여질 수 있을 만큼 논리적으로 말할 수 있어야 한다. 미숙한 복지사들

은 이것이 얼마나 절대적으로 중요한지 인식하지 못하고 아이가 자기를 쉽게 표현할 수 있는 커버스토리 만들기를 돕지 않는다. 만약 그것이 없으면 아이는 사람들이 자기 상황에 대한 진짜 사실을 어떻게 받아들일지에 대한 확신을 못 갖기 때문에 자신의 생각에 갇히게 되고 자주 거짓말을 하게 된다. 그런 거짓말이 일단 발각되면 매우 빠르게 이웃 사람들이나 아이들 사이에서 허황된 이야기를 꾸며 내는 아이 또는 최악의 경우 거짓말쟁이라는 평판을 받게 된다.

9. *아이의 다양한 측면을 항상 복합적인 관점으로 바라보라.* 젊은 아이를 보고 경험하는 데 절대 방법이란 있을 수 없음을 기억하라. 아이들과 접촉해 온 모든 사람들은 다소 다른 관점과 독특한 경험들을 갖는다. 어떤 사람은 어떤 아이를 열렬히 좋아하는 반면, 어떤 사람은 그 아이를 참고 견디기 어려워한다. 당신이 정말로 구해야 하는 것은 이 모든 인식들을 통합하는 데 있다. 왜냐하면 진실은 그 모든 것들 사이에 묻혀서 드러나지 않고 있기 때문이다. 아이를 바라보는 여러 시각 중에 예비 입양 부모가 가진 것도 있다. 중요한 것은 당신의 감각과 의식에 민감해야 한다는 것이다.

10. *일을 시작할 때부터 당신은 복지기관의 직원일 수도 있고, 입양 가족일 수도 있는 어떤 보호자에게 아이의 진실한 역사를 전달할 의무를 갖는다는 점을 잊지 말아야 한다.* 뻔한 이야기인데 쓸데없이 계속 강조하고 있다는 생각이 들 수 있다. 그러나 이것은 아무리 강조해도 부족할 만큼 매우 중요하다. 많은 복지사들은 유감스런 이야기를 전부 말해 준다면 아이에게 몹쓸 짓을 한다고 느낀다. 그래서 대부

분 자신의 마음이 불편하다거나 구미에 맞지 않는다고 생각되는 부분을 숨기게 되는데, 그렇게 하는 것이 아이의 삶에서 더 나은 기회, 더 좋은 배치의 기회, 더 쉬운 적응을 제공할 것이라고 그들은 생각하기 때문이다. 그러나 바로 이런 것들이 아이 자신과 보호자에게서 느닷없이 불거져 나와 어려운 문제를 야기하게 된다. 이 영역은 복지사들에게는 고통스럽지만 반드시 싸워서 풀어야 할 문제다.

▌ 라이프북 만들기 : 준비 과정

다음 주 가드너 씨는 토미와 제나를 다시 방문한다. 같이 간식을 먹은 후, 두 아이에게 자기 이야기를 쓰는 라이프북을 만들자고 말한다. 아이들이 그 작업을 좋아할지 궁금했는데 의외로 하고 싶어서 안달이 난다. 기다릴 수가 없을 지경이다.

가드너 씨는 위탁집 안에서 그 작업을 하는 게 나을 거라고 생각한다. 사정이 여의치 않으면 근처 교회나 학교에서 할 수 있을지 다시 알아봐야 한다. 미술 공작용 밝은 색 판지, 새 크레용, 색색의 매직펜을 준비한다. 아이들에게 자기를 그리게 하고, 가장 하고 싶은 것들을 그림으로 나타내도록 한다. 그림에 대해 이야기하게 하면서 정보 수집을 위한 다음과 같은 질문을 한다. 가장 좋아하는 색은? 가장 좋아하는 동물은? 가장 하고 싶은 일은? 제나는 여러 장의 그림을 단숨에 그려 치우면서 받고 있는 관심을 놓치고 싶지 않아 쉬지 않고 말한다. 반면, 토미는 자기가 제대로 그리고 있는지를 몰라서 질문을 계속한다. 가드너 씨는 토미에게 자기 책을 만드는 데는 특별히 맞거나 틀린 방법은 없으니 맘껏 그리고 싶은 걸 그리라고 말해 준다. 그 누구도 토미의 마음을 들여다볼 수 없지만 그림을 보면 자기 자신은 알 수 있다고 말해 준다. 라이프북 만들기에 그림은 아주 좋은 수단이다. 그 누구의 허락을 받을 필요 없이 아이가 생각하고 느끼는 걸 마음껏 그릴 수 있다는 점을 알게 해야 한다.

제나와 토미는 그림을 그리고 가드너 씨는 그림 이야기를 끌어내려고 한다. 아이들이 이야기하고 있는 내용을 라이프북에 넣으려고 기록한다. 다음은 자기가 싫어하는 것, 화나게 만드는 것도 그리게 한다. 어떤 아이든 하기 싫은 걸 갖고 있다고 가드너 씨는 잘 알고 있다. 그녀는 자신이 제나와 토미가 불편한 감정을 나눌 수 있고, 공감해 주는 사람으로 느껴지길 바란다.

그림 그리기를 마치고 자기 이야기를 조금 하자 가드너 씨는 커다란 종이봉투 두 장을 꺼내 놓으며 각자의 이름을 쓰도록 한다. 그림과 그림에 대한 이야기를 모아 넣는다. 수고했다고 말하고 라이프북이 완성될 때까지 봉투에 잘 보관하겠다고 약속한다. 이런 방법으로 아이들에게 자신들의 참여가 매우 중요하다는 메시지를 보낸다.

가드너 씨는 시간이 허락되는 대로 정기적으로 제나와 토미를 보러 올 참인데, 그렇게 하면 아이들이 기대하고 만남을 기다리게 된다. 어떤 복지사는 아이들과 함께 산책을 하거나 아이스크림과 먹을 것을 사 주기도 하며 가끔은 풍선이나 그림책과 같은 작은 선물을 준다. 생일과 같은 특별한 날을 기억해 두었다가 카드나 편지를 보내기도 한다. 그렇게 아이를 돌보고 있다는 것 그리고 만남을 기다리고 있다는 걸 알려 준다.

다음번 방문 때, 가드너 씨는 아이들에게 지난주에 그렸던 그림이 든 종이봉투를 보여 주면서 자기 라이프북에 들어갈 작품을 더 많이 만들고 싶지 않냐고 묻는다. 관심을 갖는 듯하면 사 갖고 온 두 권의 앨범으로 시작할 수 있다(이런 앨범은 할인점에서 싸게 구입할 수 있다. 만약 없으면 스프링 공책이나 여러 장을 함께 묶어서 사용해도 좋다).

라이프북 첫 장에는 지난주에 아이들이 그린 그림과 이야기 해 준 내용을 넣는다. 앨범의 앞부분에는 아이의 출생 정보, 즉 출생증명서나 병원 기록에서 찾을 수 있는 생일과 출생 시각, 장소, 체중, 키 등 사실적 기록을 보이게 한다. 가드너 씨는 대부분의 위탁 아동들은 태아 성장에 대해 잘 모르고 있을 거란 생각이 들어서, 먼저 엄마의 몸속에서 아이가 어떻게 성장했는지를 설명한다. 그렇게 하면 아이들은 임신, 태아기, 신생아의 모습을 그리거나 잡지에서 오려붙이기를 원할 수 있다(이런 사진은 산부인과 병원에서 무료 잡지를 쉽게 구할 수 있다). 아이들은 복지사가 말해 준 출생 정보와 구체적인 해석("너는 이렇게 키가 크고 몸무게는 이 감자 꾸러미보다 약간 더 가벼웠을 거야")을 듣고 신생아 때의 자기 모습을 그리고 싶을 것이다. 앨범의 전반부에는 생부모에 대한 신체 특징과 출산 시 나이, 피부색, 키, 몸무게 등과 관련된 정보를 넣어야 한다. 아이들은 자기를 낳은 부모 이름을 많이 알고 싶어 한다.

라이프북은 아이 자신이 누구이며 어디에서 왔는지를 설명할 때 아주 유용하다. 애정을 갖고 보관된 개인의 역사 앨범 같은 참고 자료가 없기 때문에("네가 조그마한 아기였을 때는 금발머리였고, 식사를 마친 후엔 접시를 거꾸로 뒤집곤 했지") 아이가 기억하고 있는 조각들이 사실인지 아닌지를 확인해 줄 사람, 또 그 순간들이 완전히 사라져 버리기 전에 아름답게 장식해 줄 사람이 필요하다.

인생의 중요한 시기를 가정에서 보내지 못한 아동들은 종종 왜 자신이 그런 보호를 받게 되었는지, 왜 사는 장소가 바뀌는지, 왜 다른 애들

은 옮겨가는지, 그리고 왜 직원들이 떠나가는지에 대해 이해하지 못한
다. 그들의 현재 위치는 말할 것도 없고 자신을 돌봐 왔던 많은 사람들
의 이름조차 모를 수 있다. 특정 기간을 함께 지냈던 아동들에 대해서
도 마찬가지다. 이 아동들은 좀처럼 장기적인 계획을 세울 수 없다. 미
래가 어떻게 될지 알지 못한다(Pringle, 1975).

아이의 인생에서 발생한 사건들을 재구성하기 위해 가드너 씨는 다
음 방문에는 제나와 토미가 어떻게 해서 이곳에서 생활하게 되었는지를
이야기하면서 대화를 부드럽게 끌어간다. 첫 번째 엄마는 어른들의 문
제였다. 그녀는 첫 번째 아빠와 같이 살지 않았다. 엄마 혼자서 아이 둘
을 돌보기가 어려웠다. 그래서 입양기관이 제나와 토미가 이곳에 살면
서 돌봄을 받을 수 있도록 했다. 가드너 씨는 아이들에게 처음 위탁집에
살러 왔을 때 기분이 어땠냐고 물었다. 4년 전에 생모가 아이들을 포기
했을 때 제나는 일곱 살, 토미는 세 살이었다는 사실을 가드너 씨는 알고
있다. 이 두 아이는 이 위탁가정에서 대부분 성장했다. 새로운 가족으로
옮겨가는 것이 더 좋을 거라고 이해시키려고 하겠지만 처음에는 놀랄
수 있다. 하지만 제나와 토미의 경우는 놀라지 않고 편안해 보이므로, 가
드너 씨는 이 변화가 영구적 가정으로 옮겨 갈 수 있는 적절한 때라고 용
기를 불어넣는다. 위탁집에서 함께 살았던 가족들을 그림으로 그리도록
해서 라이프북에 끼워 넣고 방문을 마친다.
아이들은 위탁집으로 오게 만든 기억들을 자꾸 꺼내어 놓는다. 전에
는 이런 걸 해 본 적이 없다. 다음 방문에서 가드너 씨는 아이들의 질문
을 받고 속도를 적절히 조절하면서 제나와 토미가 첫 번째 엄마와 이별
하는 상황에 대한 자세한 이야기를 들려준다. 엄마를 잃었을 당시의 제

나가 가지고 있었던 가족에 대한 기억들을 토미에게 말해 주도록 격려해서 아이들이 자신의 가족 역사를 알고 있는 존재로서 기능하도록 돕는다. 그리고 제나가 가진 어떤 왜곡된 환상을 교정할 필요가 있을 때도 그렇게 한다. 제나는 크레용으로 탁자 위를 두드리고 다리를 흔들면서 초조해한다. 우선 자기네 아빠는 가 버렸다고 토미한테 말한다. 그러고 나서 엄마는 너무 슬퍼서 매일 울었단다. 자기도 큰 소리로 울었단다. 그러던 어느 날 아침에 일어났는데, 집에 아무도 없었다. 엄마는 사라졌고 자기들은 배가 고팠기 때문에 무서웠다. 그래서 둘은 울기 시작했단다. 어떤 아저씨가 자기들을 사무실로 데리고 갔단다. 그다음에 여기로 왔단다. 여기에 온 후, 한 번도 그곳에 가보지 못했고, 엄마도 두 번 다시 보지 못했단다. 가드너 씨는 제나에게 그때 기분을 이야기해 보라고 격려한다. 제나는 작은 목소리로 매우 빨리, "무서웠어요. 엄마가 보고 싶었어요. 엄마가 어디 있는지, 언제 집에 가게 될지 몰랐어요. 우리 엄마가 왜 우리만 놔두고 떠난 거지요? 왜 엄마가 우리를 찾으러 오지 않는 거지요?"라고 말한다.

지금 가드너 씨는 제나와 토미와 함께 매우 중요한 심리적 단계에 들어서고 있다. 그녀는 부모를 잃어버린 아이들 대부분이 자기 잘못으로 그렇게 되었다고 추측한다는 걸 알고 있다. 자기들이 나쁜 아이기 때문에 부모가 떠났다고 생각한다.

이별을 하게 된 실제 이유가 무엇이든 간에, 아동은 의식적이든 무의식적이든 먼저 버려졌다는 느낌을 경험하는 것 같은데, 여기에는 상실, 거부, 수치, 완전 무의미, 무가치 등이 포함된다. 또한 아동은 완전히 무기력감에 압도되는데, 그것은 자신에게 벌어지고 있는 일들에 대한 통제력 부족 때문이다. 아동은 버려졌고 의지할 곳이 없다는 기분에, 그를 유기했다고 생각되는 부모에게 분노로 반응한다. 무기력감과 무의미는 나아가 그것들을 부인하려는 욕구를 자극한다. 운명의 거친 폭풍우를 통제할 수 없이 힘든 감정에 직면하지 못하고, 버려진 책임을 전적으로 자신에게 두면서, 완전히 상반된 기분으로 부정하려고 애를 쓴다. 내적 무기력감과 무가치한 기분에 대항하는 자기 확신의 시도로, 자신은 무기력하고 하찮은 인질이 아니라고 계속 선언하고 있는 것처럼 아동은 분리 사건이 모두 자기 탓이라고 비난한다. 이러한 자기비난은 부모를 향한 분노를 부인하도록 돕는다. 나쁜 사람은 그들이 아니라 바로 자신이다. 아동은 분리 사건을 비난하기 위해 자기 안에서 구체적으로 나쁜 점들을 찾아낸다. 대개 분리와 동시에 일어나고 있었던 특정한 신체적, 정서적 발달 단계에서 습득해야 하는 문제들을 선택한다. 걸음마를 배울 때, 또는 대소변을 가릴 때 부모의 기대만큼 빨리 배우지 못해서 실망시켰다는 실패감과 수치심일 수 있다. 또는 여러 이유로 생긴 엄마에 대한 분노, 동생과의 경쟁, 아빠와 더 위의 형제들과의 경쟁, 또는 엄마에 대한 성적 관심과 같이 수용할 수 없는 충동과 연관된 나쁜 감정들일 수 있다. 그렇게 부끄럽거나 죄책감으로 괴로워하는 감정들 중에 어떤 것들은 진짜로 분리와 배치에 대한 책임이 아동에게 있다고 완전히 믿게 만든다. 한 예를 들면 엄마가 아기를 낳다가 사망한 조니는 완전한 책임을 느꼈다. 엄마와 새아기를 향한 조니 자신의 분노가 엄마를 죽였고 아빠가 자기를 돌볼 수 없게 만들어 결국 위탁에 놓이게 되었다고 무의식적으로 생각했다(Littner, 1956). 이러한 경향은 심각한 질환을 가진 일부 아동들에게도 나타난다. "내가 설탕을 너무 많이 먹었기 때문에" 당뇨에 걸렸다거나, "내가 너무 많이 돌아다녔기 때문에" 류마티스 열을 갖게 되었다고 생각한다 (Wolff, 1969).

가드너 씨는 제나와 토미와 함께 이러한 자책감을 일으키는 지점을 찾아서 어떻게 보호제도 안에 들어오게 되었는지에 대한 아이들의 생각을 탐색할 것이다. 제나와 토미의 첫 번째 부모가 돌보지 못하게 된 이유가 무엇이든 간에 판단하지 않고 아이들이 이해할 수 있는 방법으로 사건을 재구성하여 제시해야 할 것이며, 아이들이 가지고 있을 법한 자기비난이나 악한 감정들이 상쇄되도록 도와야 한다. 출생 부모로 인해 쌓여 왔을지도 모르는 상처와 분노에 대해 자유롭게 이야기할 수 있도록 격려해야 한다. 동시에 자녀를 돌보지 못한 무능력 때문에 부모를 격하시키거나 비난하지 말아야 한다. 아이가 방어(부모들은 좋은 사람이었다)와 비난(부모들은 나쁜 사람이었다) 사이에서 흔들리고 있을 때, 그런 부모들은 주로 자신들이 아동기를 불행하게 지내면서 생긴 결함을 가진 사람들이겠지만, 그렇다고 전혀 장점이 전무한 건 아니라는 점을 볼 수 있도록 도와야 한다. 제나와 토미도 그들처럼 불안정한 생활에서 어려움을 경험해 왔으니, 그렇게 설명해 주면 이해하고 받아들일 수 있을 것이다.

그녀는 엄마가 '너희를 사랑했기 때문에' 포기했단 말을 아이들이 순전하게 수용할 거라고 생각하지 않는다. 돌볼 수 없었거나 자신이 원하는 만큼 좋은 부모가 될 수 없다고 생각했기 때문에 포기했다고 말하는 편이 더 설득력 있다는 걸 알고 있다. 가드너 씨는 낳은 엄마가 직접 보호기관에다 전화를 해서 아이들끼리만 집에 있다고 신고했다는 사실을 통해, 엄마는 집을 나간 뒤에도 계속 걱정을 하고 있었다는 사실을 알려 줄 것이다. 그 엄마는 자신의 문제를 복지사와 의논했으며, 그 해결방법으로 아이들을 입양으로 넘기고 그렇게 해서 입양계획이 세워지게 된 것도 말해 줄 것이다. 가드너 씨는 토미와 제나가 나름대로 과거의 슬펐던 때와 행복했던 때가 같이 어우러지도록 라이프북에 넣도록 도울 것이다. 가드너 씨가 아이들에게 중요한 이유는, 처음에 가족이었다가 잃어버린 사람들의 대역으로, 자기가 누구이며, 자기 가족은 왜 헤어지게 되었는지를 생각할 수 있게 하고, 또 자기 과거를 더 잘 이해하면서 다른 가족으로 옮겨 갈 수 있도록 돕는 사람이 되기 때문이다. 아이의 과거에 대해 잘 알고 있음에도 여전히 좋아하고 존중해 주는 존재로 있어 주기 때문이다. 이것은 자기는 나쁜 아이가 아니라, 새로운 엄마와 아빠는 자기를 사랑할지도 모른다는 느낌을 아이가 갖도록 한다.

이제는 제나와 토미와 함께 위탁 가족 안에서 자신들의 위치와 그것이 미래에 어떤 의미를 갖게 될 것인지를 이야기해 볼 준비를 한다. 위탁 보호를 아이들에게 이해시키는 방법에는 여러 가지가 있다. 지난 4년 동안 그 위탁집으로 옮겨오거나 혹은 옮겨간 다른 아이들이 있었다면 쉽게 시작할 수 있다. 성^{Surname}을 찾아보는 것도 한 방법이다. 일부 위탁 아이들은 위탁 부모의 성을 사용하기도 하지만, 대부분은 그렇지 않다. 학교에 들어가서 자신의 성을 쓰는 방법을 배우게 되는데, 자주 자신이 위탁 가족과 뭔가 다르다는 것을 분명하게 인식하게 되는 첫 계기가 되기도 한다. 제나는 자신이 위탁되었다는 사실을 분명히 인식하는 것으로 보여서 가드너 씨는 차라리 토미에게 초점을 맞추어서 학교에서 사용하고 있는 성과 위탁 부모의 성의 차이를 알아차리도록 돕는다. 제나가 함께 듣고 있는 자리에서 토미에게 기관에서 계획한 시간, 그리고 엄마가 그들을 위해 좋은 계획을 세우고 있는 동안, 이 가정에서 보호를 받아 온 것이라고 말해 준다. 모두를 위해서라도 첫 번째 가정으로는 되돌아갈 수 없는 것이 분명하다. 이제 토미와 제나가 '계속' 쓰게 될 성을 가진 가족을 만나게 될 것이다. 토미의 눈은 흐려지고 입술은 떨려 온다. 제나는 몹시 흥분해서 몸을 흔들어댄다. 다음과 같은 질문을 폭발적으로 해댄다. "우리가 다른 곳으로 가야 하나요? 우리는 여기가 좋아요! 학교도 바꿔야 되나요? 우리 위탁 부모님이 우리를 사랑하나요? 우리가 여기 있으면 안 된다고 하나요?" 어려운 질문들이 쏟아진다. 토미는 머리를 숙인 채 눈물을 뚝뚝 떨어뜨리고 있다. 가드너 씨는 휴지를 건네준다.

우리 모두와 마찬가지로 가드너 씨 자신도 좌절, 이별, 상실을 경험해 왔다. 아이를 보내야 하는 위탁 부모의 고통도 이제 막 배치되어야 하는 아동의 것과 다를 바 없을 것이다. 때때로 복지사들은 재배치의 고통에 대해 매우 불편해한다. 자신들이 관여하고, 임박한 이별 소식을 전하고, 과정을 추진시키는 데에 대한 죄책감을 느낀다. 아이를 입양가정으로 옮겨 갈 준비를 시켜야 하지만, 복지사의 이런 감정들이 비현실적인 업무량과 연관되어 실제로 원 가족과의 이별이나 옮겨가야 되는 이유를 이해하지 못한 상태로 아이를 방치하는 경우가 많다. 만약 복지사가 자신의 감정에 이끌려서 아이의 상실감과 거절감을 다루도록 돕지 않고 회피해 왔다면, 아이는 여전히 과거 상처를 갖고 새 가족 안으로 들어가게 된다. 그것은 아이가 치유되고 다시 사람을 믿을 수 있을 때까지 더 많은 시간을 필요로 한다는 뜻이다.

가드너 씨는 따뜻하고 이해심 깊은 목소리로 위탁 부모는 너희에게 관심은 가지고 있지만 너희들을 입양하는 부모는 아니라는 점을 확인시켜 준다. 토미와 제나가 다른 곳으로 옮겨가기 싫어하는 건 잘 알겠지만 위탁 부모나 입양기관 모두는 너희들이 영구적으로 소속되어 두 번 다시는 옮기지 않아도 되는 가족과 같이 살아야 된다고 생각하는 걸 말해 준다.

이 같은 상황에서는 아이와 복지사뿐만 아니라 위탁 부모까지 함께 의논할 수 있다. 위탁 부모에게는 아이에 대한 관심과 애정을 표현할 수 있는 기회가 되기도 한다. 또 한편 기관이나 새 부모가 위탁 부모로부터 자기를 강제로 뺏어 왔다는 아이의 환상을 막을 기회가 되기도 한다. 대화 중에 위탁 부모는 아이를 위한 영구적 가정 찾기 계획을 말로 표현함으로써 승인할 수 있다. 만약 복지사가 입양가정에서의 좋은 출발을 할 수 있도록 돕는 일이 얼마나 중요한지를 위탁 부모에게 이해시킨다면, 그들도 행복한 마음으로 준비시키고 이동 과정에 동참할 수 있다. 삼자의 대화가 가능하려면 복지사와 위탁 부모는 자신의 감정의 실체와 고통에 솔직히 직면할 수 있어야 한다. 위탁 부모는 입양 배치 계획에 자신이 헌신하고 있다는 자신감을 가져야 하고 위탁아이의 애도, 불안, 거절에 대한 비난을 견딜 수 있어야 한다. 아이가 분리를 받아들일 수 있도록 긍정적인 태도로 동참한다면, 아이의 환상은 줄어들고 떠날 수 있는 준비를 돕는다는 걸 복지사들은 발견해 왔다(Chema et al., 1970).

옮김에 대한 대화가 오간 후 얼마 동안 제나와 토미는 변화에 대한 기분을 계속 말하고 있다. 화가 나기도 하고 걱정이 되기도 한다. 제나는 가드너 씨가 자기들을 입양시키겠다고 결정한 것을 불만스럽게 문제시하고 있다. 가드너 씨는 수용적인 태도로 가족과 함께 그런 일반적인 반응을 다룰 수 있어야 한다. 아이들은 때때로 흥분되어 새 가족이 자신들의 인생을 완벽하게 만들어 줄 거란 비현실적인 확신을 갖기도 하고, 동시에 위탁 가족이 지켜주지 않는다고 흥분하기도 한다. 가드너 씨는 아이들에게 자기감정을 해결하라고 몰아치지 않는다. 계획된 옮김으로 생기는 반응을 모두 표현할 수 있도록 하는 것이 매우 중요하다는 걸 그녀는 알고 있다.

의미 있는 상실에 대한 애도 감정을 표현하지 못하게 한다면, 아이는 더 원시적인 방어 방법, 즉 고통을 부인하거나 무감각한 방법으로 후퇴한다. 만약 계속해서 이런 애도를 할 수 없다면 아이는 삶에서 정서적인 질과 깊이를 알지 못하는 황폐한 사람이 될 수 있다. 우리는 상실을 온전하고 깊이 있게 경험할 수 있는 아이의 권리를 존중할 필요가 있다 (Fraiberg, 1959).

토미의 위탁모는 토미가 다시 엄지손가락을 빨기 시작했다고 보고한다. 가드너 씨는 다섯 살 이상이 된 많은 아이들이 입양 배치를 준비하는 동안 혹은 배치한 후 초기 몇 개월 동안 그 같은 퇴행 행동을 보인다고 그녀에게 말해 준다.

이러한 행동은 아동 초기의 의존 욕구가 완전히 충족되지 못했다는 걸 보여 준다. 아이는 공허함을 채우고 있다(Lawder, 1958).

위탁모에게 그래도 계속해서 토미 편을 들어주고 아이가 원하는 한 그냥 두라고 말한다.

시간이 지나감에 따라 가드너 씨는 새 가족 찾기에 제나와 토미의 역할을 말해 준다. 아이들이 자신들의 가족 찾기에 직접 참여하고 있다는 느낌을 갖고, 의사 결정 과정에 무기력감을 덜 느끼게 만들려고 한다. 그럼에도 아이들에게 적합한 가족을 찾아내는 일은 가드너 씨 자신의 책임임을 알게 한다.

가드너 씨는 줄곧 라이프북을 도구로 활용한다. 그녀는 좋은 가족을 찾으려면 토미와 제나가 어떤 가족과 같이 살고 싶은지를 말해 줘야 한다고 말한다. 어떤 모양의 집에서 살면 행복할 건지, 그 집의 어떤 것들 때문에 행복할 건지를 그림으로 그려 보라고 하고, 나중에 그것들을 라이프북에 기록하여 넣을 수 있다. 아이들이 기대해서 만드는 집과 가족 유형을 현실적으로 볼 수 있도록 돕는다. 함께 살고 싶은 부모와 가족 유형에 대한 그림을 그리거나 잡지 사진을 오려 내어 새엄마, 새아빠, 새가족의 이미지 밑에 글로 써 두게 한다. 두려움과 걱정거리도 꺼내 놓을 수 있는 방법을 제시한다. 만약 새로운 가족과 살게 되면 안 좋거나 무서울 것 같이 느껴지는 것을 그리게 하고, 일어날 것 같은 불행이나 불쾌한 사건을 써 넣도록 한다. 가드너 씨의 기술은 너무 많은 지식이나 말이 필요한 것이 아니라, 아이 자신의 관심거리를 자유롭게 표현할 수 있도록 하는 동시에 복지사 자신도 아이 말의 진정한 의미를 알아차리려고 노력하면서 활용할 수 있다.

준비단계에서 실제로 복지사 때문에 아이들이 놀라는 경우가 자주 발생한다. 좋든 나쁘든, 아이는 같이 살게 될 가족에 대해 완전히 비현실적인 환상을 가질 수 있기 때문이다. 그런 아이를 안심시키기 위해 복지사는 아이의 개인적 두려움을 이해하려고 애써야 한다. 어떤 부모를 원하는지 말해 보라고 하면, 어떤 아이는 부모의 의미를 전혀 알지 못하고 있다는 것이 드러난다. 왜냐하면 그 아이는 애정 어린 양육 보호를 받은 적이 거의 없었기 때문이다. 어떤 아이는 가족의 기능에 대해 거의 혹은 전혀 이해하지 못하고 있다. 또 어떤 아이는 가족 안에서 다른 애와 경쟁해야 한다는 두려움이 그 집에서는 외동이 되기를 주장하게 한다. 그렇게 하는 것이 아이를 위한 최선이 될지는 모르겠지만, 그보다 예비 부모가 자기와 같은 타인을 사랑할 수 있는 사람이란 확신을 더 얻고 싶을지도 모른다. 부모에게 입양은 차선책도 아니고 입양 아이가 두 번째 선택이 아니라는 점을 확신받고 싶을지도 모른다. 이러한 감정들은 아이가 사진을 오려서 부모-자녀 관계를 나타내는 인형을 만들게 함으로써 다

롤 수 있다. 자기가 만들어 낸 캐릭터를 이야기해 낼 때, 아이의 진짜 관심이 겉으로 드러나게 된다. 인형을 사용해서 아이가 지금 막 맡은 역할의 장면을 재연할 수 있을 것이다. 그럴 적에 복지사는 왜곡된 부분을 수정하고 오해와 두려움을 완화시키면서 아이를 안심시킬 수 있다.

덧붙이자면 복지사는 자신이 직접적으로 아이를 입양할 수 없다 하더라도, 아이가 예쁘고, 사랑스럽다는 걸 확신시켜 줄 필요가 있다. 아이를 향해 복지사가 보내는 애정과 긍정 감정 표현은 반드시 필요하다.

가드너 씨는 아이들의 현재 정보를 각자의 라이프북에 넣도록 지도한다. 활동, 취미, 관심거리, 학교 경험 등을 그리거나 글로 쓸 수 있다. 자라면서 찍은 사진이나 위탁가정 또는 특별한 의미가 있는 물건들의 스냅사진도 포함시킬 수 있다. 다쳤거나 입원한 사실도 포함시킨다. 일부 위탁 보호 복지사들은 위탁가정을 사진으로 찍어 라이프북에 좋은 추억거리로 남길 생각을 할 만큼 센스가 있다. 위탁 보호 중의 기념사진을 파일에 넣어두는 작은 노력이, 아이에게는 대단히 큰 의미가 될 수 있다. '진행 중'인 인생이야기를 아이는 가질 수 있다. 달리 말하자면, 옮겨지거나 또는 다른 복지사에게 갈 때마다 아이는 자신만의 과거를 잃어버리지 않아도 된다는 뜻이다.

지금은 위탁 부모를 라이프북에 포함시키기에 좋은 때다. 비록 언제, 어떻게, 누구와 그 라이프북을 공유하게 될지는 아이 자신이 결정하도록 두겠지만, 지금은 가드너 씨가 아이들에게 위탁 부모와 내용을 공유하도록 권할 것 같다. 그렇게 하는 것이 제나와 토미에 대한 좋은 감정과 과거, 현재, 미래도 여전히 수용하고 인정한다는 위탁 부모의 마음을 표현할 기회가 된다. 그러다 보면 라이프북에 포함해야 할 아이에 대한 더 많은 발달 정보를 얻게 될 지도 모른다.

Ner Littner는 아이의 이동을 도울 수 있는 만큼이나 위탁 부모를 돕는 것이 사회복지사의 기본 과업 중 하나라고 한다. 배치와 분리에 따른 그들의 기분을 다룰 수 있도록 돕는다. 또한 분리를 위해 아이를 준비시키고 물리적 이동에 대한 그들이 할 수 있는 한 많은 책임감을 갖도록 돕는 것을 포함한다. Littner의 설명에 의하면 위탁 부모가 이것을 잘하면 잘할수록 아이는 분리 감정을 억압하기보다 배출시킬 수 있는 기회를 더 갖게 된다고 한다. 또한 아이는 그들을 떠나 새 부모와 함께 사랑하면서 살아도 된다는 허락을 받았다는 생각을 쉽게 할 수 있다(Littner, 1956).

위탁 부모와 라이프북을 공유하는 것은 아이의 인생사에 자신들의 구체적인 기여가 영구적으로 가치 있는 것으로 생각하게 만든다.

가드너 씨는 새 부모한테 자기소개를 할 때 라이프북으로 하라고 아이들에게 권할 것이다. 좋아하고 싫어하는 음식, 좋아하고 싫어하는 사람, 기분 좋게 만들고 기분 나쁘게 만드는 것, 두려워하는 것 등의 그림 혹은 글로 포함시킨다. 그녀는 라이프북이 아이들의 감정을 잘 나타내 주기를 바라는데, 그러면 아이가 자기 마음속에 품고 있는 것이 들켜서 새 부모가 자기를 원치 않을지도 모른다는 두려움을 감소시킨다.

❙ 입양 준비 지표

입양 배치를 위해서 준비가 오래 걸리는 아이들이 있다. 그러나 제나와 토미는 라이프북을 완성할 즈음에 입양에 대한 태도가 긍정적으로 변하고 있었다. 입양 가족으로 옮겨 갈 수 있는 보통의 필요 요건을 모두 다 갖추었다. 준비로 요구되는 조건들은 다음과 같다.

1. 옛 부모와의 관계 상실과 새 부모와의 관계 수용이 가능한 아동의 능력. 입양 부모가 자기를 기꺼이 받아들일 거란 믿음이 포함된다.
2. 이전 부모에게는 돌아갈 수 없으며 재생될 수 없는 관계라는 아동의 심리적인 수용.
3. 아동이 입양을 원한다는 명백한 표현.
4. 입양 상황에 적응하고자 하는 아동 욕구가 행동으로 나타남(Kadushin, 1971).

입양가정으로 옮기는 것이 고무적인 이유는 계획이 된다는 점이다. 생물학적 가정이나 위탁가정으로부터 분리가 일어날 때는 아동을 준비시킬 시간이 거의 혹은 전혀 없는 경우가 대부분이다. 시간만 충분하다면 이전의 분리 때문에 받은 손상에서 회복될 수 있도록 도우면서 입양으로 옮길 수 있다. 그럴 경우에 이동한다고 해서 항상 나쁘기만 한 것이 아니며, 변화란 때때로 더 좋은 상태로 나아갈 수 있다. 또한 일이 잘못될 때만 나타나는 복지사라고 생각하는 아이의 분노를 상쇄시킬 수 있는 기회가 된다. 계획되고 만족스러운 방법으로 보살피고 있다는 걸 입증해 보일 수 있기 때문이다. 그러면 아이는 자신의 인생사에 개입된 입양기관의 역할을 더 긍정적으로 생각할 수 있을 것이다.

가드너 씨는 매기와 데니를 위한 배치 담당 복지사이기도 하다. 그녀는 똑같은 기법으로 그 아이들의 입양을 준비시킬 것이다. 매기를 처음 방문했을 때의 상황을 조금 들여다보자.

조용하고 말 없는 아이 준비시키기

아홉 살인 매기는 부모가 이혼한 이후 계속 옮겨졌다. 여러 친척들과 번갈아 지내면서 매기는 조용히 말 없고 의심 많은 아이가 되었다. 매우 차갑고 무심한 듯 보이기도 한다. 가드너 씨가 라이프북을 만들려고 처음 다가갔을 때, 매기의 반응은 시큰둥했다. 어깨를 으쓱해 보이며 꼭 하지 않아도 된다면 안 하겠다고 말했다. 자신감 없는 아이의 이런 태도는 기대감을 보이고 싶지 않거나, 자신의 인생을 가드너 씨와 공유하기를 꺼리거나 자신에게 일어났던 일들을 기억하고 싶지 않기 때문일 수 있다. 가드너 씨는 그렇다면 나중에 흥미가 생길 수도 있으니 굳이 지금은 하지 말자고 하면서 매기의 미적지근한 반응을 다룬다.

그 대신 가드너 씨는 함께 있는 동안 매기에 대해 더 많이 알아보려고 집중한다. 많은 사회복지사들이 그렇게 하듯이 가드너 씨도 별로 비싸지 않은 몇 가지 소품들을 지니고 아이들을 방문한다. 제나처럼 매우 활동적인 아이를 위해서는 플라스틱 원판과 줄넘기 줄, 크레용과 종이, 카드, 공, 공깃돌 같은 것들이다. 오늘은 잠깐 시간을 내어 매기에게 공기놀이를 가르친다. 매기는 심하게 자책하면서도 놀라울 정도로 빨리 배운다. 엄격한 자기 통제를 조금 해제시키는 듯 점점 더 잘하고, 더 재미있게 놀고 있다.

가드너 씨는 매기와 같은 아이들은 스스로 어떤 일에 마음을 쏟거나, 희망을 갖는 것이 어렵다는 것을 알고 있다. 이제 매기와 첫 번째 약속을 한다. 다음에 올 때는 매기에게 공기놀이 세트를 가져다주겠다고 약속한다. 매기에게 자신은 희망을 주는 사람, 계속 따르게 되는 사람, 실망시키지 않는 사람으로 보이게 하면서, 함께 작업하는 동안 매기와 최소한의 신뢰감을 시험적으로 만들어 볼 심산이다. 배치가 잘 이루어졌으면 좋겠다는 강한 욕구는 있지만, 마음대로 되리라는 희망은 일단 접어두고, 여러 가정을 옮겨 다녔을 이 아이에 대해 더 생각해 본다. 자리를 잡으려고 할 때마다 아이는 더욱 실망스럽게 거부당했을 것이다. 만약 매기가 자신을 의심해서 믿어 주지 않는다고 해도 가드너 씨는 매기를 입양가정으로 잘 옮겨 줄 수 있을 것이다.

이런 아이들은 낙심에 매우 민감하기에 계획된 방문을 취소해야 할 상황이 발생하면 제삼자를 통하지 말고, 직접 아이에게 설명해야 한다. 만약 이것이 불가능하다면, 아이가 거부감이나 실망감으로 더 깊이 빠져들기 전에 가능한 한 빠른 방법으로 설명해 주어야 한다.

다음번 만남에서 가드너 씨는 앨범을 사러 매기와 함께 외출한다. 라이프북 이야기를 다시 꺼내 본다. 아이가 자기 마음에 드는 화려한 앨범을 고르도록 둠으로써, 결국 아이는 그녀의 계획에 걸려들게 된다. 그러면서 아주 기꺼이 자기 이야기를 시작한다.

매기를 준비시키는 과정에서 또 한 가지 장애물이 있다. 아이는 옮겨지는 이야기를 듣고 불안을 느껴도 어떤 질문을 하거나 혹은 복지사의 말을 확인하려 하지 않았다. 아예 대화의 주제를 기억하지 못하고 자신을 괴롭히는 것을 부인하고 벗어나려고 했다. 기분이 어떠냐고 물어보면 "몰라요"라고 재빨리 뱉어 버린다. 가드너 씨는 아이에게 "그것에 대해 말하고 싶지 않아요"라고 정확하게 표현할 수 있도록 가르쳐주려고 한다. 매기는 공유하고 싶지 않은 것을 말로 하지 않고 감정적으로 심한 걱정을 한다. 그런 말로 표현할 수 없는 무능력이 조용한 아이를 더 잘 이해할 수 있는 정서적 지표가 된다는 것을 가드너 씨는 배워 왔다.

가드너 씨는 느낌을 따라 매기를 도우려고 애쓴다. 부모가 이혼해서 집을 떠났고, 고모 집에 살려고 갔을 때 기분이 어땠냐고 물어본다. 매기는 "몰라요!"라며 강하게 방어한다. 그런 경우에 다른 아이들의 기분이 어떠한지를 가드너 씨가 먼저 이야기해 줄 수 있다. 그 아이들은 자기가 뭔가 잘못한 것처럼 슬프고, 분하고, 놀라고, 외로워한단다. 자기 때문에 부모가 이혼했고, 집을 나가 버렸다고 생각한단다. 아이들은 헤어져야 할 때 그런 기분이 잘 든다고 말해 주면서 매기가 가진 감정을 스스로 인정할 수 있도록 이끈다.

성숙하지 못한 사람들은 잘 안 되고 불화가 생겼을 때 현명하게 대처하지 못한다. 사실 다른 사람들도 사이가 나쁠 때 그러는 것처럼 그 두 사람은 너무 심하게 싸워서 헤어지기로 결정했단다. 더군다나 어느 한쪽 부모도 책임을 지고 아이를 보호하고 지켜 줄 수 있을 만큼 성숙하지 못했다. 그래서 지금은 입양기관이 매기를 돌봐 줄 수 있는 부모를 찾고 있는 중(Glickman, 1957)이라고 설명하면서 매기의 첫 번째 부모는 신체는 어른이었어도 아직 어렸다는 것을 말해 준다.

가드너 씨는 매기가 자기감정을 찾을 수 있도록 심리극을 이용할 수 있다. 그것을 통해 얼굴과 몸으로 속감정을 표현하는 아이의 방법을 알아볼 수 있다. 매기에게 몸과 얼굴로 감정을 보여 달라고 요청한다. "매기야 네가 화가 났을 때 어떤 표정을 하는지 나한테 보여 줄 수 있니?", "네가 놀랐을 때 어떤 표정을 지을까?" 때가 이르면 원래 부모와 떨어질 때 가졌던 매기의 기분을 다시 물어 볼 수 있고, 결국 아이는 자기가 느꼈던 기분을 보여 주거나 말해 줄 수 있게 될 것이다.

생각과 느낌을 말로 표현하기 싫어하는 아이들에게는 그림이 훌륭한 수단이 된다. 매기와 같은 아이들은 많은 경우 "말해 달라"는 것보다 "보여 달라"는 요청에 더 쉽게 반응한다. 일단 그림을 그린 후에 그림의 뜻을 말해 달라고 직접적으로 요구할 수 있다.

가드너 씨는 매기와의 대화 중에 침묵을 이해했다는 걸로 잘못 해석할 뻔한 적이 여러 번 있었다. 잘 들었는지를 다시 한번 더 확인하는 편이 낫다. 무심히 지나쳐 버린 부분이나 맥락이 닿지 않는 부분을 확인하기 위해 "나한테 들은 말을 다시 말해 볼래?"와 같이 되물을 수 있다. 만약 아이와 눈을 맞추고 계속 대화를 한다면 아이는 들은 말을 부정하거나 혼자 생각에 빠져서 대화를 흐리게 만들지 못할 것이다.

주제가 어려워서 말하기 힘들어할 때는 복지사가 아이의 생각을 알아맞혀 보겠다고 할 수 있다. 아이가 동의한다면 말하고 싶을 것 같은 것을 말하기가 더 쉽다. "내 생각에는 말이야 네가 이러저러하게 느끼거나 생각하고 있는 것 같은데…. 맞니?"라고 하면서 말로 표현할 수 있도록 돕는다. 말이 아주 서툰 아이조차도 자기를 잘못 해석하고 있는 복지사를 바로 큰소리로 고치려고 할 것이다.

매기와 이야기를 해 보니 함께 살았던 가족과 헤어지게 된 이유를 많이 오해하고 있다는 것을 발견했다. 매기가 가진 문제 중에서 분노, 특히 첫 번째 부모에 대한 분노가 잘 표현되지 못하고 있는 것도 알 수 있었다. 어떤 아이는 부모를 향한 파괴적인 바람을 갖기도 하는데 그것은 흔히 나타나는 현상이다. 부모와 분리된 아이가 가지는 부모를 향한 적대적인 바람은 위험할 수 있다. 아이가 나쁘게 되기를 바란다고 해도 전혀 해를 당하거나 파괴되지 않는다는 사실을 확인시켜 주는 부모가 물리적으로 존재하는 편이 차라리 더 낫다. 부모가 아예 존재하지 않을 때는 내면의 위험한 환상을 못 견디는 아이들이 있다. 전능 환상에 대항하여 보장되는 것이 없으며, 이런 생각이 자기 부모를 죽게 만들었는지도 모른다는 걱정까지 한다. 첫 번째 부모가 죽었다고 믿는 아이들이 있다. 주변 사회는 이러한 아이의 환상을 부추기게 되는데 왜냐하면 고아란 자주 감상적으로 인식되기 때문이다. 위탁아동은 별 가치가 없다고 느껴지는 반면 고아는 동정의 대상이 되고 있다.

그동안 지내오면서 실망했고, 거부당했던 여러 어른들을 향해 쌓았던 매기의 분노는 조금씩 빠져나가기 시작한다. 가드너 씨는 매기에게 '빈 의자' 기법을 이용하여 감정에 초점을 맞추어 처리할 수 있도록 돕는다. 빈 의자를 앞에 놓고, 아직까지 해결되지 않은 감정이 있으니 이야기하고 싶은 누군가를 만나보라고 권한다. 의자에 집중해서 응시할 수 있는 충분한 시간을 준 후에, 의자에 앉아 있는 그 사람이 누구인지를 말하게 하고 그 사람과 해결되지 않은 문제를 그 사람에게 말해 보라고 한다. 의자에 앉아 있는 사람에 대해 어떤 기분이 드는지 그리고 그 사람이 자기에게 했던 것 혹은 하고 있는 것을 그 사람에게 말해 보라고 한다.

그런 뒤 가드너 씨는 역할을 바꿔서 매기를 의자에 앉아 있는 사람이 되게 한다. 이때 단서가 되는 말을 던져 주면서, 그 사람이 앉는 것처럼 앉고 그 사람의 표정대로 얼굴 모습을 짓고 그 사람이 행동하는 대로 행동하도록 돕는다. 심리극 훈련에서 나온 이런 기술들은 조용한 아이에게 적용시켜 보면 아주 유용하다.

어떤 기술을 사용하든 가드너 씨는 아이 과거의 그 인물과 그 사건에 대한 감정을 직접 다룰 수 있도록 도와야 한다. 옮겨짐에 대한 아이의 죄책감과 두려움이 분노와 적대감으로 표현되는 것과 자기 식으로 기분을 말해 내는 방법을 받아들일 수 있어야 한다.

마침내 가드너 씨는 매기 역시, 입양 가족으로 옮겨 갈 준비가 끝났다는 생각을 하게 된다. 이제 영구적인 가정을 찾아 나설 때이다.

6장
가족 맺기

　오늘은 사무실에 머물면서 서류 작업에 집중해야겠다고 가드너 씨는 계획한다. 겨울 하늘은 한바탕 눈이 쏟아질 듯 무겁고 뿌옇다. 창문 넘어 하늘을 흘깃 바라본다. 멀리까지 운전하지 않아도 되는 오늘의 스케줄에 만족한다. 책상 위가 어지럽다. 이것저것들을 뒤로 밀어붙이고 위로 쌓아 올리니 겨우 공간이 생겨 일을 할 수 있겠다. 책상 앞에 앉는다. 이제 일곱 살에서 열두 살 사이의 아이 입양을 허락받은 가정들을 조사한 내용이 들어 있는 종이 파일 몇 개를 펼쳐 든다. 가드너 씨는 각각의 가정에 대해 어떤 느낌이 들어서, 그들이 요구하고 있는 아이 유형과 또 아이를 담당하고 있는 복지사가 가장 잘 받아들일 수 있는 조건들을 알아차릴 수 있으면 좋겠다. 이미 여기에 조사된 가정 중에서 제나와 토미 그리고 매기한테 딱 맞는 가족이 있으면 좋겠다. 그녀는 머리 위에 걸쳤던 안경을 눈 아래로 내리고 파일을 읽기 시작한다. 본격적으로 일을 시작한다.

　사회복지사는 입양절차를 진행시키면서 다음 네 가지 질문을 해 봄으로써 가족 연결이 적절히 진행되고 있는지를 평가해 볼 수 있다.

1. 이 커플은 어떤 아동을 갖기를 바라는가?
2. 담당 복지사의 원함과 편견은 무엇인가?
3. 이 아동은 자신의 현실을 어떻게 짜 맞추고 있는가?
4. 이 아동은 어떤 가족을 원할 것 같은가? 필요할 것 같은가?

이런 질문을 갖고 가드너 씨는 자신이 담당한 아이들을 위해 가장 적절한 가족을 찾으려고 노력한다.

1. *이 커플은 어떤 아이를 갖기 바라는가?* 가드너 씨는 각 커플이 선호하거나 혹은 꺼려하는 신체 외모와 성격을 찾으려고 할 것이다. 무엇이 그들 스스로 좋은 부모라고 느끼게 만들지, 어떤 행동으로 위협받는 느낌을 받을지, 그들이 수용할 수 없는 행동은 어떤 것들인지에 대해 깊이 생각하고 판단하려고 할 것이다. 그들은 얼마만큼 아이를 변화시키고 싶은지를 알아볼 필요가 있다. 얼마만큼 나아지는 걸 보고 싶은지 그리고 개선될 때까지 얼마만큼의 시간을 기다릴 수 있을지를 알아보아야 한다. 그들은 아무도 아이가 어떤 모습으로 변해 갈 건지를 알 수 없다는 사실을 알고 있는가? 만약 아무 변화가 일어나지 않아도 아이 그대로를 받아들일 수 있는가? 자신들이 보살핀 효과가 없는 것처럼 보여도 여전히 아이에게 충실하게 행동할 수 있는가? 필요하다면 외부 사람의 도움을 받거나 활용하려고 할 것인가?

2. *담당 복지사의 원함과 편견은 무엇인가?* 부모를 살펴보는 동시에 가드너 씨 자신도 가지고 있을 수 있는 편견을 살펴보는 편이 현명하다. 나이 든 아이에 대한 통념이 있기 때문에 한 인격체로 아이를 평가해야 할 때, 복지사 자신이 가진 많은 선입견들이 방해된다. 가장 흔한 것들로는 다음과 같은 사항들이 있다.

① 생물학적 질서를 깨는 배치는 절대 하지 말라 : 아이를 그 가족의 가장 어린 위치에 두라는 뜻이다. 이런 전제는 가족에서 장남/장녀보다 더 나이 많은 아이를 입양시키지 못하게 한다. 이 것은 나이 든 아이가 입양된 가족 내에서 아기 수준으로 후퇴하여 성장 과정 중에 충족되지 못했던 욕구를 채워 보려고 실제 나이보다 더 어리게 행동하도록 두는 단점이 있다. 성격에 따라 형제자매의 맨 윗자리에 위치시키는 경우가 더 실용적이고 더 만족스러울 수 있다.

② '쌍둥이'는 절대 금지다 : 그것은 가족 내에 같은 나이, 성별, 학년의 아이가 있는 곳엔 절대 배치시키지 않는다는 뜻이다. 이 의견은 복지사들 사이에서 너무나 만연되어 있다. 출생으로나 입양으로나 가족은 엄연히 '쌍둥이'를 가질 수 있다. 쌍둥이는 오히려 경쟁심을 덜 유발시키고, 아이 각각의 인격체에 초점을 더 잘 맞출 수 있는 배치라는 것을 복지사들은 거의 경험하지 못하고 있다.

③ 한 부/모에게는 배치를 하지 않는다 : 한 부/모만 있는 집안에서 수많은 아이들이 잘 자라고 있는데도 불구하고, 이런 생각 때문에 아이가 영구적인 부모를 가질 수 있는 기회를 자주 원천 봉쇄시킨다. 한 부/모에다 배치는 정서적으로 많이 혼란스런 아이에

게는 더 나을 수 있다. 왜냐하면 아이는 한 번에 여러 사람에게 애착이 안 되기 때문이다. 그리고 십 대 아이가 한 부모 가정에서 꽤 잘 지내는 경우가 많다.

④ 경험이 있는 가족에다 아동을 배치하라 : 그것은 이미 아이들이 있는 가정에다 배치하라는 뜻이다. 어떤 아이에게는 집에 다른 아이가 필요하듯이, 경쟁 대상이 아무도 없는 가정이 필요한 아이도 있다. 경험 있는 부모는 항상 더 안전하다고 추정하는 것은, 더 많은 개성체들이 함께 어우러져서 하나의 가족을 만들어야 한다는 과업을 간과하는 것이다. 더 안전할 수 있겠지만 그렇지 않을 수도 있다.

가드너 씨는 익히 들어 왔던 그런 의견들에 의지하기보다 스스로의 관찰을 통해 알게 된 사실에 따라 행동하면서, 자신이 가지고 있는 선입견에 대해 좀 더 깊이 생각해 볼 필요가 있다. 그저 이미 정해져 있는 지침을 따르기보다 좀 더 혁신적이고 유연할 필요가 있다.

한편, 입양 배치 직원으로서 자신의 욕구 또한 살펴봐야 한다. 배치하려고 계속 염두에 두고 있는 아이와 가족에 대한 자신의 태도는 어떠한가? Esther Glickman(1957)에 의하면 우리 각자는 살아오면서 내면에서 커진 무의식적인 욕구를 갖고 있다고 한다. 복지사는 아이보다 오히려 자신에게 더 완전한 가족을 찾고 있는지도 모른다. 자신의 어린 시절 문제들이 부모에게 많이 의존해서 욕구를 채울 필요, 아빠의 총애아가 될 필요, 엄마에게 밀접하게 붙어살 필요로 귀착될 수 있다. 배치해야 하는 아이를 위한 최고의 봉사는 비현실적으로 찾고 있는 복지사 개인의 욕구를 잘 파악하는 것이다.

가끔은 복지사가 아이를 자신의 소유로 하고 싶어서 다른 사람과의 공유가 어렵고 아이와 동일시한다. 어떤 가족도 적합해 보이지 않고 자신만큼 아이에게 해 줄 수 없을 거라고 가족의 능력을 의심하기도 한다.

복지사의 업무가 더욱 어려운 이유는, 배치 결정의 중요성과 그에 따른 책임감 때문이다. 분명히 아이와 가족을 잘 연결시켜서 모두에게 유익한 배치로 만들고 싶다. 그러나 오히려 개인적 불합리성과 결함의 수렁 속으로 빠지곤 한다(Glickman, 1957). 그럴 적에는 선배들의 훈련과 경험을 이용해서라도 계속 진행시킬 필요가 있다. 배치 계획이 중단되는 경우에 가장 큰 손실을 입는 쪽은 아동이기 때문이다. 복지사는 아이의 원 가족 상실의 고통을 자신의 책임으로 가져가지 않도록 한다. 아이와 가족이 서로 잘 적응할 수 있도록 돕는 기술을 습득하고, 맺어 주는 과정에서 발생되는 책임은 기꺼이 져야 될 입장이긴 하지만, 궁극적 배치의 성공과 실패에 대한 책임을 전적으로 질 필요는 없다.

3. *이 아동은 자신의 현실을 어떻게 짜 맞추고 있는가?* 가드너 씨는 아이 각각의 행동 패턴을 살펴보기 위해 어느 정도의 시간을 가져야 한다. 아이란 어린 시절에 자기가 바라는 미래의 그림을 그리고 또 그렇게 살기 위해 무의식적으로 열심히 공부한다. 의도하지 않지만 언제, 어떻게 진행될지 모르는 생활에 맞추는 새로운 성격을 가지려고도 시도한다. 만약 어떤 일에 대해 사람들로부터 반복된 반응을 받아 낼 수 있다면, 아이 내면에서는 자신의 기대는 유효하고 주변 환경을 예측할 수 있다는 감각이 커진다. 개인적인 균형감을 느낄 수 있다. 현재에서 과거를 재생하는 걸 '재현Recapitulation'이라고 한다. 예를 들면, 학대를 받아 왔던 아이들, 강압적으로 신체적 통

제를 받아 왔던 아이들 혹은 자신의 공격적 성향을 두려워하는 아이들에게서 그것을 발견할 수 있다. 이 아이들은 신체적으로 혹사당할 것을 미리 예상한다. 이미 짜 맞춰진 대로 행동해서 어른을 화나게 만들어 두려운 상황을 급조성하는 경향이 있다. 아이는 자기를 궁지에 몰아넣고, 어른은 아이를 철썩 때리게 된다. 그리고 난후 아이는 '난 알고 있었어. 저 사람들은 다 그래. 나한테 항상 그래왔는걸' 하고 스스로를 확신한다.

이렇게 반복하는 경향 때문에, 아이 각각에 대한 느낌과 위탁 부모가 유도당했던 반응의 유사점을 살펴봐야 한다. 입양 부모도 이와 유사한 반응을 하도록 유도될 수 있기 때문이다.

아이에게는 상대의 반응뿐만 아니라 사건을 패턴화하려는 무의식적 시도가 있다. 원 가족이 이혼으로 나누어진 매기의 경우를 보면알 수 있다. 부모가 나뉠 때 어린 소녀 매기는 아빠의 관심을 끌기위해 엄마와 경쟁하는 발달 단계가 진행 중이었다. 아이는 원 가정을 떠난 후 여러 곳에서 지냈다. 그때마다 왠지 매기는 커플 사이에끼어들어 위탁아빠에게 잘 보이려는 행동을 한다고 위탁엄마는 매번 불평을 했다. 어떤 때는 노골적으로 엄마를 무시하고 아빠를 좋아해서 경쟁 상태가 되었고, 두 쪽 부모에게 하는 행동은 완전히 달랐다. 그런 매기 행동을 다룰 좋은 방법을 찾으려고 하다가 커플의긴장감은 고조되었다. 그럴 적마다 매기는 부모 불화의 원인이 자기라고 믿는 과거 경험에서 형성된 신념을 다시 짜 맞춘다. 이 집,저 집으로 쫓겨 다니지 않았다면 아이의 이런 행동이 심하게 나타나지 않을 수 있겠지만, 매기는 그 짓을 멈추지 않는다. 매기는 기억하고 있는 과거 행동을 현실에서 반복 재현할 때가 가장 편하기 때문이다.

반복재현의 행동 패턴은 제나에게도 심하게 나타났다. 제나의 생모는 아이를 돌보지 않았고 아이는 욕구가 채워지지 않은 채 내팽개쳤다. 현재 제나는 어떤 부모든 거부할 것 같다. 자기가 돌봄받고 사랑받고 싶었기 때문에 부모가 자기 곁을 떠났다고 생각한다. 그래서 제나는 두 가지 행동을 반복한다. 첫째는 자기를 돌봐 주지 못하게 하면서 정도가 넘는 정중함과 예의 바른 행동을 한다. 이런 독립심은 어른들을 퇴짜 놓고 가르쳐 길들이지 못하게 만든다. 이전처럼 어른은 자기를 버리고 물러서게 만든다. 그러면서도 동시에 갈급한 애정 욕구는 관심과 신체 접촉을 원한다. 어른은 자신만의 공간과 시간을 얻기 위해 아이에게서 물러난다. 사랑에 대한 원함을 부모가 거부했다고 믿는 제나의 생각은 이렇게 해서 더 강화된다.

제나와 매기는 어느 집에 배치되든지 간에 자기 패턴을 계속 유지하려고 할 것이다. 그래서 입양가정의 부모는 이런 파괴적인 패턴에 끌려 들어가지 않을 수 있어야 한다. 매기에게는 사이를 비집고 들어갈 수 없을 정도로 관계가 굳건한 부부가 필요하다. 아빠와의 특별한 관계를 허락할 수 있고, 아이는 엄마와 함께 하면 기쁘고 든든하다는 것 깨달을 때까지 기다려 줄 수 있는 엄마이어야 한다. 제나는 스스로를 믿을 수 있도록 용기를 줄 수 있고, 동시에 애정 표현을 정답게 하는 가족을 만나야 한다. 가드너 씨는 예비 부모들이 겪을 수 있는 아이의 행동 패턴들을 이해하면서, 그들에게 용기 주고 도울 수 있는 방법을 찾는 중이다. 입양 배치 중에 생기게 될 좌절감을 다소나마 줄이고, 그런 행동 패턴을 다룰 수 있는 방법을 미리 준비하도록 부모를 돕는다.

4. *이 아동은 어떤 가족을 원할 것 같은가? 필요할 것 같은가?* 가드너 씨
는 라이프북을 만들면서 아이들과 함께 지내 왔다. 아이들이 꿈꾸
고 있는 가족, 원하고 있는 이상적인 부모가 어떤 유형인지 아이들
과의 대화를 통해 어느 정도는 알고 있다. 제나는 강아지랑 같이 살
수 있는 시골에서 살면 좋겠다고 여러 번 말했다. 어떤 사람이 자기
말을 잘 들어주고, 자기에게 말을 걸어 주면 기분이 좋다고 말했다.
혼자 있는 것, 엄마가 멀리 가는 것, 선생님이 잘못했다고 지적하는
것이 싫다고 말했다.

가드너 씨는 제나를 위한 가족 선택에 자신만이 가진 기준이 있다.
똑똑하고 재치 있게 말 잘하는 아이를 좋아하는 가족을 찾고 있다.
제나는 말을 많이 하는 아이다. 만약 제나가 말하고 싶은 욕구와 말
로 끄는 매력이 긍정적인 반응을 얻을 수 있다면 새로운 환경에서
더 빨리 자기 존재의 가치를 느낄 수 있을 것이다. 아이와 말하기를
좋아하는 부모는 제나를 재미있어 할 것이고, 아이의 순발력 있는
언어 감각을 즐길 것이다. 부모도 배치 초기부터 역할을 잘 해내고
있다는 진짜 기분을 느낄 필요가 있다.

아이의 성격과 행동 패턴을 부모로서의 받아들여진다는 느낌과 잘
연결시키는 작업은 매우 중요하다. 배치 초기부터 아이 특성에 부
모가 기쁘고 즐거워한다면 새로운 가족은 서로에게 더 빨리 소속될
것이고 적응에 힘든 부분에서도 더 잘 참아 낼 수 있을 것이다.

아이의 욕구와 부모의 욕구가 씨실과 날실로 짜여가듯 통합 작업
을 진행시켜야 하는 현장에서 그 같은 연결은 특히 시작 단계를 원
활하게 만든다. 혹자는 아이가 환경을 극복하는 능력의 폭을 넓히
기 위해 다른 생활환경 속에 놓일 필요를 주장할 수 있겠지만, 처음

에는 아이의 모습 그대로가 수용됨이 중요하다고 생각한다. 아이와 부모 서로의 욕구가 조화롭게 맞아떨어질 때 다른 것들은 자연스럽게 따라온다. 이런 만족감과 함께 건강하고 헌신적 태도와 성장 능력이 있다면 입양 배치는 큰 유익이 된다. 이것들은 아이가 더 준비되고 더 빨리 안정되어 새 관계에서 뿌리를 일찌감치 내리도록 돕는다. 입양 부모는 아이가 온 것을 감사하고, 아이의 변화 여지를 둔다면 맺어짐은 잘 이루어진 것이다(Glickman, 1973).

예비 행동은 끝났다. 아이는 준비하고 있다. 맺어질 조건들은 충분히 검토되었다. 이제 가족 만들기가 시작된다.

7 장
매기

배치 과정

　가드너 씨는 눈을 비빈다. 두 손으로 머리를 감싸고 깊은 한숨을 들이쉰다. 몸을 가볍게 흔들어 본다. 그런 다음 다시 검토 작업을 한다. 이전보다 더 자세히 한 가정씩 들여다본다. 특히 위탁모가 불평을 하는 아이, 즉 매기의 가족 찾기에 몰입하고 있다.

　함께 살고 싶은 가족에 대해 물었을 때 아홉 살 매기가 한 말은 그다지 도움이 되지 않는다. 매기는 다른 애들처럼 현실에도 안 맞는 디즈니랜드에 살고 있는 유명 스타의 환상의 가족을 원해서 복지사를 고민하게 만들지도 않는다. 매기는 어떤 가족이라도 지금까지 봐 왔던 가족과 별반 차이가 없을 거라고 생각하고 있고 아이의 말 속에는 어떤 기대도 보이지 않는다. 단지 부모가 밤에 큰소리로 싸우지 않고 엄마가 때리지 않으면 된다고 말했다. 자기는 혼자 있는 게 좋으니까 자기 방이 따로 있으면 좋겠단다. 다른 애들이 있는 가족에는 가기 싫다고 강하게 말했다. 그런 집에서는 매기를 더 침묵의 감방으로 몰아넣을 수 있을 것 같아서 가드너 씨도 기존 자녀가 없는 커플이 나을 것 같다고 똑같은 생각을 한다.

그녀는 매기가 재잘거리지 않아도 되면서 부모를 기쁘게 만들 수 있는 방법이 무엇일까를 고민해 보니, 매기가 배우기를 좋아한다는 점에 초점을 맞추게 되었다. 이 아이는 새로운 기술을 일대일로 가르치면 곧 잘 듣고, 잘 익히는 듯 보이기 때문에 가르치기를 좋아하는 부모가 있으면 좋겠다. 또 갈급한 애정 충족은 사랑을 공개적으로 표현하는 부모면 좋겠다. 편안한 느낌으로 매기의 감정을 인정하고 용기를 줄 수 있는 부모, 조용한 아이한테서 거절당한다고 느끼지 않고 말을 안 한다고 안절부절하지 않는 부모를 찾는 중이다.

가드너 씨는 레일리 가정의 조사서를 읽어 내려가면서 매기를 위해 그려 왔던 부모 모습이 맞아떨어지는 느낌이 든다. 무엇보다 아이가 없다. 매기 나이 정도의 딸을 원한다. 그들이 침착하게 사람을 잘 다루는 모습을 복지사는 보았다.

잭은 할 말이 있으면 주저하지 않고 하는 조용한 사람으로 묘사되어 있다. 모린은 그의 침묵에 익숙하다. 모린은 잭을 편안히 느끼고 말로 표현되지 않는 그의 메시지에 예민하기도 하지만, 다그친다거나 서두르지 않고 시간을 주면서 그를 유도하는데 능숙하다. 모린과 잭은 자신들은 불안을 신체적으로 행동하는 아이보다 차라리 조용히 물러나 있는 아이가 더 편하다고 말했다. 집 안은 조용하고, 평화롭고, 잘 정돈되어 있었다고 기록되어 있다. 시끄럽고 활동적인 가정에선 잘할 수 없을 것 같은 매기를 이곳에다 맞추면 분명히 편안하게 느낄 것 같다.

모린은 자신과 아버지 관계처럼 새 딸과 잭이 언젠가는 좋은 부녀 관계가 되길 원한다고 말했다. 이 말은 만약 매기가 새엄마를 밀어내려고 새아빠 옆에 붙어 아양을 떨어도 다른 아내들처럼 심하게 짜증내지 않을 것처럼 들린다.

잭과 모린은 둘 다 요리하기를 좋아한다. 그들은 먹을 때 까다롭게 구는 아이와는 잘 지낼 수 없을 것 같다고 담당 복지사가 말해 주는데, 가드너 씨가 알기로는 매기에게는 먹는 문제가 전혀 없다.

보고서에는 모린이 특히 같이 요리를 할 수 있고, 바느질을 할 수 있는 작은 여자아이를 기대한다고 쓰여 있다. 엄마와 같이 이런 집안 기술을 할 수 있다는 것은 아마도 매기의 무반응과 엄마를 아랑곳하지 않는 성향이 쉽게 극복될 수 있을지도 모르겠다.

가정 조사서에는 잭이 주말에 박물관 가기를 좋아한다고 하고, 매기는 외출을 좋아한다고 쓰여 있다. 그렇게 서로가 즐겁게 지낼 수 있을 것 같다. 부유한 부모와 함께 도시에서 살게 된다면, 박탈된 매기의 배경을 보충해 줄 수 있을 것이다.

가드너 씨는 레일리 부부가 매기에게 잘 어울린다는 느낌이 점점 더든다. 복지사에게 말해 보니, 매기가 아주 잘 어울린다고 동의한다. 곧 핸들의 방향을 모린, 잭, 매기로 향한다.

직원들은 동의하고 레일리 부부의 담당 복지사는 근무 중인 모린에게 매기 이야기를 전달하기 위해 전화를 한다. 모린이 이 순간을 얼마나 초조하게 기다렸는지, 매일 얼마나 생각했는지 알기나 할까. 모린이 비서실 책상 앞에서 타이핑을 하고 있는데 전화벨이 울린다. 무심히 답했는데, 복지사의 목소리를 알아챈 순간 얼어붙는다. 가슴이 두근거리고 손을 어디다 둘지 모르겠다. 애써 진정하면서 무슨 새 소식이라도 있냐고 묻는다. "그래요"라고 복지사는 답하고, 레일리 부부가 흥미로울 수 있는 아홉 살짜리 여자아이에 관해 설명한다. 아이 이름은 마가렛인데 모두가 매기라고 부르고 있다. 모린은 순간 흥분되어 어지럽다. 딱 그 나이의 여자아이야, 얼마나 멋있어! 행동이 바르고 조용한 아이라고 복지사는 계속 말해 준다. 말수가 많지 않은 아이인데 의심이 많고 사람을 잘 믿지 않으려 할 수 있다. 지적 수준은 평균이지만 학교 성적은 뒤쳐져 있다. 이 아이를 집에 데려가기를 결정하기 전에 더 궁금한 것 없냐고 묻는다.

아주 애써서 목소리를 가다듬어 모린은 매기의 복지사와 만나기로 약속한다. 완전히 감정에 압도된 상태로 전화기를 놓는다. 그리고 순간 너무 행복해서 소리가 터질 것 같아 여자 화장실로 달려간다. 눈물이 핑 돈다. 황홀감과 함께 무서운 기분도 조금은 없지 않다.

이틀 후 잭과 모린은 눈이 커다랗고 굽슬굽슬한 머리를 한 진지하고 섬세하게 생긴 여자아이 사진을 들여다보면서 복지사 사무실에 앉아 있다. 복지사는 만약 매기가 마음에 들지 않는다면 다른 아이를 찾을 수 있다고 재차 말하는데도, 이미 자신들의 인생은 이 사진으로 영원히 바뀐 기분이다. 사무실에 가드너 씨가 들어온다. 그녀는 왜 매기가 입양 대상이 되었는지를 설명한다. 가능한 많은 것을 레일리 부부에게 실감시켜 주려고 애쓴다. 어른 특히 엄마와 관련될 때 생기는 어려움에 대해 말해 준다. 아이의 과거 경험과 무서워하는 것들, 학교에서의 어려움 등등을 말해 준다. 할 수 있는 만큼 정확하게 매기의 모습을 묘사해 주려고 한다. 레일리 부부가 들으면서 지금 관심이 쓰이는 부분은, 만약 매기가 배치된다면 후에 분명히 더 많은 어려움을 야기시킬 수 있는 부분이다. 만약 가드너 씨가 지금 완전히 솔직하게 말해 주지 않는다면 나중에 레일리 부부로부터의 불신과 응당한 분노를 면치 못할 것이다. 그 복지사에게 불신과 분노를 갖게 되면 배치가 어려운 상태에 처하게 되더라도 도움을 청하거나 받으려 하지 않을 것이다.

시간이 가면서 아이는 계속 반복하여 출생 가족과 부모에 관해 물을 것이고, 사회복지사는 가능한 한 공감적인 태도로 입양 부모에게 정보를 제공할 수 있어야 한다.

우리는 누구나 강점과 약점을 가진 존재이듯 출생 부모는 힘겨운 삶을 지내고 있다고 입양하는 사람들에게 소개할 필요가 있다. 아동의 배경 정보 중에서 좋고 건강한 면보다 병리적인 면에 더 초점을 맞춘 정보를 수집한다는 건 안타까운 일이다. 출생부모와 아이가 닮은 성격, 재주, 흥미를 발견하는 건 아주 중요하다. 음악, 뜨개질, 목공, 수학, 체육과 같은 무엇이든지 간에 그것들은 두 가족을 하나로 묶을 수 있도록 해 준다. 미혼의 엄마가 외로워서 현명치 못한 육체관계를 가졌다는 것, 마음이 뜨거워서 성급한 결혼을 한 후 정말 서로가 사랑하지 않는다는 걸 알았다는 것, 혹은 결혼한 여자가 마음은 여전히 남편에게 충실하나 다른 남자에게 육체관계를 허락했다는 것 등, 이런 것들을 공감하는 것은 입양하는 사람이 "하나님의 은혜가 없이 나도 그럴 수 있었어"라고 생각할 수 있도록 돕는다(Rowe, 1966).

이런 정보는 예비 부모와 논의되어야 할 뿐 아니라 서신으로 전해 줘야 한다. 그래서 훗날 아동이 질문해 올 때 참고로 할 수 있다. 글로 남긴다면 몇 년 후에 아동이 읽게 될 때 출생부모를 이해하고 동정하는 마음으로 계속 볼 수 있는 방법으로 작성되어야 한다.

가끔 입양 가족이 부정적으로 반응할 것 같은 예민한 정보는 숨겨진다. 복지사들은 어떻게 하는 것이 좋을지 가치 판단을 할 수 있어야 한다. 이런 방법은 양심적이지 못하다. 한 아동의 미래를 새로운 부모에게 맡긴다면 아동에 관한 모든 정보도 맡길 수 있어야 한다(Baas, 1975).

이런 정보는 입양 가족에게 매우 중요하다. 예를 들어 우리 딸 한 명은 위탁가정이 갑자기 문을 닫게 되어 우리에게 왔는데, 그 가정에 있었던 아이들은 확실히 성적 학대에 노출되었었다. 딸의 복지사는 그 정보를 우리에게 알려 주길 주저하면서 의도적으로 우리 기관과 우리에게 학대 당한 부분을 언급하지 않았다. 이런 사실을 안다고 해서 그 아이를 입양 하려는 우리의 의지가 변하지 않았을 텐데 차라리 알려 주었더라면 딸 이 이유 없이 남자와 밤을 너무 무서워한다는 걸 심하게 걱정하지 않았 을 것이고, 낭비했던 그 귀한 시간을 절약할 수 있었을 것이다. 그 정보 가 입수되었을 즈음에 우리 딸은 어느 정도의 공포감이 사라지면서 건 강이 후퇴 일로를 걷고 있었다. 아이의 어려움이 우리에게 맡겨졌더라 면 우리가 아이를 더 잘 도울 수 있었을 것이라고 생각한다.

아동이 소개될 때 가족은 알고 싶은 것들이 있을 것이다. 알아 두면 항 상 도움이 되는 사항들이다.

1. 아이의 생일은 언제인가?
2. 왜 이 아이는 출생 부모와 같이 살고 있지 않은가? 그들의 배경은? (직업, 취미, 재능 등) 출생 가족의 병력은?
3. 아이가 자기 첫 번째 가족에 관해 듣고 알고 있는 것은?
4. 보호를 받게 되었을 때 아이의 나이는? 어디서 살았던가? 여러 가족 과 살아왔다면 무슨 이유로?
5. 아이의 신체적 · 정신적 건강은 어떠한가? 개인력은? 알레르기, 치 료, 치아 관리는?
6. 아이의 복지사는 아이에 대해 얼마만큼 알고 있는가? 담당했던 기

간은?

7. 아이는 자신을 어떻게 여기는가? 다른 사람에게 어떻게 반응하는가?

8. 아이는 실패, 화, 걱정, 두려움, 행복감, 성공, 고통, 실망, 슬픔, 애정, 규율, 일상생활을 어떻게 다루고 있는가?

9. 입양에 관해서는 이해를 하는가? 위탁 보호에 관해서는?

10. 왜 당신은 이 아이를 선택했는가?

　

복지사가 자진해서 상세한 정보를 제공해 주면 부모들은 그들의 성의 있는 태도에 감동할 수 있다.

매기를 향한 잭과 모린의 느낌이 점점 좋아지고 있고 가드너 씨는 그들로 결정하고자 한다. 이 부부는 진심으로 매기의 좋은 부모가 되고 싶은 것 같다. 정보를 건네주면서 반응을 살펴본다. 그렇게 하여 그들이 제일 먼저 염려하고 불편해하는 부분을 알아차릴 수 있다. 이런 것들이 배치를 긴장하고 어렵게 하는 원인이 된다고 미리 알려 주는 중요한 신호이기도 하다. 부모든 복지사든 본능적 느낌을 고상한 척 덮어 버리지 말아야 한다. 복지사는 염려되는 부분에 더 많은 정보를 제공할 수 있어야 하고, 부모는 예측되는 문제와 함께 마음을 열어 놓고 살 수 있겠는지를 알아보기 위해 시간이 더 필요할 수 있다. 이런 질문들을 해 봐야 한다.

　

1. 왜 이 정보에 신경이 쓰이나? 무슨 일이 일어날 것 같은가?

2. 만약 우리 아이가 그렇다면 어떤 기분이고 어떻게 할 것 같은가?

3. 이 아이의 어떤 면이 실망스럽고 걱정이 될까?

4. 이 아이의 어떤 면이 안 될 것 같은가?

매기의 이야기를 들으면 들을수록 잭과 모린은 점점 더 흥분된다. 언제 만날 수 있을까? 언제까지 기다려야 할까? 빨리 집으로 데려올 수 없을까? 가드너 씨는 그들을 자제시킨다. 매기가 옮겨가려면 준비를 위한 시간이 상당히 필요할 수 있다. 레일리 부부의 마음은 충분히 이해되지만, 그건 매기가 따라갈 수 있는 속도가 아니다. 아이 입장에서는 이번에 또 옮기게 되는 것이 이전과 다르다고 믿을 만한 이유가 없다. 새 부모와 편해질 때까지 한 번 더 새 환경에 적응해야 하는데 걸리는 시간이 필요하다.

매기는 노골적으로 적대적이고 화가 나서 주변에 반응하지 않고, 경계하고, 숨기고, 초연하고, 자기를 억제하며 반응한다고 가드너 씨는 다시 일러 준다. 아이는 어른들과 벽을 쌓아 왔으므로 이런 점에서 잭과 모린에게도 쉽게 다가가지 않을 것이다.

> 철수하면서 적응하는 아동은 자신을 내면으로 끌어당긴다. 직접적인 방법으로 외부 세상을 극복할 수 없다고 느낀다. 자주 아프거나, 혼자 있을 수 있는 방법을 찾아 취미생활 같은 활동으로 자신을 고립시킨다. 들판에, 뒷골목에, 나무 위 오두막에, 혹은 환상의 내면세계로 도피할 수 있다. 움츠리면서 적응하는 아이들은 신체뿐만 아니라 정신도 그렇게 할 수 있다. 수신 감각을 '꺼 버리고'는 마치 들리지 않는 것처럼 행동한다. 외부의 요구를 피한다. 수신이 꺼져 있을 때는 말려들 것 같은 갈등, 가능한 고통에서 보호할 수 있는 자신만의 환상세계를 자주 만들어 낸다(James and Jongeward, 1975).

사람을 잘 믿지 못하는 매기에게는 함께 살면 좋은 점을 알기 전에 먼저 잭과 모린을 알 수 있는 기회가 필요하다. 몇 주간에 걸쳐서 방문하도록 하여 아이가 긴장되지 않도록 한다. 새 부모는 강요하지도 서두르지도 않으면서 아이 속도에 맞춰 주는 것이 중요하다. 가드너 씨는 매기가 그들을 믿고, 사랑하고, 반응하게 될 때까지 긴 시간이 흘러야 될 것 같다고 주의를 준다. 매기가 호감을 갖고 행동할 때까지 기다리면서 느낄 수 있는 초조함과 격렬한 감정들을 서로 이야기해 본다.

어느 정도 침착해진 잭은, "그렇다면, 우리가 어떻게 시작해 볼 수 있습니까?"라고 묻는다. 가드너 씨는 사진 앨범을 만들어서 매기의 준비를 도우라고 요구한다. 일상생활 모습이 담긴 스냅 사진, 주변 환경-아파트, 이웃, 학교 등- 등 아이에게 옮기자고 제안할 때 실감이 나고 두려움을 덜 수 있게 하는 사진들을 넣으라고 말한다. 가드너 씨는 매기에게 가족 앨범을 가지고 레일리 부부를 소개할 것이다. 그런 후 레일리 부부는 매기의 위탁집을 잠시 방문할 것인데 그렇게 하여 아이가 자신의 영역에서 이 낯선 사람들을 만날 수 있도록 한다.

위탁집은 아이와 예비 부모가 처음 만나기에 바람직한 장소다. 아이가 편안한 상태에서 자기를 데려가기로 마음먹은 가족과 만나게 되면 납치당해 끌려간다는 아이의 환상을 막을 수 있다. 또한 가족에게는 아이의 일상생활을 더 잘 이해할 수 있는 기회가 된다. 더러는 첫 만남의 장소를 다른 곳으로 하는 이유도 있다. 질문을 받고 있는 아이를 보면서, 위탁 부모는 자신이 아이를 지키지 못하기에 화가 날 수 있다. 혹은 위탁 부모가 친생부모와 친한 사이인데 입양 부모를 만나면 그들을 배신하는 느낌이 들 수 있다. 혹은 그 집안에 입양 배치 계획이 없는 형제가 있을 수 있는데, 헤어진다는 걸 알게 되면 감정이 격렬해져 첫 만남을 어렵게 만들 수 있다. 만약 위탁집에서의 첫 만남을 권할 만하지 못하다면, 공원, 동물원, 혹은 쇼핑센터와 같이 중립적인 장소를 일반적으로 선택할 수 있다.

처음 방문 시에는 산책하러 간다든지 아이스크림을 먹으러 간다든지 해서, 매기를 밖으로 데리고 나가 함께 시간을 보낼 수 있다. 다음에는 하루 혹은 이틀 정도는 종일 같이 있을 수 있다. 만약 일이 잘 진행된다면 매기는 영구적 이동을 위한 중간 과정으로 며칠 동안 새로운 집에서 잠을 잘 수 있다. 이렇게 점차적으로 서로가 익숙해져 가는 것이 매기에게 필요한 시간을 줄 뿐만 아니라, 규칙과 일상생활 습관을 예측하기도 하고, 새 딸과 어색한 기분도 없애면서. 잭과 모린에게 조금씩 부모가 되어 가는 기회가 된다고 가드너 씨는 설명한다.

잭과 모린은 약속을 남기고 집으로 돌아간다. 도중에 필름 한 통을 사려고 차를 세운다. 갑자기 즉석 프린트를 할 수 있는 카메라 한 대가 있으면 좋겠다는 생각을 한다. 어디 가면 빨리 필름을 현상할 수 있을까? 마침내 사진을 찍고 인화를 했다. 적당한 설명을 곁들여서 매기를 위한 앨범을 만들었다. 모린은 점심시간에 기관으로 가서 가드너 씨가 볼 수 있도록 앨범을 두고 왔다. 사진 외에도 딸을 기다리고 있다는 사랑의 마음을 표현한 다른 어떤 것들도 모을 수 있었으면 더 좋았을 거라고 생각했다.

기관에서는 입양할 아이들을 위해 새 부모가 앨범을 만들도록 점점 더 많이 권하고 있다. 굳이 기관이 제의하지 않는다고 해도, 아이에게 자신들을 소개하기 위한 앨범은 아주 좋은 도구가 된다. 사진은 소개받기를 기다리는 동안 찍으면 되고, 앨범은 특정한 아이가 발견된 후 편집하고, 제목도 그 아이에게 어울리게끔 붙이면 될 것이다.

가드너 씨는 다음 방문에는 매기의 위탁모만 만날 약속을 한다. 진행 중인 계획 속에 그녀를 포함시켜 볼 참이다. 배치 과정에서 위탁 부모의 지원과 동참은 아이를 떠나보낼 준비를 시키고, 새로운 가족에게 적응시키기에 지대한 역할을 한다는 걸 잘 알고 있다. 복지사들은 새 부모를 좋아하게 되는 아이가 죄책감을 덜 느끼도록 위탁가족이 잘 도울 수 있다는 걸 안다. 그리고 아이가 갖는 상실과 거절의 느낌 때문에 투사시킬 수 있는 부정 감정들을 희석시킬 수 있도록 돕는다. 그녀는 아이에게 보여 준 그들의 봉사를 칭송하고, 그들의 감정을 이해하고 있고, 그리고 그들이 책임져 왔던 아이와 헤어지는 선물로, 그들이 아이의 입양 배치 팀의 일원이 되기를 원한다고 계속 말할 것이다. 보통 같은 날에, 위탁 부모와 아이에게 제안된 입양에 관해서 알려 준다. 하지만 아이를 지키지 못한다는 죄의식과 새 부모와의 경쟁심에서 나오는 위탁 부모의 편견이 언급되지 못하게 하기 위해 따로따로 알려 줄 필요가 있다.

매기가 학교에서 돌아왔을 때, 가드너 씨는 레일리 부부에 관해 이야기해 주려고 아이를 불러낸다. 자신이 얼마나 열심히 가족을 찾으려고 했는지, 그리고 어떻게 해서 가족이 선택되는지를 매기에게 설명한다. 지금은 매기를 위해 특별한 한 가족을 염두에 두고 있는데 매기가 그들에 대해 좀 알고 싶지 않냐고 묻는다. 매기는 단단히 팔짱을 끼고 앉는다. 얼굴은 굳어 있다. 대답을 하지 않는다. 가드너 씨는 앨범을 꺼낸다. 여기 그 가족들의 사진이 있다고 계속 말한다. 그 가족이 어떤지 같이 보자고 말한다. 의자를 매기한테 더 가까이 끌어다 붙이고 모린과 잭이 고른 사진들에 대해 슬슬 이야기를 시작한다. 페이지를 넘기면서 매기의 반응을 살핀다. 이 가족 안에는 새 아빠도 있다고 마음을 슬쩍 떠 본다. 네가 보기엔 이 사람 어때? 이 사람들 행복해 보이니? 불행해 보이니? 어느 사진이 제일 마음에 드니? 매기는 그다지 말을 하지 않는다. 우물거리면서 짧게 답할 뿐이다.

가드너 씨는 옆에 있는 너무나 조용한 이 아이의 닫힌 문 뒤에 무슨 일이 일어나고 있는지 잘 모르겠다. 그 마음에 닿기 위해 똑같은 포즈로 앉아 같은 표정을 지어 본다.

'내가 매기라면 어떤 기분일까?' 스스로에게 물어본다. '매기야, 네 마음을 보여 줘. 우리가 이 일을 하고 있을 필요가 있다고 입증해 줘. 난 이런 대화를 하기 싫어'라고 말하고 싶다.

Ner Littner(1956)는 제안된 배치에 대한 아동의 반응을 몇 가지 단계별로 요약했다. 아동이 실제로 계획된 분리에 대해 들었을 때, 느낌과 두려움을 인식하는 것처럼 보이지만, 분리의 완전한 충격은 구체적인 증거-사진 혹은 새 부모와의 첫 만남-가 있을 때까지는 아직 그 자체로 나타나지 않을 수 있다. 가장 심각한 걱정 반응 그 자체는 그런 구체적인 증거가 있을 때 에 나타난다. 아동이 무슨 말을 들었던 얼마나 많은 말로써 준비를 시켜 왔던 간에 어떤 아동은 입양이 진짜로 일어나지 않기를 여전히 바라고 있다. 의식적이던 무의식적이던 실질적으로 최종 분리를 막아 줄 어떤 것이 일어날 거라는 환상을 갖는 것 같다.

배치가 다가오고 있다는 현실감이 들면서 나타나는 걱정 증후는 쉽게 발견된다. 불안하고, 과잉으로 행동하고, 긴장, 구토, 잠을 이루지 못하고, 울기, 먹기, 배탈, 손가락 빨기, 머리 들이박기, 자위 등을 이 단계에서 흔히 볼 수 있다. 이런 증상은 분노, 위축, 우울, 절망과 같이 다양하게 나타난다. 감기, 천식, 치통, 소화불량과 같은 신체 반응까지도 동반된다.

이동을 위해서 최소한의 시간이 필요하다. 복지사가 아동의 이동을 준비시키는 동안 적절한 가족이 나타나기도 전에 심리적으로 위협이 되는 실제적인 배치는 진행시키지 않도록 해야 한다(Littner, 1956).

가드너 씨는 배치 과정에서 아이가 낯선 경험과 불안에 압도되지 않고 견딜만하도록 조정한다.

다음 주 위탁집에 레일리 부부가 도착하기 전에 매기와 조금 더 이야기해 보려고 시간을 맞추어 도착한다. 매기와 집 문 옆 돌담에 앉아 이야기 나누면서 부부를 기다린다. 레일리 부부가 차를 세우고 새 딸에게 처음 자신들을 소개하려고 하는데, 아이는 복지사의 폭스바겐 뒷자리로 달아나 버리니 그 모습을 그냥 쳐다보고 있을 수밖에 없었다. 오만상을 다 찌푸리고 팔짱을 끼고 등을 구부려 들어가 앉아 있다. 모린이 먼저 시작한다. 차에서 내려와 폭스바겐 창문을 톡톡 치면서, "얘야, 나 레일리야, 들어가도 되니?" 매기는 가볍게 고개를 까닥한다. 옆에 들어가 앉는다. 모린의 눈짓에 따라 잭도 따라 운전석 옆자리에 앉는다. 가드너 씨는 새 부모에게 이 아이를 가장 좋은 방법으로 소개해 보려고 했던 계획을 포기한다. 그녀는 운전석에 오른다. "아이스크림 먹고 싶은 사람?" 하고 말한다.

아이스크림을 사러 한 바퀴 돌고, 가까운 놀이터에서 시간을 조금 보낸 다음, 위탁집으로 돌아가는 길에 매기는 여전히 입을 꽉 다물고 있다. 레일리 부부는 아이를 살펴보고 눈 마주치기가 매우 어렵다는 걸 알아차린다. 줄곧 발만 쳐다보고 있고, 시선을 주지 않고, 말을 걸어 보면 옆으로 비켜 앉는다. 모린은 그래도 매기가 자기를 훑어보고 있다는 걸 재빨리 알아차리긴 했지만, 굽슬굽슬한 머리카락으로 가려진 찡그린 얼굴엔 무슨 일이 일어나고 있는지 도무지 감을 못 잡겠다.

위탁집에서 레일리 부부는 위탁모와 다른 위탁 가족들을 잠시 만난다. 매기와 함께 다시 가족 앨범을 보면서 자신들이 어떻게 살고 있는지를 더 말해 준다. 다른 아이 같으면 이 순간에 자기 이야기책을 보여 주라고 권할 수 있었을 것이다. 그런데 매기는 아직 더 편안해질 필요가 있다. 그래서 가드너 씨는 다음 기회를 기다린다. 그곳을 떠날 때 잭과 모린은 매기에게 어린이 박물관에 가자고 말하면서 주말에 기관에서 다시 만날 약속을 한다.

그 후 잭과 모린 각자는 아이에게서 받았던 인상을 비교하면서, 서로 다른 느낌을 가졌다는 데 놀란다. 잭은 아이와 아주 편했단다. 그런데 모린은 딱 잡아 이유를 말할 순 없지만, 어쩐지 도전을 받는 느낌을 받았단다. 잭은 말 없는 사람을 꽤 잘 이해할 수 있다. 그렇게 지냈던 그 오후가 그에게는 분명히 편안했고 느낌이 좋았다.

레일리 부부는 약간 찡그린 모습은 햇빛 때문이라고 생각했고, 그것만 빼면 기관에서 본 사진과 많이 닮아 있어서, 그게 매기의 평소 모습일 거라는 생각은 일치했다. 눈썹 사이에 깊은 주름이 하나 있고 꼭 다문 입은 아이는 만나 보기 전에 들었던 정보와 확실히 일치했다.

처음 몇 번의 만남에서는 언젠가 다가올 새로운 관계에서 흔히 나타나는 핵심적 행동과 반응을 볼 수 있다. 아이는 너무 갈망하는데, 그것이 허락되지 않을 때는 그 상황을 자꾸 불신하며 싸우려고 든다. 무서워하는 것, 이해되지 않는 것, 스트레스를 받고 있는 것에 대항하여 어떻게 자신을 방어하는지를 쉽게 보여 준다. 이런 전형적인 패턴은 아마 배치 이후에도 한동안 지속될 것이다. 복지사와 부모는 과잉행동하는 아이, 떠벌이는 아이, 통제하려는 아이, 무서워하거나 닫아 버리는 아이들의 행동들이 단지 초기 반응이라고 여기지 않는 편이 낫다. 아이의 정서가 불안해서 그렇게 행동한다고 합리화하기보다 아이가 한동안은 자신의 모습을 그렇게 보여 줄 거라고 예측하는 편이 낫다.

아들, 딸이 될지도 모르는 아이를 만나 본 후, 새 부모의 걱정거리는 종종 바뀐다. 현실감이 들면서 이런 특별한 아동의 입양엔 관심이 없을 뿐 아니라, 나이가 든 큰아이는 전혀 입양하고 싶지 않다는 생각이 들 수 있다. 아이를 만났는데 아무런 느낌이 없다면 그 아이에 대해 미련이 없어지기도 한다. 그런 경우에는 마음에 들고, 부모가 되어 주고 싶은 마음이 들게 하는 더 어린아이와 시간을 보내 볼 필요가 있다. 가능한 한 최대한 객관적인 시각으로 자신의 감정을 걸러 낼 필요가 있다. 망설여진다면 결정을 서두르지 말아야 한다. 아이를 '거절'해서 상처를 더 입힐 수 있다는 염려로 반드시 아이를 데려가야 한다고 느끼는 것보다, 그들이 기다려 왔던 아이가 아니라는 사실에 직면하는 편이 훨씬 낫다. 이미 제동이 걸린 바퀴를 멈출 방법은 없고 예정된 대로 진행해야 한다는 두려움을 가질 필요는 없다. 배치 절차가 진행되고 있는 이 시점이 나중에 비해 아이는 상처를 거의 받지 않았고 약해져 있지 않은 상태이다. 입양하고자 하는 부모가 특정한 아이를 받아들일 수 있는 자신들의 능력을 고려하지 않고 자신들 속의 반응을 무시한 채, 아이를 취할 때는 엄청난 손실을 겪게 된다. 아이는 가장 적절한 보금자리를 위해 긴 세월을 기다려 왔다는 점을 그들은 알아야 한다. 아이 모습 그대로를 받아들일 수 있고, 아이가 변해 가는 모습을 보면서 즐거워하는 가족을 기다린다. 복지사들도 거절당하고 실망하고 혹은 직업적으로 비판받는다는 두려움을 갖지 말아야 한다. 좋은 연결이 아니라면 예비 부모가 이 아이는 아니라고 말할 수 있도록 허락해야 한다. 아니, 그렇게 하도록 도와야 한다.

어린이 박물관 방문 계획은 잘 진행되고 있다. 레일리 부부는 매기가 가진 매력에 자부심을 느낀다. 특별히 많은 말을 하진 않지만, 전시방마다 자세히 들여다보고, 그들이 설명해 줄 때 주의 깊게 듣는다. 잭이나 모린은 매기가 확실하게 자신들, 혹은 그것들을 즐긴다고 확신할 순 없지만, 적어도 그들이 보고 있는 것에 관심을 갖는다는 정도는 알겠다. 세 사람은 가드너 씨의 사무실로 돌아왔다. 레일리 부부는 매기를 입양하기로 결정해도 되냐고 묻는다. 벌써 자신들을 아이에게 언급할 때 "네, 엄마", "네, 아빠"라고 또 "우리 아파트", "너의 방"과 같이 매기를 가족 안에 포함시켜서 말하기 시작했다. 이어 가드너 씨는 과거와 펼쳐지고 있는 미래에 대한 약속 사이에 다리 놓기 작업으로, 매기에게 자신의 이야기책을 새 엄마, 새 아빠에게 보여 주라고 권한다.

라이프북은 입양을 준비하는 아이를 위해서 중요할 뿐 아니라 배치 과정에서도 유용하게 쓰이는 도구다.

> 아이가 새 부모와 라이프북을 나눌 수 있을 때는, 그들과 동일시하면서 자신의 모든 것을 받아들일 수 있는지를 그들에게 묻고 있는 것이다. 새 부모는 아이에 대한 모든 것을 알게 되어 받아들이면서, 실제 증거에 근거한 진정한 공유가 시작된다. 그것은 아동이 부모를 입양하는 방법이기도 하다. 그것은 입양 부모가 전혀 공유할 수 없었던, 아이의 과거에 다리를 연결시킨다. 아이는 한 인격체라는 기본적 인식을 갖게 하고 과거를 부정할 필요 없이 아이가 끄집어낼 추억들을 두려움 없이 받아들이도록 돕는다. 아이의 경험을 부모는 함께 들을 수 있다. 그러나 말만 가지고는 책만큼이나 사실이 실감나지 않는다. 그리고 말로 하는 건 듣기가 힘들기 때문에 더 쉽게 무시된다(Chema et al., 1970).

잭과 모린은 매기의 라이프북을 보면서, 지금의 아이 자체와 아이가 느끼는 것을 받아들이는 매우 적극적이고 흥미로운 거동을 보이니, 매기에게 좋은 부모가 될 수 있는 사람이라는 느낌이 든다. 그런 행동은 여태껏 말로 했던 어떠한 확신보다 훨씬 더 설득력이 있다.

매기의 라이프북을 본 후 가드너 씨는 잭과 모린의 앨범에서 사진들을 빼내어, 그 뒷장에 붙인다. 이렇게 아이와 가족의 만남이 의식을 치른다. 이 두 사람은 앞으로 아이 인생의 부분이 될 것이라는 뜻이다. 레일리 부부에게 금요일과 토요일 밤, 매기를 초대해서 함께 지내도록 권한다.

이런 예비 단계에서는 가드너 씨가 레일리 부부와 매기에게 언제든지 접촉할 수 있어야 한다. 새 부모는 새 딸에 대한 인상이 구체적으로 다가오면서, 지금 어떻게 해야 할지, 어떻게 자신들을 받아들이게 할지에 대해 더 잘 알고 싶을 것이다. 매기를 잘 아는 복지사는 매기를 위해 안전한 사람들이라고 확신시켜 줄 필요가 있다. 그 사람들에게서 받았던 인상과 불안을 말하게 함으로써 혼란한 감정을 표현할 기회를 주는 것은 새 가족으로 옮기기 위한 복지사가 해야 할 작업이다.

이제 가드너 씨는 매기와 레일리 부부가 제각기 서로에게 대처하는 방법을 스스로 찾을 수 있도록 슬슬 뒤로 물러선다.

> 준비가 잘 되었을 경우, 도입 단계에서는 담당자가 차라리 뒤에서 조용히 머물 때가 많다. 필요하다고 판단되는 중간 단계로 들어서는 순간이나 어처구니없는 순간을 돕기 위해 대안을 준비하고 있어야 한다. (그러나) 아동과 가족이 스스로 방법을 찾을 수 있다면 더욱 좋다. 기관이 전체적인 틀과 기회는 제공할 수 있지만 실제로 가족을 만들어 내지는 못한다(Row, 1966).

매기를 위탁집에서 자동차로 데리고 와서 하룻밤을 같이 지내는 방문이 시작된다. 모린은 지난번에 같이 차를 타고 갈 때 항상 안전벨트를 해야 하고 또 왜 그렇게 해야 하는지를 설명했다고 기억하는데도 불구하고, 아이는 태연히 벨트를 매지 않고 있음을 잭은 알아차린다. 그가 좀 과민하게 반응하는 건지는 잘 모르겠지만, 아이는 의도적으로 벨트를 착용하지 않고 있는 것 같다. 그가 다시 다짐을 시켰을 때는 꼭 그렇다고 단정적으로는 말하지 못하겠지만 아이가 그를 바라보는 모습이 도전적인 어떤 것이었다.

아파트에 도착해서 매기의 방을 보여 줬다. 잭과 모린은 이 방을 준비할 때 두 가지 마음이 있었다. 모린은 필요한 모든 것이 갖추어진 상태에서 기다리면 더 환영받는다는 느낌이 들 거라고 생각했다. 반면, 잭은 방을 꾸미는 과정에 아이를 참여시킨다면 더 자기 방이란 느낌을 가질 수 있다고 생각했다. 그래서 가구는 미리 배치하고 벽을 칠하고 장식하는 것은 이번 방문 때까지 기다리기로 둘은 합의했다. 모린은 다음번에 오면 방이 더 멋있게 변해 있을 거라고 말하면서 조금은 미안해한다. 잭은 침대 위에 펼쳐 놓은 몇 가지 페인트 샘플집을 집어 들고는 어느 색이 더 좋은지 아이가 말하도록 하는 게 어렵다. 아이는 관심이 전혀 없어 보였다. 그렇다고 해도 매기는 결국에 놀랍게도 밝은 핑크색을 선택했다. 잭은 내일 아침 제일 먼저 페인트, 붓, 롤러를 사러 갈 거라고 약속한다. 매기는 누군가가 페인트칠을 하는 모습을 한 번도 본 적이 없다. 어떻게 하는 건지 물어 본다.

알고 싶은 것을 물어보고 집 안 나머지 부분을 다 둘러본 후 다시 않는다. 잭과 모린은 난처해졌다. 매기를 즐겁게 해 주어야 할지 아니면 혼자 하고 싶은 대로 놔두어야 할지를 모르겠다. 이번 첫 방문부터 선물 공세로 시작하고 싶지는 않았다. 그러나 같이 갖고 놀 만한 장난감 하나 정도는 준비해 두었어야만 했다. 다음 주말이 되기 전에 잭은 같이 할 수 있는 게임 같은 것을 준비하리라 마음먹는다. 당장은 카드라도 꺼내서 놀아야겠다. 아이에게 카드놀이를 가르치기 시작한다. 모린은 부엌으로 가서 저녁 식사를 준비한다. 감자 껍질을 벗기고 샐러드를 만들면서 거실에서 잭과 매기가 하는 소리를 듣는다. 믿어지지 않는다. 이 집에 작은 여자아이가 있다. 매기는 의도적으로 남자한테 붙어 여자를 밀쳐 내는 느낌이 들도록 하는 경향이 있다고 가드너 씨가 준 주의를 이해할 수 있을 것 같다. 그러나 지금은 전혀 그런 느낌이 아니다. 매기가 아빠와 거실 바닥에서 카드놀이를 하고 있는 모습이 멋지기만 하다.

저녁 식사를 마친 후 셋이서 카드놀이를 조금 더 하고 텔레비전을 본다. 그리고 매기가 자러 갈 시간이 되었다. 잠옷을 입히고 재우려고 잭과 모린은 아이 방으로 같이 들어간다. 모린은 집주인처럼 행세하지 않고 엄마처럼 행동해 보려고 노력한다. 몸을 숙여 아이를 안는다. 그리고 잘 자라고 뽀뽀한다. 매기는 나무 장작처럼 누워 있다. 그렇지만 피하진 않는다. 불을 끄고 문을 닫으려고 하자 "닫지 말고 그대로 놔둬요!"라고 소리친다. "난 어두운 데서 자는 게 싫어요." 여태껏 들어본 소리 중에 가장 진심으로 한 아이의 감정 표현이었다. "나도 어렸을 때, 어두운 방에 혼자 자기 싫었단다. 문을 열어 두고 여기에는 이렇게 불을 켜 둘게, 됐지?"

한참 후에 모린이 잠자리에 들기 전에 살피려고 들렀을 때, 아이는 조용히 누워 있으나 잠이 들지 않고 있는 것을 보고 놀란다. 매기는 아무 일 없다고 말한다. 그냥 자고 싶지 않을 뿐이라고 한다. 잭과 모린은 새 딸에게 무슨 일이 있는지 알아보려고 애를 쓴다. 집에 가고 싶은가? 두려운가? 무엇이 잘못되고 있는지 좀처럼 말하지 않으려고 한다면, 저 아이를 어떻게 하지? 우리는 어떻게 할까? 아이 속에서 무슨 일이 일어나고 있는지 항상 추측만 할 수밖에 없는 것이 어렵다.

잭은 책을 읽으면서 좀 더 앉아 있어야겠다고 마음먹는다. 생각해 보니 아이에게 시간을 더 주어야 할 것 같다. 결국에는 아이가 마음을 바꾸어 다가올 것이다. 책을 다 읽은 후, 잠든 매기를 확인한다. 이불을 머리까지 뒤집어쓰고 잔다.

매기는 다음 주말 두 번 더 새 가족을 방문한다. 새 부모는 아이에게 편안함이 느껴질수록 그런 식의 방문이 불편하다. 자신들과 실제로 완전히 같이 살고 있지 않는 매기를 엄격하게 해서 고쳐 줘야 할지 어떨지를 잘 모르겠다. 매기는 뭘 하라고 지시하지 않으면 그냥 멍하니 비켜 앉아 있다. 모린은 행동과 훈련을 관장하고 있는 배의 선장 같은 느낌이다. 이런 식의 방문은 그만두는 편이 나을 거라고 느낀다. 복지사에게 화가 난다. 왜 매기와 함께 살도록 두질 않는다 말인가? 매기가 옮겨 오려면 아직 해야 할 일이 더 남아 있다는 건가?

부모는 특정한 한 아이를 입양하려고 결정하고 실제로 영구히 옮겨오는 날까지, 그 사이 기간에 종종 실망을 하게 된다. 주말 방문은 비록 서로를 더 잘 알게 되는 좋은 방법이 될지라도, 가족으로 함께 사는 것과는 다르다. 부모는 쉽게 경직되고 불편하다. 복지사가 시간을 일부러 쓸데없이 끌고 있는 것 같아서 걸핏하면 화가 난다. 때때로는 위탁 가정에서 하고 있던 일들이, 새 부모에게 넘겨지면서 부담을 줄 수 있다. 지금 아이를 돌보고 있는 사람보다 그들이 더 잘 먹이고 돌봐 줄 수 있다고 생각한다.

담당 복지사가 옮길 준비가 되었다고 생각하는 때와 부모가 느끼는 때가 일치하지 않을 수 있다. 이 시간은 아이, 위탁 부모, 입양 부모, 담당 사회복지사 모두가 힘들 수 있다. 기관들은 이런 식의 방문을 연장하도록 요구하는 경우가 자주 있다. 왜냐하면 이렇게 하여 과거 생활을 완전히 청산하는 것이 새 부모에게 훨씬 더 자연스럽게 적응해 가는 아이들을 많이 보아 왔기 때문이다. 아이가 옛날 친구, 이웃, 가족과의 관계를 끝낼 수 있게 되었을 때 새로운 친구, 이웃, 가족을 향해 마음을 더 열 준비가 된다. 떠날 준비를 하는 시간은 영구적으로 아이를 데리고 가고 싶은 새 가족에게는 힘들겠지만, 배치 후에 아이가 새 생활을 받아들일 수 있을 때까지 들 수 있는 어려운 시간을 절약하게 한다.

가드너 씨 역시 이런 방문 기간을 빨리 종결시키면 좋겠다. 위탁가정에서의 매기의 행실이 더 나빠지고 있고, 위탁 부모는 이런 아이에게 자신의 가정을 제공하고 있어야 하는 것을 참기 힘들어 한다. 그렇지만 매기가 도망가는 것도 아니고, 헤어질 날이 점점 다가오는데 당당하게 그 부모에게 작별 인사를 할 기회는 가질 수 있도록 하는 것이 중요하다.

자신이 복지사인 D. C. Krugman은 복지사가 자신을 위해 얼마나 빨리 아동을 옮겨 버려서 이 과정을 종결하려고 하는지에 대해 기술한다.

복지사들은 과정에 연루된 모든 이의 고통을 다루고, 아동과 성인이 그 고통을 견뎌 낼 수 있도록 돕고, 임박해 오는 이별 때문에 동요하는 감정을 처리하기 위한 전화를 받는다. 이곳에서 저곳으로 아동을 이동시키는 것은 미래에 대한 긍정적 예감에 따른 것이겠지만, 한편은 죄, 질투, 화, 걱정을 유발시키기도 한다. 중간 입장인 복지사는 그런 강한 감정들을 가끔은 표현하고 싶지 않다. 아동과의 이별을 시작한 위탁모의 슬픔도, 그 이동이 왜 필요한지 아직 확실치 않은 아동의 분노도, 어느 누구 한 명도 똑바로 쳐다볼 수가 없다. 아직 어린아이는 알지도 못하는데 빨리 옮기고 싶어 안달하는 새 가족의 열망을 붙들어 두는 것은 정말 힘이 든다. 이런 상황에서 모든 사람의 심정이 너무 엉망이 되기 전에 과정이 잘 진행되어 종결되었다는 표시로 옮겨짐이 필요하다고 복지사는 급한 결론에 도달할 수 있다(Krugman, 1971).

가드너 씨는 매기를 준비시키는 과정에서 Krugman의 몇 가지 지표를 살펴본다.

1. 일어나고 있는 변화에 대한 알아차림
2. 변화에 대한 긍정적인 면을 기대함
3. 변화로 겪는 걱정이나 갈등을 말함
4. 새로운 상황에서의 현실성
5. 새로운 환경으로의 이동을 수용하는 외적 증거들

▌ 다리 놓기 : 과거에서 미래로

가드너 씨는 소개한 아이와 입양 가족에게 유익하다고 생각되는 다리 놓기 의례를 시작한다. 다음번에 매기를 만날 때는 초, 촛대, 성냥을 가지고 간다. 초를 한 줄로 세워 놓고 하나씩 센다. 아이에게 무엇을 하고 있는지 설명한다. 하나는 낳아 준 부모를 위해, 하나는 같이 살아온 다른 가족을 위해, 또 하나는 레일리 부부를 위한 것이다. 또 다른 초 하나를 들고 와서 그 초는 매기 것이고 매기는 태어날 때 사랑할 수 있는 축복을 받았다고 말하면서 불을 붙인다. 매기는 첫 가족과 함께 살았다. 그리고 그들을 향한 사랑을 "키웠다". 그 사랑은 태어날 때부터 가진 능력이다.

지금 가드너 씨는 첫 번째 초에 불을 밝힌다. 매기가 처음 부모를 떠나 친척 집으로 갈 때, 매기는 친척을 향한 사랑을 키운다고 말해 준다. 둘째 초에 불을 밝힌다. 매기가 둘째 가족을 사랑하는 능력 때문에, 첫째 가족을 사랑하는 능력이 절대 약해지지 않았다고 말해 준다. 친척 집에 옮겼어도 여전히 부모를 사랑하고 있었고, 엄마를 생각하고 있으면서, 동시에 같이 살고 있는 새 어른들도 사랑할 수 있도록 자랐다. 가드너 씨는 해당되는 초에 불을 밝히면서 매기에 관한 지난 이야기와 함께 매기가 사랑했던 지점들을 계속 통과한다. 매기가 사랑을 느끼지 못했던 기관의 보육사들과의 경험은 제외시킨다.

마침내 레일리 부부의 초에 다다른다. 재차 매기를 사랑하고 싶은 그들의 원함과 그 새 부모를 사랑할 수 있는 매기의 능력에 대해 이야기해 준다. 매기가 잭과 모린을 사랑하는 건 안전하다고 거듭 말해 준다. 새 부모를 사랑하는 것(초에 불을 붙이기)은 과거의 다른 어른을 사랑하는 마음을 없애는 것(불을 불어 끄기)이 아니라고 집어서 말해 준다.

나중에 가드너 씨는 매기가 과거 부모를 사랑하는 것이 새 부모를 사랑할 수 있는 능력을 해치지 않는다고 잘 이해시키고, 잭과 모린에게도 의식에 대해 잘 설명할 것이다. 사랑이란 사용해서 줄어드는 생활 소모품이 아니다. 이와 똑같은 촛불 의식을 누구는 '제일 많이', 누구는 '더' 사랑받을 거라고 걱정하는 새 형제자매를 받아들이도록 하는 방법으로 기존 자녀들에게도 사용하면 좋다.

매기가 밝혔던 과거의 촛불들을 잘 지킬 수 있도록 허락하라고 가드너 씨는 잭과 모린에게 권할 것이다. 사랑은 많이 가질수록 아이의 인생은 밝을 것이다. 처음에는 매기가 그들을 사랑할 수 있기 전이라 아마도 그들은 매기의 과거 촛불들을 '불어 끄고' 싶을 수가 있다고 설명한다. 그러나 아이의 추억에 위협받지 말고, 자신들의 촛불을 계속 켜 나가는 방법을 찾으라고 강조한다. 이런 의식이 세 사람 모두에게 의미가 있다고 생각하면 매기가 집에 완전히 옮겨 갔을 때에 다시 할 수 있다.

매기가 아니라 더 어린아이라면 배치 절차가 꽤 다르게 진행되었을 것이다. 아이의 역사를 담는 라이프북도 복지사가 준비할 것이다. 말로 표현이 잘 안 되는 어린아이들은 위탁가정에서 새 부모와 함께 지낼 기회가 더 많이 필요하다. 어리고, 취학 전 아이들에게 일반적으로 제일 좋은 배치 방법은, 새 부모가 위탁가정을 연속적으로 찾아가서 아이가 시간적 간격을 느끼지 않고 매일 새 부모를 기억할 수 있는 허물없는 사이가 되게 만드는 것이다. 위탁 부모의 축하 속에서 새 부모와의 만남은 어린 아이에게는 새 관계를 맺는데 '심리적 승인'과 흡사하다. 식사 시간에 위탁 엄마가 먹이기 시작한 음식을 인계받을 수 있고, 하고 있던 아이의 목욕을 새엄마가 끝낼 수 있다. 실지로 어떤 날은 함께 아이를 돌보려고 간 입양 부모에게 모두 다 맡겨지는 경우도 종종 있다. 아이가 위탁가정을 떠날 때가 오면 이사 꾸러미를 아이와 함께 싸야 한다. 그리고 아이가 새 엄마, 새아빠에게 가까이 갈 수 있도록 위탁 부모는 아이를 안아서 새 부모에게 넘겨줘야 한다.

가드너 씨가 사용할 수 있는 또 하나의 다리 놓기 기술은, 최종 양도가 이루어지기 전에 레일리, 매기, 그녀 자신 세 사람이 대화하는 것이다. 그 자리에서 말해야 할 것들이 많이 있다. 왜 매기는 레일리 집으로 옮겨 가는지, 얼마나 오랫동안 아이를 기다렸는지, 문제에 봉착했을 때 어떻게 해야 하는지, 배치가 가까운 시점에, 혹은 방문기간 동안이라도 관련된 어른들은 다음과 같은 사항을 아이에게 말해 줘야 한다.

1. 아이는 자신의 과거 이야기, 기분, 걱정거리를 새 가족에게 말해도 된다.

2. 누구나 처음 얼마 동안은 어색한 기분일 것이다. 그리고 사람이란 실수하고 가끔 서로 오해를 한다는 것을 어른들은 알고 있다.
3. 가끔 새 부모님과 불화가 생기고 서로에게 화가 날 수 있는데 그래도 나중에는 다 괜찮아진다는 걸 어른들은 알고 있다.
4. 모두가 가족 만들기에 열심히 노력할 것이고 사랑은 커져 갈 것이다.

비록 아이가 새 부모는 안 그럴 거라고 믿지 못해도 후에 문제가 발생하면 재차 말해 줄 수 있다. 그때 부모는, 이런 어려움은 처음부터 예상한 것이라고 아이를 안심시키면서 아이에게 처음에 한 이 대화를 상기시킬 수 있다.

마침내 매기가 영구적으로 옮겨가야 하는 날이 다가왔다. 이번은 방문이 아니라 레일리 부부 집으로 가는 마지막 여행으로 매기가 이해하고 있다고 가드너 씨는 확신한다. 그녀는 소지품들을 챙기면서 레일리 부부가 위탁 집으로 매기를 데리러 올 것인데, 위탁 가족들은 마지막 작별인사를 위해 모두 참석할 것을 요청받는다. 그리고 잠시 후 매기는 레일리 집으로 향한다.

▍시작이다

매기는 옮겨져 왔고 모린에게는 특별히 달라진 것이 없다. 한동안 생각해 보고, 이야기해 보니, 매기에게는 집에 있는 엄마가 필요하다고 결정했다. 그래서 모린은 전업 주부인 엄마가 되기 위해 비서직을 그만두었다. 매기가 온 뒤 처음 며칠간은 꿈이 이루어져서 흥분하고 있는 자신을 본다. 첫 주에 집에서 편히 쉬라고 매기를 학교에 보내지 않았다. 그런데 모린은 새 딸을 바라보는 것도, 같이 무언가를 하는 것도 넉넉히 다 해낼 수가 없었다. 주말 즈음이 되자 서서히 힘이 빠지기 시작했고 매기한테만 모든 것을 집중한다는 것이 모린에게는 엄청난 일거리가 되고 있다.

모린은 달라진 자신의 일이 피곤하다. 규칙이 없는 매일매일의 생활이다. 아무도 해야 할 일을 말해 주는 사람이 없다. 커피 한 잔이나 점심 식사와 같이 즐길 수 있는 시간도 없다. 집에 있으면 더 많은 자유 시간을 가질 수 있으리라 기대했건만, 얼마나 바쁜지 모른다. 전에는 주말 아침이면 모린과 잭은 항상 커피 한 잔에 간단한 아침 식사를 했다. 지금은 매기가 있어 아이 성장에 필요한 아침 식단을 준비해야 한다. 이제는 점심 식사를 위해 외출이란 더 이상 있을 수 없다. 매일 식사 준비를 해야 한다. 아침과 점심 식사를 위해 요리한다는 것은 더 많은 설거지와 손질해야 할 채소를 뜻한다. 그리고 세탁도 있다. 전에는 세탁물을 맡겼다. 지금은 집에 있으니 이 일을 자신이 해서 경제적으로 아껴야 한다고 생각한다. 경제적으로는 말이 되긴 하지만 시간이 엄청 많이 든다. 더구나 일을 더 어렵게 만드는 것은, 주말 방문 기간에는 매기가 그러지 않더니만 위탁모가 그럴 것이라고 주의를 준 그대로 자다가 침대를 적시기 시작한다. 매기가 위탁가정에서 생활할 때 밤에 쌌다는 것을 알고 있었고, 모린은 옮겨오기 전에 아이에게 주의를 주고 있었다.

아이들은 특히 새 가족으로 옮기게 되면, 많이 그렇게 한다. 매기가 밤에 침대를 적시는 건 이상하지 않다. 아무도 당황할 필요가 없고, 아무도 매기를 부끄럽게 만들지 말아야 할 것이며 전혀 걱정할 일이 아니다. 매기는 젖은 침대보를 스스로 빨래통에 넣고 마른 것으로 갈아 놓기로 타협해서 해결했다. 그러나 침대보를 매일 빨아야 한다는 사실을 모린은 알게 되고 냄새 또한 괴롭다. 침대보와 잠옷만으로도 한 짐이다.

모린은 하루의 반은 멀리 있는 작은 아파트 세탁소에서, 나머지 반은 건조기에 젖은 옷가지를 넣고 마른 것은 다시 개키고 하느라, 아래 위층을 오르락내리락하면서 시간을 다 보내는 것 같다. 그러나 매기가 침대는 적셔 대도 적어도 다른 사람을 잠 못 자게 하지는 않는다는 사실에 모린은 감사한다. 밤에 일어나 울고, 싸고, 도와야 한다면 상황이 더 악화되었을 것이다. 모린은 복지사가 침대에 싸는 것은 아무 일도 아니라고 안심시켜 준 말을 기억한다. 매기를 싫어하지 않으면서 그런 것들이 아무 문제가 되지 않는다고 말해 주는 건 너무 쉽다. 그러나 지금 그녀는 같이 생활도 안 해 보고 그 행동이 어떻게 느껴질 건가는 아무도 알 수 없는 거라고 생각한다.

다음 주 매기는 학교에 갈 것이다. 그러면 다른 문제가 발생 할 것이다. 일단 학교에서 만난 다른 아이들과 아파트에서나 동네에서 분명히 친구가 생길 것이다. 그러면 아마도 모린은 덜 지시하고 간섭하게 될 것이다. 혼자가 되면 자신을 위해 좀 더 나은 정상적인 생활 계획을 세울 수 있을 것이다.

주말에 시간을 내어 쇼핑을 한다. 벽지 샘플을 보고, 커튼 감을 뒤져 보면서 한가한 시간을 보낸다. 마음이 들뜬다. 매기가 학교를 다니기 시작하면 시간이 생기고, 그동안 미루어 왔던 것들을 할 수 있을 거라고 생각한다. 침실과 부엌을 새로이 단장하고 커튼도 새로 만들어 달 수 있을 것이다.

오후 네 시까지 그렇게 시간을 보냈다. 모린은 행복하다. 천을 몇 감 뜨고, 빽빽하고 무거운 벽지 견본집 두 권을 짊어지고는 아파트 좁은 계단을 요령껏 올라간다. 자신이 마음에 두고 있는 것을 잭에게 보여 볼 참이다. 그 사람도 좋아할 거야. 문 앞에 서서 벨까지 묶음 덩어리가 닿을 수 있도록 다시 겨우 고쳐 안는다. 그걸로 벨을 눌렀다. 아무런 답이 없다. 모두 다 어디 있지? 다시 한번 더 눌러 본다. 여전히 아무 대답도 없다. 투덜투덜 안고 있었던 짐을 한꺼번에 바닥에 다 내려놓고 열쇠를 찾으려고 지갑을 뒤진다.

집 안이 너무 조용하다. 그런데 거실은 엉망이다. 소파 쿠션들은 바닥에 높이 쌓여 있다. 부엌 의자들은 뒤집혀 있다. 원 참, 도대체 무슨 일이 있었던 거야? 겉옷을 걸려고 하는데 옷장 문 위에 쪽지가 보인다. "여보, 매기 데리고 놀이터에 가요. 저녁 먹을 때까지 돌아올게, 사랑하는 남편."

집 안을 한 번 싹 쓸고 난 후, 저녁 식사 준비를 시작했다. 문을 따는 소리가 들려서 모린은 자기가 부엌에 있다고 소리친다. 익은 닭요리를 쟁반 위에 놓으면서 잭과 그녀는 오늘 지냈던 일을 서로 이야기한다. 너무 어질렀다고 잭이 미안해한다. 매기와 놀고 있었는데 좀 정도가 지나쳤지? 그래서 공원에 갔지. 매기는 아빠, 엄마가 이야기하고 있는 동안, 옆에서 대화의 진행을 말없이 주시하면서 어물쩍거리고 있다.

식사를 마친 후, 모린은 아까 갖고 온 벽지와 천 샘플을 꺼냈다. 잭은 아내가 고른 것이 좋긴 하지만 지출이 많을까 걱정된다. 절약하고 살아야 하는데 당신이 당장 그렇게 많은 지출을 할 수 있다고 생각해? 모린은 위축된다. 지금껏 자기가 어디다 돈을 썼는지 남편이 물어본 적이 없었다. 현금이 좀 부족하긴 해도 아껴 쓰면 될 거 아냐? 결국 그녀는 매기가 오기 전에 자기들이 일주일에 평균 한두 번 했던 외식을 상기시킨다. 지금은 항상 집에서 먹으니 돈이 절약된다. 잭에게는 별 다를 바 없겠지만 자기는 밥하고 빨래하는 거 말고 다른 일에 시간과 에너지를 쓰고 싶다고 말한다. 그런 대화가 오가는 동안, 매기는 자기 밥그릇을 만지작거리며 얌전히 앉아 있다. 그러나 대화가 점점 긴장되자 덜커덕 소리와 함께 마루에 포크를 떨어뜨린다. 잭과 모린은 서로 얼굴을 쳐다보고 유감스러운 표정을 짓는다. 잠시 딸이 옆에 있었다는 사실을 잊었던 게다.

"내가 무슨 일인지 너한테 말해 줄게, 가서 씻어~ 엄마 설거지 조금 도와주고 나서 우리 책 읽자, 알았지?" 잭이 말한다. 매기를 침대에 눕히고, 방문을 열어 둔 채, 거실에 불을 켜두었을 때, 분위기는 다시 평상으로 돌아간다. 모린은 커튼 천은 이미 잘라 왔으니 다시 되돌려 줄 수 없지만, 벽지 주문은 미룰 수 있다고 말한다. 잭은 모린에게 원하는 대로 주문하라고 한다. 그는 진정 자신들이 필요한 것보다 돈 걱정을 더 많이 했다는 생각을 한다.

다음날 아침, 모린이 눈을 뜨니, 침대 옆은 비어 있고 방 안이 조용하다. 잭의 소리에 귀를 기울인다. 부엌에서 휘파람 소리가 들린다. 만사가 분명 오케이다. 방문을 두드리는 소리와 함께, 매기가 토스트, 오렌지, 계란을 담은 커다란 쟁반을 들고 들어온다. 커피 주전자와 잔 두 개를 들고 잭은 아이 뒤에 바짝 붙어 들어온다. 모린은 침대에서 아침 식사를 대접받는다. 이렇게 이야기가 시작되면서 나날이 더 나아진다. 성당에서 레일리 부부는 새 딸을 신부님께 소개한다. 매기와 악수를 하고 따뜻하게 웃어 주면서 예배당으로 인도한다. 부드러운 곱슬머리에 가죽신발을 신고 새 옷을 입힌 매기는 너무 예쁘다. 수줍어하는 매기를 보호해 주려고 모린은 매기의 손을 잡는다. 잭은 가족을 떠나지 않고 있다. 분명히 새 딸을 자랑스러워하며 친구들의 진심 어린 축하에 입이 귀에 걸리도록 웃는다. 집에서 점심 식사를 한 후, 세 명의 레일리 가족은 오후에 옛날 장난감 전시장에 가 보기로 결정한다. 그리고 돌아와서 샤워를 한 후 내일 처음으로 갈 학교를 위해 준비한다. 매기는 잭과 모린이 어릴 적 다녔던 그 학교를 다니게 된다. 기억 나는 선생님들과 추억 어린 학교생활을 더듬을 것 같다. 매기는 놀라울 정도로 새 학교에 대해 전혀 긴장하지 않는다. 결국 학교란 다 그렇고 그런 똑같은 곳이라고 아이는 말한다.

모린이 기대했던 것처럼 매기가 학교에 있는 동안은 어느 정도 부드럽게 진행된다. 그러나 집안일에는 조금 익숙해진 느낌이 들긴 하지만, 여전히 지리멸렬하고 가벼운 기분으로 임하지 못하고 있다. 집을 새로이 단장할 계획이 순조롭게 진행되지 않는다. 커튼을 먼저 만들어야 할지 벽지를 먼저 벗겨 내야 할지를 알지 못하겠다.

아무래도 자신에게 가장 중요한 일은 새 딸과 친해지는 것이라고 생각이 든다. 매기가 학교에서 돌아오면 하던 일도 중단한다. 매일 간식을 만들어 맞이하고 식탁에 아이와 같이 앉는다. 그렇게 해도 매기는 엄마에게 해 줄 이야기가 그다지 없는 것 같다. 아이 입을 통해 학교생활을 들어서 알기는 거의 불가능하다. 모린은 좀 무시당한다는 기분이 든다. 같이 뭘 하자고 먼저 제의하지 않으면, 매기는 간식을 먹고 자기 방으로 들어가 버린다. 이걸 어떻게 다루어야 할지 고민스럽다. 시간이 가면 저절로 해결되리라 생각도 해 본다.

복지사가 주의를 준 대로 엄마에 관련된 문제점이 예민하게 느껴지면서 딸에게 어떤 식으로 다가가야 할지를 모르겠다. 더구나 매기는 도움이 안 된다. 벽지 일을 하고 있는 동안 모린은 자기가 필요하면 언제든지 부르라고 아이에게 말해 두어야 할 것 같다. 매기가 자기를 엄마로서 자격이 있나 없나를 알아보려고 시험하고, 살피고 있다는 것이 계속 느껴진다. 그러나 모린은 매기가 원하고 혹은 기대하는 엄마는 어떻게 행동해야 하는 건지 전혀 감을 잡지 못하고 있다.

　마치 지금은 결혼한 커플이 서로에게 무엇을 원하는지 말하지 않아도 알아서 해 주어야 한다는 식으로 서로의 사랑을 확인하려는 행동을 매기는 하고 있다. 이런 사람을 종종 '애정 시험자Love tester'라고 부른다.

> 애정 시험자의 생활 속 비극은, 다른 사람이 통과하기에는 (예상치 못한) 엄격한 조건들 때문에 계속 실패한다는 것이다. 애정 시험자는 상대방이 실제로 자신이 원하는 대로 정확하게 하면(혹은 정확하게 말하면) 통과될 수 있고, 만일 상대방이 다르게 한다면(혹은 말하면) 실패할 것이다. 이것은 당연히 실패할 확률이 성공할 그것보다 훨씬 더 크다는 뜻이다. 애정 시험자는 자신이 말해 주지 않아도 시험에 통과하려면 상대방이 어떤 행동과 말을 해야 할지를 알아야 한다고 항상 생각하고 있다(Wahlroons, 1974).

　비록 매기가 학교에서 돌아오면 방 안에만 조용히 박혀 있는 것처럼 보이지만, 아빠가 집에 오면 늘 그의 주변에 있다. 아이가 아빠와 더 많이 말을 하는 건 아닌 것 같은데, 어쩐지 더 편해 보인다. 모린과는 달리 잭은 매기에게 말을 붙이는 걸 전혀 피곤해 하지 않는다. 그건 참 놀라운 일이다. 잭은 혼자서는 아주 조용한 사람이었는데 매기가 같이 있으면서 너무 즐거워하니, 모린은 남편과 보냈던 그 저녁 시간들이 그립다. 그러면서 죄책감이 느껴진다. 남편과 시간을 갖고 싶은 것이 절대 매기의 잘못은 아닌데 말이다.

　매기가 침대에 들 시각이 되면 잭과 모린은 피곤하다. 그때부터 해야 할 일이 또 있다. 모린은 남편과 대화할 시간이 필요하다. 잭은 TV를 틀고, 혼자만의 조용한 시간이 필요하다. 모린은 그들과 매기의 욕구를 조화롭게 맞추는 방법을 잘 모르겠다. 그들 사이를 괴롭히고 있는, 불쾌한 변화를 정지시키기 위해 둘만의 시간을 만들 수 있어야 할 것 같다. 그런데 좁은 아파트에서 대화하는 것이 쉽지 않다. 매기가 항상 듣고 있는 것 같다. 둘만 밖에 나가 보면 서로가 평소의 분위기를 찾을 수 있을 것 같기도 한데, 그러나 저녁 외식은 비싸고 또 매기를 돌봐 줄 사람도 찾아야 하고 돈도 써야 한다.

▮ 가족 모빌

레일리 부부에게는 새 아이가 배치되었을 때 발생하는 전형적인 염려가 나타나고 있다. 만약 모린이 가족은 모빌 같다고 이해한다면 도움이 될 것이다. Virginia Satir(1972)가 내어놓은 이 개념에 따르면 가족의 각 구성원들은 모빌처럼 '서로 묶여' 있다. 가족 구성원 각각은 다른 구성원 및 전체와 연결되어 각자의 자리에서 균형을 잡으려고 애를 쓴다. 가족 각각의 구성원은 다른 구성원의 행동에 영향을 받는다. 아이가 결혼을 하고 노부모가 옮겨 오고 새로운 아이가 가족에 합류되는 등의 변화가 생기면 가족 모빌은 하나로 묶여져 있으니 균형을 잃고 심하게 흔들리게 되어 있다. 각각의 구성원들이 각자의 새로운 위치를 찾아 정착하기 전까지는 가족 전체가 부드럽게 작동할 수 없다. 새로운 균형이 이루어질 때까지 가족 모빌의 구성원들은 서로가 긴장감을 느낀다. 서로 당기고 부딪히면서 사정이 변한다. 레일리 가족의 경우는 더 복잡하다. 매기가 가족이 되어 '엄마', '아빠'가 포함된 역할이 재규정되어야 하고, 모린은 또한 직업까지 바꾸어 다시 제자리를 찾아야 하기 때문이다.

　새로운 가족 구성원들의 역할이 규정될 때 부모에게는 덤으로 오는 긴장감이 있다. 특히 가족 전체의 안정은 자신의 몫이라고 생각하는 엄마에게는 더욱 그렇다. 부, 모는 가끔 분열되고, 가족 구성원들의 욕구는 충돌하고, 도무지 하나로 합해질 수 없을 것 같아 보이는 이질적인 구성원 때문에 놀란다. 그들은 가족 모빌이 두 번 다시는 하나의 단위로 작동하지 못할 것 같은 느낌에 변화를 처리하고 사태를 수습하는 게 점점 더 어려울 거란 두려움이 들 수 있다. 각각의 가족 구성원들이 다시 균형을 찾을 수 있는 방법은 진정으로 각 개인에게 안전한 자리를 갖는 것 그리고 그 자리에서 편하게 즐거워하는 것이다. 부, 모가 다른 구성원과 조화롭게 균형을 잘 유지하면 할수록 변화는 빠르게 이루어지고 전체 균형은 회복되게 된다. 잭과 모린은 당면한 개인적 어려움을 지혜롭게 맞붙어 보는 것도 좋다. 같이 있는 시간을 만들고 과거에 가졌던 그들 둘만의 은밀한 기분을 다시 가져 보려고 한다. 그러기 위해서는 시간 스케줄을 따로 만들어 본다. 아침에 좀 더 일찍 일어나서 매기의 얼굴을 보기 전에 부부만의 시간을 갖는다. 매기가 침대로 간 뒤에 부부만 TV 앞에서 조용히 대화하면서 서로의 욕구를 맞춰 볼 수 있다. 가정 경제를 따지자면 아마도 둘만을 위한 지출이 다른 그 누구의 것보다 최우선되어야 한다는 생각을 할 수 있다. 경제적인 면도 그러하지만 둘만이 공유하는 시간도 균형 회복을 위해 매우 중요하다.

　모린의 기분은 왔다 갔다 한다. 줄곧 매기한테 당한다는 기분으로 있다가 "엄마~"라고 불러 주는 작은 여자애의 목소리에 금세 위로받는다. 모린은 절대 화가 난 채 길게 못 가는 성미라고 스스로를 여긴다. 딸을 갖는다는 것이 참아야 하는 것이기도 하지만 그 맛에 녹기도 하는구나.

분통 터질 상황은 가끔 생기기도 하지만 모린은 점점 매기를 더 사랑하고 있는 자신을 의식하고 있다.

▎ 외톨이

그러나 문제는 여전히 남아 있다. 잭은 매기처럼 아내와도 같이 시간을 보내려고 애써 보지만 가족은 여전히 부드럽게 움직이지 못하고 있다. 그러다 결국 최악의 상황이 발생한다. 모린이 다른 일은 모두 제쳐 놓고 하루 온종일 벽지를 뜯고 있다. 해가 질 때가 되니 피곤하다. 너무 열심히 한 건 알겠지만 그만한 가치가 있는 일이었다. 마침내 끝을 냈다. 집 안은 온통 엉망이 되어 버렸다. 남편이 퇴근해서 돌아왔다. 침실 바닥은 까진 벽지로 뒤덮여 있고, 가구들은 방 한가운데로 모두 밀어 놓은 상태다. 저녁 준비를 하지 못했다. 잭은 아내의 머리에다 짧게 입을 대고는 매기와 거실에 앉아 매일 그랬듯이 놀이를 한다.

모린은 쓰레기 더미를 지나 부엌으로 간다. 아침부터 쌓여 있던 그릇들은 싱크대에 그냥 두고, 저녁 식사를 해치우고 나면 더운 물에 몸을 담글 수 있을 거라고 생각한다. 치즈 샌드위치와 스프를 만드는 동안 거의 대화가 없다. 잭이 저녁 메뉴로 좋아하지 않지만 준비가 수월하다. 잭은 직장에서 있었던 일을 조금 이야기한다. 벽지 일을 다 해치웠으니 안심된다고 말한다. 식탁 위를 치우자 싱크대에 쌓이기 시작한다. 늘 그렇듯 매기와 남편은 거실로 사라진다. 둘 다 밖에서 일을 했던 과거에는 이런 날에 어떻게 했지? 잭이 식사 준비도 하고 청소도 하고 했잖아? 전업주부라는 게 이렇게 스트레스를 받아야 하는 건가? 모린은 불평스럽게 중얼거린다.

매기가 물을 마시러 부엌으로 들어오고, 부엌을 치우기도 전에 또 씻어야 할 컵을 보자 모린은 화가 치민다. "어휴, 정말! 여길 치우는 걸 도울 생각은 안 들어?" 부엌 찬장에 머리를 대고 울기 시작한다. 남편이 뛰어들어 온다. 어깨에 손을 얹으면서 왜 그러냐고 묻고 묻는다. 모린은 매기가 물어도 대답도 하지 않으니 자기는 무시당하고 있는 기분이라고 말하며 울분을 터뜨린다. 매기는 눈이 동그랗게 되어 부엌 앞에 서 있다. 잭은 놀랐다. 모린이 그렇게까지 심하게 뒤집힐 줄 몰랐다. 왜 미리 나에게 말해 주지 않았지?

모린은 마음이 진정된 후 문제를 똑바로 직면할 수 있어야 한다. 어떤 면에서 매기의 애정 시험에 걸렸다고 말할 수 있다. 그녀는 자신이 말하지 않아도 남편과 딸이 알아서 해 주기를 기대했다. 그들이 그렇게 하지 않자 자신은 사랑받지 못하고 쓸데없는 존재로 느껴졌다. 만약 해결해야 할 일이 있었다면 메시지를 정확하게 보냈어야 했다. "나는 이런 뜻이야", "나는 …가 필요해", "나는 …한 느낌이야", "나는 …를 원해". 이것들은 그녀 자신을 위해서뿐만이 아니라 가족과 대화를 하고 싶게 만든다. 모린은 어떻게 하면 기분이 나아질 수 있는지를 말하지 않으므로, 자신의 욕구와 어긋나는 일을 하고 있었고, 또 딸이 가진 그 문제를 더 심각하게 만들고 있었다. 아이가 가진 자기표현의 어려움을 극복하도록 돕는 가장 좋은 방법은 부모가 서로에게 솔직하게 대화해 가는 본을 보이는 것이다.

비록 복지사로부터 매기가 엄마를 따돌리는 경향이 있다는 주의를 받았다고 해도 잭은 모린이 강하고 둘 사이의 신뢰가 깊으니 아무 문제없으리라 생각했다. 여기서 "둘은 맞아도 셋은 안 맞는다"란 속담의 의미를 생각해 볼 수 있다. 가족 셋 중 '외톨이'가 되는 사람의 역동에 더 예민해질 필요가 있다. 가족 안에서는 낳아서든 입양을 해서든 아이가 보태지면 가족 내 삼각구조가 형성된다. 삼각 구조가 만들어지면 셋 중 한 사람이 잠재적으로 고립되는 상황이 벌어진다. 엄마와 아이의 유대는 아빠를 외톨이로 만들 수 있다. 마찬가지로 엄마도 아이도 외톨이가 될 수도 있다. 특히 입양 초기 단계에서는 긴장감과 피로감이 고조되고 새로운 역할이 재정비될 때까지 한 사람이 소외당한다는 느낌을 때와 장소에 따라 쉽게 받을 수 있다.

가끔은 처음의 이런 위치가 확고부동하게 굳어지기도 한다. 둘은 서로 더 붙고, 세 번째 구성원은 계속 제외된다. 그러나 대부분의 가족원들은 새롭게 가족이 만들어질 때 소외되는 사람이 없도록 노력한다. 만약 세 번째 구성원이 엄마의 즉각적인 관심이 필요한 신생아라고 한다면, 아빠는 보통 이해하고 자신의 욕구를 수정한다. 동시에 엄마는 아빠가 완전히 밀려 나갈 만큼 아이에게 몰두하지 않는다. 때가 되면 아빠와 엄마는 아이와 더 친해지고 아이가 경쟁자가 아니라 그들 중 한 인격체로 여기게 된다. 부모 중 한 명이 소외되고 있다고 느껴질 때 상대방에게 알리면 상황은 금방 회복될 수 있다. 그러면 삼각 구조의 각 구성원들은 다른 두 사람에 대한 애정 관계에서 자신의 자리도 있다는 느낌을 가질 수 있다. 자기를 긍정하고 독립적인 동시에 의존적인 양면을 모두 행사할 수 있다. 즉 소외된다는 기분 없이 삼각 구조에서 밀접해 있는 다른 두 사람을 바라볼 수 있다. 그 사람은 자신의 차례가 올 것이고 때는 올 것이라고 안다.

가족 안에 신생아기가 더해질 때보다 큰아이가 더해질 때에 외톨이가 되는 사람은 더 괴롭다. 입양된 아이는 여태껏 따돌림을 받아 온 긴 역사를 가지고 있다. 따돌림은 관계하고 관심을 끌고 편하게 느끼고자 하는 아이가 알고 있는 유일한 방법일 수 있다. 또 엄마나 아빠 중 한 사람에 게만 반응해야 한다고 과거 경험에서 배웠을 수 있다. 부모 서로가 표현 하고 간섭하는 친밀감이 어색할 수 있다. 소외되는 기분이 든다거나 아 이 스스로가 소외시키고 있는 상황이 발생하면 부모는 사태 파악을 해 야 한다. 아무도 아이를 밀어내지 않고 있다는 확신을 주고, 가족 안에서 는 이런 식의 쓸데없는 경쟁을 하지 않는다는 것을 아이에게 가르쳐야 한다. 양쪽 부모 모두에게 이야기하는 방법을 가르칠 필요가 있다.

외톨이가 되는 것은 부모가 그것을 어떻게 다루느냐에 따라 달라진 다. 그들의 관계가 견고해서 서로의 신뢰가 있다면, 소외당한다고 느껴 질 때 대화할 수 있고 또 각자가 따로 새 아이와의 관계를 가질 기회가 있다면 상황은 절로 해결된다. 시간이 지나감에 따라 이 가족 안에서는 누구 한 사람을 따돌리는 식으로 살지 않는다는 걸 아이가 보면서 아무 도 소외되는 느낌 없이 하나의 가족을 형성할 수 있다.

만약 기존에 가족 내 아이가 있다면 새 아이의 합류 상황은 더 어려울 수 있다. 기존 아이가 한 명 있는 가족 안에 새 아이가 보태질 때 생길 수 있는 삼각 구조의 수와 외톨이를 상상해 본다.

- 엄마, 아빠, 아이
- 엄마, 아빠, 새 아이
- 엄마, 아이, 새 아이
- 아빠, 아이, 새 아이

이제 더 많은 수의 아이들이 포함되는 한 가족을 상상해 보자. 그리고 누가 얼마나 쉽게 소외되는지를 보자. 이러한 문제는 발생할 수 있고, 각 아이가 가족원으로 포함될 때 부모는 그런 상황을 피하기 위한 방법을 모색하는 데 시간을 들인다. 새 아이가 가족원으로 들어올 때 기존 아이는 일시적으로 새 아이와 쟁탈전을 벌이는 경향이 있다. 노련하게 잘 따돌릴 줄 아는 아이를 반드시 가족원으로 맞이해야 할 때에는 걱정스러운 일이다. 그러나 기존 아이들 역시 항상 그런 일이 일어나지 않았던 가족 안에서 배워 온 경험이 있다. 때가 되면 아이 자신들도 이전의 믿음과 편안하게 느끼고 공유하는 능력을 되찾게 될 것이고, 새 아이가 따돌림당하는 횟수가 점점 줄면서 가족 내 정착을 도울 수 있을 것이다.

답답했던 집안 분위기가 한 번 환기되었고 레일리 가족의 상황은 나아져 간다. 모린은 남편의 말에 안심한다. 잭은 아내가 받는 스트레스에 더 민감해졌다. 그들 둘 다 긴장감이 또 다시 조성되지 않도록 미리부터 명확한 메시지를 서로에게 전달하려고 애를 쓴다. 여전히 매기는 욕구 표현을 잘 못하지만, 레일리 부부는 자신들이 본을 잘 보여 주면 아이가 원하는 걸 쉽게 말할 수 있게 되리라 생각한다. 가족의 일상생활은 바뀌었고, 매기와 잭이 설거지를 도우니까 그 시간이 오히려 셋 모두에게 좋은 가족 시간이 되어 가고 있다. 모린은 매기에게 도우라고 요구한다. 세탁물을 정리하고, 식사 준비를 같이하고, 식탁을 닦고 정리하도록 한다. 놀랍게도 매기는 엄마 일에 참여하는 걸 즐거워하는 것 같다. 주말에는 아빠와 아침 식사를 준비하고 저녁에는 엄마의 식사 준비를 도우면서 점점 요리 실력이 늘고 있다. 부엌일을 잘하도록 엄마, 아빠가 같이 아이를 가르치니 즐겁다. 일할 거리를 주었더니, 매기도 가족에 기여하게 되고 가족 안에서 역할을 담당할 수 있음을 볼 수 있다. 그래서 모두가 기분이 좋아진다. 잭은 매기가 아내처럼 많은 것을 할 수 있다는 걸 보는 즐거움이 크다. 가끔 앞치마를 두르고 싱크대에 손을 씻고 있으면 모린의 축소판을 보는 듯하다. 아이는 긴장하지 않고 많이 자유로워 보인다. 웃을 때 매기의 눈이 빛난다. 그 웃음은 진짜 웃음이다. 기계적으로 만든 웃음이 아니다.

집안일은 지루할 것 같지만 큰아이들은 어른의 일에 참여하는 것을 의외로 많이 좋아한다. 새 부모와 같이 일할 때 가족 안에서 자신들의 가치를 느낄 수 있고 부모와 더 친해질 수 있다. 특히 요리는 다른 사람들의 식욕을 채워 줄 수 있다는 자신감을 아이들에게 갖게 하는 듯하다.

상황은 나아져 가고 가족 모두가 편안한 느낌이 들기 시작할 즈음에 잭의 부모가 방문하면서 불화가 발생한다. 레일리 가의 어른들은 현재 서너 주에 떨어져 살고 있다. 잭의 아버지는 새 손녀딸을 보러 가려면 장기간 일을 못하게 되니 곤란하다. 사진은 보내 드렸고, 모린이 편지로 알려 드릴 수 있을 때까지 시부모님에게는 보류하고 있었다. 그러나 잭과 모린 둘 다 부모님이 방문해 주기를 갈망했다. 삼 일간의 휴가 중 첫날, 노인 레일리 부부는 차를 몰아 방문을 한다. 잭은 매기가 부모님께 좋은 인상을 주었으면 좋겠다. 부모님은 매기만큼 나이가 든 큰아이 입양을 잘 이해하고 있다고 생각했다. 직접 오셔서 얼마나 잘 진행되고 있는지를 보시고, 첫 손녀인 매기를 사랑해 주시기를 원했다.

하지만 매기는 눈에 띄게 방문자들에 대해 불편해한다. 아이는 그들이 어디서 살고 있는 누구인지 알고 싶다. 계획된 방문이 있기 전날 저녁에 매기는 그 사람들이 와 있는 동안 자기가 엄마, 아빠라고 부르게 되어 있냐고 묻는다. 잭은 그 질문의 의미를 알아차리려고 해 본다. 왜냐면 매기는 단순한 답변 이상의 어떤 것을 원하는 것 같았기 때문이다. 그러나 매기 생각을 더는 알 수가 없었다.

가족 호칭에 대한 질문은 새 아이가 가정에 오자마자 시작되기도 한다. 어떤 아이는 처음부터 새 부모를 잘 부른다. 그러나 어떤 아이는 "엄마", "아빠"를 말하기 힘들어한다. 그 아이들은 이 호칭을 사용해야 할 상황들을 아예 피해 버리는 경향도 있다. 아이는 새 부모와 새 친척들을 어떻게 불러야 할지 재차 물을 것이다. 아이들의 질문에는 많은 공통점이 있다.

1. 아이는 엄마, 아빠라고 부르기를 꺼려하거나 과거 부모와 차별해서 부르기를 원할 수 있다(예를 들어 엄마, 아빠 대신에 어머니, 아버지로 부른다).
2. 아이는 어머니, 아버지라고 불러도 되는지 확인하기 위해, 새 부모가 자기와의 관계를 어떻게 생각하는지 묻는 중일 수 있다.
3. 아이는 새 조부모와 친척들에게 대가족의 구성원으로 받아들여지는지를 알아보려고 애쓸 수 있다.

호칭에 대한 것은 가장 좋은 방법은, 아이가 좋아하는 방법을 찾아내거나 당신이나 혹은 다른 사람들이 그렇게 불리면 드는 느낌을 명료하게 말해 주는 것이다.

잭은 매기에게 조부모가 곧 방문할 것이고 네가 괜찮다면 할아버지, 할머니라 불러도 된다고 설명한다. 곧 있을 방문이 가능한 한 즐거운 만남이 될 수 있도록 노력한다. 조부모님에 대해 그리고 모두 함께 있을 때 해야 할 일에 대해 이야기해 준다. 매기는 할 말이 별로 없다.

막상 조부모가 도착했을 때에 매기는 완전히 딴 아이같이 보였다. 인사를 시키려고 방에서 어르고 달래고 해서 데리고 나와야 했고 그러고 나서 가족들이 대화하는 곳에서 가능한 멀찌감치 떨어져서 혼자 있었다. 얼굴은 끝장난 모습이다. 멍청하게 벙어리같이 전혀 보통 때와는 같지 않았다. 부엌에서 잭이 모린에게 묻기를 "도대체 애한테 뭐가 씌인 거지? 저능아처럼 행동하잖아?"

"여보, 너무 조급해 말아요. 우리를 처음 만났을 때를 생각해 봐요. 부끄러워서 그래요."

하지만 매기가 그렇게 다른 사람을 피하는 것은 부끄러움 그 이상이다. 스스로를 비하시켰던 아이들에게서 나타나는 증세다. 낯선 어른, 특히 조부모, 선생님, 기타 다른 중요한 인물들과의 관계에서 잘 나타난다. 옮겨진 원인이 자기에게 있다는 느낌이 들기 때문에 그럴 수도 있다. 빈정대고 험한 유머로 다루어진 아이 스스로가 자신의 가치를 의심하고 자존감과 사랑의 능력이 훼손된 걱정스런 부모와의 관계 경험에서 온 자연스런 결과다. "아동은 자기가 항상 느끼고 인식하는 것에 아무도 특별한 반론을 말해 주지 않는 이상, 그것을 실제로 받아들인다. 그래서 멸시당한 아동은 자기가 비열한 존재고, 사랑받는 아동은 사랑스런 존재라는 사실을 받아들이는 경향이 있다."(Chapman, 1971)

이것은 부모가 가끔 하는 불친절한 말이 아니라 매일 사랑도 없이 해대는 소리로 인한 것이다. 특히 양쪽 부모가 다 그런다든지 혹은 한쪽이 아이를 깎아내리는 동안 다른 한쪽은 무관심하게 방치하면 어린 가슴에 낮은 자아상이 형성된다.

아이에게는 사랑받는 느낌을 주고, 소중히 여기고, 원한다고 느끼게 하는 단 한 사람만 있어도 건강한 자존감을 가질 수 있다. 그것으로 사는 동안 자신감을 갖고 성취하려고 하고 사람으로서의 자기 가치를 확신한다. 이런 긍정적인 환경 태도가 유아 때부터 누락된다면 후에 아동기와 성인기에 어떤 결과가 초래될지 예상이 어렵지 않다(Goldstein, Freud, Solnit, 1973).

아이가 자기 자신을 사랑할 수 있다면 인생을 이겨 나갈 능력에 대한 자신감을 갖는다. 성공을 기대하고 그래서 성공하고, 성공하면 더욱 자신을 신뢰하게 된다. 이렇게 생기는 자기 신뢰감은 다른 사람이 봐도 매력적이다. 자신을 좋아하고 존중하듯이 다른 사람들에게도 같은 방법으로 행동하기 때문이다.

그러나 자기 신뢰감이 약한 매기와 같은 아이는 정말 자신을 좋아하지 않고 실패할 거란 생각을 미리 한다. 그래서 뭘 배운다거나 사람을 사귀려는 노력을 그다지 하지 않는다. 실패하리라 기대를 하면 할수록 악순환은 되풀이된다.

매기가 어떤 식으로 행동해 주기를 바라는 잭의 마음은 이해할 수 있다. 새 손녀로 입증시키고, 자신들이 새 부모로 입증받을 수 있는 태도를 취해 주길 바랐다. 그러나 아이가 그런 인상을 주지 못했다고 해서 긴장하여 아이에게 묘한 압력을 가하지 말았어야 했다. 이 방문에는 조부모는 외부인이고 낯선 이에게 편한 느낌이 들 때까지 가능한 한 아이가 그들을 관찰할 수 있도록 내버려 두는 편이 나았고, 아이가 심한 집중을 받지 않아도 되었다. 때가 되면 아이는 낯선 사람을 만날 때 요구되는 행동을 할 수 있게 된다. 멍청해지지 않고 관심 없는 듯이 행동하지 않는다. 그렇게 되면 가족 밖의 사람들이 아이를 좋아하고 호감을 갖게 된다.

이런 경우엔 매기 같은 아이에게는 할 일을 주는 게 가끔 도움이 된다. 음식을 나르게 한다든지 물을 따르게 한다. 개인적 노출을 너무 하지 말고 사귀는 방법을 배울 수 있도록 흔히 사용하는 격식 차린 문장을 가르칠 수 있다. "안녕하세요?", "저, 여보세요!", "날씨 좋은데요", "좋습니다", "괜찮습니다", "감사합니다", "천만에요", "부탁합니다", "만나서 반갑습니다", "또 뵙겠습니다", "안녕히 가세요". 편하게 대화에 낄 기회를 주고, 그렇지 않으면 조용히 옆에 앉아 있도록 하여 모두가 같이 이야기할 때 아이를 참여시킬 수 있다.

▌할 일이 없다

부모님이 돌아가신 후 잭은 매기를 더 자세히 관찰하기 시작한다. 아이가 그 오랜 시간을 너무 조용히 입을 닫고 있다는 것을 점점 알게 된다. 아내에게 말해 보니 그녀는 매기가 시간을 잘 쓸 줄 모르는 게 더 걱정스럽다고 말한다. 학교에서는 친구를 만들지 않는다. 매일 오후 집에 돌아와서는 아파트 주변을 배회하고 다닌다. 아이는 할 일을 찾지 못하는 것 같다. 그래서 여기저기 앉아 있기도 하고 침대에 누워 창밖을 바라보기도 한다. 최근에는 일부러 스스로 지루해서 견디지 못하고 재밌거리를 찾아 나서려고 할 때까지 그냥 두려고 엄마는 할 일을 제안하지 않고 있다. 하지만 지금까지는 아무런 효과가 없었다. 모린은 이번 주말에는 외출을 하지 말자고 제안한다. 그러면 매기가 할 일이 정해져 있지 않을 때 상태가 어떤지를 남편이 더 잘 볼 수 있을 것이다.

주말이 끝나 갈 즈음 잭은 아내가 무엇을 걱정하고 있는지를 알겠다. 아이는 아무것도 안 한다. 정말 아무것도. 가끔 왔다 갔다 하면서 창밖을 내다본다. 그러나 거의 하루 종일 빈둥거린다. 잭의 눈에는 아무것도 하지 않고 지겹게 앉아 있는 매기가 전혀 피곤해 하는 것 같지도 않다. 어떻게 저렇게까지 참을 수 있을까? 웬일이야? 아홉 살짜리 아이가 주말 내내 움직이지도 않고, 앉아 있고, 먹고, 자고만 한다는 게 확실히 정상이 아니다.

잭과 모린이 딸에게서 발견한 증세는 불안한 배경에서 자라 온 아이들에게서 흔히 나타난다. 보통 가정에서는 부모가 아이를 개별적으로 대한다. Bowlby는 다음과 같이 설명한다.

> 가족 내에서 어린아이는 허락된 범위 내에서 놀이와 관계로 자신을 표현하도록 되어 있다. 18개월의 유아나 두 살의 유아나 이미 가족 안에서는 한 개성체이다. 아이들이 좋아하고 싫어하는 것들은 잘 알려져 있다. 아이의 욕구는 가족에 의해 존중되고 충족된다. 한편 아이는 부모, 형제, 자매가 자기의 원함을 어떻게 하면 채워 주는지를 배우고 있다. 습득된 방법대로 아이는 자기에게 더 알맞은 주변 환경으로 바꿀 수 있는 기술도 익힌다. 자신만을 위한 새로운 세계를 재창조하는 방법으로, 놀 때에도 상징적으로 똑같이 한다. 가족은 성격의 연습장이다. 어떤 환경에서는(혹은 아주 붕괴된 가정에서) 많은 부분을 잃는다. 더 안 좋은 환경에서는 모두를 잃을 수 있다. 아이가 개별 행동을 못하도록 한다. 귀찮으니까 그냥 가만히 있든지 지시하는 것만 하게 한다. 주변 환경을 바꾸려고 시도해 보면 당장에 실패한다. 장난감은 부족하다. 아이는 생기가 없고 몇 시간이나 그냥 똑같이 몸을 흔들고 있다. 그 무엇보다, 일어나서, 씻고, 입고, 먹고, 목욕하고, 잠자리에 들고 하는 엄마와 아기가 만들어 낸 재미있고 은밀한 놀이를 그 아이들은 모두 잃어버리고 있다. 이러한 조건은 아이가 걷고, 말할 때 기본적 기능을

생활에서 배우고 익힐 기회를 갖지 못한다(Bowlby, 1965).

시작부터 이런 식의 저하된 놀이 활동에다 잦은 옮겨짐은 편하게 느
낄 수 있는 놀이 환경을 개발시키지 못하게 한다. 환경이 온통 새롭고
이상해서 뭔가를 기대하지 못한다. 가족 안에서나 사람들의 모임 안
에서 어떻게 행동해야 할지를 모른다. 어떻게 움직여서 같이 어울려
야 될지를 몰라 당황스럽다. 비록 새 가정에서 놀 기회가 있다 하더라
도, 새로운 게임과 상황은 소속감이 부족한 이상한 기분을 한 번 더 확
인시켜 줄 뿐이다. 그래서 아이는 재미있을 것 같은 놀이를 해 보지도
않고 포기하는 경향이 있다. "그 결과로 또래 아이들이 하는 구체적인
기술이 부족할 수밖에 없다. 다른 아이들에게 접근이 어렵고 즐거움을
만들지 못한다. 해 보지 못했던 놀이에 흥미를 갖는 데 어려움을 겪는
다."(Redl&Wineman, 1952) "이 아이들은 즐거워하는 방법을 모를 뿐
이다."(Trieschman, Whittaker, Brendtro, 1969)

매기가 놀 수 있도록 돕는 구체적인 몇 가지 방법이 있다. 우선 아이
의 놀이 감각을 키워 준다. 보통 부모들이 아기하고 하는 놀이를 일상생
활에서 한다. 아이가 즐거움을 맛보게 되면 아주 적극적으로 논다. 아홉
살짜리 여자애들이 숨바꼭질, 밥 짓기, 피구, 말놀이, 킥볼, 엄마아빠놀
이, 카드놀이, 줄넘기를 했다고 부모가 넘겨짚지 말고 지금의 또래 여자
애들이 하는 놀이를 가르치도록 시간을 투자한다.

Redl과 Wineman은 놀지 못하는 아이를 위한 단계별 기술을 제시한다.
보통 아이들은 되돌아갈 수 있는 '만족의 원천'이 있는 데 반해, 박탈당한
아이들은 그런 원천을 개발시키지 못했다. 다음과 같이 도울 수 있다.

1. 이름 붙이기. 자주 하는 활동에다 이름을 붙여서 가르쳐라. 처음에는 그 활동을 칭할 때 어른이 그 이름을 사용한다. 나중에는 아이 자신이 해야 할 것을 생각해 낼 때 그 이름을 사용하게 된다.
2. 소품들. 체크 판, 인형극, 수공예품 등 좋아하는 게임이나 경험용 특별한 소품들이 있다면 그것들은 그 소품에 연결된 정서적 기억을 불러내는 이름 같은 역할을 한다. 뭘 할까 찾고 있는 아이의 눈에 잘 뜨일 수 있도록 소품들을 일부러 쌓아 놓는다. 아이가 할 일 없이 왔다 갔다 하고 있을 때 일부러 소품을 끄집어내어 올 수 있다.
3. 관계 촉진. 이제 게임을 하면서 아이를 대화로 이끌면서 즐거움을 가르친다. 그런 생동적인 기쁨을 아이가 계속 기억할 수 있도록 돕는다(Redl&Wineman, 1952).

결국에 매기와 같은 아이는 즐거운 시간에도 자기감정을 모르고 있다는 걸 알게 된다. 잭과 모린은 매기가 지금 즐거워하고 있다는 걸 말해 줄 필요가 있고, 그렇게 함으로써 아이는 감정과 감정 용어를 알아차리고 받아들이게 된다.

▌수동적 공격

시간이 흐르면서 잭과 모린은 매기의 또 다른 특징을 발견한다. 부주의함이다. 어떤 것은 당연히 대가를 치러야 얻어진다는 걸 아이는 알지 못하는 것 같다. 지난주 브랜드 새 상품인 봄옷을 잃어버렸다. 어떻게 해서 잃어버린 것 같으냐고 물었을 때 그냥 어깨를 으쓱하곤 "몰라요"라고 웅얼거린다. 이번 주는 운동화를 아무 데나 벗어 버려서 선생님이 체육 시간에 다른 것을 신겨야 했다는 쪽지를 집에 가지고 왔다. 모린과 잭은 그 모든 걸 사려면 돈이 든다고, 잃어버리지 않도록 조심해야 한다고 말해 왔다. 화가 났다. 벌을 줬다. 그러나 매기는 여전히 그 문제에는 완전히 무감각해 보인다.

설거지도 그렇다. 매기는 자기가 하고 있는 일에 집중하지 못한다. 돕는다고 할 때마다 거의 매번 접시를 떨어뜨리고 컵은 박살이 난다. 최근에 모린은 이렇게 자꾸 깨뜨려도 과연 계속 닦으라고 해야 할 필요가 있는지 스스로에게 묻는다. 도대체 애한테 무엇이 문제일까?

정성스럽게 가구를 들여놓고 꾸몄던 아이 방은 엉망이다. 장난감, 옷가지가 널브러져 있다. 더 이상 신경을 쓰지 않는다면 물건들이 다 망가질 참이다. 아이한테 그것들을 치울 수 있도록 시켜야 한다. 잠자러 갈 때까지 아이는 아무 생각이 없는 것 같다. 치우라고 지시하면 하지 않고 어슬렁거리고, 질질 끈다. 잭도 매기에게 질렸다. 어떤 일을 하도록 지시하면 매기에게는 평생이 걸릴 것 같다.

부주의하고 슬슬 피하고 무질서한 이 모든 증세는 매기와 같은 아이들에게서 극단적으로 나타나는 공통된 특징이다. 사태를 예상하지 못하는 아이의 마음속에는 분노가 인다. 깊은 분노는 죄의식을 갖게 하고, 자기 주변의 어른을 좌절시키는 방법으로 무의식적인 행동을 하도록 한다. 분을 쏟아 버리고, 자신을 처벌하고, 그 떫은 감정을 덜어 보려는 식으로 행동하는 것을 '수동적 공격Passive aggression'이라고 한다. 자기 분노가 직접적으로 표출되는 걸 두려워서 간접적인 방법을 쓴다. 빈둥거리고, 잊어버리고, 몽상하고, 이불에 싸고, 분실하고, 부수고, '무심히Accidentally' 자학하거나 다른 사람을 해친다. 어른에게 어깨만 으쓱하고 무표정으로 유치한 행동을 자주 한다.

Bettelheim는 아동이 성인에게 완전히 압도당한다고 느낄 때 그런 행동이 나온다고 말한다. 분명히 다른 사람의 편리대로 이리저리 옮겨졌던 아동들은 다른 사람들이 자기 삶을 마음대로 하고 있다고 생각한다. Bettelheim이 지적하기를 그런 아동이 제일 쉽게 복수할 수 있는 방법, 그 자체가 적대적인 꾸물거림으로 나타난다고 한다. 감히 드러내 놓고 공격하지는 않는다. 그렇지만 주변의 어른이 마음대로 옷을 입히지 못하게 하고, 물건을 잃어버려 몇 시간씩이나 찾게 만들고, 말과 행동을 늘어지게 하고, 들어 보면 뜻도 끝도 없는 이야기를 듣게 만들고, 빠져나가지도 못하게 하고, 침착하게 있을 수 없게 바로 앞에서 슬슬 걸으면서 어슬렁대곤 한다. 그렇게 하면서 자신이 당했던 것처럼 우리의 행동과 이동의 자유를 막는다(Bettelheim, 1950).

'수동 공격형' 아이들에게서 발견할 수 있는 또 한 가지가 있다. 자기는 원하지 않고 하기 싫어도 거절할 수 없다고 자주 말한다. 할당된 과업을 실패한다거나 하긴 해도 엉망으로 한다거나 엄청 오래 걸려서 결국에는 성질 급한 어른이 하게 만들어 버린다. 할 수 없는 자에게는 기대하지 않는다. 아무도 기대하지 않는다면 실패하고 벌 받을 일도 없다. 만약 어떤 걸 하는데 지나치게 시간을 끌 수 있다면 요청한 자의 기대 수준에 미칠까 어떨까를 걱정할 필요가 없다. 더 요청받을 걱정도 필요 없다. 일을 잘 해내야 한다는 걱정도 필요 없다. 그래서 끝가지 버티면서 요청한 사람이 열을 받아 화나게 된다.

매기가 핑계 대고 빠져나가는 짓을 하지 못하도록 하는 최선책은, 책임을 지우는 것이다. 아이는 그렇게 행동해서 책임을 덜 수 없다는 것을 알아야 하고 또한 자기가 할 수 있는 것을 선택할 줄 알아야 한다. 선택의 결과를 강조해 주면서, 벌을 주는 것이 아니라 논리적으로 이해할 수 있도록 해야 한다. 만약 아침에 일어나 늑장을 피우면 학교에 지각한다. 만약 자기 옷을 세탁통에 넣지 않는다면 빨아 주지 않는다. 물건을 잃어버리면 없이 지내야 한다. 혹은 아이가 좋아하지 않는 품목으로 대치한다든지 혹은 다시 사야 하는 값의 절반은 벌 수 있도록 일거리를 준다. 만약 아이가 "난 못해요"라고 말한다면, 그 말은 실제로 "난 하기 싫어요" 혹은 "난 해 보고 싶지 않아요"라는 뜻으로 말한다고 지적해 줄 수 있다. 만족스럽지 않을 때는 통과할 수 있을 때까지 다시 하도록 해 준다.

그와 동시에 매기가 자기 분노를 더 직접적이고 적절하게 표현할 수 있도록 진정으로 도와야 한다. 아이가 화가 나 있을 때 부모는 화날 수 있다고 말해 주고 자기표현을 할 수 있도록 한다. "매기야, 그게 널 화나게 만든다는 건 이해해"라고 말해 준다. 발을 구르고 소리 내서 울고 몸을 찧고 주먹을 치는 등 화를 표출하는 걸 허락한다는 식의 말을 해 주기도 한다. 그래서 자기 분노로 인한 두려움이 덜 들고 진정할 수 있는 방법을 배우게 한다. 어떤 가족은 아이가 당면한 과업에 대한 분노를 인식하고 받아들이게끔 돕기 위해 "네가 꼭 좋아서 할 필요는 없어, 그냥 하는 거야"라는 표현을 쓴다. 분노가 수동 공격형의 형태로 표현될 때 매기 부모는 다음과 같이 말할 수 있다.

1. 나는 네가 그릇을 씻어야 하니까 화가 난다고 생각해.
2. 나는 네가 날 화나게 만들려고 그걸 잃어버렸다고 생각해.
3. 네가 방을 안 치우고 꾸물거리고 있는 게, 내가 안 해도 된다고 말할

때까지 기다린다고 생각해.

4. 내가 해 주길 바라니까 퍼즐을 주지 않고 늑장을 부리고 있다고 생각해.

5. 몸으로 하지 말고 말로 해.

매기와 같은 아이가 분노를 말로 표현할 수 있게 되고, 수동 공격 행동을 멈추게 되면 몇 가지 자주 나타나는 특징이 있다. 아이는 능력을 얻게 되기 때문에 스스로를 좋게 느낄 수 있다. 자기를 내적 혹은 외적으로 기분이 좋아질 수 있는 생활을 선택할 수 있는 자로 여긴다. 자기 가치와 자존감이 올라간다. 아이는 마음속의 분노를 표출하도록 허락받음으로써 부모에게 향했던 화로 인해 부모가 가할 것 같은 두려움을 극복할 수 있다. 부모로부터 보복당할 두려움을 가질 필요가 없다는 걸 알게 된다.

만약 자다가 오줌을 싸는 아이라면 그런 행위가 화, 긴장, 공포의 느낌을 분출, 자기주장, 교란, 보복하는 방법이라고 이해하고 공감해 준다면 시트가 마른 날이 많아진다는 걸 볼 수 있을 것이다. 주의 깊게 살펴보라. 낮에 화가 난 일이 있었다면 더 자주 싼다는 것을 발견할 것이다. 어느 부모든 침대에다 싸지 않고 말로 표현할 수 있기를 바란다고 생각한다.

▌ 주고받는 문제 : 탐욕

모린과 잭이 매기를 위해 정말 필요한 것은 '주는 것'임을 깨닫는 중이다. 재미를 느낄 수 있는 자원이 되어 주는 것, 자기 부정을 수정하도록 긍정 경험을 시켜 주는 것, 가족의 일원으로 기여하는 느낌을 갖도록 할 일을 주는 것, 감정 표현을 허락하고 용기를 주는 것 등이다. 그러나 매기에게는 주는 것도 쉽지 않다. 왜냐면 아이가 받을 것 같지 않다. 엄마는 시장에 가면 딸을 위해 작은 장난감이나 새 옷가지를 사고 싶다. 하지만 매기는 이런 선물 가지를 받는 게 편해 보이지를 않는다. 아이의 반응에는 의심이 가득하다. "뭣 땜에 샀어요?" 새 양말을 신지도 않고, 새 장난감은 갖고 놀지도 않으니 부모는 매번 무시당한다. 그럴 적에 모린은 거절당하는 기분이다. 마치 모린 자신의 일부를 주었는데 매기는 매번 퇴짜를 놔 버리는 것 같다. 처음에는 엄마를 거절하고 싶은 욕구에서 그렇게 한다고 생각했었는데, 잭의 선물도 같은 식으로 반응하는 것 같다.

나이 들어 입양된 많은 큰아이들에게는 자연스럽게 선물 주기도 힘들다. 어떤 아이는 더 더 많이 요구한다. 특히 시작 단계에서 모든 관심, 모든 사랑, 모든 음식, 모든 장난감을 갖고 싶어 한다. 만족이란 걸 모른다. 아무리 많이 가져도 충분치 않다. Bowlby(1965)에 의하면 박탈당한 아동은 생애 초기에 결핍을 보상해 주는 사람에게 기운다. 그 사람에게 끝도 없이 먹을 것, 돈, 특권을 요구한다. 과거에 좌절되고 거부당하면서 아이들 속에는 Redl과 Wineman이 '방치된 부종'^{Neglect edema}-아무리 작아도 과거의 욕구가 박탈로 인해 부풀어 불룩해진 상태-이라고 부르는 것들이 쌓여 있다. 새로운 상황에서 주고 싶어 안달하는 성인을 만났을 때 아동은 자기 욕구를 채워 줄 수 있고 또 무슨 행동을 해도 참아 줄 수 있을 것 같은 그 사랑스러운 성인의 능력과 의도를 과대평가하여 아이는 긴장되고 참을 수 없게 된다. 과거의 적대적이었던 어른이 즐거움을 갖지 못하도록 방해했다면 반대로 친절한 어른은 무조건 허락하는 사람이어야 한다. "날 사랑한다면 내가 원하는 무엇이든 주고 내가 하고 싶은 대로 놔두어야 돼"가 그런 아동들의 감정 슬로건이다(Redl&Winnman, 1951). 그렇지만 새 부모는 모든 걸 허락하고 주는 건 불가능할 뿐 아니라 지혜롭지 않다고 생각하므로 아동의 이런 기대는 끝장이 나고 만다.

한편 매기와 같이 반응하는 아이들 중에는 다른 이유에서 선물의 문제가 있을 수 있다. 내면에 잠재된 분노와 죄책감이 현실의 사랑을 받아들이지 못하도록 방해한다. 자기는 나쁜 아이라서 선물을 받을 자격이 없다고 생각한다. 또 어떤 아이는 주어지는 선물 자체에는 관심이 없고 그걸로 미끼 삼아 부모가 자기에게 뭔가 시키려 한다고 의심한다. 선물을 주면 "그래서 뭐야", "난 그거 안 좋아요" 혹은 "그거 싫어요" 식의 반응은 때때로 식탁에서 음식을 주니 안 주니 할 정도로 비약된다. 우리 문화에서는 음식과 사랑이 교환 가능하다고 생각하는 것 같다. 아이는 "왜 나한테 이렇게 많이 주는 거예요? 대신에 내가 뭘 하길 원하세요?" 새로 도착한 아이가 첫날 혹은 이튿날까지 아주 조금 먹거나 아예 안 먹는 경우를 자주 볼 수 있다(Trieschman, Whittaker, Brendtro, 1969).

이런 패턴은 선물이나 음식뿐만 아니라 애정 교환과 칭찬에서 분명히 예민하게 나타난다. 자기가 얼마나 나쁜 아이인지를 표현해 보이려고 까불고 장난으로 반응한다. "장난치는 행동은 사람들 앞에서 아동의 깊은 심중을 전달하는 수단이다"라고 Ginott(1965)는 말한다.

이런 아이는 부모를 자주 어렵게 만든다. 새 아이가 해 대는 불가능한 요구에 맞닥뜨리면서 처음부터 아이의 기대와 욕구에 미치지 못하는 불편한 위치에 놓인다. 과한 요구를 맞추어 줄 수 없는 자신의 무능력과 책임감의 한계를 분명히 느끼며, 괴롭고 탐욕스럽고 이기적인 아이와 (혹은) 박탈시키고 있는 부모 자신의 모습을 보게 된다.

선물의 대가로 부모가 뭔가를 원할 것이라는 아이의 의심은 새 부모에게 스트레스가 된다. 부모는 분명히 아이에게 무언가를 원한다. 아이가 가족이 된 걸 기뻐하고, 행동을 바꾸고, 그리고 받으면 느끼고 다시 줄 줄 알기를 원한다. 그러나 새 아이의 욕구는 이런 것들을 예의 바르게 갚지 못하게 한다. 새 부모는 새 아이가 주는 것을 거절할 때 새 부모는 마치 자기 자신과 자신의 사랑이 거절되는 느낌을 받을 수 있다.

┃ '양동이'

이런 문제로 괴로울 때 도움이 되는 '양동이^{Bucket}' 개념이 있다. 우리 각자는 작은 양동이로 된 나의 세상 안으로 들어가는 상상을 해 보자. 우리가 커 갈수록 양동이도 커진다. 우리가 무엇이 되고, 우리가 어떻게 반응하고, 우리 자신을 얼마만큼으로 보느냐에 따라 양동이 안의 내용이 채워진다. 갓난아기는 배가 고프면 스트레스를 느끼고 운다. 돌봐 주는 어떤 사람이 음식을 가지고 울음에 반응하면 아기는 관심받았고, 먹여지고, 안전하다는 걸 느낀다. 배가 차면 '꽉 찬 양동이'의 느낌을 갖는다. 그것은 아이 자신이 가치 있고 누군가의 돌봄을 받고 있고(자존감의 시작) 자신을 둘러싼 세상은 좋은 곳으로 느끼게 만든다.

아이가 성장해 가면서 양동이 안에 부모가 관여하여 좋은 것들로 계속 채워진다면 자기에 대한 느낌은 좋은 쪽으로 수위가 점점 높아진다. 자신감, 좋음, 능력을 느낀다. 부모가 가끔 화를 내고, 비판하고, 옆에 오지 못하게 해서 아이의 양동이를 엎질러 버린다. 사고, 질병, 실망을 당하면 좋은 기분이 엎어져 흘러 버린다. 만약 잘 먹여 주고, 주기를 좋아하는 부모를 만난 행운아라면, 아이의 양동이는 좋은 기분의 높은 수위를 유지할 수 있다. 인생이란 기본적으로 즐겁다는 걸 아이는 학습한다. 자신을 좋아하고 또한 다른 사람을 좋아한다. 자기 양동이의 좋은 기분을 국자로 퍼다가 다른 사람의 양동이에다 부어 줄 수 있게 된다. 처음에는 주저하겠지만 그렇게 나눠 주다 보니 자기 양동이에 좋은 기분이 오히려 더 많아진다는 사실을 발견하고는 점점 자유롭게 퍼다 줄 수 있게 된다. 행복하고 친절한 사람들에 의해 둘러싸여 있는 한, 아이는 다른 사람들에게 퍼다 주고 또 받는 것이 삶의 패턴이 되어 만족할 수 있다.

그러나 만약 아이의 욕구가 채워지지 않고, 부모의 원하는 대로만 해야 하는 가족 안에서 태어났다면, 양동이 수위는 낮은 상태에 머문다. 양동이 속이 점점 비워질수록 자신의 삶을 겨우 지탱하고 있는 귀중한 내용물을 누군가가 휘저어 없애 버릴까 봐 두려워서 아이는 더욱 집착한다. 만약 이 아이가 가족 구성원 모두가 '낮은 상태'의 양동이 수준이라면 무서운 결핍 때문에 생활에서 사람들에게 좋은 감정을 퍼 줄 수 없다. 이 아이는 다른 사람과 자신과의 분별조차 어렵다. 이 아이에게는 주고받는 법을 가르쳐 줄 수 있는 어떤 특별한 일(혹은 사건)이 일어나지 않는 이상, 결핍은 성장하여 결혼하여 배우자하고도 혹은 자녀하고도 나누고 공유하지 못하게 만든다.

이 아이는 위협받는 기분에서 좋은 기분의 수위로 오르기 위해 다른 사람에게 무차별적으로 끊임없이 요구를 해 댄다. 주변 사람들에게 더 심하게 요구하는 경향이 있다. 어떤 아이는 조금이라도 못 새어 나가도록 양동이 '뚜껑'을 만들기까지 한다. 그러나 불행히도 그 뚜껑은 좋은 기분까지 못 들어오게 막는다. 좋은 기분은 양동이 겉만 닿았다가 굴러 흩어져 사라진다.

일반적으로 나이가 든 큰아이가 처음 새 가족으로 합류할 때 자신에 대한 좋은 느낌의 수위는 위험하리만큼 낮다. 이전에 좋은 기분을 얻을 기회가 없었든지 또 옮겨지는 고통이 정서적 균형감을 잃게 만들었든지 간에 아이는 엄청 많은 것을 요구할 것이고, 다른 가족원들은 들어주기만 하지 않을 것이다. 만약 누군가가 화가 나면 나머지 가족원들의 양동이 수위가 '낮음'으로 치달을 수 있게 만드는 반격을 노릴 것이다.

그러나 새로운 가족이 된 아이는 반응할 줄 안다. 굳건한 감성과 주려고 하는 새 부모는 아이와 함께 가족이란 한 덩어리 속으로 들어간다. 이런 부모는 보통 자신의 좋은 기분을 많이 나누어 주고 싶은 열망을 갖고 있다. 인생행로에서 우연히 만나게 된 이 아이는 양동이 수위가 상상도 못할 정도로 낮아서 주려고 하는 가족과 협력할 수 없고 또 너무나 심하게 요구해 대고 자신에게 유익한 것조차 받아들이지 못할 정도로 커 버린 후에 입양이 된 것이다.

부모가 정신적으로 높은 수준을 유지할 수 있다면 항상 자기 자신을 내줄 수 있다. 요구해 대는 아이의 욕구를 채워 줄 시간, 긴장된 아이를 편안하게 해 주는 시간, 초기 유아기로 돌아가 결핍된 애정을 보충해 주는 시간, 이런 것들이 일어날 때 만사는 잘 진행되고 그 배치는 거의 대부분 성공한다.

그러나 퍼 주느라 비워진 부모 자신의 양동이를 아이가 다시 되갚아 줄 때까지 스스로 채울 수 있는 방법을 찾는 것이 절대적으로 필요하다. 사랑, 에너지, 지혜를 퍼다 준 새 부모는 양동이가 고갈되어 메마른 상태의 자신을 방치해서는 안 된다. 그렇다면 그 배치는 지극히 고가를 치루는 셈이 되고, 성공할 확률도 그다지 높지 않다. 어린아이가 미워지기 시작하고 협박하는 존재로까지 느껴질 만큼 메말라지는 상태를 피하기 위해 아이에게 언제, 어떻게, 얼마만큼 줄 건가를 결정해야 한다. 또 한 중요한 것은 부모는 아이가 스스로에게 줄 수 있도록 양동이를 채워 자존감을 높일 수 있도록 돕는 방법을 찾아야 한다.

▌ 낮은 자존감

자존감^{Self esteem}이 낮은 것은 입양된 큰아이들에게서 가장 공통적으로 발견할 수 있는 심리적 특징이다. 아이가 자기 자신에게 가치를 부여할 수 있도록 돕는 부모의 자존감을 키워나가는 방법을 알고 있어야 할 것이다. 자신을 좋게 느끼는 방법 배우기에 너무 늦은 때란 있을 수 없다. 높은 자존감을 올리기 위한 연구에서 Stanley Coopersmith는 *의미*^{Significance}, 능력^{Competence}, 힘^{Power}, 미덕^{Virtue}이란 네 가지 요소를 중요하게 본다.

'*의미*^{Significance}'란 아동이 삶에서 중요한 사람으로부터 인정, 사랑, 수용의 느낌을 받을 수 있는 데까지의 수준이다. 따뜻함, 반응, 관심, 있는 그대로의 모습을 받아들이는 것이 특징이다. 부분적으로 아이가 보살핌을 받는 유형에서 비롯되는데, 보살피는 사람이 아이의 존재가 가치 있음을 증명해 주는 것이다. 수용적인 부모는 필요시 혹은 위기 시에 행동, 생각, 성실성으로 연습과 훈련이 가능한 합리적인 규율에 관심을 갖고, 지지와 격려로 아이의 자존감을 높여 준다(Coopersmith, 1967). *의미*는 부모가 말을 해서가 아니라 아이를 향한 행동을 통해 본능적으로 전달되는 것 같다. 사람이란 누군가가 적극적으로 관심하면서 무언가를 해 줄 때 사랑받는다는 인식을 한다(Coopersmith, 1967). 부모의 자발적이고 사려 깊은 보살핌은 부모가 관심하고 즐겁게 만들어 주려고 하는 만큼, 아이 자신을 가치 있는 존재로 생각하게 만드는 첫 증거가 된다. 그래서 새 가족 안에서 아이는 의미가 된다.

공정하고 일관성 있는 벌은 놀라우리만큼 자기는 소속되었다는 것 그리고 부모가 자기를 책임진다는 인식을 할 수 있도록 하는 훌륭한 방법이다. 부모가 자기 인생과 성장에 적극적인 관심을 갖고 있다는 표현으로 벌을 받아들이는 것 같다. 사랑받고 있다는 증거가 될 수 있다.

칭찬은 부모가 아이를 의식하고 아이의 행동이 가치 있다는 걸 보여주는 또 다른 방법이다. 배치 초기에 양동이 수준이 낮은 아이의 좌절은 칭찬을 수용하지 못하거나 혹은 믿을 수 없게 한다. 칭찬을 깎아 버리고 차라리 비하시키는 말을 더 쉽게 받아들이게 한 과거의 '나쁜' 감정 때문에 그럴 수도 있다. 혹시 자기가 한 번 칭찬을 받아들이면 계속 기대하게 될 거라는 두려움을 가졌는지도 모른다. 칭찬을 수용하지 못하는 어려움은 주변 성인들로부터 배웠을 것이다.

> 많은 성인과 교사들은 좋은 행동은 무시하면서 잘못된 행동과 실수를 늘 지적하는 습관이 있다. 만약 아이가 집에서 얌전하게 놀면 부모는 아이를 집에 혼자 두는 경향이 있다. 아이가 소파 위를 오르고 뛰면 부모는 곧 관심을 기울인다. 아동의 내적 칭찬 체계가 완전하게 형성되기 전에 잘하고 있을 때는 무시하고 제대로 하고 있지 않을 때는 관심을 기울이는 성인의 반응은, 좋은 행동은 스스로 무시하고 좋지 못한 행동은 스스로 비난하는 것이 당연하다고 가르치게 된다(Felker, 1974).

Felker는 아동이 자신을 평가하기 위해 맨 처음 배우는 용어가 '나쁘다'

는 것임을 계속 지적한다. 이것은 많은 사회 환경이 아동에게 자기 존중 감보다 자기 비하감을 가르치게 되어 있다는 의미다.

이유가 어찌 되었든 간에 새로 입양한 아이의 부모가 칭찬을 해 보면, 착한 천성이 아니라 차라리 맡은 일을 잘 해내는 데 초점을 두는 편이 더 도움 된다는 걸 발견할 수 있다. "잘했어!" "그건 힘든 일이었어!"라고 하는 것이 "넌 착한 아이야!" 하는 것보다 더 잘 받아들여진다. 이런 식의 칭찬은 자녀가 항상 "착하다"란 말을 들으며 살아갈 것이라고 기대하는 잘못된 인식을 덜 주는 것 같다. 아이가 스스로를 칭찬하는 법을 배우도록 도와야 한다. 이런 아이들에게는 자기 칭찬을 할 수 있는 능력이 덜 발달되어 있다. "자랑한다"고 얕보는 사회적 시선 때문이거나 또는 같이 살았던 성인들로부터 스스로 칭찬하는 법을 배우지 못했기 때문이다. 그래서 외부 칭찬에 많이 의존할 수 있다. 이런 성향은 바뀌어야 된다. 왜냐하면 건강하게 자기를 칭찬하는 기술은 외부 영향에 좌우되지 않고 항상 그 자체로 유용하기 때문이다.

Felker는 특히 언어로써 자기에게 상을 주는 것은 자아 개념과 관련된다고 말한다. 자기를 언급할 때 내적 자아상을 나타내 보이는 언어와 표현 기법을 주목해 볼 필요가 있다. 온통 부정적인 것들로 형성되어 있다면 절대적으로 부정적인 표현이 나올 것이며 자신도 부정적으로 표현할 것이다(Felker, 1974).

아이에게 자기 칭찬을 가르치는 것은 긍정적 행동을 강화시킬 뿐 아니라 스스로를 대상으로 만들도록 가르친다. "나는 그걸 잘했어"라고 말하는 것은 잘된 것을 재강조할 뿐 아니라 "나"에게 "잘하는 사람"이란 라벨을 붙인다. 이렇게 자기를 칭찬하는 기술을 질문 식으로 가르칠 수 있다. "네가 그걸 잘했다고 생각하지 않니?" 그러면 아이는 "나 역시 내가 엄청나게 잘했다고 생각해요", 혹은 "넌 분명히 기분이 좋을 거야"와 같이 칭찬하고 있는 말에 연관시켜 반응할 수 있다. 언어로 스스로를 대상화하는 경험에 점점 익숙해질 때, 어른은 "넌 네 자신에게 어떻게 말해야 된다고 생각하니?"라는 식으로 물을 수 있다. 만약 모른다고 대답하면 "나는 너에게 어떻게 말해야 되지?" 혹은 유사한 질문을 함으로써 평가와 칭찬 과정에 아동이 포함되도록 돕고, 자기에 대한 자긍심을 느낄 수 있도록 허락하고 용기를 북돋아 줄 수 있다(Felker, 1974).

그런 칭찬과 함께, 아이가 어려움에 봉착했을 때 부모는 이해하고 있다는 걸 알리고 도울 준비 태세를 취하는 건 중요하다. 그렇게 하여 아이는 자기가 완벽히 성공할 때만 혹은 얌전히 있을 때만 부모가 받아들인다는 잘못된 생각을 하지 않게 된다. 만약 아이가 자기 생각과 가치를 수용해 주는 어른과 산다면 꼭 어른의 것과 똑같지 않아도 되고 자기만의 소중한 의미를 가질 수 있게 된다. 그러면 자기를 존중하게 되고, 자신의 가치를 획득할 수 있다는 확신을 갖게 되므로 경험을 통한 신뢰를 배우게 된다(Coopersmith, 1967). 이를 위해서 아이는 자신의 의견을 가질 권리가 있으며, 자기 문제를 스스로 상당히 많이 해결할 수 있다는 믿음을 부모는 가질 수 있어야 한다. 이런 식의 존중과 신뢰를 전달하는 가장 좋은 방법은 부모가 갑자기 끼어들거나 부모를 위한 결정을 하도록 아이를 압박하는 태도를 취하지 않는 것이다. 오히려 자기를 위한 좋은 선택을 할 수 있는 능력이 아이에게 있다는 메시지를 보내야 한다. 그리고 스스로 그 해결책을 발견할 수 있도록 용기를 줘야 한다. Ginott는 이런 독립심을 키우면서 아이 스스로 소중한 사람이라는 의미를 전달받기 위해 다음과 같은 문장을 사용하도록 권한다.

만약에 네가 원하면

만약에 네가 좋아하는 것이 진짜면

그것에 관해선 네가 결정하는 거야.

정말로 너에게 달려 있어.

그건 완전히 너의 선택이야.

네가 뭘 결정해도 난 좋아(Ginott, 1965).

이런 식의 접근은 아동의 자존감 개발을 위한 두 번째 주요소인 '능력 Competence'을 키워 준다. 모린과 잭은 이미 매기가 많은 능력을 가졌다는 걸 스스로 느낄 수 있도록 잘 돕고 있다. 아이가 가족의 필요에 기여할 수 있도록 하고 있다. 요리를 가르치고, 자기 돌보기 기술을 배울 수 있도록 격려하고 있다. 용돈 관리, 계획 세우기, 집 보기, 자비 여행 등과 같은 어른의 기술을 배워 갈수록 아이는 자기가 가능성이 큰 사람이라는 걸 더 잘 알게 된다. 매기가 알지 못하는 것이 있을 때 잭과 모린은 부정적으로 말하지 말아야 한다. 너무 어리고, 너무 느리고, 경험이 없어서 모른다는 말은 삼가야 한다. 오히려 간단한 일이나 결과를 부분적이나마 알려 주려고 노력해야 한다. 그렇게 하면 매기는 새로운 것을 파악할 수 있는 긍정 감각을 갖게 되어 실패보다는 더 많은 성공을 경험할 수 있다.

이러한 부모 태도는 매기처럼 학교에서 뒤처지고 있는 아이들에게 특히 더 중요하다. 대부분의 나이 들어 입양된 아이들은 학교생활에서 어느 정도의 어려움을 지닌 채, 새 가족 안으로 들어온다. 말과 행동이 평가되고 경쟁이 심한 교실 분위기에 떠밀려 들어가는 자신을 패배자로 여긴다. 억압된 아동에 대한 주제 토론에서 Sula Wolff는 어떤 이유에서든 학교생활에서 실패는 아동기에 엄청난 스트레스가 되고 인생 전체를 열등감의 무대로 만들어 버릴 수 있다고 말했다. 특히 발달 중인 아동의 대부분의 시간을 학교생활로 보내기 때문에 더욱 그러하다. 이러한 만성화된 상황적 걱정을 해결하려는 아동의 심리적 방어는 도리어 어려움을 더할 뿐이다. 실패하는 아동은 자신의 단점에 전혀 신경을 쓰지 않는 것처럼 보이는 것이 사실이다. 빈약한 동기 유발, 학습 무관심, 산만함, 집중력 없음을 교사가 발견할 때조차 관심 없어 보인다(Wolff, 1969).

학습에서 어려움을 경험한 아이는 굳건한 자존감을 유지할 수 없다는 점에서 문제는 더 악화된다. 잘하지 못하는 영역은 회피하고 오히려 능력이 없다는 걸 강조하는 데 많은 시간을 소비한다.

나이 들어 입양된 대부분의 큰아이들은 배울 수 있는 모험적인 활동을 인정받지 못하고 오히려 혼내는 집안에서 자라 왔을 것이다. 그런 아이들의 행동은 성인 중심의 조용한 집안 분위기를 어지럽게 만들 수 있다. 위험해 보이는 행동을 엄마는 걱정할 수 있다. 힘겹고 고통스런 엄마는 어려운 생활조건 때문에 시간과 공간을 허락하지 못할 수 있다. 어떤 이유로든 수동적이고, 두려워서, 좌절하고, 초조해하는 태도를 배운다. 새로운 걸 배우는 즐거움이나 만족감을 거의 맛보지 못한다. 반면 새로운 경험에 대한 능동적 시도를 격려받고 자라는 아이들은 인생 초기의 기본 과제 하나를 마스터할 수 있다. 배우는 방법을 배운다. 새로운 것을 완전히 습득한다는 것이 얼마나 기쁘고 성취감을 갖게 하는지를 경험한다. 스스로 능력 있는 사람이란 느낌과 동시에 새롭게 습득한 기술을 부모가 기뻐해 줌으로써 양쪽의 보상을 받는다. 그리고 새로운 분야를 찾아 정복하려는 의지가 생긴다(Pringle, 1975).

학교에서 방향을 잃고 뒤처져 있는 아이는 자신의 어려움을 어떻게 해결해 나가야 할지 모른다. 교실에서 말을 하면 선생님이나 다른 아이들이 제대로 못한다고 놀릴까 봐 모르는 것을 질문도 못 하고 명확하게 표현도 못 한다. 이런 아이에게는 "나도 잘 몰라" 혹은 "같이 찾아보자"라고 말해 줄 수 있는 교사나 부모가 필요하다. 그들은 분명하게 질문하는 법을 배울 수 있도록 돕는다.

자신에 대한 긍정적인 아이와 부정적인 아이의 큰 차이는 또 있다. 긍정적인 아이는 실패담을 성공담으로 연결시킬 수 있다. "난 많이 해냈어"라든지 "언제든지 맘만 먹으면 제대로 할 수 있어"라고 말한다. 반면에 부정적인 아이는 매기처럼 항상 "난 못해"라고 말한다. 바로 실패라고 포기하는 아이에게는 "실수했구나, 하지만 다음번엔 잘할 수 있을 거야"란 말로 용기를 주면서 기초 기술을 가르칠 수 있다. 또 학교 시험을 잘 쳤다고 분명히 말해 줄 필요가 있다. 여기서 부모는 틀린 것보다 맞춘 문제의 숫자를 세어 더 강조한다. 아이가 틀린 이유를 대고 싶어 할 때 부모는 잘한 것들을 목록으로 만들어 주면서 개입할 수 있다.

▌덜 발달된 어휘

입양된 큰아이가 스스로 능력이 없다고 비하하는 또 하나의 요인은 학교 학습용 어휘 부족에 있다. 새 가정에 와서 보면 보통 가정에서 사용하는 음식, 옷, 신체 명칭 따위의 단어를 알지 못하고 있음이 드러난다. 경험이 너무 빈약했고 그 범위도 좁았기 때문에 휴가, 동물원, 서커스, 지질, 건축, 시계 등의 지식에 관련된 학습물이나 수업 대화가 어렵다. 대화 능력이란 배우는 기술이라는 점을 새 부모는 잊지 말아야 한다. 아이에게는 과거로 되돌아가서 놓쳐 버린 유아기 과정과 초기 경험을 이야기해 줄 필요가 있다. 아이가 해야 하는 말에 반응해 주고, 발달을 촉진시켜 줌으로써 어휘는 조금씩 늘어날 것이고 표현 범위도 넓어질 것이다.

어휘력 부족은 이런 아이들에게는 거의 그렇듯이 일상생활 환경 때문이라고 전문가는 말한다. 놀이 도구와 책이 적은 환경에서 많은 아이들이 같이 지내는 것이다. 혹은 거의 모든 시간을 밖에서 놀며 지내는 아이의 부모는 아이의 신체 건강만큼이나 중요한 인지발달에는 거의 관심을 갖지 못한다. 성인보다 아이들과 함께 지내는 시간이 더 길다. 그 결과 언어적 환경은 빈약하고 또 경쟁하듯 소리를 질러 대고, 습득된 어휘는 분명하지 않다. 아마도 부모와 함께하는 활동이 거의 없었거나 유익한 대화도 거의 하지 않았을 것이다. 집단생활에서는 계속 흘러나오는 텔레비전이나 라디오 소리로 소음 수준이 높을 수 있다(Wolff, 1969; Pringle, 1975).

많은 아이들이 노동자층 위탁가정에서 지내다가 많은 어휘를 사용하는 입양가정으로 옮겨진다. 이 경우 어휘 능력의 차이가 더 두드러지게 나타난다. Mia Pringle은 노동자층의 가정에서는 언어가 단순하고 덜 개인화된 경향이 있는 반면, 중산층의 가정에서는 아이들의 말을 주의 깊게 듣고 조금씩 논리적으로 답하고 격려하는 경향이 있다고 말한다. 이야기, 동요, 단어 놀이는 일상생활이 되어 있다. 이런 가정에서는 그냥 떠들어 대며 시간을 보내지 않고 식사, 쇼핑, 잠자리에서 자연스러운 대화가 이루어진다. 양육 태도에서의 차이를 흔히 볼 수 있는데, 노동자층 가정에서는 '권위적'인 규율 형태이고, 중산층 가정에서는 '민주적'인 규율을 지향하는 경향이 있다. 민주적인 가정에서는 어떤 설명을 신체보다 말로 하기를 더 선호한다. 예상되는 행동과 규칙에 대한 이유를 설명하고 아이의 의견과 원함을 반영하여 결정한다. 언어로 나누는 경향이 더 크고 그 욕구 또한 더 크다. 이것은 부모-자녀 사이에 더 자주, 더 긴 상호 교류가 이루어진다는 걸 의미한다. 이것은 특징적으로 열린 마음으로 새로운 문제에 접근하려는 준비와 개인적인 독립심이라는 두 행동을 촉진시킨다.

노동자층 가정에서 흔히 볼 수 있는 더 단순화되고 덜 개별화된 언어에서는 사물과 인간이 별반 차이가 없고 상황은 자주 무시되는 것 같다. 말을 마음껏 하지 못할수록 세세한 요구와 감정 전달은 더 어려워진다. 이런 가정에서의 아이들은 자신과 다른 사람의 감정에 예민하지 못하고, 의미가 분명하게 구별이 되지 않는 상태로 성장한다(Pringle, 1975).

언어기술에 관해 말하자면 모든 연령층에서 노동자층 가정에서 자란 아이들의 그것은 중산층에 비해 뒤처지는 경향이 있다. 적은 단어, 더 짧게, 더 단순하게, 불완전한 문장은 분명히 나이 들어 입양된 큰아이들에게 많이 나타나고 있으며, 그 아이들은 의사소통이 잘 안 되는 자기만의 특이한 표현 방식을 갖고 있다.

1. 자신이나 다른 사람의 단어 사용법을 거의 관찰하거나 열거하지 않는다.
2. 심하게 일반화시키고 추정한다.
3. 듣는 사람이 알아서 듣기를 기대하고 불완전한 메시지를 보낸다.
   "그 사람은 너무 그렇지 않은데…. 알잖아요, 에?"
   "본 대로…. 음…. 확실해요."
4. 애매하게 대명사를 쓴다.
   아이: "우리는 갔고 그래서 그 사람들은 당황했지…."
   어른: "잠깐만! 누가 어딜 갔다고? 누가 당황했다고?"

5. 메시지를 보내지 않고 보낸 것처럼 반응한다. 이것은 아이가 속내를 도저히 말로 표현해 낼 수 없을 때와 관계된다.

아이: "그녀는 절대로…"

어른: "너 지금 엄마 이야기하는구나. 엄마한테 말해 봤어?"

아이: "알고 있어야 돼요…."

어른: "근데 말했냐고 묻고 있잖아?"

아이: "으응~ 아니요."

6. 메시지가 전체 맥락에서 벗어난다.

어른: "미안해, 오늘 늦었어."

아이: "아, 괜찮아요. 마크는 동네에 돌아다니고 있어요…."

(해석 : "아, 아, 괜찮아요. 내 강아지 마크가 집을 나가 동네에 돌아다니고 있었어요, 난 쫓아갔어요. 잡는 데 시간이 좀 걸렸어요. 그래서 나도 늦은 거예요.")

이런 식의 의사소통 때문에 아이의 머리와 마음속에 품고 있는 것들을 해독해 내려고 부모는 끊임없이 더듬어 추측해야 한다는 점이 어렵다(Satire, 1967). 이런 식의 대화는 정말 사람을 피곤하고 어지럽게 만든다. 아이가 말하는 기술을 배울 수 있도록 부모는 계속 도와야 한다. 다른 사람과 의사소통을 잘하는 능력은 확실히 아이의 대인 관계 패턴을 결정지울 수 있다. 제한된 어휘력은 정규 교육의 핵심 기술인 읽고, 쓰기에 영향을 미쳐 학습 진보를 방해한다. Pringle은 다음과 같이 말한다.

아마도 (중략) 언어적 환경의 질은 아동의 지적 발달을 촉진시키는 절대적 요인이 될 것이다. 대화의 양뿐만이 아니라, 얼마나 적합하게, 분명하게, 풍부하게, 말하느냐는 것이다. 아동은 성인을 흉내를 내거나 대화로 답하므로, 성인과 아동 사이에서 발생하는 언어의 상호성은 가장 기본이 된다. 단지 성인이 들어주는 것만으로는 충분하지 않다 (Pringle, 1975).

어휘 기술은 자존감 개발의 세 번째 요소인 힘^{Power}을 느끼게 한다.

힘이란 Coopersmith가 정의하기를 "자신과 다른 사람의 행동을 통제 및 조절하면서, 행동 과정에 영향을 미치는 개인적 능력"이라고 말한다. 아동이 어떤 것을 지칭하는 어휘를 갖고 있다는 것은, 다른 사람이 추측하는 것에 의존하지 않고 어떤 것에 대해 질문하고 또 정의할 수 있으므로 환경에 대한 더 큰 힘을 가질 수 있다는 점에서 의심의 여지가 없다. 그것은 또한 스스로를 통제할 수 있는 힘이 되기도 하는데, 행동할 때에 자기 한계를 받아들이고 생각을 조절할 수 있도록 한다. 긴장감, 걱정, 좌절감을 줄이는 수단이 된다.

힘은 다른 사람으로부터 인정받고, 존중되어, 아동의 의견과 권리에 무게가 실리면서 증명된다. 문제를 풀고, 선택권을 갖고, 능력을 직접적으로 개발시키도록 허락하는 것은 아이의 자존감을 높일 수 있다.

자존감 개발을 위한 네 번째 요소인 미덕^{Virtue}은 아이가 자신의 능력을 양심적, 도덕적 기준에 잘 부합시키는 수준이다. 나이가 들어 입양된 큰 아이들은 초기에 거짓말하고 훔치는 행동이 매우 보편적으로 나타나기 때문에 문제화될 소지가 극히 다분하다. 정직한 자녀가 되길 원하는 부모는 그런 거짓 행동을 강력하게 대처하는 동시에 자녀가 자신을 비하시키지 않고 이해시키는 것이 무척 힘들다는 걸 발견한다. 마침 잭과 모린은 매기와 이 문제에 맞닥뜨리고 있는 중이다.

정직함

 지난 몇 개월 동안 레일리 집안은 별 탈 없이 잘 지내 왔다. 잭과 모린은 부모의 초기 과업을 잘 해내고 있다. 변화된 생활은 안정되어 가고 딸과도 더 잘 지낼 수 있을 것 같다. 기관이 제공하는 큰아이 입양 가족 모임에 계속 참여하고 있지만, 이제는 더 이상 이야기할 거리도 없는 것 같다. 매기는 아주 편안해졌다. 마음을 많이 열고 더 쉽게 말하고 덜 충동적으로 변하고 있다. 아파트 옆집에 사는 작은 여자아이와 친구가 되어 오후 내내 같이 돌아다니고 인형놀이, 가장놀이를 하면서 지내고 있다.

 그러던 어느 날 매기의 선생님으로부터 걸려 온 전화에 모린은 너무 놀란다. 매기가 학교에서 문제가 조금 있다고 말했다. 이야기 좀 해 보자고 엄마가 학교에 오시면 좋겠다고 말한다. 모린은 무슨 일인지 감을 잡고 싶었지만, 선생님은 와 보시면 알게 될 거라고 답한다. 모린은 걱정스럽다. 전화로 말할 수 없을 정도로 나쁜 일일까? 학교에서 문제가 조금 있는 건 알고 있었지만 열심히 하고 있고 또 나아지고 있었는데…. 혹시 학교에 못 오게 하려는 건 아닐까?

 모린은 태연한 척 학교에서 무슨 일이 있었는지 매기가 직접 말하도록 유도해 본다. 매기는 아무 일 없다고 주장한다. 잭도 걱정이다. 모린이 근무 중인 자기를 불러내어 같이 학교에 가자고 할까? 모린은 혼자서 처리하겠다고 말했지만 정말이지 그런 자리에 혼자는 가기 싫을 것이다.

 그다음 날 문제는 불거졌다. 아이는 전혀 아무 일 없다고 주장했건만 실은 심각한 문제였다. 매기와 다른 애 한 명이 쉬는 시간에 운동장을 떠나 코너에 있는 약국에 들르는 것이 서너 번 발각되었다. 이 행동은 학교 규율을 완전히 어기는 짓이었으며, 그 때문에 매기는 훈계를 받던 중이었다. 어제는 몇몇 애들이 또 약국에 갔었는데 매기가 그 속에 있었다. 사탕 두 개 값만 주고 치마 밑에 숨겨 온 서너 가지 다른 것들은 지불하지 않았다. 아이는 잡혔고 주인은 학교에다 전화를 했다.

모린은 간담이 서늘하다. 세상에 웬일이야? 왜 매기가 그런 짓을 하는 거지? 더구나 학교에서 아무 일 없었다고 어쩜 그렇게 딱 잡아뗄 수가 있는 거지? 도대체 말도 안 된다. 이런 일이 또 있단다. 선생님은 계속한다. 매기 교실에서 물건들이 없어지는 바람에 한동안 소동이 일어났었다. 연필, 재미난 것들, 점심값이 없어졌다. 어제는 어떤 애가 돈을 잃어버렸다. 매기가 똑같은 금액의 사탕을 샀다. 돈은 엄마가 줬다고 매기는 말했는데 선생님은 사실 여부를 확인하고자 한다. "아니요." 모린은 매기에게 돈을 주지 않았다. 생각을 해 보니 매기가 최근 들어 사탕을 많이 갖고 있었다. 사탕을 먹는 걸 직접 보진 못했지만 껍질이 휴지통과 놀이 바지 주머니 안에 들어 있었다. 또 잭도 모린도 사 주지 않았던 조그만 장난감들도 있었다. 모린은 학교를 마치고 같이 노는 친구가 준 선물인 줄 알았다. 지금은 잘 모르겠다. 남편과 이런 상황을 의논해서 어떻게 대처해야 할지 결정하겠다고 선생님께 말한다.

집으로 돌아가면서 침착해야 된다고 스스로 지시한다. 하지만 속은 뒤집히고 있다. 매기한테 손을 대기 전에 잠깐 기다려야겠다. 사람들한테 그렇게 하다니 간도 크지. 그리고 거짓말까지! 놀라 자빠질 노릇이다. 도대체 어떻게 해야 하는 거지? 무엇을 해야 하지? 매기가 왜 훔치는 거지?

모린에게 드는 의문에 대한 답은 간단하지 않다. 무엇보다 보통 아이들이 하는 보통 증세로는 보이지 않는다. 밤에 싸는 것부터 해서 불안하고, 달아나고, 훔치는 것까지 그 행동들이 의미하는 바는 아이마다 다르다. 각각의 행동은 각각의 의미를 갖고 있다. 도벽은 박탈당했던 큰아이에게서 전형적으로 나타난다는 걸 우리는 잘 알고 있다. 그것은 애정과 만족의 원천이었던 과거의 누군가로부터 분리되면서, 잃어버렸던 애정을 다시 얻어 보려는 시도로 생긴 부산물이라고 간주되어 왔다(Bowlby, 1965). 아이란 주로 배고픔이 채워지면 행복감을 느껴진다는 점을 연관시켜 본다면, 초기 유아 때 엄마로부터 온전한 보살핌을 받지 못한 공허함을 피해 보려고 먹는 것을 훔친다고 생각한다. 또한 훔치기를 잘하는 아이는 사람들이 자신을 그렇게 하게끔 나쁘게 취급했으므로 지난날 부당하게 당했던 것을 되갚아 주리라는 태도로 훔친다. 때때로 나이 들어 입양된 큰아이들 중에는 남의 걸 훔치는 건 나쁘다는 생각조차 못한다거나 혹은 그 물건이 너무 갖고 싶어서 참지 못해 그냥 자기 걸로 취해 버리는 것 같다.

원인이 무엇이든 간에 잭과 모린은 매기에게 '도둑', '거짓말쟁이'라는 딱지 용어를 사용하지 않는 편이 현명하다. 줄어들고 있는 아이의 자존감이 떨어지지 않도록 오히려 행동의 결과에 초점을 맞추어 말하는 편이 낫다.

거짓과 도벽은 대부분 뿌리를 뽑을 수 있다. 근절하기 위해 다음 네 가지 방법을 제시한다.

첫째, 잭과 모린은 매기를 대할 때 도벽에 대한 지식을 가져야 한다. 방법은 자신만의 양육 태도에 달려 있다. 고함을 지르든 한 대 때려 주든 실망했다고 소리를 치든 벌을 주든 간에 중요한 것은 문제는 숨김없이 드러내야 하고 받아들일 수 없는 행동이란 걸 분명하게 해야 한다. 부모는 알고 있으면서 아이에게 뭔 짓을 했냐고 다그치고 몰아세우지 않도록 한다. 그러면 아이는 다급해서 안 했다고 부정하게 되고 또 다른 거짓말을 하게끔 부추기게 되어, 정말 정직하지 못한 관계로 말려 들어갈 수 있다.

둘째, 유혹받지 않도록 한다. 훔치기 쉬운 상황과 장소에 매기를 두지 않는다. 교사는 교실에 매기 혼자 두지 말아야 하고, 잭과 모린은 매기 혼자 가게에 접근할 수 없도록 해야 한다. 맛있는 것, 돈, 유혹하는 것들을 매기 주변에 두지 않도록 신경을 써야 한다.

셋째로, 매기가 눈치채지 못하게 충분히 가까이서 지켜보고, 훔칠 기회를 주지 않도록 책임감 있게 행동해야 한다. 만약 생각지도 못하게 장난감, 사탕, 돈 등이 아이 주변에서 발견된다면, 잭과 모린은 "이게 어디서 생겼지?", "돈이 어디서 나서 이걸 샀어?"라고 물을 수 있다. 매기가 빠져나가려고 하고, 누가 선물로 줬다고 하면 그 말을 확인해 봐야 한다. 매기가 만약 "엄마는 날 믿지 않잖아요"라는 식으로 잘못을 전가시키려고 한다면, 믿지 못하는 것은 불행이라고, 엄마, 아빠는 널 믿기를 원한다고, 그래서 안 훔치도록 돕는다고 말해 줘야 한다.

가장 중요한 네 번째는 매기가 훔쳐서 유익을 취할 수 없어야 한다는 것이다. 엄마는 '발견한 것'을 다시 되돌려 주도록 하고, 되돌려 줄 수 없는 것들은 매기의 용돈 혹은 자신이 노력해서 얻은 것으로 대체시키거나 혹은 돈으로 지불할 수 있도록 허락해야 한다.

▎이제 그만

시간이 지남에 따라 학교에서 물건이 없어지는 사건이 줄어든다. 서너 번 물건을 집어 왔다고 해도 학교 분실물 센터에 갖다 놓게 했다. 도벽은 그런대로 나아지는 듯싶은데, 매기와 엄마 사이는 아직 그다지 좋지 않다.

여태까지 모린은 매기의 문제를 참아 내는 걸 배우고 해결해 왔다. 가끔은 부모 지지모임의 도움이 필요한 적도 있었고, 기관이 제공하는 입양 배치 후 서비스를 이용할 수 있었던 것도 기뻤다. 그런데 매기의 도벽 문제를 정말 훌륭하게 잘 해결해 냈음에도 불구하고, 모린은 깊이 흔들리고 있다. 매기는 믿을 수 없는 아이라는 아주 불편한 기분 때문이다. 딸을 의심하는 형사처럼 행동하고 싶지 않다. 더구나 지금은 매기한테서 언제 어디서든 걱정거리가 계속 생길 거라는 느낌이 강하게 들고 있다. 침착하고, 부드러운 엄마가 되고자 했던 처음의 자신을 찾아 볼 수가 없다. 무기력하고 화가 나고 놀라고 있다. 벌어지고 있는 상황들 때문에 딸을 자주 혼내게 되고 최근에는 점점 더 비판적이 되고, 초조하고, 질투 나고, 부아가 치민다. 상황은 더 악화되고 있다. 죄책감이 들고 자신이 별 볼일 없어 보인다. 이렇게 마지못해 하고 있으니, 매기를 위해 뭔가를 하다는 것이 많이 힘들다.

나이 든 큰아이의 배치가 어려워진다거나 실패하는 주요한 두 가지 요인은, 두려움과 통제 밖이라는 느낌이다. 항상 다음과 같은 것이 두렵다.

1. 아이가 절대 나아지지 않을 거라는 의심
2. 아이가 심각한 불법 행위, 비도덕적 행위, 인격적 실패에 연루될 거라는 걱정
3. 문제해결 방법은 없고 해결책을 찾을 수도 없다는 기분에 미래가 깜깜해지는 느낌
4. 부모 자신이 부족해서 아이 문제가 계속 생긴다는 죄책감

5. 입양 결정은 실수였고 아이와의 문제는 절대 해결할 수 없다는 공포감
6. 가족 전체 혹은 특정 가족 구성원에게 입양이 끼치는 영향에 대한 걱정

통제 밖이란 기분은 주로 다음 세 가지 원인에서 기인한다.

1. 더 이상 희망이 없는 상황이고 이 재앙을 비켜 갈 수 있는 방법은 아무것도 없다고 부모는 생각한다. 만약 아이가 가족에서 제거한다면 영원한 죄책감과 함께 살아야 할 것 같고 아니면 절대로 보통의 좋은 가족으로 되돌아갈 수 없을 것 같은 위기감에 갇혀 있다.
2. 부모는 아이가 비정상이라고 결론짓는다. 아이는 아무 생각이 없다. 도대체 말을 듣지 않고, 아이 때문에 그만 놀라고 싶어도 막을 방법이 없다.
3. 아이 행동이나 성격은 부모의 원함과 정반대로 끔찍한 인간으로 변하고 있다는 강한 부정적인 생각이 든다.

사태가 이 정도까지라면 두려움을 줄이고 어려움을 이겨 낼 수 있는 감각을 회복하기 위한 어떤 조치가 있어야 한다. 모린은 잭의 도움을 받아 기분이 나아지도록 할 수 있다. 만약 잭도 모린만큼이나 상태가 나쁘다면, 나이 든 큰아이를 입양한 다른 부모들의 도움이 여전히 필요하다. 만약 문제가 지속된다면 담당 복지사에게 전화를 해서 확신이나 충고 같은 실제 도움을 받을 수 있는 관계를 유지해야 한다. 혹시 친구 중에 입양 자녀도 낳은 자녀와 똑같은 '진짜 자녀Real child'이고, 입양 부모도 똑

같은 '진짜 부모Real parents'라고 생각하는 친구가 있다면, 문제를 이야기해 봐서 그들의 생각과 조언을 듣고 압박감을 다소 해소시킬 수 있을 것이다.

그런데 불행히도, 정말 어려움을 겪고 있는 부모들은 스스로가 도움을 요청할 줄 모르는 경우가 많다. Sula Wolff가 지적하기를, 부모가 입양을 결정한다는 건 의도적으로 다른 사람의 아이에 관련된 선택을 할 수밖에 없다. 그들은 개인적으로 입양을 향해 나아가기 때문에, 자신을 생물학적 부모보다 아동의 운명을 더 적극적으로 조작할 수 있는 사람으로 여길 수 있다. 그래서 아동이 행복하지 않다거나 온전하게 행동하지 않으면 스스로를 비난하는 경향이 있다(Wolff, 1969).

문제를 드러내어 도움 받기를 거부하기도 한다. 그 모든 것을 자기가 초래했다는 말을 들을 것 같아서 친구, 가족, 복지사에게 힘들어도 숨기게 된다. 텔레비전의 한 선전에서 "네가 자청했고 네가 당했어"라고 말하듯이. 복지사가 배치를 잘못했다고 아이를 다시 옮기려고 할지 모른다는 생각에 입양 부모는 두려운 마음을 감춘다. 그러나 그런 일은 부모가 요구하기 전에는 거의 일어나지 않는다.

다음번 입양 사후 부모 모임에서 모린은 너무나 힘들게 속마음을 털어놓는다. 다른 커플과 복지사가 해 주는 말들에 위로를 얻는다. 나이 든 큰아이를 입양한 대부분의 부모들은 특히 첫해는 심하게 힘이 빠져서 정말이지 아이냐 가족이냐 도대체 누구를 위한 선택이었는지를 알 수 없을 때가 있었다고 한다. 너무 피곤해서 희망이 다 사라져 버렸다. 이런 기분이 드는 강도와 시기는 다양하게 나타날 수 있다. 배치한 후 6주 내지는 8주 만에 '초기 밑바닥'이 자주 드러나는 경향이 있다. 그때는 부모가 자신이 감당하고 있는 일이 많이 피곤하고 그런 힘든 노력을 계속

해야 하는 앞으로의 시간이 엄청 길게 느껴진다. 잘 견뎌내지 못할 것 같은 두려움이 엄습하고 지금 당장 모든 것이 해결되기를 바라며 인내가 어렵다. 이런 침체기를 '입양 후 우울증Post-adoptive depression'으로 언급된다. 부모 특히 엄마가 거의 탈진 상태에 있다는 것이다. 달리 말하면 퍼내기엔 '양동이' 수위가 너무 낮은 상태에 처해 있다.

큰아이 입양은 의심할 바 없이 피곤한 일이다. 많은 양의 신체, 정서, 머리싸움이 필요하다. 한 사람을 보살피고 책임지는 신체적 작업이다. 한 사람을 새롭게 알게 되고 점차 이해해야 하는 일이다. 과거의 박탈을 보상해 주려고 노력해야 하고 아이의 양동이를 채워 줘야 하는 일이다. 아이는 문제를 안고 오기 때문에 그것을 다룰 방법을 애써 알아 가야 하는 일이다. 부모가 애쓰는 대로 아이는 따라 주질 않기 때문에 더 힘들고 복잡한 일이다. 아이가 말한 것과 하지 않은 것을 골라서 해독해야 하는 일이다. 많은 경우 아이는 줘도 좋아할 줄 모르기 때문에 일의 부담은 가중된다. 과거 경험 때문에 좋은 걸 좋은 줄 모르는 아이, 새 부모는 머리로는 이해할 수 있지만, 여전히 그러면 안 된다고 생각한다. 그래서 걱정되고 죄책감 들고 그래서 피곤이 더해진다.

모린의 경우는 열이 꼭대기까지 때때로 올라갈 수 있다. 새 아이를 통해 부모는 기쁘고 만족하고 목적을 성취하려는 기대로 인한 부분이 크다. 오히려 탈진하고 우울한 자신을 발견한다. 기대가 크면 클수록 일이 잘 진행되지 못하면 더 깊은 실망을 하게 마련이다. 그러면 불평, 울음, 억울해서 복수하고 싶은 마음, 화, 절망으로 인해 정신을 차리기 힘든 행동이 잦아진다. 아이에게 무관심해져 버리고, 포기하고, 기쁨을 느끼지 못한다. 너무 심할 때는 일시적으로나마 입을 닫아 버리고 허무에 빠질 수 있다.

이런 경우에는 불필요한 요구는 잘라 버리고, 피곤을 줄일 수 있는 조치를 취해야 한다. 문제와 감정을 해결하기 위해 도움을 받아야 한다. 가끔 여행을 떠나서라도 재충전되면 새로운 시각으로 상황을 바라볼 수 있게 된다.

모임에서 모린은 자기가 아이를 입양하지 않았더라면 좋았을 걸, 차라리 다른 아이였더라면 좋았을걸 하고 불쑥 말해 버린다. 당장에 몇몇 부모들이 자신들도 같은 길을 지나왔으나, 이제는 더 이상 그렇게 생각하지 않는다고 확신시켜 준다. 도움이 된다. 하지만 그 무엇보다 더 도움이 되는 건, 모린 자신도 놀란 것인데, 마음 한구석에 있었던 그것을 끄집어내어 말로 표현하는 자기 소리를 듣고 보니, 듣는 순간부터 가슴이 저려 오면서 정말 그런 뜻으로 말하려고 한 게 아니었다는 걸 알게 된다. 안도의 한숨이 나온다. 더 말할 필요도 없이 그녀는 딸과 딸이 가진 문제 모두를 원한다. 지금 이 딸이 없이 어떻게 살란 말이야? 이미 자신의 일부가 되어 버린 매기다. 잭과 모린은 편안해진 마음과 자신감을 얻고 집으로 돌아간다. 다시 모든 것을 긍정적인 쪽으로 초점을 맞출 수 있게 되었다. 매기는 나아지고 있으며 점점 자신감을 갖고 생활하고 있다.

부모의 의구심이 그렇게 빨리 해소되었다는 건 행운이다. 입양을 포기할 가능성에 직면할 때는 무시무시한 시간이었겠지만 지나고 나니 관계는 더 깊고 굳건해졌다. 부모는 문제란 해결할 수 있다는 걸 알게 된다. 아이를 되돌려 줄 수도 있다. 하지만 그런 선택은 일부러 연습이라도 하지 않을 거라고 결심한다. 아무 말 하지 않고 계속해서 끝까지 성사될 수 있는 쪽으로 택한다. 선택하고 또 선택하게 하는 이 과정은 계속 반복된다. 이런 과정은 어떤 의미에서는 관계를 더 굳건하게 이어 주니 정말 많은 가족들이 입양을 성공하게 한다.

그해 마지막 즈음에 이르자 레일리 가족은 진정으로 하나가 되어 있다. 여전히 어떤 문제들은 남아 있지만 잭과 모린은 부모라면 누구라도 어려움을 겪는다는 걸 생각한다. 일 년 전만 해도 사실 매기와 같은 아이를 갖게 되리라는 상상도 못했다. 지금은 자신들의 삶에서 매기를 빼고 상상조차 할 수가 없다. 비록 지난날의 어려움은 있었지만 고통은 사라졌다. 이 정도의 고통은 출산으로 치렀어야 했던 힘든 노동을 몰랐던 여자가 당연히 겪을 수밖에 없고 또 생길 수밖에 없다는 생각을 모린은 자꾸 하게 된다.

입양의 최종 법적 결정을 위해 매기와 함께 법정에 갈 날이 다가오고 있다. 이제는 어떠한 주저함도 없이 즐거운 축제만 남아 있다. 이날을 위해 엄마가 특별히 만든 긴 분홍빛 드레스를 입은 매기는 회색 건물 안의 희미한 불빛 속에서 눈부시게 빛난다. 어려움들이 모두 지나가고 나니 그 자체가 얼마나 별것 아니었던지…. 모린과 잭은 판사가 입양 신청서를 읽고 서류에다 이미 다 알고 있는 승인 사인을 하는 동안, 서로의 손을 꼭 잡고 있다. 매기는 그들의 자녀가 되었다. 마침내 진짜로 그들의 딸이 되었다. 영원히.

8 장
제나와 토미

배치 과정

　기관이 입양을 허가한 커플 중에서 매기를 위한 가족을 쉽게 찾을 수 있어서 가드너 씨에게는 행운이었다. 그렇지만 제나와 토미를 위한 가족 찾기는 여간 어렵지 않아 낙담이 되려고 한다. 제나와 토미를 위한 가족은 세 가지 사항을 전제로 서류를 검토하고 있다. 시골에 살고 아이들이 있고 무엇보다 두 명을 함께 입양하려는 가정을 찾고 있으니, 이 세 조건을 모두 갖춘 가정이 지금까지 살펴본 서류에는 없었다.

　토미는 덜 자란 증상이 심하게 나타나고 있기 때문에 잘 삐치고 우는 남자애를 싫어하지 않는 부모가 필요하다고 가드너 씨는 생각한다. 긴장하면 엄지손가락을 빠는 걸 못하도록 하거나 울어도 주변 사람들의 시선에 개의치 않을 수 있고, 나이에 맞는 행동을 '해야 한다'고 강요하지 않는 가족이 필요하다. 토미는 집에서 자전거를 타고 싶어 한다. 시골집에는 탐험할 수 있는 넓은 공간이 있으니 아이의 능력과 감각을 키워 줄 수 있을 것이다.

가드너 씨의 걱정은 토미가 누나인 제나에게 지나치게 의존하고 있다는 점이다. 그건 아이 둘 모두에게 바람직하지 않다. 토미는 혼자 할 수 있는 힘을 길러야 하고, 제나는 부모 역할을 하려 들지 않고 순진하고 어린 소녀가 될 필요가 있다. 만약 기존 아이들이 있는 가정으로 들어가게 된다면 제나는 더 쉽게 새 엄마가 자기를 돌볼 수 있도록 둘 것 같다. 그래야 제나와 토미의 남매 관계도 더 건강해질 수 있다.

제나는 끊임없이 애완동물을 허락하는 새 가족을 요구해 왔다. 분명히 시골에서 사는 가정은 동물을 키울 수 있을 만큼 집이 넓을 것이고, 매우 활동적인 여자아이의 기질에 잘 어울릴 것이다. 하지만 그 무엇보다 가드너 씨가 염려되는 것은 제나의 공격적인 애정 표현이다. 아무 사람에게나 본능적인 애정을 드러낸다는 점이다. 제나에게는 자기가 사랑스런 아이라고 느끼게 만들 수 있는 정직하고 따뜻한 부모가 필요하다. 시골이라면 일찍 이성 교제에 끌리는 주변 분위기가 덜할 것이고, 성적 성숙기인 사춘기에 진입하기 전에 육체적 사랑과 애정에 대한 허기를 다소 진정시킬 수 있는 환경이 될 거라고 기대해 본다.

그런데 대기 중인 예비 부모 파일 중에서는 적절한 가정을 발견할 수가 없다. 제나 혹은 토미 중 한 명에게는 어울리는 부모가 있긴 하지만 두 명 모두의 욕구를 채워 줄 수 있는 가족은 아직 안 보인다.

그녀는 두 아이를 분리해서 배치할 생각을 하지 않는다. 설령 따로 배치하는 것이 더 쉽게 가정을 찾을 수 있긴 해도 생각조차 않는다. 애착 관련 문헌에 따르면 부모 없이 지낸 많은 아이들의 경우, 한 명이 다른 한 명의 부모가 되어 책임감을 흉내 내면서 하부 가족체계를 형성한다고 한다. 그 결과 형제자매 관계는 그들을 낳은 부모와의 관계보다 훨씬 더 끈끈할 수 있다. 이 관계는 위탁가정으로 보내질 때 더욱 굳건해진다. 새 환경으로 인해 압도되는 낯섦을 없애기 위해 서로에게 붙어 있으려는 경향이 있다. 우리는 어떤 새로운 그룹이나 환경 안으로 들어갈 때 누군가와 함께 하는 것이 혼자 하는 것보다 훨씬 안전하고 편하다는 걸 경험한다. 비록 매우 어린 형제자매일지라도 긴장이 팽배한 환경 속에서 한 명의 불안을 줄이는 데 도움이 된다(Rutter, 1972).

형제자매와 분리된 아이는 비록 사랑하게 될 새로운 형제자매가 생겼다 하더라도 상실의 느낌을 결코 완전히 해소시킬 수 없다. 성인 입양인들은 낳은 부모를 찾기보다 기억에 남아 있는 형제자매의 흔적을 더 많이 추적하는 경향이 있는 것 같다. 개인의 역사 속에서 형제자매에 대한 상실감은 너무도 큰 공백으로 남는다. 아주 어릴 적에 떨어진 경우에는 서로 연락할 필요가 없을지도 모른다. 형제자매에 대한 기억이 희미하고 어디에 살고 있는지 혹은 무사히 잘 지내고 있는 걸 아는 것만으로도 충분할 수 있다. 그러나 제나와 토미처럼 관계가 진행 중인 경우는 서로를 잃지 않도록 주의해야 한다. 형제자매를 분리시키는 복지사는 헤어짐에서 오는 손실이 이득보다 더 큼을 분명히 알아야 한다.

가끔 형제자매 사이의 질투와 경쟁이 너무 심해서 서로 떼어서 배치함이 나아 보일 때도 있다. 그렇다고는 하나 만약에 애정과 관심이 많고 안전하고 영구적인 가정으로 함께 들어가게 된다면, 그러한 질투는 줄어들 것이고 진정한 사랑의 유대 관계가 이루어질 수 있다. 입양 담당 직원은 형제자매 각각의 욕구가 엄청나게 커서 어떤 가족도 그것을 채워줄 수 없을 거란 걱정을 한다. 만약 제나와 토미가 그런 경우라면 입양하는 가족을 지원하고 책임을 다할 수 있도록 도울 방법을 모색해야 한다. 가사 도우미를 고용하거나 보조금을 제공할 수 있다. 또 입양 절차가 진행되는 과정에서 욕구가 더 큰 아이를 먼저 배치하여 치료를 시작한 후에 나머지 아이도 받아들일 것인지에 대한 여부를 가족에게 물을 수 있다. 이 방법은 보통 효과가 있는데, 뒤에 입양되는 아이가 버림받은 느낌이 들지 않도록 주의해야 한다. 기존의 형제자매 모두가 뒤에 입양되는 아이를 방문하거나 충분한 지원을 해 줄 수 있어야 한다. 이런 식의 입양 배치는 중간 과정에서 문제 해결과 관계 맺기를 할 수 있는 기회가 부모에게 주어진다. 더 흥미로운 것은 뒤에 온 아이가 가족으로 오면 앞에 온 아이의 입지를 뺏을 거라고 보통 걱정을 하는데, 앞에 온 아이는 오히려 헤어져 있던 동안의 긴장감을 풀고 위로를 받을 수 있다. 뒤에 온 아이가 도착한 후 처음 얼마간은 비록 혼란할 수 있겠지만, 그런 혼란은 전혀 관계가 없는 새로운 아이가 가족으로 올 때 혹은 새로운 아기가 가족 안에서 태어날 때와 비교하면 훨씬 짧게 지속된다.

아이들의 나이 차이가 커서 혹은 특별한 집단의 아이 모두를 입양하려는 가족을 찾을 수 없을 것이라는 걱정 때문에 형제자매들은 자주 헤어지게 된다. 가능한 한 이런 헤어짐은 발생하지 말아야 한다. 정말 불가피하게 헤어져야 할 이유가 있다면 큰아이를 작은아이 배치 계획 과정에 참여시키는 편이 낫다. 그렇게 하면 가족을 헤어지게 만드는 외부의 강요에 대한 원망이 덜할지도 모른다. 형제나 자매를 잃어서 갖게 되는 슬픈 상실감은 도움이 필요하다. 아이 각각은 상대 형제자매가 자신에게 가장 유익한 삶을 누릴 권리가 있다는 점을 이해할 수 있어야 한다. 형제자매끼리 헤어질 때 인사할 기회는 분명히 주어져야 한다. 만약에 형제자매가 각각 다른 가정에 입양되기로 결정된다면 사회적, 교육적, 문화적 배경이 비슷한 가정인 것이 좋다. 그렇게 되면 계속해서 서로 연락을 취하고 비슷한 돌봄을 받기가 쉽기 때문이다.

만약 헤어질 수밖에 없다고 판단되어 한 명만 입양 배치 결정이 이루어질 때는 아이가 갖게 될 죄책감과 미움으로부터 보호되어야 한다. 한 명은 '착하다', 다른 한 명은 '나쁘다'란 감정이 강하게 들지 않도록 둘을 보호하기 위한 어떤 조치를 취해야 한다. 형제간의 경쟁심이란 매우 밀접하게 애착이 되어 있는 사이라고 하더라도 상대가 죽었으면 좋겠다는 마음까지 가질 수 있기 때문에, 입양 배치 후에도 다른 한 명이 여전히 살고 있다는 확신을 줄 수 있어야 한다. 주소는 안전하게 보관되고 사진은 교환되어야 한다. 그렇게 죽음이나 사라짐으로 영원히 형제를 잃는 두려움을 최소화할 수 있다.

동시에 복지사와 부모는 첫 가족과 연락을 하고 싶은 아이의 때와 방법을 존중할 수 있어야 한다. 너무 오랫동안 헤어져 있었다고 하더라도 생물학적 관계는 마음에 남아 있을 것이다. 왜냐하면 어른들은 '혈연' 형제자매들에 대한 진한 느낌은 '반드시' 가지고 있어야 하고 아이의 의사와는 상관없이 그런 접촉은 '반드시' 지속시켜 줘야 한다고 결정하기 때문이다.

가드너 씨는 제나와 토미에게 적절한 가족을 찾아내기 위해서는 시간이 좀 걸릴 수 있다고 말해 준다. 아이들은 부모가 빨리 나타나리라고 기대하고 있다가 그렇지 못해서 꿈이 깨지거나 화가 나기도 한다. 어떤 경우는 너무 오래 기다리게 해서 입양 배치를 실행하기에 너무 늦어 버린 감이 들기도 한다. 새로운 가족에 대한 기대가 다 사라져 버린다. 아이의 감정은 식어 버렸고 갈망은 무의식 속으로 다시 잠식된다. 그리고는 단단한 자기 보호용 껍질을 만들어 낸다. 그러나 만약 아이에게 지연되는 이유를 이해시킨다면 그 정도로 자신을 완전히 닫아 버리진 않을 것이다. 아이를 원하는 사람들은 많지만 그 사람들을 찾아내는 데는 시간이 오래 걸릴 수 있다는 걸 알게 한다면, 아이는 자신이 가치 없고, 미운 아이라는 느낌을 갖지 않아도 될 것이다(Rowe, 1966).

가드너 씨는 제나와 토미에게 앞으로 만나 볼 첫 번째, 두 번째, 세 번째 가족들이 꼭 맞지 않을 수 있다는 것을 반드시 설명해 주어야 한다. 계속 아이들은 자신의 의견들을 표현할 수 있겠지만 결정은 그녀가 할 것이다. 이렇게 가족 선택의 최종 결정에 대한 책임을 복지사가 맡는다면, 흔히 가능성 있었던 예비 부모와의 만남이 잘 진행되지 않는 상황이 발생했을 때 아이들이 대처할 수 있도록 돕게 된다.

결국 가족을 찾질 못하고 가드너 씨는 어쩔 수 없이 제나와 토미를 주 입양정보교환소에다 등록을 한다. 대기 부모들이 더 많이 모여 있는 곳이라 아마 찾을 수 있을 거라고 기대한다. 교환소로부터 몇 사람을 소개받았다. 그중 가장 관심이 가는 사람이 바로 앨런 가족이었다. 그녀는 제나와 토미의 입양 여부를 타진해 보려고 앨런 부부를 담당하고 있는 복지사에게 편지를 쓴다.

곧 봅과 린다 앨런은 복지사로부터 전화를 받는다. 린다는 외출 중이다. 이웃집에서 놀러 왔던 아이를 데려다주려고 방금 나갔다. 봅은 내년 파종을 위해 씨앗 목록, 금액, 규격에 온통 신경을 쏟으면서 서재의 작은 책상 앞에 앉아 있다. 전화벨이 울리는 소리에 의자 뒤로 몸을 편다. 관심은 여전히 눈앞의 종이에 쏠려 있다. 봄 파종 계획으로 머릿속이 꽉 차 있는데 복지사의 목소리에 정신이 퍼뜩 든다.

"무슨 일이시죠?" 알고 싶다. 복지사는 앨런 부부의 의견이 필요한 상황이 왔다고 조금 주저하듯 설명한다. 입양정보교환소로부터 입양 배치가 가능한 아이를 소개받았다. 그런데 아이가 둘인데 당신들이 그 두 아이 입양을 원할까요? 봅은 종이를 집어 들고 묻는다. 아이들의 이름, 나이, 현재 상황, 성격에 대해 복지사가 말해 주는 대로 몇 가지를 메모한다. 그의 뇌리에는 계속 '두 명'이라는 단어가 맴돌고 있다. 아내는 볼 일이 있어 외출 중이라고 말했다. 아내와 의논하고 즉시 기관으로 전화 드리겠다고 말했다.

'두 명….' 봅은 일어서서 뒤쪽 문과 앞쪽 창문 사이를 왔다 갔다 하고 있다. 아내가 빨리 오지 않아 마음이 급하다. '두 명….' 정말 좋을 것 같다. 줄리보다 한 살 어린 여자애와 마크보다 한 살 어린 남자애, 정말 딱 잘 어울린다. 그런데 '우리가 할 수 있을까?' '도대체 어떻게 먹여 살리려고 이러는 거지?' '정말로 우리가 그 많은 아이들을 잘 키울 수 있을까?' 흥분되기도 하고 조바심도 난다. 린다는 어디 있는 거야? 도대체 왜 이렇게 오래 걸리는 거지?

봅은 차를 끓이면서 바쁘게 움직여 본다. 마침내 집 마당으로 차가 들어오고 마크와 줄리가 저녁 일을 시작하려고 헛간으로 곧장 달려가는 소리가 들린다. 아내가 뒤쪽 문을 지나 거실 안으로 들어온다. 머리 위의 커다란 눈송이를 털어 내면서 남편 얼굴을 보자, "당신 지금 뭐하고 있어요? 무슨 일이 있는 거예요?"

봅은 김이 모락거리는 머그잔을 양손에 들고 부엌 출입문 앞에 서 있다. 잔 하나를 아내에게 건네주면서 말하기를 "자, 이게 필요할 거야. 입양기관에서 전화가 왔어. 아이를 소개를 해 줄 수 있다고 하더군. 두 명을 입양하는 거 당신 생각은 어때?"

"둘? 어머나, 세상에!" 린다는 숨을 깊이 들이쉰다. 가슴이 쿵쿵 뛴다. "어떤 애들인데요?" 봅은 메모한 것을 보여 준다. 아내는 남편 설명에 집중한다. 자꾸 자꾸 듣고 싶은 듯 연신 끄덕이며 남편의 말을 재촉한다. 그러면서도 감정을 조절하고 이성적인 결정을 해 보려고 애를 쓴다. 과연 감당할 수 있을까? 애들을 모두 어디에다 재워야 하지? 음… 네 명을 잘 다룰 수 있으려면 공평한 관심이 중요하겠지…. 돌볼 수 있는 시간이 가능하기는 할까?

봅과 린다는 고요하게 내려앉은 늦은 밤까지 제나와 토미에 대한 느낌을 나누고 있다. 흥분과 조심스러움이 교차한다. 마음은 바로 달려가고 싶지만 두 명의 나이 든 큰아이와 적응이 과연 가능하기는 한 걸까? 스스로에게 물어본다.

마크와 줄리에게도 의견을 물어본다. 새 남동생과 여동생이 생긴다는 건 너무 흥분된다. 아이들이 이렇게 열광을 하니 부모도 부풀어 오는 자신의 기대대로 실행하기가 쉬워진다. 다음 날 아침 네 명의 앨런 가족은 모두 부엌에 모여 앉았다. 엄마는 복지사에게 전화를 건다. 제나와 토미에 대해 좀 더 알아보고 싶다고 말하자 복지사는 만날 시간을 정한다. 그러면서 최종적인 결정을 당장 내릴 필요는 없다고 재차 강조한다. 서로에 대해 알아보려고 같이 만난다고 하더라도, 또 가족이 아이들을 만난 후라도, 심지어 방문이 시작된 이후라도 입양절차는 지연되거나 혹은 중단될 수 있다. 복지사는 앨런 가족이 아직은 조금 걱정되고 막연하게 느껴질 터인데 그것은 지극히 정상이라고 안심시켜 준다. 한 명을 기대했을 거라 지금 마음이 불편할 수 있을 거라고 말해 준다.

그런 후 세 번의 주말을 보내고 여행을 준비한다. 수요일 아침, 앨런 부부는 시내에서 가드너 씨와 두 아이를 만나기 위해 두 시간의 여행을 떠난다. 뜨거운 차를 넣은 보온병과 주스, 그리고 약간의 과일과 샌드위치를 점심 식사용으로 차에 실었다. 린다는 위탁집의 위치를 손으로 그려 표시한 지도와 기관으로부터 받은 제나와 토미의 사진을 들고 있다. 운전을 하는 동안 약간의 대화를 할 뿐 두 사람은 각자의 생각에 빠져 있다.

위탁집에 점점 가까워지자 긴장되고 흥분된다. 방향을 확인하기 위해 주유소에 잠시 멈춘다. 전해 받았던 주소지를 유의해 보면서 평화스러운 주택가의 3차선 도로를 돌아 내려간다. 차에서 내려 보도블록 위로 올라서고, 둘은 손을 꼭 잡고 현관 계단으로 올라선다. 봅이 초인종을 누르려고 손을 올리자 갑자기 문이 열리고 가드너 씨가 밖으로 나온다. 자신을 소개하고 들어오라고 청한다. 봅과 린다는 위탁모와 악수를 한다. 그러면서 그들 주변에서 뛰고 있는 예쁜 금발의 두 아이에게 관심이 쏠리고 있다. '정말 끌리는 애들이네….' 린다는 생각한다. '봅이 아빠라고 말해도 될 만큼 봅을 닮았어….' 봅에게 드는 첫 생각은 '우리가 왜 그렇게 소심했지?', '이 애들은 머리가 둘 달린 괴물이 아니라 줄리와 마크처럼 애일 뿐인데….'

앨런 부부, 두 아이, 위탁모 사이에 편안한 대화가 오간다. 봅과 린다는 집, 농장, 마크, 줄리 사진을 몇 장 더 가져왔고 가드너 씨에게 제나와 토미 앨범에다 더 넣어 달라고 내민다. 둘은 커다란 소파 한가운데 앉고 흥분된 두 아이는 그 양쪽에 자리를 잡는다. 제나는 질문을 쏟아붓는다. 봅 옆에서 무릎을 꿇어 어깨 너머로 사진들을 가리킨다. 그러다가 린다 앞으로 춤을 추며 갔다가 곧 다시 봅 옆으로 돌아가 앉는다. 토미는 린다가 팔로 감싸 바짝 끌어당겨 앉혔더니 그대로 얌전히 앉아 있다. 가드너 씨가 제나에게 생활 기록지를 꺼내오도록 시킨다. 애들의 그림과 모아두었던 자료들을 살펴보면서 잠시 시간을 보낸다.

실제로 입양 결정은 앨런 부부에게 달려 있기 때문에 가드너 씨는 부부의 표정을 살핀다. 제나는 자기가 받아들여져서 함께 가기를 너무도 갈망하고 있기 때문에 어떤 부모에게든 열중할 것이다. 토미는 늘 그렇듯 제나가 하자는 대로 따라 할 것이다. 만약 앨런 부부가 이 애들을 원하기만 하면 입양은 순조롭게 진행될 것이다. 제나와 토미가 다른 아이들이 없는 분위기에서 예비 부모와 첫 만남을 가지게 되어 다행이다. 일이 자연스럽게 진행되고 있는 듯하여 가드너 씨는 오후에는 앨런 부부가 아이들을 데리고 외출하도록 권해 본다.

첫 만남이 이루어질 때는 예비 부모와 입양될 아이만 있는 편이 좋다. 일대일 관계에서 새 아이가 경쟁심을 갖지 않고 안심할 수 있기 때문이다. 그런 후 가족원 모두가 한꺼번에 만날 수 있는 날을 따로 갖도록 한다. 새 아이는 어른들에게 위협받는 기분이 들 수 있어서 다른 애들과 같이 있으면 어른들의 집중을 흩뜨리게 만들 수 있다. 아이는 그 부모(될 사람)가 다른 애를 더 좋아할 것 같은 두려움을 가질 수 있다. 그래서 가족원 전체가 함께 시간을 보내면서 그렇지 않다는 걸 알게 해 줄 필요가 있다. 때로는 기존 아이가 새로 올 아이에 대한 두려움을 갖기도 한다. 그래서 기존 아이가 새 아이를 만날 수 있는 기회를 미루지 말아야 한다. 만약 가능하다면 새 아이를 만나기 위해 먼저 입양할 부모만 위탁집으로 오고, 그런 다음 새집으로 가서 모두가 함께 시간을 보내는 것이 가장 좋다.

앨런 부부가 제나와 토미를 위탁집으로 다시 데려다 줄 즈음이 되자 입양이 결정될 것 같은 조짐이 보였다. 부부의 긴장은 풀리고 아이들과 즐거워하고 있었다. 그들은 그다음 단계는 무엇을 해야 하는지를 알고 싶다. 가드너 씨는 아이들에게 주말에 농장을 방문하고 싶은지를 묻는다. 제나는 조바심이 난다. 왜 기다려야만 하지? 왜 지금 당장 이 엄마, 아빠와 함께 새 집으로 갈 수 없는 거지?

흔히 제나와 같은 아이는 작별 인사도 없이 옛 환경을 떠나 새로운 환경을 향해 맹목적으로 달려가려고 한다. 기다리는 것이 쉽지는 않겠지만 새집에 가는 것도 걱정하지 않아도 된다고 제나에게 말해 줄 필요가 있다. 아이에게는 주어진 시간은 시계로 계산되는 것이 아니라 조급함과 좌절감에 의해서 세어진다(Goldstein, Freud&Solnit, 1973).

중요한 것은 제나가 상실감을 억압하거나 부정하지 않고, 과도한 확신이나 어른들의 지적인 설명으로 인해 생기는 감정들로부터 보호되어야 한다는 점이다. 제나와 토미의 위탁 부모는 이번 입양 배치를 도울 것이다. 그들은 방문의 목적을 잘 이해하고 있고, 아이들이 새로운 가정으로 잘 옮겨가는 것을 보고 싶다. 그들은 아이들을 떠나보낼 준비가 되어 있고, 앨런 부부가 '엄마', '아빠'가 될 것이며 자신들은 '옛날 엄마'와 '옛날 아빠'가 되거나 또는 심지어 '아줌마'와 '아저씨'로 바뀌어 불릴 준비가 되어 있다.

종종 위탁 부모나 아이는 임박하고 있는 이별의 준비가 쉽지 않다는 걸 느낀다. 아이는 위탁 부모가 자기를 위해 모든 것을 해 줬기 때문에 새 부모와 함께 떠나길 원하는 자신이 죄책감을 느낄 수 있다. 위탁 부모는 감정적으로 거리두기를 하면서 아이와의 이별을 준비한다. 작은 아이는 이런 과정이 자기가 위탁 부모의 사랑을 받을 수 없어서 옮기게 되는 거라고 생각할 수 있다. 이런 상황에서 아이가 느낄 수 있는 분노, 거부감, 배신감, 죄책감과 같은 감정을 해결할 수 있도록 복지사는 도와야 한다.

가드너 씨와 위탁 부모가 감정을 속이지 않고 있는 그대로 표현하도록 제나와 토미를 격려하듯이, 앨런 부부도 아이들이 새집을 방문할 때 뒤섞인 감정을 표현할 수 있도록 분위기 조성에 노력할 것이다. 가족이 바뀌면 얼마나 힘든지, 자기들과 함께 살게 된다면 기분이 복잡할 수 있겠지만 다 괜찮아진다고 제나와 토미에게 말해 줄 수 있다.

집으로 돌아오면서 앨런 부부는 줄리와 마크를 데리러 옆집에 들른다. 아빠가 자동차 엔진을 끄기도 전에 아이들은 뒷문에서 달려 나온다. 소식이 궁금해서 안달이 났다. "애들이 어떻게 생겼어요? 엄마, 아빠는 뭐 하셨어요? 걔들이 무슨 말을 했어요? 그 애들을 데리러 갈 건가요?" 주말에 이 집으로 올 거라는 확인이 되자 비로소 줄리와 토미는 떨어진다. 잔디밭을 둥그렇게 가로 달리며 소리친다. "야호! 애들이 올 거래! 애들이 온대!" 옆집 개도 두 아이를 따라 뛰며 짖어댄다. 옆집 아줌마는 머리를 흔들며 말한다. "너희 둘이 지금 뭘 하고 있는지를 알길 바란다."

그다음 이틀 동안 주말 방문을 위한 마지막 준비를 한다. 밥은 모든 일을 다 제쳐 두고 아들의 이층 침대를 만들고 칠을 하고 있다. 제나는 줄리와 함께 한 방을 쓸 것이다. 아빠가 목공 일을 하는 동안 아이 둘은 옆에서 레버와 못을 건네주고 있다. 아빠는 새 형제자매와 조금 더 편안하게 할 수 있는 방법을 가르친다. 우리 가족의 규칙이 새 아이들에게는 분명 익숙하지 못할 것이다. 그래서 제나와 토미가 우리 집에서 하고 있는 것들을 이해할 수 있을 때까지는 조금 참아야 한다. 우리 가족 각각은 가족 만들기 작업에 같이 참여하는 거란다.

린다의 친구들은 아이들로부터 소식을 전해 듣고 전화 공세를 퍼붓는다. 어떤 이들은 축하하기 위한 전화였고, 어떤 이들은 미친 짓을 한다고 경고를 했다. 그러나 많은 사람들이 여분의 옷이나 작아진 자전거를 주겠다고 한다. 토요일 아침이 되자 식탁 주위에 두 개의 새 의자가 등장했다. 여분의 침대도 기다리고 있으니 준비는 끝난 것 같다.

첫 번째 주말 방문은 아주 훌륭하게 진행되고 있다. 제나는 조금 놀란 듯한 반응을 보인다. 계속 움직이면서 쉬지 않고 떠들어 댄다. 토미는 만약 자기가 잘못을 했다거나 몸이 아프면 어떻게 되는지 큰소리로 물으면서 잠시 걱정스러운 표정을 짓는다. 그렇지만 실로 이 두 쌍의 아이는 정말 잘 어울려 보인다. 집 구경을 얼른 마치고 동물을 보러 헛간으로 달려간다. 제나는 모든 것에 감탄한다. "난 여기가 너무 좋아, 난 여기가 너무 좋아"를 연발한다. 네 아이들 모두 함께 잘 지낸다. 거의 싸우지 않았다. 저녁 식사 때, 마크와 토미는 헛간에서 동네 만들기에 정신이 팔려 있어서 두 번씩이나 불러야 했다. 줄리와 제나는 자신들의 진정한 행복을 위해서 서로 자매가 되어야 한다는 굳은 결심을 공표했다. 린다 앨런은 모든 일이 너무도 쉽게 보여서 놀란다. 왜 자기와 남편이 주저했었는지 이상할 정도이다.

이제는 단 두 명이 아니, 넷이나 되는 아이들에게 어떻게 저녁 식사를 주어야 할지 잠시 당혹스럽다. 고기를 잘라 줘야만 하는 작은 남자애 둘을 다루기가 얼마간은 쉽지 않을 것 같다. 그러다가 오늘 하루는 너무 흥분해서 피곤한 탓이라고 생각하고 만다.

일요일에도 역시 좋다. 새벽에 봅과 린다는 침대 위에서 서로 안고 누운 채 불어난 자식들이 함께 속삭이고 낄낄대는 소리를 듣고 있다. 봅이 말한다. "알다시피 말이야, 자식이 달랑 둘만 있는 것보다는 이편이 훨씬 더 재미있겠어." 대농장의 아침 식사를 마친 후, 아이들 모두는 헛간의 잡다한 일을 하러 가는 아빠를 도우려고 동행한다. 해야 할 일을 보여 주니 제나와 토미는 자발적으로 열심히 하기 시작한다. 우유 짜는 일이 아이들에게 인상적이었다. 차례로 양동이에다 우유를 짜 본다.

오후가 되어 방문이 끝날 즈음이 되자 봅과 린다는 애들과 헤어지고 싶지 않다. 가족이 함께 어울리기 시작하는데 이렇게 헤어져야 하다니 마음이 어렵다. 심지어 제나는 위탁집으로 돌아가는 차 안에서 우울해 보인다. 위탁 부모는 앨런 부부와 아이들을 따뜻하게 맞이한다. 네 명의 아이는 주말에 일어났던 모든 걸 다 말하려고 흥분해서 떠든다. 너무도 빨리 앨런 부부가 떠날 시간이 다가왔다. 제나와 토미는 그들과 함께 차가 있는 쪽으로 걸어간다. 입맞춤과 포옹으로 작별 인사를 한다. 그리고 '다음'을 위한 계획을 세운다. "금요일에 만나자"라고 일제히 합창을 하면서 앨런 부부는 차도 밖으로 후진하여 집으로 향해 핸들을 돌린다.

그다음 주말은 훨씬 더 순조롭게 진행된다. 제나와 토미는 가족의 일상에 익숙해지고 있다. 봅과 린다는 자신들이 이 두 애를 원하고 있다는 생각에 전혀 의심의 여지가 없다. 사람들이 모두 동의할 거라고 생각한다. 앨런 부부, 제나와 토미, 위탁 부모가 모두 함께 이야기해 본 후에 가드너 씨는 동의한다. 그녀의 바람대로 더 이상 방문하기 계획은 필요가 없다. 다음 주말에 제나와 토미는 위탁 부모를 떠나 농장으로 옮기기로 결정된다.

▌허니문

그다음 몇 주는 시간이 쏜살같이 흘렀다. 모든 것이 너무 좋아 꿈만 같았다. 마치 제나와 토미는 오래 전부터 앨런 가족으로 살아온 것처럼 느껴진다. 제나는 가족에게 큰 도움이 된다. 나이에 비해 성숙하고 놀라울 정도로 능력이 크다. 아침마다 깨우지 않아도 일어나서 재빨리 옷을 갈아입고, 침대를 정리한 후, 토미의 등교 준비를 돕는다. 엄마처럼 방을 청소한다. 항상 자기가 도울 일이 있는지 엄마에게 묻는다. 린다는 줄리가 제나의 습관을 조금 배웠으면 좋겠다고 생각한다. 토미는 무릎에 앉힐 수 있을 만큼 몸집이 작고 또 정이 많다. 잘도 안기고 귀엽다. 마크는 그런 '애기 짓'을 하기엔 너무 커 버렸다. 린다는 왜 이런 아이를 가족으로 삼으려고 하는 사람들이 많지 않은지 이해가 안 된다.

그러다 봅과 린다는 점점 새 아이들과 이처럼 완벽하게만 진행되고 있지 않다는 걸 깨닫기 시작한다. 제나는 한계에 이른 듯했다. 항상 활동적이고 수다스러운 아이가 이제는 거의 정신없이 자기를 위해 분주하다. 다른 애들보다 더 뛰어나 보이려고 무리하고 있다. 토미는 하루 종일 피곤하게 만든다. 아무것도 아닌 것에 울고, 자기 일을 누나가 하도록 하게 만들고 점점 더 의존적이 된다. 밤에는 잠을 깊이 들지 못하고 자주 악몽을 꾸고 돌아다닌다.

아이에 따라 가족 구성원이 되어 가는 방법은 각각 다르다. 어떤 아이는 마치 어떤 행동을 해서 기대를 만족시킬 수 있는지 혹은 거부당하는지를 알아보려고 결심이나 한 것처럼 처음부터 한계를 시험하려고 한다. 어떤 아이는 움츠러든다. 어떤 아이는 퇴행하고 투덜대면서, 매사를 다른 아이가 돕도록 유도하기도 한다. 또 어떤 아이는 명랑하고 즐겁게, 더욱 더 열심히 노력하고, 나이에 걸맞지 않게 도가 지나치도록 책임감 있는 어른스러운 행동을 하면서 긴장감을 드러내지 않는다. 사랑했던 사람을 잃은 슬픔으로 무뎌졌기 때문인지, 새로운 가정에서 거절당할 것 같은 두려움 때문인지, 자신이 쌓아 온 분노로 놀라서인지 혹은 근원이 나빠서 옮겨졌다고 확신을 갖든지 간에 그 아이는 처음에는 새 부모를 기쁘게 만들려고 지나치게 보상적인 행동을 하면서 새 가족 안에서 안전한 위치를 확보하려고 노력한다.

입양하기를 잘했다는 증거를 간절히 보길 원하거나, 자기 가족의 '정의로움'을 보여 주기 원하는 부모는 아이의 그런 행동을 고무시키게 된다.

이런 식으로 시작된 '허니문^{Honeymoon}' 기간은 아이나 부모 어느 쪽이든

지속적으로 유지해 갈 수 없다. 결국 피곤해진다. 아이는 늘 하던 대로의 적응 행동으로 되돌아갈 것이고 새 부모는 드러나기 시작하는 문제행동들을 간과할 수 없게 된다. 허니문의 달콤함은 사라진다. 집에서는 아이가 '바른' 행실을 한다고 해도 학교에서는 더 힘들어진다. 허니문에서 갑자기 벗어나 버리는 아이도 흔하게 볼 수 있다. 그리고는 갖은 힘을 다해 새 가족 내의 한계를 시험한다. 자기가 쫓겨날지 않을지를 알아보기 위해, 그리고 자기가 최선을 다했을 때처럼 최악의 짓을 했을 때에도 새 부모가 자기를 기꺼이 수용하는지를 알아보기로 결심이나 한 것처럼 보인다. 그럴 적에는 아이는 착할 때, 순종할 때, 사랑스러울 때에 사랑받을 수 있다는 사실에는 전혀 관심이 없어 보인다.

이런 갑작스러운 변화로 인해 많은 새 부모들은 성격과 행동이 거칠어지고, 자신이 아이를 상처 입히고 실망시켰다고 걱정한다. 이 단계에 있는 아이는 부모가 어떻게 하든지 상관없이 더 나빠지는 경우가 흔히 있다. 부모는 자신의 선한 본능에 따라 반응하기가 쉽지 않다. 이런 시험기가 지속된다면 부모는 처음에 그렇게 기쁨을 주었던 바로 그 아이에게 마음이 식어 가고 있음을 느낀다. 희망으로 가슴 부풀게 했던 그 아이가 이제는 터무니없이 실망만 주는 아주 낯선 이방인처럼 보인다. 오히려 부모 자신이 공평치 않게 이용당하고 있는 것처럼 느껴질 수 있으므로, 아이가 고의로 그런 행동을 하는 것이 아니란 걸 알 필요가 있다. 어떤 부모는 첫눈에 얼핏 봐도 호소력 있고 끌리는 어떤 것이 아이에게 잠재되어 있다는 걸 알아차리고 안심하기도 한다. 아이가 더 나은 행동을 할 수 있다는 것을 알고 그런 시험^{Testing}에 그다지 위협받지 않는다. 시험행동은 부분적으로나마 아이의 부모를 향한 믿음이 표출된 것이고, 부모와 싸워서 이기려고 애쓰는 것이 느슨해진 것이니, 허니문이 끝날 때 오히려 안도하는 부모들도 있다.

▌ 나이 공백과 퇴행

앨런 부부의 문제는 토미를 도우려고 애쓰면서 드러나기 시작했다. 아이와 얼마 안 있어 봐도 알 수 있는 것이 일곱 살인 아이가 투덜대고, 매달리고, 툭 하면 우는 것이 줄리와 마크가 세 살이었을 때와 비슷한 수준이란 것이다. 직감적으로 토미는 나이보다 더 어리게 다루어야 할 필요가 있음을 알 수 있다. 달래주고, 안아 주고, 같이 놀아 주면서 시간을 보낸다. 그런데 토미가 이런 관심을 받고 있으면 제나는 짜증이 난다. 그 주위를 맴돌면서, 심하게 불안하고 더 변덕스러워진다. 누나의 지나치고 바보스런 짓에 혼란한 토미는 너무 긴장이 되어 결국 엄마, 아빠가 주려고 애쓰는 어떠한 평온도 받아들이기가 어렵다. 하지만 제나 없이 토미 혼자하고만의 시간을 가질 기회를 도통 잡질 못하겠다. 봅과 린다는 이런 상황을 해결하려고 특단의 조처를 시도한다. 허니문은 삐걱거리며 멈추게 되고 가족 만들기의 실제 작업이 시작된다.

어느 날 토미는 형이 친구와 놀러 나가 버렸기 때문에 혼자 남겨진 채, 부엌 주변을 우울하게 어슬렁거리고 있었다. 엄마는 하던 수선 일을 제쳐두고 토미를 무릎으로 끌어당기며 부엌의 커다란 흔들의자에 앉는다. 어깨에 닿아 있는 토미의 부드럽고 하얀 머리칼을 쓰다듬으면서 엄마는 토미의 목과 귀에 얼굴을 대고 흥얼흥얼 노래를 부르자 아이는 곧 기분이 좋아져서 깔깔 거리고 웃는다. 조용하고, 행복한 순간이었다.

쾅! 뒷문이 세게 부딪히며 열린다. "야, 토미야, 이리 와! 우리 놀이에 네가 있어야 해. 너 거기서 뭐하고 있는 거야?" 제나가 부엌으로 들이닥친다. "야, 빨리, 그런 구역질 나는 아기 짓은 그만둬! 가자." 토미는 머리를 흔들면서 얼굴을 엄마 어깨에 파묻는다. 제나는 쉽사리 포기하지 않는다. 토미의 허리띠를 잡아당긴다. "어서, 빨리 가자니까!"

"제나야, 토미를 그냥 둬라. 우린 지금 바빠." 엄마가 저지하려고 한다. "애기래요~ 애기래요~ 애기래요~" 제나는 놀려댄다. "그만두지 못해!" 엄마는 화가 나서 소리친다. 제나는 쿵쿵 소리를 내며 뒷문 밖 아래로 내려가면서 투덜거린다. "나는 아무 짓도 안 했어. 왜 모두들 나만 가지고 야단이야! 불공평해!" 엄마는 화가 난다. 그러나 지난 경험을 통해 제나가 이런 생각의 굴레로 말려들어 가 버리면 대화가 불가능하다는 것을 알고 있다. 차라리 한 번 더 토미를 얼러 본다. 사랑스럽고, 엄마 같고, 책임감 강한 아이였던 제나에게 무슨 일이 일어났던 걸까?

제나의 반응은 틀림없이 토미와 자신과의 관계 때문이다. 제나는 그 관계를 결코 다른 사람과 공유하려 하지 않는다. 그러나 아마도 그보다 다른 더 큰 이유가 있을지도 모른다. 제나와 같이 어른스러운 행동으로 칭찬을 받아 왔던 아이들은 어린 시절 양육을 박탈당한 경우가 많다. 제나와 토미 두 아이는 매우 비슷한 '교정적 체험Corrective experience'이 필요하다.

Jane Rowe에게서 앤과 엘리스라는 두 아이와 경험한 유사한 상황을 들어 본다.

두 아이는 안아 주고, 달래 주고, 귀여워해 줘야 했었다. 앤은 (토미처럼) 그것을 요구했다. 왜냐하면 앤은 사랑의 욕구가 충족되어 자신이 사랑스런 존재로 느낄 수 있게 하는 지속적이고 충분한 돌봄을 전혀 받아 보지 못했기 때문이다. 물론 앤이 나아지도록 격려되어야 할 때는 오겠지만 아이는 실컷 의존해 보지 않고서는, 독립적이고자 하는 희망조차 가질 수 없었다. 한편, 엘리스는 (제나처럼) 잘 적응하고 있고 아무런 문제가 없다고 생각하도록 만드는 유형의 아이다. 행동이 너무 반듯하고 칭찬받을 만해서 이면에 숨어 있는 부당함을 알아차리기가 어렵다. 엘리스와 같은 아이는 받았던 많은 상처로 인해 거의 대부분의 깊은 감정을 차단하는 벽을 만든다. 사랑은 위험하고 도움이 되지 않는다고 생각한다. 이 아이는 생애 첫 시간으로 되돌아가야만 하고 사람들과 관계하는 법을 다시 배워야 한다. 사실상 아기와 같이 되도록 도움을 받은 후에야 건강하게 성장해 갈 수 있다.

입양 부모는 이런 것들을 저절로 알 수 있다고 기대하면 안 된다. 그들은 아이의 위선적이고 조작된 행동 때문에 혼란스럽고 불행하다고 느끼기 전까지는 십중팔구 어린 자녀의 성장 과정을 기뻐할 것이다. 그러나 자신들이 내밀어 주는 애정은 의존성과 싸우고 있는 아이한테서 퇴짜 맞기가 일쑤다. 입양 부모는 반드시 아기가 되는 것이 나쁘지 않고, 안전하고, 믿어도 된다는 걸 아이가 알도록 해 줘야 한다(Rowe, 1966).

제나는 토미가 아기 짓을 하는 걸 보고 동생의 엄마가 되고자 했던 바람이 심히 좌절된다. 비록 겉으론 정반대 증상으로 나타난다 할지라도, 만약 제나도 토미와 똑같은 욕구를 갖고 있다는 걸 부모가 알아차리고, 그것을 채워 주려고 한다면 갑자기 한동안 제나는 유순해져서 아기처럼 심하게 애정을 갈구할지도 모른다(Redl&Wineman, 1952). 엄지손가락을 빨고, 혀 짧은 소리를 내고, 옷에다 싸서 더럽히고, 젖병을 가지고 유치한 행동으로 되돌아갈 수 있다. 나이보다 훨씬 더 어린 단계의 장난감을 갖고 놀고, 자기보다 더 어린애를 친구로 택할 수 있다.

이런 퇴보된 행동은 진보된 행동과 연결되어 서너 달 동안 하루 종일 보일 수 있다. 어떤 부분에서는 진보하고 어떤 부분에서는 퇴보한다. 그런 '나이 흔들기'는 입양된 큰아이들에게서 모두 나타난다. 아이는 단 하루 안에 두 살, 네 살, 일곱 살, 열 살로 행동할 수 있다. 자기의 처음으로 되돌아가서 해 보지 못했던 모든 단계를 새로운 가족과 같이 경험하면서 앞으로 나아가려고 하는 것 같다. 이때 아이는 한 살을 더 먹기 위해 꼬박 일 년이 필요하지는 않다. 단지 이 주일 만에 일곱 살도 될 수 있다. 예민한 부모는 아이가 보여 주고 있는 나이 수준에 따라 반응하게 된다. 이런 갑작스러운 변화에 반응하면서 심신이 피곤해짐을 느낄 수 있다. 그것은 마치 빙빙 돌아가고 있는 줄넘기 속으로 뛰어들어 가려고 발을 맞추는데 리듬이 고르지 않다는 걸 알아차리는 것과 같다. 아이의 나이 속도에 맞추고, 아이의 발달을 이해하려고 노력하는 부모, 그리고 아이의 미성숙을 독려하면서도 절대로 나아지지 않을 것이라고 두려워하지 않는 부모라면, 종국에는 나이 공백을 메꾸고 지금 나이에 어울리는 행동을 하고 있는 아이를 볼 수 있게 될 것이다.

제나는 다른 누군가가 동생을 아기 취급을 하고 있을 때, 귀찮은데도 불구하고 끊임없이 토미에게 부당한 감정을 부추기고 만족감을 못 갖게 하며, 누나만 의지하도록 만든다는 걸 새아빠와 엄마는 알고 있다. 예를 들어, 토미가 혼자서 또는 혼자 힘으로 무언가를 해 보라고 격려받을 경우, 제나는 못 견디고 그 일을 자기가 떠맡아 동생이 하는 노력을 심하게 혹평한다. 마크와 줄리도 곧 따라서 같은 행동을 한다. 이것은 토미를 위해 아주 나쁘다고 생각한다. 그렇지만 되돌리기란 쉽지 않은 패턴이다. 봅과 린다는 시간을 갖고 아이들의 문제를 해결할 수 있는 방안을 찾는 중이다. 누군가를 돕는다는 것이 항상 도움이 되는 건 아니다. 이런 간섭은 토미가 홀로서기를 배우지 못하게 한다는 걸 말해 준다. 다른 아이들이 토미의 의존성을 부추기는 상황을 예의 주시한다. 그리고 다음과 같이 말한다. "토미가 하도록 놔둬라. 안 도와줘도 돼. 토미는 할 수 있어. 다른 애들처럼 할 수 있어." 할 수 있다는 메시지를 보내고 스스로 시도할 수 있도록 적극적으로 격려한다. 아이의 마음이 억눌리거나 두려워할 때, 조금씩 이겨 낼 수 있는 어떤 행동을 부분적으로 세분화해서 다루어 주려고 한다.

▎ 상처, 병, 의사

보살피려는 욕구와 끝나지 않는 두려움이 제나에게는 질병과 상처에 대한 반응으로 나타난다. 자기 몸에 대해 지나치게 민감하다. 다칠 때마다 거의 광란 상태가 된다. 너무 활동적이라 자주 부딪치고 멍이 들고 상처가 난다.

봅과 린다는 장부를 맞추고 청구서 건을 처리하면서 오늘 오후를 보내고 있다. 겨우 따뜻한 차 한 잔의 휴식을 취하고 있는 중이었다. 갑자기 줄리가 집 안으로 뛰어들어 온다, 눈은 커다랗고 얼굴은 백지장처럼 질려 있다. "엄마, 아빠, 빨리 와보세요! 제나가 복숭아나무에서 떨어졌어요. 진짜로 다쳤어요!"

헛간 모퉁이를 돌아서니 괴로운 신음소리가 나는가 하더니 곧 날카로운 비명소리가 들린다. 제나의 몸이 땅에 구겨져서 팔꿈치를 꽉 움켜쥐고 흔들리고 있었다. 아빠도 엄마도 그 누구도 무슨 일이 일어났었고 어디가 어떻게 다쳤는지 알아들을 수가 없다. 줄리, 마크, 토미가 서로 한꺼번에 설명하려고 한다. 확실한 것은 제나가 이상하게 생긴 복숭아를 따라 나무가지 끝으로 기어 올라갔는데 가지가 통째로 부러져서 떨어졌다는 것이다. 아빠는 아이를 안고 집 안으로 데려간다. 아이들로부터 떨어뜨리면 진정될 것이고 그러면 얼마나 심한지를 알 수 있을 것 같았다. 울음소리가 잠잠해진다. 제나는 숨을 죽이고 긴장하고 있다. 그러나 몸 전체는 심하게 떨고 있다. 팔, 팔꿈치, 어깨 어디에도 손을 대지 못하게 한다.

삼십 분이 지나도 차도가 없자 린다는 제나를 자동차 앞 좌석에 앉히고 사십 분 거리의 병원 응급실로 달린다. 이런 식으로 병원에 가는 것이 처음이 아니다. 린다는 아주 걱정스럽다. 비싼 병원비, 예산를 초과하는 생활비, 그뿐만이 아니다. 아이는 의사한테 너무 겁을 먹어서 검사를 해야 할 때 다루기가 여간 힘이 드는 게 아니다. 아주 간단한 검진을 위해 가는 병원도 갈 때부터 심하게 고통스러워하고 공포에 떤다. 의사가 귀를 보려고 해도 얼마나 버티는지 모두를 당혹스럽게 만든다. 토미도 덜하지 않다. 의사에게 한 번 갔었는데 종일 울었다. 린다는 이전에 이 아이들에게 어떤 심각한 사고나 의료적 쇼크가 있었을 거란 생각을 해 본다.

나이가 들어 입양되면 제나와 토미처럼 의사를 무서워 할 뿐 아니라 실제적으로 상처나 질병에 대한 저항력이 매우 약한 아이들이 많다. 일부 이론가는 이런 종류의 두려움은 옛날 부모를 향한 용납되지 않는 분노에 대한 죄책감에서 기인된다고 말한다. 또 어떤 사람들은 불행한 원가족의 보호를 받지 못했다고 느끼는 아이의 감각 때문이라고 생각한다. 또 어떤 사람들은 분리가 아이의 신체 저항력을 약화시키고 거의 죽을 것만 같은 느낌을 갖게 한다고 한다. 옮겨진 아이들은 자신이 다칠 때 뿐만 아니라 다른 사람이 건강하지 못할 때도 화가 난다. 가족 중 누군가가 열이 난다고 하면, 자기가 어지럽고 열이 난다고 느낀다. 만약 어떤 사람이 다치면, 자기 몸을 샅샅이 뒤집어 살펴서 오래된 멍이나 베인 상처를 찾아낸다. TV에서나 대화 속에서 심각한 병이나 재앙을 접한다면 자신이 '신장 기능 고장' 혹은 '고혈압' 혹은 어떤 병이든 갖고 있다고 확신한다. 얼핏 보면 마치 경쟁적으로 주의와 관심을 독차지하려는 것처럼 보일 수 있다. 그러나 이런 과잉행동은 진짜 걱정을 한 결과로 나타나는 것이다. 건강 염려증을 감소시킬 수 있는 방법으로는 다음과 같은 것들이 있다.

1. 질병이 관심과 애정을 받는 수단이 되지 않도록 주의한다.
2. 신체적 불평을 세심하게 보살펴 준다.
3. 신체기능에 대해서 설명을 해 준다. 예를 들어 피는 상처를 깨끗이 하여 세균이 감염되지 않도록 하는 것이니 피가 나는 것은 나쁜 게 아니라고 설명해 준다.
4. 병이 났다고 해서 모두 위험한 게 아니다. 심장마비에 걸리거나, 팔이 부러지거나 하지 않는다고 분명하게 설명해 준다.

또 하나는 신체는 자체적으로 회복하는 기능이 있다는 것을 이해시킨다("지금은 다쳤지만, 곧 나을 거야"). 나이 든 여자아이가 혹은 남자아이 그리고 십 대 아이를 입양하는 부모는 월경 과정을 자세히 설명해 주고 그것은 병도 아니고 전염되는 것도 아님을 알려 준다. 그리고 상처가 나서 그런 것도 아니고 치명적인 것도 아니라는 걸 알게 해 줘야 한다.

정상적으로 잘 자라고 있으니 걱정하지 않도록 도와야 한다.

병원에서의 검사 결과, 제나의 어깨와 팔이 심하게 삔 것으로 나타났다. 제나는 병원을 나오면서 어깨에 멘 삼각 붕대를 자랑스럽게 보여 준다. 그리고 의사가 지시했던 날은 아랑곳없이 바로 다음 날 바로 붕대를 풀어 버린다.

▎ 공유하기

제나와 토미는 가벼운 신체적인 병에도 지나치게 민감하다. 이 아이들은 자신이 쫓겨났다는 느낌을 정말 참기 힘들어한다. 아무도 내 방에 들어오지 마. 내 식탁 의자에는 아무도 앉을 수 없어. 내 컵, 내 침대, 내 장난감을 만지면 안 돼. 아빠, 엄마 눈앞에서 펼쳐지고 있는 이 아이들의 이기심, 나눌 줄 모르는 무능력은 너무 걱정스럽다. 하지만 제나와 토미처럼 옮겨진 아이들에게는 가끔 가족 안에서 자기만이 가질 수 있는 공간이 필요하다. 자기만의 장소여야만 하고 누군가로부터 감시되거나 침범되어서는 안 되는 곳이어야 한다. 이 아이들은 자기가 소유한다는 느낌이 무엇인지를 알 필요가 있다. 사람 관계에서도 민감하게 소유욕을 나타낸다. 자기 친구는 다른 그 누구와도 놀지 않기를 바란다.

Virginia Satir는 다음과 같은 점이 중요하다고 알려 준다.

> 자신에게 소유된 물건을 관리할 수 있는 것, 그리고 자신의 물건을 다른 사람이 언제, 어떻게 사용할 것인가를 결정하는 것. 이런 것들은 아동이 다른 사람을 더 의지할 수 있다는 느낌을 갖게 한다. (중략) 종종

자기에 대한 가치를 물건을 사용하면서 느낄 수 있다. 나는 나 자신에게 관심 있다. 나는 내 물건에 관여하고 있다. 나는 너에게 관심 있다. 나는 너의 물건에 관심이 있다. (중략) 공유하기란 자기 소유물, 자기 시간, 자기 생각, 자기 공간을 다른 사람이 사용하도록 결정하는 것이다. 신뢰가 있는 경우에만 공유하기가 가능하다(Satir, 1972).

결국 소유에 대한 예민함도 진정되어야 할 것이다.

늦여름 어느 아침 린다는 더 이상 미룰 수 없어서 다락방으로 올라가 사람들이 줬던 애들 옷가지가 든 종이 박스와 가방을 끌어내어 정리하기 시작한다. 이전에는 다락방이 얼마나 좋은 공간이었는지 모른다. 행복한 날들의 추억거리로 가득한 곳이었다. 서까래에 매달아 말리는 허브는 달콤한 향기를 풍겼다. 그런데 오늘은 그 큰 방이 덥고 답답하게만 느껴진다. 보이는 것마다 제나와 토미가 집에 정착함으로 생긴 가방, 박스들이 급하게 아무렇게나 쌓여 있다. 모두 친절한 사람들이 준 것들이다. 마룻바닥 위에 넘쳐나는 옷가지들을 보고 있자니 마치 애들 네 명 모두가 학교에 입고 갈 옷 걱정은 더 이상 안 해도 될 것 같다. 그렇지만 해야 할 일은 엄청나다. 린다는 내버린 발판 위에 주저앉아 눈앞에 있는 종이 박스를 끌어당기면서 분류하기 시작한다.

잠시 후 남편이 시원한 사과 주스 한 잔 하려는지 묻는 소리가 들린다. "지금은 멈출 수 없어요. 주스를 갖고 위로 오는 건 어때요?" 밥은 조심조심 옷가지 더미를 지나 나란히 앉는다. 여름 벌레들이 윙윙대는 소리가 들린다. 시원한 주스를 마시고 있는데, 어떤 소리에 신경이 쏠린다. 처음에는 희미하게 들리다가 점점 커지고 있다. "넌 아웃이야." "나 아니야." "맞아." "절대로 아니야." "요 꼬맹아."

몸을 밀어 돌 처마에 가려진 창문으로 밖을 내다보니, 불끈 쥔 주먹을 옆구리에 대고 서로 맞대고 있는 두 아들의 모습이 흐릿하게 보인다. 갑자기 파란 빛이 번쩍하더니 제나가 토미 옆에 가 선다. "야! 토미를 그냥 놔둬, 사기꾼아!"라고 소리친다. "난 속이지 않았어. 토미가 아웃이야." 마크가 말한다. "아니야." "맞아." "아니라니까." 제나와 토미는 같은 편이 되어 큰소리로 방어하고 싸움은 점점 더 커지고 있다. "일러 줄 거야!" 하면서 집으로 뛰어들어 온다. 그리고 아빠, 엄마를 부른다. "우리 여기 있어. 내려갈게." 엄마는 황급히 답한다.

토미는 안정되고 능력이 생기면서 기본적인 행동 패턴이 변하고 있다. 자존감이 커져 가는 첫 증거로 고집이 나타났다. 엄마나 아빠가 "…하고 싶지 않아?"라고 물으면, "싫어요"라고 즉각 대답한다. 다른 아이들이 "안녕, 토미, …같이하자"라고 다가가려고 하면 "싫어!"라고 한다. "장난감 정리하고 잠잘 준비를 할 시간이다"라고 지시를 하면 토미는 너무 쉽게 "하기 싫어요" 아니면 심지어 "안 할 거야"라고 답한다.

토미가 더 이상 아기처럼 행동하지 않고, 알 것을 다 알게 된 이상 줄리와 마크도 더 이상 참아 주지 않는다. 토미도 물건을 같이 나눠 써야 하고, 순서를 기다려야 하고, 놀 때는 규칙을 지키는 것이 공평하다고 주장한다. 토미가 제 마음대로 되지 않아 불평을 하거나 울면 아이들은 "시끄러워. 조용히 해!"라고 한다.

그런데 문제는 토미와 관계된 불화가 생길 때마다 제나가 바로 거기에 있다는 것이다. 토미 편을 들고 싸움을 크게 만든다. 제나는 항상 토미가 맞다고 우긴다. 심지어 방금 와서 잘 알지도 못하는데도 말이다. 엄마, 아빠가 원인을 알려고 관여하면 제나는 토미 편을 들으라고 요구한다. 만약 그들이 토미의 잘못이라고 결정한다면 제나는 토미에게 저 사람들은 항상 그래, 줄리와 마크만 좋아하고 편든다고 말한다. 줄리와 마크는 제나가 공정하게 싸우지 않는다고 불평한다. 제나는 거짓말하고 자기들에게 탓을 돌린다고 한다. 잘못은 제나가 했는데 자기들에게 뒤집어씌운다고 말한다. 봅과 린다는 어떻게 처신해야 할지 난감하다.

봅은 아마도 부모가 차별을 해서 마크와 줄리 편을 들 것이라는 두려움 때문에 제나가 토미 편을 든다고 생각한다. 그는 가능한 한 공평하려고 정말 노력한다. 그러나 마음속 깊은 곳에서는 매사를 복잡하게 꼬이게 만드는 제나에게 화가 난다. 이런 감정으로 낳은 아이만 좋아한다고 주장하는 제나의 비난을 다루기는 결코 쉽지 않다.

▌ 공평함

두 남녀가 첫눈에 사랑에 빠질 수 있다는 생각을 비웃는 바로 그런 사람도 욕구가 큰 아동에 대해서만은 신비롭고 매력적인 뭔가가 있어서 새 부모가 곧 바로 그 아이를 사랑하게 될 거라는 낭만적인 생각을 여전히 하는 것 같다. 이런 생각으로 입양을 하는 부모들도 실제로 많다. 그래서 자신이 새 아이를 즉각적으로 사랑할 수 없을 때는 죄책감을 느낀다. 그러나 비록 그들이 아이에 대해 염려, 헌신, 책임감을 깊게 느낀다 할지라도 그 아이는 그들에게 완전히 타인이다. 당연히 아이를 사랑하지 않는다. 아이에 대해 잘 알지도 못한다. 좋은 감정만으로 아이 행동을 볼 수 없다.

유자녀 부모인 경우엔 입양한 아이가 가족으로 들어올 때 죄책감이 들고 불편한 시기가 있다. 왜냐하면 그들은 자신들이 잘 알고 있는 방식으로 새 아이를 사랑하지 않기 때문이다. 애들을 똑같이 대하는 것이 어렵다는 걸 알게 된다. 비록 충동을 억제한다 할지라도 애들 사이에 불화가 생길 때 마음속에서 생기는 첫 반응은 새 아이가 혼나야 된다는 생각을 한다. 이것은 새 아이를 "불공평해" 혹은 "나보다 저 애를 더 좋아해" 하면서 울게 만들 수 있다. 새 아이는 부모의 이런 약점을 감지하고 그것을 자기에게 유리하도록 빨리 이용할 수 있다. 의식적 혹은 무의식적으로 이런 아이는 사람들을 빠르게 판단하고 직감을 발휘하여 자신에게 유리하게 만든다. 봅은 최선을 다해 애들을 공평하게 대하려고 노력하고 있지만, 자신의 감정이 통제되지 않고 있다는 걸 알고 있다. 지금 봅은 자신의 행동이 공평한지 혹은 애들을 편애하고 있는지에 집중하지 않는 편이 낫다.

우리가 입양한 애들 중에 한 명은 가족이 된 한참 뒤에야 고백하기를 처음에 우리 집에 왔을 때 우리가 낳은 딸을 더 편애할 거라고 매일매일 너무 걱정이 되었다고 한다. 나는 분명히 이 두 아이에 대해 다르게 느꼈다. 새 아이가 가진 영리함에 대한 느낌과 내가 더 오랫동안 엄마 노릇을 해 왔던 딸에게 가졌던 뿌듯한 느낌이 똑같지 않았다. 새 딸에게는 사소한 것으로도 더 빨리 화가 났다. 자연스러운 애정과 자발적인 끌림이 똑같지 않았다. 그러나 시간이 지나면서 이런 차별된 감정들은 사라져 갔다. 우리의 입양 딸은 처음에 했던 걱정을 말해 주면서 "나를 괜찮다고 느끼게 만든 것은 엄마, 아빠가 항상 우리를 똑같이 사랑해 주었던 거예요"라고 했다. 분명히 행동이란 감정이 발생하기 전 그 틈새를 메울 수 있을 만큼 충분히 강한 메시지가 된다.

▌ 배치 후 작업

지금은 봅과 린다가 복지사의 도움을 받을 때다. 그러나 그 배치는 잘 되었다고 당연히 생각하고 있는 복지사는 그들에게 어떤 도움이 필요한지 잘 알지 못한다. 복지사가 배치 후 지원하기를 소홀히 하는 데는 여러 가지 이유가 있다. 과중한 업무로 과로할 수 있고 혹은 입양 가족이 외적 간섭 없이 해결하고 싶을 거란 생각을 할 수 있다. 때론 긁어 부스럼 만들지 말자는 식이다. 입양 후의 모든 책임은 새 부모에게 넘어갔고 무소식이 희소식이란 생각을 할 수 있다. 어떤 복지사는 배치에 대해 잘못되었다거나 긍정적이지 않다는 소리를 듣고 싶지 않아서 요령껏 연락을 취해 준다. 한편 적응 기간 동안에 어떻게 도와야 할지를 몰라서 그럴 수도 있다. 그들은 배치를 잘못했다는 말을 듣기가 두려울지도 모른다. 그러나 복지사가 문제 발생에 대한 개인적 책임을 모두 질 필요는 없다. 문제는 발생하기 마련이다. 오히려 부모가 험담하고, 그들의 긴장감, 죄책감, 누적된 화를 어느 정도나마 풀 수 있도록 지원할 필요가 있다. 문제를 피하고 싶어서 부적절하고 성급한 확신으로 부모의 걱정을 차단시키는 경향은 복지사 스스로가 경계해야 한다.

어떤 가족은 부적응으로 인한 가족 갈등에 복지사의 개입을 꺼려한다. 레일리 부부처럼 만약에 자신들이 불평을 한다면 아이를 잃게 될지 모른다는 두려움을 갖는다. 복지사가 둔감하고, 무시하고, 아직 서툴러서 문제를 실제 이상으로 부풀릴 수 있다는 걱정을 하기도 한다. 아이가 그다지 나쁜 짓도 안 했는데 하찮은 일로 복지사를 괴롭히는 것은 옳지 않다는 생각도 한다.

입양으로 발생되는 모든 문제를 스스로 해결할 수 있어야 한다고 생각하는 가족들이 많다. 그러나 부모가 어려움에 부딪힐 때 전문가의 도움은 아주 유용할 수 있다. 이런 자원 활용은 포기를 의미하는 것이 아니다. 가족 갈등을 푸는 한 방법일 뿐이다. 새 부모-자녀 간의 문제는 아마도 가족이 아닌 사람들이 더 잘 발견할 수도 있을 것이다. 복지사는 아이에 대한 적절한 정보를 제공하고, 배치 후 적응 과정에서 이런 문제들은 흔히 있을 수 있다고 말해 주어서 부모를 안심시킬 수 있다. 또 아이가 자기 문제와 씨름을 하고 있을 때 상담을 받을 수 있도록 복지사는 특별히 도울 수 있다.

▎ 부정주의

봅과 린다는 온순함이 고집으로 변하고 있는 토미의 행동 패턴에 놀랄 것도 없고 지극히 정상임을 받아들일 수 있어야 한다. 나이 든 큰아이를 입양한 부모를 실제로 낙담시키는 그런 행동적 변화가 입양 초기에는 더 악화되는 것처럼 보일 수 있다. 거의 부정적인 행동으로 먼저 나타난다. 이전에는 자기감정을 표현도 못했던 아이가 노여움과 분노를 터뜨리면서 시작한다. 너무 유순한 아이는 부모에게 반항하는 자체가 자기 책임인 듯 행동한다. 새 부모는 아이가 "난 이 집에 있는 것이 기뻐요. 사랑해요"라고 말하고 자기 가족을 믿는다는 어떤 징표를 아이에게서 보고 싶을 것이다. 그러나 오히려 자기 할 일을 빼먹고도 태연하고, 말다툼을 해야 더 편안해하는 아이를 더 많이 본다.

▎ 고자질

아이의 성격이 변하는 것 같고 문제가 발생하면서 나머지 애들은 '고자질하기'로 쉽게 다툼에 대응한다. 애들의 고자질하기는 불이익을 당하게 만들어서 억제시킬 수 있다. 실망한 부모가 그냥 "너희들끼리 알아서 해결해"라고 말하는 것은 바람직하지 않다. 아이들은 타협으로 하는 문제 해결 기술을 원래부터 갖고 태어나지 않는다. 한 명이 달려오면, 부모는 그 사건을 이용해서 다툼을 공정하게 해결하는 방법을 보여 줄 수 있다.

둘 사이의 다툼을 다룰 때 단지 한쪽 말만 듣지 않는 것이 비결이다. 한 명이 일러바치려고 달려오면 엄마(아빠)는 우선 그 애가 문제를 해결하려고 노력해 봤는지를 물어볼 수 있다. 만약 그렇다면 둘이 와서 단지 중재자일 뿐인 엄마(아빠)와 분쟁을 의논해야 한다. 애들 각자는 상대방의 말을 듣고 다툼의 요점을 이해하고 상황 해결에 노력해야 한다. 애들 각자에게는 자기 입장을 설명할 수 있도록 허락되어야 한다. 큰소리로 말하는 것을 사람들은 무시하는 경향이 있으므로 엄마(아빠)는 애들 각자가 방해받지 않고 말할 수 있고, 설명할 수 있고, 반박할 수 있는 차례가 있다고 안심시키면서 감정과 이해를 합당하게 표현할 수 있도록 도와야 한다. 아주 격분된 상황에서도 때로는 소리치지 않고 소곤소곤 싸울 수 있다고 말해 줌으로써 진정시킬 수 있다. 그러면 말투가 바뀔 뿐 아니라 긴장감이 빠진다. 싸우던 아이들이 낄낄거리고 웃기 시작한다.

▌말로 하기

부모는 토미 편을 드는 제나의 태도에 어떤 조치를 가해야 될 것 같다. 다툼의 발단, 참견으로 발생되는 상황을 제나가 더 알아차릴 수 있도록 하는 방법으로, "제나야, 누가 너한테 부탁했니?"라고 물을 수 있다. 특정한 행동 문제를 대화로 풀어 가면서 말로 아이를 다루는 것은 좋은 기술이다. 앨런 부부는 "네가 부탁받았니?"에 더해서, "공평함은 동등함과 같은 뜻이 아니야. 우리 가족 안에서는 각자의 필요와 능력에 따라서 한다"라고 강조해 줄 수 있다.

둘 중 한 명이 재미있거나 혹은 괴롭힘을 당하는 상황을 식별하는 데는 "둘의 게임이야"로 상황을 정해 준다. "넌 힘이 넘치는구나"라고 행동이 너무 심해서 몸이 힘들 거라고 말해 줄 수 있다.

"우리에겐 의견 차이가 있구나"는 아주 교훈적인 문구다. 그것은 타협점이 없을 때("네가 그랬어", "난 안 그랬어") 누구도 포기하고, 창피하고, 이겨야 할 필요 없이 다툼을 끝내게 할 수 있다. 상대를 비난해서 화풀이를 하거나 상대에 대한 부정적인 감정을 뱉어 버리거나, 관련도 없는데 자기 기분이 나쁘다고 싸움을 거는 아이들에게 감정을 마구 쓰레기처럼 퍼붓지 말라고 말해 줄 수 있다. 아이들은 예를 들자면 "네가 좋아하든 말든 상관없이 하기나 해"라는 식의 불쾌한 명령을 받을 때 감정을 드러낼 수 있다. "난 관심 없어요"라고 하면서 어려움을 피하려는 아이에게는 "너는 관심 없어도, 우리는 너에게 관심이 있단다"라고 말할 수 있다.

▎접촉하기

아이들에게 지적할 게 있다면 분명히 알아듣도록 해야 한다. 아이의 눈을 잘 맞추려면 머리를 쓰다듬거나 쭈그리고 앉아서 바라보는 게 낫다. 이러한 친밀한 상호 관계 안에서는 상대가 무시하거나 오해하기란 더 어렵다. "네게 할 말이 있는데 들어 줄래?"라고 아이와 친해질 자리를 마련할 수 있다. 만약 분명한 메시지를 전한다면("그만 둬!"라고 말하기보다 "소파 위에서 뛰는 걸 그만 둬!") 그리고 만약 선택권을 주지 않도록("그만 두지 않을래?"라고 말하기보다 "그만 둬!") 주의한다면 아이는 더 분명하게 들을 것이다.

▎실수 인정하기

제나는 자기 잘못을 절대 인정하는 않는다는 점에서 좀처럼 친해지기가 어렵다. 그 누구도 잘못을 탓하지 않는데도 혹시라도 자기가 했을 것 같은 실수조차 인정하지 않는다. 항상 "난 알아요. 난 다 알고 있어요"라고 답한다, 만약 다른 접근법을 시도한다면, "날 좋아하지 않잖아!"란 비판의 소리를 모면하지 못한다. 아이의 방어벽은 너무 두터워져서 사실 정보조차 통과하기가 어렵다.

심지어 분명한 잘못이 입증되었을 때조차 제나는 자기가 하지 않았다고 주장하면서, 기상천외하게 완전 부정을 할 수 있다. 증거를 들이대면 채 5분도 못 되어 자기가 했던 말을 "기억나지 않아요"라고 한다. 만약 증거가 압도적이면, 다른 애들보다 자기가 나쁘지 않다고 하면서 전에 어떤 애가 저지른 잘못으로 화제로 바꾸고 의심에서 벗어나려고 한다. 뭐든 뭔 말이든 해서 들통 나서 비난받고 꾸지람 듣는 걸 피하려고 한다.

입양된 많은 큰아이들이 자기 행동을 정당화하려는 이런 식의 욕구는 아이가 배우고 성장하는 데 방해가 된다. 자기 잘못을 인정하지 않기 때문에 그것들로부터 배울 수가 없다. 어떤 심리학자는 만약 아이 자신이 나쁘면, 거절당할 것 같은 깊은 두려움 때문이라고 말한다. 또 다른 이론은 우리 사회의 정신문화 때문이라고 말한다. 우리 사회의 문화는 착한 사람은 살고 나쁜 사람은 죽는다고 아이들에게 가르치고 또 가르친다. 어떤 아이들에게는 죽음이란 나쁜 사람에게 가하는 극단적인 처벌이라는 잠재의식이 있다. 이 아이들에게는 실수하고 비난받는 것이 죽음과 동일하게 느껴질 수 있다.

이유 여하를 막론하고 제나와 같은 아이는 실수할까(이 두려움은 새로운 시도를 방해한다), 비난받을까 봐(이 두려움은 다른 사람들과 관계를 방해한다), 완벽하지 못할까 봐(모든 사람에게 불가능한 목표다) 등의 두려움 속에서 살고 있다.

비록 아이가 훈육 중인 부모를 마치 비열하고 불공평한 어른처럼 대하고, 자기 잘못을 고치려고 노력하지 않는 변명으로 이용할 수 있겠지만("난 도저히 그것을 할 수 없어요, 난 정말로 형편없는 아이에요"), 그럼에도 불구하고 아이의 실수를 인정해 주고 계속해서 아이와 함께 천천히 계속 노력하는 것이 중요하다. 아이가 잘못을 알아차렸는데, 그 행동을 눈감아 주거나 적당히 무시해 버린다면, 더 큰 역효과가 난다. 자녀 성장에 관심이 없고 도움을 제대로 주지 못하는 어리석은 어른으로 해석되는 정반대의 결과를 초래할 수 있다(Redl&Wineman, 1951).

모든 사람은 잘못할 수 있다는 걸 아이가 아는 건 중요하다. 부모는 자신의 잘못을 자발적으로 깨끗이 그리고 공개적으로 인정함으로써 모범을 보여야 한다. 부모의 태도를 봄으로써 부모가 자기에게 완벽한 수준을 기대하지 않는다는 것을 생각할 수 있다. 어른들은 대체로 자기감정을 참기 때문에 부모도 두렵고, 실망하고, 실수한다는 것을 아이는 잘 알지 못한다. 어른이 문제를 파악하지 못하거나 어떤 잘못을 저질렀을 때 어떤 행동을 하는지 아이들은 잘 알지 못한다. 그래서 유사한 상황에서의 대처 기술이 부족하다. 때로는 잘못함으로써 배울 수 있다는 점을 설명해 주어야 한다. "그것으로부터 무엇을 배웠니?", "다음엔 더 잘할 수 있을까?", "어떻게 할 마음이니?" 이 같은 질문은 아이가 자기 실수로부터 유익을 얻을 수 있다는 걸 알게 한다.

제나가 다른 애들과 싸우고 나서 "내 잘못이 아니었어요"라고 주장할 때, 부모는 아이의 잘못이나 비난에 초점을 두지 말고, 자기 행동이 어려움을 야기시킨 원인이 된다는 걸 알아차릴 수 있도록 돕는다.

▮ 목표 세우기

입양된 많은 큰아이들은 자기 잘못으로부터 배울 수 없을 뿐 아니라, 자기 행동을 평가하거나 현실적 목표를 잘 세우지 못한다. 학교란 경쟁하는 곳이라고 알고 있는 아이가 내년에는 전 과목 'A'를 받을 것이고 언젠가는 최고 일류대학에 들어갈 계획을 세운다고 한다. 현재 문제 해결에 집중하기보다 프로야구 선수나 백만장자가 될 미래를 꿈꾼다. 이런 종류의 꿈이 너무 오래 지속된다면 스스로 현실적 목표를 세우고 성공하는 방법을 배우지 못하게 된다. 불가능한 기준에다 자신을 묶어 두고 거의 분명하게 실패한다는 뜻이다.

어떤 아이는 만약 자기가 원하기만 하면 'A'(결코 'B'나 'C'가 아님)를 받을 수 있다고 말하고 방어한다. 그런 다음 아무런 노력을 하지 않는다. 만약 노력을 해 봐서 스스로가 만든 그 높은 기준에 도달하지 못하게 되면 자기 꿈이 깨질까 봐 두렵다. 어떤 특정 활동에서의 성공에 심히 집착한 나머지 오히려 피해 버리는 아이가 이런 모순된 행동을 할 수 있다.

가족을 잃은 많은 아이들은 경중에 관계없이 현실적 계획을 세우는 데 어려움을 겪는 것 같다. 이래나 저래나 항상 실패한다. 만약 그 목표가 너무 높아서 이룰 수 없다면 자기를 실패자로 여긴다. 만약 그 목표가 너무 낮아서 목표를 달성한다 해도 이룬 것이 아니다. 비록 성공한다 해도 아이의 자존감이 너무 낮아서 자기 성공을 평가절하하고 만다("누구나 다 그건 할 수 있다. 심지어 나까지도").

부모는 아이가 성취 가능한 목표를 세우도록 격려하고 도울 수 있다. 복잡한 과제를 좀 더 작은 과제로 쪼개서 목표에 도달하는 방법을 가르친다("그건 좋은 생각인 것 같다. 제일 먼저 무엇을 하고 싶니?"). 아이가 할 수 없는 것에 초점을 맞추기보다 새롭게 배웠고 더 배울 수 있는 가능성을 강조한다. 어려운 부분은 격려로 답해 줄 수 있다("지금은 할 수 없지만 앞으로는 할 수 있을 거야").

학습이 어려운 아이에게는 운동, 개인 계획, 저축하기와 같은 다른 류의 목표 세우기를 격려할 수 있다.

아이 스스로 목표를 세워서 성취할 수 있는 자격과 능력에 대한 확신을 갖도록 돕는 방법이 있다. 몇 년 전 어딘가에서 본 Edith Neisser의 '아이들과 함께 사는 방법'이 인상적이라 그 목록을 오려 두었다.

1. "너는 할 수 있는 사람이야"라고 말해 주는 태도
2. 노력은 그 자체로 옳은 것으로 이해함(실패는 죄가 아니다)
3. 실패가 계속되지 않도록 적절한 기준을 정하고 성공할 수 있는 기회를 많이 갖도록 함
4. 적절한 시도를 즐거워하고 아이가 유능해진다는 확신을 가짐
5. 아이 모습 그대로를 인정하고, 아이가 자신을 좋아할 수 있도록 좋아함
6. 확실히 의지할 만하고 일관된 권리와 특권을 가진 부모임을 보장함

▌분리불안

린다는 다락방에서 갖고 내려온 긴 바지가 좋아서, 아이들의 짧은 바지를 일찌감치 치워 버린다. 다가올 겨울을 대비해서 수확하고 통조림 만들기로 바쁜 날들이 서서히 마무리되어 간다. 벌써 노란색 스쿨버스가 가을 빛깔과 잘 어울린다. 매일 아침 시골 우편함 옆에서 기다리고 선 네 명의 금발 머리가 눈에 띈다.

거의 항상 새엄마에게 달라붙어 시간을 보냈던 토미는 학교에 있는 동안 불안해한다. 엄마와 떨어지는 것에 매우 민감해졌다. 부모가 볼일을 보러 간다 해도 같이 가겠다고 울며 매달린다. 터무니없을 정도로 아기처럼 엄마의 귀가를 기다린다. 최근에는 엄마가 화장실에 들어가서 문을 닫아도 짜증을 낸다. 엄마가 사라질까 봐 무섭고 문밖에서 말을 걸고 서 있다. 집에서 멀리 떨어져 있다는 생각만 해도 너무 놀라고 걱정을 해서, 아이를 데리고 나가 스쿨버스에 태우기가 점점 더 힘들다. 특히 학교

에 안 간 이틀을 지낸 월요일 아침은 더욱 어렵다. 너무 심하게 울고 매달려서 지난 월요일 두 번은 아빠가 옷을 입혀서 차로 학교까지 데려다 주었다. 교사는 토미가 걱정을 많이 한다고 말해 준다. 엄마가 자기를 걱정한다거나 혹은 엄마가 아프니 자기가 집에 가야 된다고 말한단다.

분리불안^{Separation anxiety}은 커서 입양된 아이들에게 매우 흔히 나타난다. 해외에서 입양되어 온 아이들에게는 처음부터 분명하게 나타난다. 다시 한번 더 부모를 잃을 거라는 두려움은 부모의 부재 시에 더욱 심해진다. 일시적으로 떨어져 있음에도 불구하고 거절당하고 버려진 느낌을 갖는가 하며 또 자기는 '나쁜' 애라서 벌을 받고 있다고 믿기도 한다. 어떤 아이는 과잉행동으로 반응한다. 토미처럼 집착한다. John Bowlby는 엄마를 잃어버릴 거라는 아동의 내면적 확신이 크면 클수록 엄마에게 더욱 집착한다고 말한다(Bowlby, 1965). 때때로 악순환이 된다. 아이가 집착하면 할수록 엄마는 그런 집착에서 벗어나고자 한다. 엄마가 그 집착을 좌절시키려고 노력하면 할수록 아이는 더욱 매달린다. 결국 엄마는 짜증이 나게 되고 뒤로 물러나서 아이를 밀쳐 버린다. 이런 부모의 노여움은 아이를 더 걱정스럽게 만들고 더욱 절망적으로 엄마에게 붙으려고 하게 만든다.

분리불안 증상은 전에 분리될 때 관여했던 사회복지사의 방문에 의해 또 다시 자극을 받을 수 있다. 이 부분에 대해서는 복지사와 부모가 똑같이 민감할 필요가 있고, 그 복지사가 왜 집을 방문하는지를 아이에게 설명해 주어야 한다. 복지사가 자기를 다시 데려가려고 온 것이 아니라는 걸 아이는 이해할 수 있어야 한다.

비록 아이가 덜 무서워할 때까지 하루 이상의 분리는 하지 않는 편이 낫다고 하더라도, 이 문제를 해결하기 위해서는 부모가 지속적으로 일시적인 분리를 시도해 볼 필요가 있다. 린다는 외출하기 전에 항상 토미에게 말해 줄 거라고 약속했고 그리고 그 약속을 지킨다. 토미에게는 엄마가 어디에 가고 언제 돌아오는지를 알린다. 린다는 떨어지기 전에 엄마가 화가 나서 나가는 게 아니라고 말해 줘야 한다. 엄마가 실제로 잠시 떨어져 있는 동안 나쁜 일이 일어나지 않는다는 걸 알게 한다. 아이는 엄마가 정말로 되돌아온다는 것을 알게 되고 서서히 분리에 대해 더 잘 대처할 수 있게 된다.

▌ 바닥을 친다

앨런 부부는 여름 내내 잘 지내 왔다. 그러나 조금 피곤해지고 있다. 새로운 환경에서 두 부류의 애들과 가족 만들기가 벌써 다섯 달째가 되어 간다.

그들은 어떤 변화가 있을 때 아이들의 행동이 과해지는 건은 당연하다고 여긴다. 줄리와 마크도 할머니 집에 하루이틀만 있다 와도 이전 규칙을 더 이상 지킬 필요가 없다는 듯 행동한다. 오래전부터 그렇게 지내 왔다. 봅과 린다는 둘 다 낮에는 그나마 쉴 수 있고 좀 더 원활하게 시간을 보낼 수 있는 개학 날을 고대해 왔다. 비록 인내하며 공평한 심판자가 되려고 다짐하면서 하루를 시작해도 가차 없이 고함을 지르고 분별없이 애들을 위협하고 만다. 최근 저녁에는 놀라우리만큼 찌그러진 얼굴로 난롯가에 앉아 있는 남편을 종종 본다. 남편은 자신이 하고 있는 부모 노릇이 싫다고 아내에게 고백한다. 이전에는 애들을 거의 때리지 않았다. 지금은 사소한 일에도 매를 들고 있다.

부모가 자기 자신의 모습을 발견한다는 건 적잖은 어려움이다. 입양된 새 아이는 부모 내면에 숨겨져 있는 감정이나 행동을 드러나게 해서 스스로를 혐오하도록 만든다. 부모 자존감이 너무 심하게 타격을 입었기에 원인의 뿌리를 뽑아야만 할 것 같다는 생각이 들 수 있다. 그래서 할 수 있는 유일한 방법은 아이를 되돌려보내는 것이라고 종종 생각한다.

부모는 입양을 한 것이 실수였다는 내적 두려움으로 인해 심하게 절망한다. 처음에 상상했던 모든 걱정이 현실로 다가오는 듯하다. 생각했던 것보다 더 많은 것을 포기해야 할 것 같다. 자신이 감당할 수 있는 능력에 비해 너무 많은 가족을 떠맡았다는 공포가 밀려올 수 있다.

부모는 폭탄과 같은 해야만 하는 일에 짓눌린다. 부모는 정직, 너그러움, 심사숙고, 정의, 위엄, 용기, 이타심의 모범이 되어야만 한다. 완벽한 연인, 배우자, 선생님, 부모가 되어야만 한다. 모든 것을 참을 수 있어야만 하고, 모든 사람을 좋아해야만 하고, 자녀를 사랑해야만 한다. 항상 조용하고 침착하게, 그리고 삶을 즐길 수 있어야만 한다. 부모란 모든 것을 알고, 이해하고, 예견해야만 한다. 자신과 다른 사람들의 문제를 모두 풀 수 있어야만 한다. 결코 피곤해지거나 아파서는 안 된다. 두 시간이나 세 시간 동안에 해낼 수 있는 일을 한 시간 만에 해낼 수 있어야만 한다. 그리고 입양된 큰아이와는 문제를 너무 심각하게 받지 말고 아이 스스로가 해결방법을 찾도록 도와야 할 뿐 아니라 아이를 회복시켜야만 한다.

분명히 이 …만 하는 것들을 모두 다 해낼 수는 없다. 끊이지 않는 문제들을 풀어야 하는 것, 그리고 발버둥 치면서 불가능한 과제를 완수하려는 것이 절망하게 되는 주요 원인이다. 피로는 누적되고, 문제 하나를 제대로 소화해서 처리하기도 전에 또 다른 문제가 이어진다. 그래서 부모 자신이 얼마나 잘 해내고 있으며 얼마나 능력 있고 훌륭한지를 느낄 틈이 없다. 이런 것이 부모의 자격감과 자신감을 갉아먹어 부모로서의 자격도 능력도 없는 듯이 느껴지고 고통스럽다.

나이 든 큰아이가 가족 구성원으로 오면 부모가 긴장할 수 있고 거의 파국의 경지까지 이끌려 갈 수도 있다. 지금까지 씨름해 오는 동안 가장 어려운 뭔가에 갑자기 사로잡히어 멈추지 못하고 에너지를 마구 퍼내야 할 것 같이 느껴진다. 매일 매시간, 요구 사항은 끊이질 않고, 기력은 다 떨어지고 점점 피로해진다. 언제 이런 요구가 줄어들지, 상황이 정상으로 돌아가게 될지, 그때가 언제인지를 알 수가 없다. 새엄마는 피로감을 느끼고 하루의 일과를 제대로 처리해 내야 한다는 압박감에 쫓긴다. 아빠는 집으로 돌아와 보니 모든 것이 혼란스럽고 생활이 엉망인 것 같다. 부부생활도 안 된다. 둘 다 그런 관계를 나누기엔 너무 힘이 든다거나 서로가 원치도 않는다. 에너지를 회복할 시간이 없다. 부모 둘 다 감정적으로 지쳐 있다. 간신히 버티고 있기 때문에 한 발자국만 후퇴해도 무너질 것만 같다.

봅과 린다는 모든 문제를 해결하려고 애쓰지 말아야 한다. 가장 괴로운 한 가지 문제에만 집중하고 다른 것들은 그냥 내버려 둘 필요가 있다. 그렇게 하면 제나와 토미에게 한꺼번에 많은 변화를 기대하지 않을 것이고 아이들도 자기 행동으로 인한 성취감을 어느 정도 느낄 수 있게 될 것이다. 너무 한번에 빨리 많은 것들을 하려고 해서 엄마, 아빠 자신이나 아이들도 질려서 지쳐버리지 않도록 한다.

시간과 에너지를 들일 필요가 없는 요구 사항들을 줄일 방법을 찾아야 한다. 줄일 수 있는 것은 최대로 줄이고 봅과 린다 자신들의 양동이를 채워야 한다. 어느 정도는 아이들 제 마음대로 할 수 있도록 놔둘 수 있어야 한다. 보통의 가족 일상을 계획하는 건 기존이나 새 아이 모두에게 안정감을 줄 수 있고, 부모가 생활을 관리하고 있음을 느끼게 한다. 허용할 수 있는 행동에 대한 분명한 한계를 지어 주고, 그것을 지킬 수 있도록 일관적인 태도를 취하는 건 중요하다. 이렇게 함으로써 제나와 토미가 어떤 행동을 하려고 할 때 자신의 주변을 돌아볼 수 있도록 한다.

▌해결하기

의문이 드는 사항들은 기록을 해 가면서 해답을 찾아보는 것도 좋다. 기록은 다시 확인할 수 있도록 한다. 부모에게 무슨 일이 발생했는지 기억하게 하고, 이전에 한 실수를 반복하지 않는 법을 알게 한다. 관련된 사람들을 언제, 어떻게 괴롭히는지를 알 수 있도록 하여 더 잘 지낼 수 있게 돕는다. 몇 가지 유용한 것들을 살펴보자.

1. 계속 발생되고 있는 것은 무엇인가?
2. 어떻게 시작되는가?
3. 언제 발생되는가? 하루 일과 중 무엇과 어떻게 연관되는가? - 잠자리에서, 식탁에서, 학교에서, 쉬는 시간에, 실패나 성공 후에, 배가 고플 때, 잠이 깨지 않아서, 너무 피곤할 때 등
4. 그 행동이 목표로 하는 대상은? '기존의 아이들'이 '새 아이들'에게 어떤 행동을 하는가? 아니면 역으로? 큰애가 작은애를 괴롭히고 있는지, 아니면 작은애가 큰애를 괴롭히다가 끝내 싸움으로 번지는지.
5. 어떤 행동인가? 말로 혹은 몸으로?
6. 사건은 어떻게 끝나는가? 어떤 감정들이 발생하는가?

7. 어떤 교정이 필요한가?

부모는 아이들이 서서히 변화될 수 있도록 이전과 지금의 패턴 사이를 연결시킬 수 있는 방법을 찾아야 한다. 치환과 창작 기법을 사용할 수 있다.

치환Substitution은 아이가 이미 알고 있는데, 문제 상황에서 사용하지 않고 있는 행동을 대신 선택하도록 가르치는 것이다. 예를 들어 때리는 대신에 진흙을 두드리거나 못에 망치질을 하거나 발을 구르도록 가르칠 수 있다. 등을 두드리거나 팔을 때리는 대신에 손을 흔드는 것으로 사람들에게 인사하는 법을 보여 줄 수 있다. 창작Invention은 아이가 알지 못하는 대체 행동을 가르치는 것이다.

변형된 행동을 계속하도록 부모는 허용할 수 있다("너는 탁자를 발로 찰 수 있어. 하지만 나를 발로 차서는 안 돼", "너는 신문지를 찢고 뭉갤 수 있어. 하지만 장난감을 망가뜨리는 건 안 돼". Trieschman, Whittaker, Brendtro, 1969). 행동을 바꾸라고 할 때 농담처럼 유머 있게 말할 수 있다. 예를 들면, 식탁 예절이 자주 짜증나게 만들 때, 팔을 식탁 위에 엎어놓고 팔꿈치를 삐딱하게 하고 있는 아이에게 슬쩍 말한다. "막 착륙하려는 비행기 같네~"라고 한다면, '공항'이나 '비행기'란 단어가 자유로운 가족 농담 속에서 좋은 자세를 취하라는 선언이 된다. "냅킨!" 단 한 마디로 아이들이 냅킨을 무릎 위에 두어야 한다는 걸 상기시킬 수 있다.

입양 초기에 부모들에게서 한결같이 나타나고 있는 특징은 시간이 지나면서 바닥을 드러내는 인내심이 주원인이란 점이 흥미롭다. 자신감 없던 아이가 거만해져 가고, 부끄러워했던 아이가 퇴행하고, 다정했던 아이가 답답해지고, 무기력했던 아이가 게을러지는 것들을 시간이 가면서 경험하게 된다.

만약 아이가 어떤 한 영역에서 자기 변화를 노력한다면 다른 영역에서는 문제로 나타나는 경우가 종종 있다. 참지 않고, 물건을 던지거나 깨뜨리기도 한다. 새로운 행동을 하기가 피곤해서 발끈 화를 내기도 한다.

추수감사절이 다가오고 앨런 가족은 어느 정도 편안해졌다. 다가올 크리스마스를 기다리며 바쁘고 즐겁다. 엄마는 솜털실로 긴 양말을 두 개 더 짠다. 산타 할아버지가 잘 볼 수 있도록 벽난로 선반 위에 걸쳐 둔다. 아빠는 헛간에서 아들들과 힌트만 약간 던져 준 비밀 작전을 수행하느라 연일 바쁘다. 딸 둘은 방 안에서 속닥거리고 있다. 방문 위에 커다란 종이가 붙어 있다. '출입금지.'

비록 문제가 모두 해결되지 못했다 하더라도, 제나와 토미는 가족의 일부가 되었음에는 의심할 여지가 없다. 토미는 엄마와 분리되는 데 여전히 많이 민감하지만, 지금은 학교에 잘 가고 있다. 더구나 담임 선생님을 좋아하면서 풋사랑을 경험하는 중이다. 제나는 형제자매들과 여전히 심하게 경쟁한다. 그러나 이전보다는 더 자진해서 같이 나누어 쓰는 걸 볼 수 있다. 엄마, 아빠의 눈에는 아이들이 크게 나아진 것으로 보인다. 지금의 문제는 매일 일상에서 생기는 보통의 수준이지 과거의 상처와 박탈로 인한 것이 아님을 보게 된다.

제나와 토미가 새집에 도착한 기념일이 다가오는데 이날 법정에서 최종적으로 입양을 결정하게 된다. 모두가 흥분하고 있다. 가족 결합을 엄숙히 서약한다. "기쁠 때나, 슬플 때나, 부유할 때나 가난할 때나, 아플 때나 건강할 때나 함께할 것을…" 결혼 서약 때처럼 무언의 울림이 들린다. 서약을 마친 후 일시적으로 빠져 있었던 가드너 씨와 함께 아이스크림 가게로 가서 커다란 선데이 아이스크림을 먹으면서 축제를 한다. 봄과 린다는 제나와 토미를 더 이상 가족으로 안 보려야 안 볼 수 없었다고 생각은 했지만, 법정으로 향할 때 그 기분은 더 강했다고 서로가 말한다. 아이들도 흔히 똑같이 느낀다. 일단 법적 절차를 마치고 나면 상당히 안정되고 긍정적인 변화가 나타난다. 그러나 한편 어떤 아이는 결정적으로 혈육 가족에서 떨어졌다고 분통을 터뜨릴 수 있고 힘들어하는 행동을 되풀이하기도 한다.

가드너 씨는 앨런 부부에게 친생 자녀와 입양 자녀 모두에게 보험 수당이 확실히 적용될 수 있도록 보험 증서의 문구를 확인시켜 준다.

제나와 토미에게는 법정에 다녀온 날이 크게 영향을 미친 것 같지 않았다. 그런데 전혀 상관도 없는 두 사건이 일어남으로써 이 두 아이 각자에게 의미심장한 변화가 일어나고 있었다. 고가구 매입 여행과 새끼 양의 탄생.

늦겨울 밥과 린다는 묘종 심기로 바쁜 봄이 오기 전에, 늘 해 왔듯이 고가구 수집을 위해 상인들과 공급업자들을 만나러 마지막 여행을 떠나게 된다. 그때가 되면 매년 아직 결혼하지 않은 밥의 여동생이 마크와 줄리를 돌보고 가축 먹이를 주기 위해 와 있는다. 그러나 토미를 오랫동안 혼자 놔둔다면 퇴행이 심해질 것 같은 생각이 들었다. 그래서 올해는 네 아이 모두를 동반하고, 그 대신 여행을 짧게 하기로 결정했다. 많은 먹거리를 준비하고 자녀 동반에 추가 비용을 부과하지 않는 모텔에서 지낸다면 경제적으로 여행을 할 수 있다는 걸 잘 알고 있다.

집을 떠나 여행이 시작된 후 며칠 동안 토미에게 눈에 띄는 변화가 갑자기 나타났다. 사람들, 침대, 장소 등 온통 처음 보는 낯선 것들인데, 엄마, 아빠에게 매달려 있기는커녕 마크와 같이 열심히 로비를 살펴보고, 수영장을 확인하고, 아이스크림 기계를 갖고 장난을 치고 있었다. 낮가

림이 심했던 아이였는데 밖에서 상인들과 재미있게 인사하고 이야기를 걸고 있었다. 엄마, 아빠는 깜짝 놀란다. 마치 누군가가 토미 머릿속의 스위치를 바꾸어 버린 것 같다. 집으로 향하면서 그것에 대해 봅과 린다는 이야기해 본다. 밴 뒷좌석에서 아이들은 모두 잠이 들었다. "내가 또 뭘 발견했는지 당신 알아요?" 린다가 말한다. "여행하는 내내 토미가 너무 바빠서 엄지손가락을 빨지 않았다는 거예요." 그다음 며칠 동안 집에서 토미를 잘 관찰해 보니 아내의 말이 맞았다. 손가락 빨기가 줄더니 이제는 완전히 없어졌다. 그리고 떨어질 때 야단법석을 떨고 매달리는 것도 완전히 사라진 것으로 보인다.

큰아이 입양에서 자주 발견되는 현상 중 하나는, 새로운 가족과 첫 여행이나 휴가를 다녀온 후 아이들의 걱정이 줄고 믿음이 커진다는 점이다. 퇴행하지 않고 성큼성큼 앞으로 나아가는 걸 볼 수 있다. 자신이 포함된 가족이 함께 어딘가로 떠난다는 것은 아이 자신이 진정으로 가족의 일원으로 느낄 수 있도록 하는 특별한 어떤 것이 있다. 예를 들어 입양한 첫해에 가족 이사가 있을 때도 그렇다. 실제로 가족 모두가 함께 어딜 가는 것, 자기 과거와 입양과는 관계없이 당연하게 가족의 일원으로 받아들이는 사람들과 같이 있는 것 혹은 어딜 가든 가족 모두가 함께 움직인다는 것은 아이의 소속감을 더욱 강화시킨다.

그리고 시간이 조금 더 걸린다 해도 만약 새로운 조부모가 아이를 기꺼이 받아들이고 학교에서 딴 아이들이 "왜 네 엄마, 아빠는 너를 지켜주지 않았니? 널 원하지 않았니?" "너의 진짜 엄마, 아빠한테서 무슨 일이 있었던 거야?" "너는 여기가 좋으니?"와 같은 질문이 멈추게 된다면, 아이는 가족의 일원으로서 공개적 승인을 받은 느낌을 가질 수 있다. 그리고 새로운 정체성을 만들어 갈 수 있다.

제나는 서서히 변하고 있다. 그럼에도 불구하고 쌈닭 같은 행동은 여전하다. 3월 초에 앨런 가족의 암양 한 마리가 힘들게 긴 산통을 겪었다. 암양은 쌍둥이 새끼 양을 낳았지만, 수의사는 어미 양을 구할 수 없었고, 부드러운 솜털, 발굽, 왕성한 식욕의 두 마리 새끼 양만이 남겨졌다. 봅은 어미 잃은 새끼 양을 따뜻한 부엌에다 데려다 놓았다. 그리고 린다와 같이 한밤중에도 교대로 일어나서 보살피고 있었다.

아침에 일어나 부엌에서 새끼 양들을 발견한 아이들은 황홀하다. 작은 새끼 양 두 마리가 너무 귀엽다. 네 명 아이의 발밑에서 울어대고, 비틀거리고, 흔들거리고 있는 새끼 양들 때문에 아침식사가 어려웠다. 작게 생긴 숫양 한 마리가 비실거리더니 죽어 버렸다. 나머지 한 마리 새끼 암양은 눈에 띄게 활발하고 더 강해지는 것 같았다.

아이들은 집에 도착하자마자 부엌으로 뛰어간다. 살아남은 새끼 양이 어떻게 될지 궁금하다. 이 새끼 양도 혹시 죽을까? 이름을 지어 줄까? 누가 먹이를 주지? 잠시 후 흥분은 시들해지고, 마크와 토미는 봅이 헛간 서까래에 매달아 놓은 그네를 타려고 사라진다. 줄리는 식탁 위 접시에 있는 과자를 하나 더 집어 물고는 아빠를 찾으러 나간다. 그러나 제나는 마루에 앉아서 오후 내내 저녁까지 새끼 양을 쓰다듬으면서 낮은 소리로 노래를 불러 주고 있었다. 새끼 양이 피곤해하자 제나는 갓 태어난 양은 잠을 많이 자야 한다는 엄마의 설명을 이해했다. 그냥 앉아서 낮잠 자는 모습을 지켜보는 것만으로도 즐겁다. 평소에는 양한테 관심이 없었던 아이였는데 지금은 모두 게 궁금하다. 땅거미가 지자 린다는 저녁 식사 준비를 하고 있고, 새끼 양은 잠에서 깨어 먹을 것을 달라고 크게 운다. 제나가 커다란 우유병을 채우고 새끼 양을 손으로 잡고 우유를 먹이는 걸 린다는 지켜본다. 나중에 남편에게 말하기를 "이전에 절대 못 봤던 완전히 새로운 면이었어요. 애가 망가졌다고 여겼던 모습을 한 걸음만 더 떨어져서 쳐다보니 얼마나 다정다감한지…. 당신 알잖아요? 애가 급하게 덤벼들어 껴안고 뽀뽀할 때 어떻게 하는지를요. 글쎄 말이에요, 오늘 제나가 새끼 양을 안고 앉아서 얌전히 먹이는데 정말 순하고 다정했어요. 나는 그 모습을 절대 잊을 수가 없을 것 같아요. 그 면이 드러날 수 있도록 도와야 해요. 여보, 제나에게 저 새끼 양을 줍시다."

제나는 새끼 양을 자기 것으로 기르라는 말을 듣는 순간 너무 흥분된다. 곧 이름 짓기를 서두른다. 결국 '하니'로 부르기로 했다. 비록 나중에 하니가 들판에 묶일 정도로 커서 헛간에서 잠을 자야 할지라도 제나는 정성을 다한다. 함께 놀아 주고 털을 빗겨 주고 먹이를 먹여 주고 헛간을 청소한다. 시키지도 않았는데 자발적으로 한다. 조언을 해 줄 필요가 없다. 아빠는 아이의 인내심에 감동한다. 린다에게는 봄날의 푸른 들판에서 금발의 롱다리 여자애 뒤를 따라 뛰는 어린 양의 광경이 영원히 기억될 것이다. 동화나 동요 속의 한 장면과 같다.

하니는 상상도 못한 방법으로 제나의 발달에 도움이 되는 것으로 드러난다. 강한 경쟁심과 빈정대는 말투 때문에 친구를 못 사귀는 어려움이 있었다. 그러나 하니와 함께 한 후 동아리에 참여하게 되었고 그곳에서 암양에 대해 더 많이 배우고 싶은 확실한 열정이 친구를 만들게 했다. 결국 모임의 인기 있는 리더가 되었다.

동아리 활동 계획에 하니를 활용하려고 하니 읽기를 거부하던 아이가 양 키우기에 대한 정보를 얻기 위해 인쇄물을 읽게 되었다. 아이의 학습 행위가 갑자기 상향했다. 그것이 아이의 자존감을 높여 주고 성공 능력을 키우게 되었다.

봄이 끝날 무렵 제나는 거의 모든 면에서 문제가 사라졌다. 더 이상 토미를 지나치게 걱정하지 않고 보통 수준의 관심을 줄 뿐이다. 줄리와도 적응과 경쟁 문제가 해결된 듯 많은 시간을 같이 보내고 있다. 그뿐 아니라 각자의 관심에도 열중한다. 싸우기, 토미 편들기, 나쁜 감정 '쏟아 버리기'가 이제는 가족 개인에 대한 진정 어린 애정으로 그 방향을 틀기 시작했다. 서로가 대적하기보다 가족 전체가 함께하는 쪽으로 나아가고 있다.

여름방학이 되자, 앨런 가족이 치렀던 수고와 염려는 의심할 여지없이 풍성한 성과를 거두었다. 끝없는 문제, 심판, 혼란함 대신에 서로가 친해져서 양보하는 온화한 가족으로 꾸려져 가고 있다. 봅과 린다는 어려움을 맞서오면서 자신들의 꿈을 좇았다. 앞으로의 시간은 더욱 풍성해질 것이다. 왜냐하면 자신들을 입양에 완전히 오픈했기 때문이다.

9 장
데니

배치 과정

시간이 오래 걸렸지만 제나와 토미 그리고 매기에게는 적절한 가정을 찾을 수 있었다. 그러나 데니를 위한 입양 실행은 좀처럼 쉽지 않다는 걸 기관은 알게 된다. 위탁가정에서 많은 아이들과 지내오면서 훈육이라는 걸 거의 받지 못하고 자란 열세 살 소년 데니는 점점 거칠어지고 더 많은 관심을 끌고 있다.

데니를 맡은 위탁 복지사는 만약 데니가 지금 사귀고 있는 친구들과 계속 많은 시간을 보낸다면 말할 것도 없이 비행을 저지를 거라고 거의 확신하고 있다. 데니의 위탁모는 아이 행동에 대해 어떠한 책임도 지지 않으려고 회피하며 지낸 것으로 보인다. 위탁모는 데니가 계속 말썽을 일으킨다면 내쫓아 버리겠다고 위협하고 있다. 입양기관은 데니가 이렇게 된 것이 이전에 여러 번 옮겨졌기 때문이라고 생각해서 또 다시 다른 곳으로 보내는 것에 주저하고 있다. 비록 말썽은 좀 일으키긴 하지만 데니는 매력 있고 지적인 소년이다. 위탁 복지사는 아이의 허세 이면에는 만족스럽고 가치 있게 살 수 있도록 도움 받으려는 욕구가 있어 헌신적인 부모라면 분명 맞닿을 수 있다고 믿고 있다. 데니에게 입양 배치는 최선이긴 하겠지만 복지사는 사례를 검토하면서 데니와 같은 흑인 십 대 소년을 양육할 수 있는 부모를 과연 찾을 수 있을지에 대한 확신은 없다.

적절한 입양가정을 찾기 위해 가드너 씨는 데니에 대해 더 많은 것을 알려고 했고 적용 가능한 대안을 데니와 이야기해 보려고 노력해 왔다. 일이 어려운 것은 인종이 다르다는 사실 외에도 다른 여러 가지 이유가 있다. 데니는 부모의 친밀함을 거부하고 그것을 그리워하지 않도록 스스로를 단련시킨 것처럼 행동한다. 그렇게 가족 없는 두려움과 외로움으로부터 자신을 보호하고 있었다. 이제 데니는 또 다시 부모-자녀 관계를 만드는 위험에 빠지고 싶지 않을 뿐이다.

데니는 자신을 내어 줄 수 있고 또 받을 수 있는 친구들을 대리가족으로 삼아 믿고 친하게 지내고 있다. 지금의 위탁가정에서는 언젠가는 떠나야 한다는 걸 믿지 않는다. 자기 친구들과 절대 헤어지지 않을 거라고 고집하고 있다. 가드너 씨가 위탁집에 도착하면 데니는 종종 아무도 모르는 곳으로 친구들 무리와 사라져 버린다. 가드너 씨가 매번 새 가정에 대한 화제를 꺼낼 때마다 데니는 아주 방어적이 되고 만화책 뒤로 얼굴을 숨기거나 교묘하게 화제를 바꾸어서 어떻게든 상관없는 이야기를 하도록 만든다. 자기는 전혀 협조하고 싶지 않고 조용히 살고 있으니 걱정할 필요 없다고 안심시킨다.

데니의 태도는 충분히 이해할 수 있고 십 대들에게 입양 계획을 갖고 접근하면, 전형적으로 볼 수 있는 태도다. 십 대들은 영구적 소속감에 대한 갈망이 없진 않겠지만 옮겨 가야 한다는 사실에 많이 저항한다. 사회복지사들은 마음을 바꿔먹으면 얻을 수 있는 많은 혜택들에 마음이 끌리게 만들려고 시도해 본다. 그러나 십 대들은 어른들의 주장, 특히 사회복지사의 말을 쉽게 무시하기 때문에 그 방법은 별로 효과가 없다. 옮겨짐에 대한 거리낌, 해야 하는 많은 결정에 대한 걱정을 줄이려고 하기보다, 옮겨짐을 긍정적으로 보지 못하도록 방해하고 있는, 확인 가능한 두려움을 집중공략 할 필요가 있다. 입양됨의 두려움(불확실한 과정들), 다르고 낯선 것에 대한 두려움, 전학해야 하는 두려움, 속했던 친한 친구들을 잃는 두려움, 예측이 어려운 새 가정의 새 권위에 대한 두려움, 기대에 미치지 못할 것 같은 두려움, 여전히 충성하고 있는 대상을 누군가로 바꾸어야 한다는 두려움, 친해지면 또 상처받을 것 같은 두려움 등이 있다. 사회복지사는 일단 십 대 아이들을 두렵게 만드는 원인을 확인할 수 있다면 더 쉽게 다룰 수 있을 것이다. 잘못 전해진 정보는 바로 수정하고, 아이의 속도와 스타일에 맞추어 새 학교와 새 또래 집단으로 옮겨가도록 할 수 있다. 아마도 해결하지 못했던 과거 관계를 끝낼 필요도 있을 것이다.

흥미롭게도 옮겨 가지 않으려고 저항하는 그 큰 두려움은, 일단 배치가 되고 나면 오히려 그 새 가족을 마지막 자기 가족으로 만들려고 노력하는 동기가 될 수 있다. 아이는 입양의 유익을 알 수 없고 갖가지의 두려움을 경험해 왔다. 만약 새 학교로 전학하고 생판 모르는 아이들과 새로 사귀어야 하는 두려움이라면, 배치되어 버린 아이는 새 학교에 다니고 있고, 반에 몇몇 친구를 이미 알고 있다. 이전 가정으로 되돌아갈 수 없다는 사실을 아는 이 아이는, 만약 지금의 입양이 완결되지 않는다면 또다시 새 사람들과 다시 해야 하므로 결국 이번 배치가 잘되도록 노력해야 하는 진짜 이유가 될 수 있다.

한편 데니는 절대 옮겨가지 않을 거라고 고집하는 동안, 데니를 더 이상 못 데리고 있겠다고 위탁모는 반복해서 말한다. 방문할 때마다 그녀의 불만은 더 커진다. 이웃들이 수군거리는 것 같고, 데니의 친구들은 '나쁜 놈들'로 낙인찍혔다고 한다. 데니를 위해서는 입양을 시켜야 한다고 위탁모는 말하고 있는데, 가드너 씨의 느낌으로는 데니에 대한 자신의 무력감을 다루기 위한 한 방편인 것 같다. 데니가 말을 듣게 만들려고 "내쫓아 버릴 거다!"라고 위협하기 시작했다. 이러한 훈육상의 잘못된 시도는 다른 가족에 대한 아이디어가 그저 말만 그렇게 하는 거라고 생각하게 만든다.

가드너 씨는 데니, 위탁모와 함께 삼자 대화를 시도한다. 그러나 위탁모는 아주 양가적이어서 한번은 자기가 데니를 다룰 수 없기 때문에 보내야 한다고 말했다가, 다음번엔 "남자애니까 그렇죠, 뭘"이라고 하면서 언제까지라도 있을 수 있다고 말해서 자신의 행동을 변명한다. 가드너 씨가 시도했던 삼자 대화에서 위탁모의 비일관적인 태도는 데니로 하여금 또다시 옮겨질 걱정을 할 필요 없다는 확신만 더 갖게 했다.

가드너 씨 자신도 옮김에 대해 감정이 복잡하다. 옮겨져서 화난 데니는 새 입양 가족을 거부할 것인가? 데니를 입양 보낸다는 생각은 정말 잘못된 것인가? 자신의 미래에 대한 결정에 아이를 얼마만큼 관여시킬 수 있는 것인가? 아이는 많은 부분을 주관하기를 원하지만 두려움 때문에 하지 못하고 있다. 데니를 위해서 결정을 해야 할 것 같다.

가드너 씨는 데니와 정기적으로 만나면서 지금 진행 중인 관계는 위협적이어서는 안 된다고 결심한다. 아이를 데리고 나가 외식하고, 구기 경기장에 데려가고, 드라이브도 하기 위해 기관의 가용 자금을 활용한다. 그렇게 하는 동안 입양이 데니를 위해 최선이란 확신을 갖게 되었고 데니를 위한 입양가정을 계속 찾게 된다. 가드너 씨는 실제 가족에 대한 이야기를 할 수 있을 때 아이는 옮겨짐에 대한 방어가 약해질 것이고 다른 분리를 준비시키는 자신의 시도가 더 유익을 끼칠 수 있을 거라고 생각한다.

데니를 만나면서 이전에 옮겨졌던 경험을 같이 이야기해 본다. 이전에 다른 가족들을 떠나야 했던 이유에 대해 아이가 가진 혼란함을 명료화해 본다. 데니는 자기를 이야기하는 데는 흥미를 갖는 듯하다. 첫 부모는 알코올 중독자였고, 자기를 돌보지 않았다고 화를 낸다. 아이의 기억 속에는 그들이 늘 술에 취해 있었다. 가드너 씨는 데니를 돌볼 수 없게 만든 어떤 문제가 그들에게 있었다고 솔직하게 동의한다. 어른이란 때때로 자기 삶의 무게를 감당하지 못하게 하는 이유가 있다고 말해 본다. 데니의 몇 친구는 그 부모가 임신하고 결혼했을 때와 같은 나이다. 이 친구들이 갑자기 아내와 새 아기를 책임져야 한다면 얼마나 어려울까. 가족을 부양하기 위해 정규직의 일자리를 구하는 것도 얼마나 힘들까. 그리고 또 그렇게 해야만 한다는 게 얼마나 내키지 않을지를 어렵지 않게 상상할 수 있다. 데니는 자기가 알고 있는 여자애들이 아기의 필요를 채워 주려고 돌보거나 또는 부부관계를 적절히 할 수 있는 준비가 되어 있지 않다는 것을 쉽게 이해할 수 있다.

데니는 첫 번째 가정의 할머니에 대해서는 정겹게 이야기한다. 할머니는 손자를 지극히 사랑했고, 데니에게 보이는 많은 강점과 능력의 원천인 것 같다. 데니가 사회 보호 제도권으로 보내지기 바로 직전에 부모 문제 때문에 할머니가 자기를 돌볼 수 없게 되었다는 말을 듣고 몹시 충격을 받았다는 마음을 털어놓았다. 아마도 할머니와 살게 될 거란 말은 있었고, 데니는 너무 좋아했던 것 같았다. 그러나 곧 할머니는 심장마비로 사망했다. 데니는 애써 참으면서 할머니가 돌아가신 다음에 얼마나 놀랐고 슬펐는지 또 가족 중에 자기를 돌봐 줄 사람이 아무도 남아 있지 않았다는 걸 말했다. 정말 끔찍한 시간이었다. 자기가 할머니를 얼마나 사랑했는지 그리고 작별 인사조차 못했다는 걸 계속해서 상기시켰다. 어떤 말로도 데니에겐 위로가 될 수 없을 것 같았다.

가드너 씨는 약간 탐정과 같은 태도로 데니의 기록과 신문의 사망 기사에서 얻은 정보들을 끼워 맞추는 작업을 해서 할머니가 묻혀 있는 곳을 찾아낼 수 있었다. 상사와 의논을 한 후, 할머니 묘지에 데려다주기를 원하는지 아이에게 물었다. 데니는 원했다. 공동묘지로 가서 수수하게 생긴 묘비를 찾아본다. 데니가 혼자 찾기를 원하는 것 같아서 가드너 씨는 멀찌감치 떨어져 걸으면서 소리가 닿지 않을 만큼 거리를 둔 돌 벤치에 앉아서 기다린다. 데니는 그렇게 많이 그리워했던 할머니와 평온한 시간을 가질 수 있었다.

집으로 돌아오는 길에 데니는 조용히 생각에 빠져 있다. 늘 긴장되어 있었던 몸이 풀리고 행동도 많이 부드러워진 것 같다. 여전히 옮겨짐에 대한 말은 하지 않으려 한다 해도, 이 날부터 데니는 가드너 씨에게 점점 마음의 문을 열게 되었으며, 친구들 사이에도 끼워 주기까지 했다. 데니에게는 가족 관계를 가능하게 하는 사람을 부드럽게 돌보는 일면이 숨겨져 있다는 걸 가드너 씨는 발견하기 시작한다.

과거의 미해결 과제를 다루게 되었으니 이제는 입양 배치를 위한 준비가 되었다고 느껴진다. 가드너 씨는 입양을 기다리는 아동기사를 실은 신문을 통해 데니를 알았기에 데니에게 맞는 같은 피부색을 가진 부모가 나타나기를 기다린다.

가드너 씨가 가진 데니의 새 가족 조건 기준은 조금 다르다. 이미 부모 경험을 가진 사람이어야 할 것이다. 십 대가 가진 특별한 욕구, 대응 방법, 표현 방법들을 이해할 수 있는 부모를 찾고 있다. 데니에게는 자기 통제력이 있고 존경할 수 있는 강한 아버지가 필요하다. 데니의 부모는 인격적으로 거부된다는 느낌 없이 새 가족에게 저항하는 청소년을 수용할 수 있는 사람이어야 한다고 생각한다. 과거 친척과 친구들에게 보였던 데니의 집착과 허세 또 세속적인 행동에 불편해서는 안 될 것이다. 한편 데니 내면에 도사리고 있는 연약함을 동시에 볼 수 있어야 할 것이다. 그 부모는 한계를 확실히 해 줄 수 있고 그렇게 할 만큼 수용적인 태도로 사랑할 수 있어야 할 것이다.

데니에게 적합한 가족을 찾고 있을 즈음에 드산도 부부의 가정 조사는 마무리되었고 입양이 의뢰되는 중이었다. 가정 조사 보고서를 모두 읽은 후, 가드너 씨에게는 희망이 생긴다. 아마도 자신이 찾고 있었던 데니를 위한 바로 그 가정이 아닐까. 드산도 부부는 데니에게 지속적인 관심을 보여 왔다. 그들은 간절히 원하는 듯했고 데니를 돕기 위해 자신들의 욕구를 미룰 수 있는 능력을 갖춘 것처럼 보였다. 드산도 부부는 데니 나이와 비슷한 아이들과 꽤 많은 경험을 했으며, 청소년들이 가진 덜 매력적인 측면에 놀라거나 움츠러들지 않을 가능성이 높다. 그 부부는 만약 데니가 그 가족 안으로 들어간다면 발생 가능한 영향을 깊이 생각해 본 것 같다. 부모로서 아이의 욕구를 채워 줄 수 있고 데니가 편안히 지내도록 해 줄 수 있을 거라는 생각이 든다.

가드너 씨는 드산도 부부를 담당하고 있는 복지사에게 전화를 건다. 그녀는 입양을 다음 단계로 진행시키는 데 이의가 없다고 한다. 드산도 부부에게 전화를 해서 자신과 만날 날을 약속해 달라고 말한다.

베스가 먹을 것들은 가득 안고 차에서 급히 내려 집 안으로 들어오는 순간에 전화벨이 울린다. 짐을 내려놓고 숨 가쁘게 전화를 받는다. 드산도 부부의 담당 복지사는 데니의 담당 복지사로부터 들은 이야기를 전해 준다. 그리고 데니를 입양시키고자 하니 이야기할 수 있는 날을 잡으라고 가드너 씨의 전화번호를 알려준다. 베스는 곧바로 가드너 씨에게 전화를 건다. 그리고 만날 약속을 한다. 짧았지만 즐거운 대화를 나눈 후 기분 좋게 전화를 끊는다. 주방에 서서 베스는 마음속으로 밀려들고 있는 어떤 기대감을 느낀다. 직장에 있는 남편에게 전화를 건다. 그 역시 흥분한다. 그 사회복지사가 뭐라고 말했어? 그 사람 어땠어? 언제 만나기로 했어? 베스는 들었던 데니에 관한 이야기 중 많은 것이 기억나진 않지만 상관없다. 어찌하든지 간에 데니는 이미 자신들의 아들이 다 된 것처럼 느껴진다.

샘과 질리언, 아담이 학교에서 돌아오고 이 소식을 듣는다. 새로운 형제가 생겼다는 사실에 아이들은 흥분한다. 소란스럽고 빠른 대화가 오간다. 언제 그 애를 만날 수 있나요? 그 애는 어디서 자요? 아이가 네 명이 될 때 이 가정에서 벌어지고 또 같이할 수 있는 것들을 이야기한다. 베스는 문득 벽시계를 바라본다. 어느새 다섯 시가 되었다. 저녁 준비를 할 생각도 못했다. 시장바구니에 들어 있는 아이스크림이 다 녹아 버렸다. 베스에겐 인생에서 정말 잊을 수 없는 오후다.

데니의 배치 과정은 매기, 제나, 토미의 경우와는 매우 다르게 진행된다. 가드너 씨는 예상하기를 데니가 적절한 가족을 소개받은 후에 임박한 이동에 대해 생각조차 않고 거부할 것이니 상황은 훨씬 더 어려울 수 있다는 것이다. 드산도 부부를 만나 본 가드너 씨는 바로 이 가족이 데니를 위해 노력할 수 있는 그 가족이란 생각이 든다.

데니에게 드산도 부부에 대해 이야기해 준 다음의 만남은 폭풍을 만난 것 같았다. 드산도 부부의 가족사진을 보여 주면서 몇 가지 더 알려 주려고 해 보지만, 데니는 자기는 가지 않을 거고, 더 이상 관심 없다고 딱 잘라 버린다. 그래도 가드너 씨는 데니에게 옮겨 갈 것이라고 말한다. 데니는 친구 집에 갈 거라고 말한다. 가드너 씨는 허락을 못 받을 거라고 말한다. 이번의 옮겨짐은 잘될 거란 확신을 주려고 가드너 씨는 애를 쓴다. 그러나 데니는 의자에 등을 기대고 천장을 바라보다가 말하기를, "물론, 그렇겠지요." 가드너 씨는 절망스럽다. 이렇게 배치가 어려운 아이를 위해 좋은 가족을 찾아왔는데, 아이는 협조해 주질 않는다. 글쎄, 아마 그 가족을 만나면 또 마음이 바뀔지도 모른다는 생각을 해 본다. 여하튼 배치 절차는 계속 진행시킨다. 정 안 되면 막판엔 다른 위탁가정으로 옮기는 수밖에는 없다.

베스와 토니 드산도가 처음 데니를 만났을 때 아이의 저항은 여전했다. 아이와 대화를 시도해 본다. 데니는 집과 아이들이 있다는 점에는 매우 큰 관심을 보인다. 그래서 잠시 집에 같이 가 보자고 이끈다. 차에 타서 데니는 자기 갱 무리의 험악한 업적들을 나열하면서 대화를 독점한다. 만약 이사를 하게 된다면 자기 이전 아지트로 빨리 갈 수 있도록 오토바이는 꼭 갖고 가야 한다고 말한다. 아직 열세 살밖에 안 되니 오토바이 면허는 가질 수 없다고 지적해 주자, 자기는 괜찮을 거라고 확언한다. 조심해서 탈 것이고 잡히지 않을 거라고 한다. 드산도 부부는 아이가 하는 이야기 중에 어느 게 사실이고, 어느 게 보이기 위한 것인지를 알아차리기가 힘들다. 만약 오토바이가 필요하다면 나중에 다시 얘기해 보자고 하면서 그 주제에서 벗어나려고 한다. 암튼 오토바이가 필요하다는 생각은 돈을 벌 수 있을 때까지는 안 했으면 좋겠고 또 그건 비싸니까 절반 정도는 네가 벌어서 지불해야 한다고 말한다.

집에 도착하여 샘, 질리언, 아담과의 소개는 그럭저럭 진행된 듯하다. 집 구경을 빨리 마치고 가드너 씨는 모두에게 왜, 어떻게, 언제 옮길 것인지에 대한 이야기를 한다. 다가오는 주말에 다시 방문해서 하룻밤을 같이 보낼 것이고 학교가 마칠 때까지 남은 몇 주말을 이 집에서 보내기로 동의한다. 그렇게 데니는 영구히 옮겨지게 된다.

다음 주 금요일, 드산도 부부는 새 아들의 학교생활에 대해 더 잘 알아보려고 데니의 학교를 방문한다. 데니는 학교에서 유명한 것 같다. 실상 문제아는 아닌데 이상한 짓을 하면서 노는 아이들과 잘 어울려 다닌다고 한다. 공부에는 거의 관심이 없고 교실을 돌아다니면서 놀려 대기를 잘한다. 그리고 숙제를 안 하고 이유를 둘러대기로 유명하다고 한다.

학교 방문 이후 베스는 매우 낙심한다. 내년에는 샘도 중학교에 갈 건데 공부에 관심이 없는 형한테 어떤 영향을 받게 될까? 따라하지나 않을까?

금요일 저녁 방문 때, 데니가 다른 애들에게 미칠 영향을 생각해 보니 베스는 두려웠다. 그런데 거친 갱원의 데니의 모습은 온데간데없고 마치 들뜬 바보 같다. 십 대라기보다 여덟 살에 가까운 철없는 아이가 되어 있었다. 데니가 그러니 샘과 질리언도 같이 들뜬다. 저녁 식탁에서 난리도 아니었다. 데니의 식사 예절도 끔찍한 수준이었지만, 다른 세 아이도 덩달아 그러니 결국 샘은 부엌으로 쫓겨나 먹어야 할 지경이었다. 취침 시간이 되어 아담에게 자러 갈 때라고 알려 주니, 데니는 여섯 살인 아담이 눈물까지 글썽이며 반항하게 만들었고, 베스와 토니를 구슬려 아담이 좀 더 있게 할 수밖에 없는 볼썽사나운 장면이 벌어졌다. 베스와 토니에게는 자신들이 기대했던 만큼 이 입양이 간단하지 않을 거란 느낌이 들기 시작했다.

다음 날 아침 식사 중에 데니는 점심을 먹고 위탁집으로 돌아가야겠다고 말한다. 바꿀 수 없는 계획이 있는 듯하다. 드산도 부부는 계획된 방문 일정을 줄이고 차에 모두를 태운다. 데니는 다시 대화를 독점한다. 자신의 규칙이 적용 가능한지를 묻는다. '깜빡' 하고 욕을 하면 어떻게 되나요? 학교에 지각을 하면 어떻게 행동할 거예요? 참지 못하고 '돌아 버리면' 어떻게 할 건데요? 데니는 자기 통제를 못할 때 그 상황을 난장판으로 만든다고 익히 들어 알고 있는데 다른 사람들에게 덤벼들기도 할 것 같다. 베스는 속이 쓰릴 정도로 긴장이 되고 정신이 아득 해진다. 스스로 자초한 이것이 뭐지? 샘, 질리언, 아담은 눈을 둥그렇게 뜬 채 데니의 말을 듣고 있다. 가족 모두가 놀라고 있는데 토니만은 흔들리지 않는다. 분명 데니는 과장하고 있다. "데니야, 우리 가족에 문제가 있다면 같이 풀어 보자꾸나. 네가 확실히 규칙을 깨고자 한다면, 우리는 네가 잘못하고 있다는 걸 알려 주고 어떤 방법으로든 해결해 갈 거야"라고 말하면서 토니는 확고하게 못을 박는다.

차가 위탁집 앞에 도착하고 데니는 차에서 내리는데 벌써 친구들이 여럿 기다리고 있었다. 가족이란 사람들이 생긴 게 어떻고, 옷차림이 어떻고, 자동차는 어떻다는 등 시끄럽게 한마디씩 거들면서 드산도 부부를 보고 낄낄거린다. 베스와 토니가 겨우 어린 아이들을 진정시키고 있을 때 위탁모가 문을 열고 들어온다. "왜 이렇게 일찍 왔니? 네가 없어서 정말 좋았는데." 위탁모하고 한바탕 격한 말다툼이 벌어진다. 드산도 가족이 차를 타고 그 자리를 떠나는 걸 아무도 알아차리지 못한 것 같다.

집으로 돌아오는 동안 내내, 베스와 토니는 아까 벌어진 상황들을 연결해서 이해해 보려고 애를 쓴다. 쉽게 다룰 수 있는 아이가 아니다. 데니를 어떻게 다루어야 할지 급박한 의견들이 오간다. 예를 들자면, 다음번에는 이번처럼 쉽게 협박을 당하지 않을 것이다. 자신들이 주도권을 잡을 것이다. 어린 자녀들에게 그런 일이 일어난 것도 데니를 내버려두었기 때문이다. 샘은 벌써 데니가 싫어졌다. 데니는 '이상한' 사람 같다. 질리언과 아담은 데니가 무섭다. 베스와 토니는 아이들에게(그리고 자신들에게도) 다음번에는 다를 거라고 안심시킨다. 데니가 집에 온다 해도 가족 규칙은 변하지 않을 것이며 그 애가 이런 식으로 우리 가족을 망칠 수는 없다.

드산도 부부는 조속히 가드너 씨를 만나야 한다. 그들이 겪고 있는 지금의 어려움은 환상과 현실을 분리하지 못한 것에서 기인한다. 데니 같은 아이들은 자주 과장하고, 교묘하게 거짓말 하고, 자신의 인격이나 중요성을 스스로 비하시키므로 미래의 부모가 포기하게 만들려고 한다. 가드너 씨는 데니의 말 중에 어떤 것이 진실인지를 더 잘 알고 있을 것이다.

다음번에 가드너 씨는 드산도 부부와 이야기를 나누면서 다음 두 가지 사실을 분명히 알게 된다. 하나는 베스가 데니의 잠재된 문제로 인해 위협받고 있다는 것이다. 또 하나는 그럼에도 불구하고 데니를 입양하려는 관심은 여전하다는 것이다. 세 사람은 오랫동안 생각을 나누어 본다. 다른 방안은 있는 걸까? 시간을 더 가져야 하지 않을까? 방문을 다음 주말로 연기해 보면 더 나을까? 베스가 걱정되는 것은 주로 데니한테 하는 자신의 반응이라고 말한다. 데니를 데려오고 싶었던 크기만큼이나 데니가 다녀간 후에 되찾게 된 평온함과 위로가 크다고 말한다. 데니와 영영 같이 살게 된다면 그 애가 일으킬 문제를 줄일 수 있는 방법이 있기는 한 걸까? 베스는 데니를 데려오고 싶은 마음만큼이나 뒤로 물러서고 있다. 과연 데니가 동반할 문제를 해결할 만한 능력이 자신에게 있기나 한지 의문이고 망설여진다. 만약 그럴 수 없다면 어떻게 하지?

가드너 씨는 이 소년의 내면에 감추어진 사랑스러움, 새 가족에 대한 낯섦, 믿는 친구들을 떠나야 하는 갈등 등 몇 가지 정보를 주면서 안심시킨다. 데니에게는 덜 외롭게 하고, 더 보호받는 느낌을 주는 강한 부모가 필요하다고 말해 준다. 이 배치는 통제력이 중요한 이슈이며, 데니는 그 점을 아주 분명히 보여 주고 있다. "확고한 태도를 취하세요. 통제력을 잃는다는 것은 당신들만큼이나 데니에게도 의심할 여지없이 두려운 겁니다." 베스와 토니는 다음 방문을 좀 더 부드럽게 하기 위해 필요한 것들을 찾아본다. 어른 세 명이 데니 행동을 다스릴 작전을 짠다. 가드너 씨는 그렇게까지 하면서 입양을 하려고 애쓰는 가족을 발견했다는 것에 안도하며 전화를 끊는다. 그 부부는 진정으로 데니를 위하고 있다. 계속해서 이렇게 반응해 주기를 기대한다. 가드너 씨는 데니에게 첫 방문이 어땠냐고 묻는다. 드산도 부부를 겁줘서 내쫓아 버리려고 했던 행동은 지나쳤다고 말해 주자, 자기는 지나친 짓은 하지 않았다고 불쾌한 듯 웃는다. 자기도 드산도 부부가 좋은 사람이라고 생각은 하지만 그렇게 작은 애들과 가족이 되는 건 관심이 없다. 자기가 아니라 드산도 씨 가정에 정말 필요한 다른 아이를 가드너 씨는 아마 알고 있을 거라고 말한다.

복지사를 포기시키지 못한 데니는 다음날 아침 학교에서 베스에게 전화를 건다. "이봐요, 나 토요일에 할 일이 생겨서 못 가겠어요." 베스는 순간 무너지는 느낌이 든다. "또 시작이야." 그러나 이번엔 마음 준비를 단단히 하고 있다. 강행할 것이고 제 맘대로 약속을 취소하게 두지 않을 것이다. 베스는 주말에 할 일이 있단 말을 듣게 되어 정말 유감이지만, 금요일에 널 데려가기로 가드너 씨와 약속했다고 확고하게 말한다. 약속 바꾸려면 복지사에게 전화를 걸어 해결하라고 말한다.

전화를 끊고 베스는 가드너 씨에게 전화를 걸어 데니의 의도를 알렸다. 잠시 후 데니로부터 전화가 온다. 자기는 친구들과 한 주말 약속을 놓치고 싶지 않다고 고집을 피운다. 가드너 씨는 다음 날 만나서 더 말해 보자고 한다. 그날 업무에 도통 집중할 수가 없다. 어떻게 해야 할까? 데니를 어떻게 다루어야 하지? 데니를 얼마만큼 통제해야 하는 거지?

가드너 씨는 상사와 논의해 본다. 두 사람이 나누는 동안 데니의 위탁모로부터 전화가 온다. 경찰이 찾아와서 데니 친구에 관해 묻는다고 한다. "이제 진절머리가 나요! 제발 이 일을 그만두게 해 주세요. 금요일 오후까지 데니 짐을 가져가지 않으면 택시에 태워 당신들한테 보내 버릴 겁니다!"

가드너 씨는 마음을 가다듬는다. "이틀만 여유를 주세요. 계획을 세울 겁니다. 조금만 더 기다려 주시리라 믿습니다." 그러나 어떤 호소도 들리지 않는다. 위탁모는 좀처럼 마음을 바꾸려하지 않는다.

별 방도가 없다. 가드너 씨는 상관에게 고민을 털어놓는다. 이렇게 짧은 시간에 다른 위탁가정을 어떻게 찾을 수 있단 말인가? 두 사람은 같이 가능성 있는 대안을 생각을 해 본다. 드산도 부부라면 아마 데니를 기꺼이 데려가려고 하지 않을까. 이렇게 생각하면 안 되는 것일까? 서두르는 감이 없지는 않지만, 데니가 두 번 옮겨지지 않아도 된다. 데니도 벌써 많이 흔들리고 있다. 그렇다고는 하나 드산도 부부를 생각하면 이렇게 밀어붙여도 되는 걸까? 아마도 입양가정으로 합류하기 전에 데니에게는 냉각기간이 필요할지도 모르겠다. 결국 드산도 부부에게 결정을 해 달라고 전화로 요청한다.

베스는 웃으면서 "데니가 전화했냐고 물을 줄 알았어요"라고 가드너 씨의 전화에 답한다. "그랬으면 좋겠네요. 데니가 오늘 아침 저한테 전화를 해서 위탁 엄마가 오늘 오후 일찍 전화를 걸어 자기를 내쫓을 거라고 했대요. 자기는 금요일까지 떠나야 한다고 말했어요"라고 알린다.

베스에게서 이전에는 듣지 못했던 말들이 튀어나온다. "데니가 다른 위탁가정으로 갈 수 있을 거예요…. 아니지, 그건 바보 같다. 어떻게 될까요? 만약 그렇게 된다면… 아마도 우리는… 아니지. 데니를 위해 가까운 곳에 준비할 곳이 없지…. 하지만…." 베스가 마지막으로 말한다. "토니와 함께 당신을 만나러 갈게요. 좋죠?" 베스의 감정이 얼마나 복잡할지 이해 안 되는 바가 아니므로 가드너 씨는 베스가 원하는 만큼 시간을 가질 수 있도록 격려한다. 드산도 부부가 이전에 동의한 학기 말 때까지라도 괜찮다고 말해 본다.

가드너 씨는 베스와 토니의 도착을 기다리면서 이 짧은 시간에 세울 수 있는 방안을 궁리 중이다. 아무도 데니를 데려가고 싶지 않겠지만, 이전에 지냈던 위탁 집 중 하나는 있지 않을까? 아무 대책 없이 다가오는 금요일 저녁을 상상해 본다. 누가 데니를 위해 잠자리를 줄 수 있을까? 그녀 자신이 해야 될까?

잠시 후 베스는 차를 몰고 근무 중인 남편에게 간다. 데니의 위탁모는 어쩜 그렇게 데니의 앞날에 관심이 없다는 말인가. 정말 화가 난다. 여러 가지 방안들의 득실을 따져 본다. 결국에는 결정을 할 수밖에 없다는 걸 안다. 가드너 씨에게 전화를 걸어 비록 이런 식으로 데니를 데려오고 싶진 않았지만 잠시 새 위탁집에 가 있는 것이 아무리 생각해도 좋지 않을 것 같다고 말한다. 어떻게 하는 것이 최선인지 잘 모르겠지만 그냥 앞으로 나가면서 노력할 수밖에 없다고 말한다. 그녀는 데니를 걱정하고 있고 데니에게 마음이 끌리고 있음이 분명하다.

모든 사람들이 데니를 아프게 만든다. 어떻게 하면 이 자존심 강한 십대 소년의 체면이 구겨지지 않고 인생의 통제력을 느끼도록 해 줄 수 있을까. 가드너 씨는 데니와의 협상 계약을 제안하고 모두는 협상 조건에 동의한다고 알린다. 드산도 부부는 자신들이 데니를 받아들이는 만큼, 데니 역시 그들을 받아들여야 할 것임을 잘 알고 있다. 데니의 의견은 무시되고 또 데니에게 일방적으로 부과되는 관계가 되어서는 안 된다. 만약에 계약 기간이 끝나서 데니가 나가기를 원한다면 드산도 부부는 데니를 놓아 주는 데 동의할 것이다.

이런 식의 계약은 십 대를 배치하는 데 매우 유용한 방법이다. 아이와 입양 부모와의 이해관계는 계약에서 동등한 무게를 갖는다. 계약서는 개방적인 토론을 거쳐서 작성된다. 시험기간, 취침시간, 소등, 헤어스타일, 규칙, 허드렛일의 책임자, 흡연이나 음주 규칙, 다툼 해결법 등 십 대 소년과 새 부모에게 중요한 사항들이 기록된다. 시험 기간은 최소 6개월 이상이 필요하며 1년 정도가 적절하다. 규칙 변경과 같은 사항을 재협상하는 단계에서는 세부적으로 작성하는 게 좋다. 종종 계약상 소소한 것들은 짧게 적용한다. 예를 들어, 기간이 끝날 무렵에 재협상 될 거란 약속과 함께 한 달만 특정 규칙과 기대 사항을 시험해 보기로 계약 당사자끼리 동의할 수 있다. 재협상이 자주 거론되는 항목 중의 하나는 새로운 부모에 대한 호칭이다. 엄마, 아빠, 이름, 혹은 다른 이름으로 불러야 할지에 대한 것들이다. 이러한 항목들을 구체적으로 정하는 것은 십 대 소년을 가족으로 포함시킬 때 조금 어색하고 특이한 긴장감을 없애 줄 수 있다.

가드너 씨는 여러 가지를 드산도 부부와 함께 처리한 다음, 데니에게 옮겨 가게 될 거라는 사실을 말해 주려고 위탁집으로 향한다. 데니는 그 소식을 좀처럼 받아들이려 하지 않는다. 벌떡 일어서서 식탁 의자로 캐비닛을 냅다 치면서 위탁모를 향해 소리를 지른다. "나는 당신에게 아무 짓도 안 했어. 도대체 나한테 왜 이러는 거야!" 주먹으로 테이블을 쾅쾅

내리친다. "왜 날 쫓아내려는 거야? 내가 뭘 했길래? 난 가고 싶지 않아." 가드너 씨와 위탁모는 데니를 진정시키고 드산도 부부가 널 원하고 있고, 널 위해 좋은 가족이 될 거라고 말하면서 안심시키려고 해 본다. "그래, 그래, 좋아! 더 말해 봐!" 분노가 터진다. 발을 구르고, 가구를 떠밀고, 냉장고를 발로 걷어찬다. 어떤 말도 들리지 않고 소리만 지른다. 마침내 계단으로 뛰어 올라가 방문을 쾅! 닫고, 분노와 좌절로 터지는 눈물을 감당치 못한다. 부엌에 선 두 여자는 그 마음이 흔들린다. 가드너 씨는 데니에게 조금 더 시간을 주자고 위탁모에게 다시 생각해 보라고 말해 보지만 소용없다. 결국 금요일 학교를 마친 후 데니를 데려가기 위해 위탁집으로 다시 오기로 한다.

목요일, 토니 드산도는 집에 머문다. 아내와 함께 데니를 위한 침실을 정리하고 장롱과 벽장을 비우는 데 하루를 보낸다. 지난밤 잠을 설쳤다. 둘 다 기진맥진이다. 포기하고 싶은 마음도 없진 않다. 많은 게 진행되었고 어떻게 될지 아무도 예측할 수가 없다. 그날 밤 베스는 축제 분위기를 만들려고 특별한 케이크를 구워 퍼지를 두텁게 바른다. 아이들은 "데니야, 우리 집에 온 걸 환영해"라고 장식글을 만들어서 현관에 걸어 놓는다.

금요일 4시 30분, 가드너 씨와 함께 데니가 도착했다. 눈빛은 멍하니 조용하다. 계약을 논하고 규칙을 협상한다. 놀랍게도 데니는 어떤 제안에도 거의 반대하지 않는다. 새 부모를 뭐라고 부를지 결정해야 하는 순간이 되었을 때, 데니는 엄마, 아빠라고 부르는 편이 낫다고 해서 몹시 놀라게 한다. 또한 학교에서도 드산도라는 성을 쓰고 싶단다. 데니가 왜 이렇게 주어지는 조건들을 거부하지 않고 받아들이는지 그 이유를 알 순 없지만 다소 안심이 되는 건 사실이었다. 혹시 데니가 가족과 잘 지내보려고 하는 건 아닐까. 그들이 두려워했던 만큼이나 고생스럽게 싸우지 않을 수도 있겠다.

데니는 지쳐 보이고 생각에 잠긴 듯하다. 그 누구도 무엇을 해야 할지 알지 못하겠다. 환영식은 억지스럽고 부자연스럽게 보일 것 같다. 데니는 다른 애들의 환영사를 조용하게 듣고, 걸린 환영 글자를 보고 감탄하며 예의를 보인다. 저녁 식사 후 잠시 텔레비전을 본 후 지난 이틀간 잠을 제대로 자지 못해서 피곤하다고 하면서 방으로 들어간다. 토미와 베스는 이제 데니의 등 뒤, 그리 멀지 않은 곳에 있다. 어둠이 내려앉는다. 데니는 가정 안에 있다.

가드너 씨는 가족이 적응하는 기간 동안은 정기적으로 방문하기로 약속을 하고 떠난다.

그다음 며칠 동안은 너무 많은 변화로 인해 데니는 멍해 보인다. 연속된 사건들로 공격을 받은 탓인지 현실에 조금 순응하는 듯 보이지만 한편은 세상과는 벽을 쌓은 듯이 보인다. 오히려 베스가 불안한 행동을 보이는 반면 데니는 침착해져 있다. 데니에게 공간을 정해 주어야 하고 감정을 건드리지 말아야 한다는 걸 잘 알고 있지만 베스는 보조를 맞추질 못하겠다. 데니를 붙들고 흔들어서 많은 말을 하고 싶고, 이 가족 이야기를 당장 해 주고 싶다. 데니가 그들을 알아 가게 된다면, 그들을 믿을 것이고 여기가 좋은 곳이라고 당연히 느낄 수 있을 터인데 말이다.

베스는 아직 제대로 되기 전에 이 입양 배치가 깨어질 수 있는 어떤 사건이 일어날 것 같은 두려움을 느낀다. 데니에게 힘껏 달려들어 지나치게 관여한다거나 혹은 충분히 일찍 관여할 수 없다는 불안이 상처가 될 수 있다.

베스 자신도 1~2년의 생활을 1~2주로 몰아넣으려는 행동은 적절치 않다는 걸 잘 알고 있다. 그렇다고 해도 당장 지금 데니의 모든 것을 알고 싶은데 어떡하란 말인가? 무엇이 이 아이를 이렇게 행동하게 하는가? 이 아이는 정말 누구인가? 그녀로서는 어느 정도 낯섦을 극복하려는 노력일 것이고 곧 평상심으로 돌아갈 것이다. 그러나 데니에게는 무엇이 최선이고 어디에 초점을 맞추어야 하는지를 알 수 있으려면 자신을 조절할 수 있도록 노력해야 한다.

이런 현상은 큰아이를 입양할 때 흔히 일어난다. 한 사람은 먼 거리가 필요하지만 또 한 사람은 가까운 거리를 원한다. 한 사람은 조심스럽게 우회하면서 관계를 만들어 가는가 하면 또 한 사람은 당장 친해지려고 한다. 이런 경우 속도를 조절하면서 아이의 욕구에 맞추어야 하는 쪽은 부모다. 이미 낯선 환경에 폭격을 당한 아이가 속도를 조절하기란 여간 어려운 게 아니다.

베스와 토니는 우선 데니의 학업부터 도와야겠다고 결정한다. 학교에서 아무런 노력을 하지 않는다면 결국 안 좋은 선택을 하게 될 것이다. 데니가 원치 않는 환경에서 대부분의 날을 보내고 나쁜 졸업 성적은 흑인 성인이 선택할 수 있는 것들을 많이 제한시킨다. 새 부모는 처음부터 성적이 안 좋다고 벌을 주지는 않겠지만 데니가 노력하기를 기대한다고 자신들의 입장을 분명하게 말했다. 숙제는 해야 하고 시험 준비는 스스로 해야 한다. 그리고 학교에서는 집중해야 한다. 도움을 요청하면 언제든지 도와줄 것이다. 데니는 일단 공부를 시작하기만 하면 잘할 수 있을 거라고 생각한다. 그렇게 되면 스스로를 좋게 생각할 것이고 실패의 악순환은 멈추게 될 것이다. 이 마지막 6주간의 학교생활로 크게 따라잡을 것이라고 기대하진 않지만, 내년에도 계속 공부하는 습관은 익히도록 도울 것이다. 그들이 말한 데니의 첫 경험이란 게 이것을 의미하고 그들은 해낼 수 있을 것이다.

부모가 자녀를 성공시킬 수 있다는 생각은 비현실적이다. 그러나 성공 가능성을 높이기 위한 주변 환경과 상황은 만들어 줄 수 있다. Bruno Bettelheim(1950)은 학기 말과 초 그리고 크리스마스 휴가 때는 옮겨질 준비가 잘된다고 하였는데, 이 시기는 달력이 아이들에게 변화하는 시기라는 걸 잘 알려 주기 때문이다. 그런데 흥미롭게도 일부 사회복지사들과 가족들은 학기 말 직전이 더 옮기기에 좋다는 사실을 발견했다. 그 시기엔 많은 학교가 학업을 강행하지 않고 교직원이나 학생들은 그저 시간만 때우면서 지낸다. 학기 중이나 여름 방학 때보다 훨씬 더 쉽게 아이들을 만날 수 있는 기회가 된다. 새로운 학교생활에 대한 낯섦과 두려움으로 여름을 보내지 않아도 된다. 교사 또한 아이와 친해질 수 있고 다음 학기를 위한 좋은 계획을 세울 수 있는 시기다.

베스와 토니는 새로운 학업에 대한 책임감을 가질 수 있도록 데니에게 약간의 시간적 여유를 허락한다. 그동안 데니는 거의 숙제를 하지 않고 "선생님이 아무 숙제도 내주지 않았어요"라든가 "학교에서 했어요"라고 했다. 베스와 토니는 안 속는다. 데니는 학업을 오랫동안 싫어했다. 만약 아이를 돕고 싶다면 상황을 잘 다룰 수 있어야 한다는 걸 그들은 알고 있다. 둘째 주가 되자 학교에 전화를 넣어 데니를 가르치는 모든 교사들과 학생 상담실에서 만날 약속을 정한다.

그 만남은 매우 흥미진진했다. 교사들은 모두 데니를 좋아했고, 아이의 외모나 말투에 위축되지 않았다. 그러나 데니를 새로운 환경에 적응시키려는 열망이 크기에 너무 많은 동정심으로 아이를 대했고 데니는 예상되는 과제를 피하기 위해 그 동정심을 이용해 왔다. 매주 시험이 있는 수학과 사회 과목 점수는 온통 'D'와 'F'였다. 더구나 학교의 '말썽쟁이들'과 어울려 다니고 교실에서 하는 말투는 보통 경박스럽지가 않았다.

교사들과 함께 베스와 토니는 걱정거리를 나누었다. 계속 노력할 터이니 선생님들의 협조를 바란다고 말했다. 데니가 뒤떨어지거나 학교 통제권을 벗어나지 못하도록 해 주길 바란다고 말했다. 만약 교사들이 데니를 무능력자로 취급한다면 아이는 그대로 될 것이다. 만약 누구나 포기할 수 있고 또 그런 자신을 불쌍하게 여길 권리를 갖는다는 걸 교사가 아이에게 가르치지 못한다면 아이는 뭔가를 더 받아 내야 할 것 같고 더 많은 것을 요구할 수 있는 권리가 있다고 생각할 것이다. 교사들은 데니의 학교생활에 대해 알려 줄 것에 동의한다. 만약 데니가 숙제를 해 오지 않는다면 부모에게 알려질 것이다.

베스와 토니는 새 아들에게도 말한다. "데니야, 대체 어쩌자고 해야 할 숙제가 없다고 말하는 거니? 뭔 생각을 하는 거니? 지금부터는 선생님들이 학교에서 무슨 일이 벌어지고 있는지 알려 주실 거야. 그러면 차라리 하는 편이 더 나을걸."

그다음 주 베스는 과학 교사로부터 전화를 받았다. 어제 현장 학습을 하려고 운동장으로 그 반을 데리고 나갔다. 데니는 시간 내내 말썽을 부렸으며 애들을 놀리거나 바보같이 행동했다. 수업이 끝나기 20분 전에 한 명하고 데니가 없어졌다. 다른 교사에게 발각되어 교장실로 보내졌는데, 그 사건은 데니가 학교에서 잘 지냈다고 부모를 안심시켰던 그날의 일이었다.

오늘 그 교사는 전날 내준 과제에 대한 시험을 치렀고 데니는 수업을 빼먹었다. 그는 데니가 스쿨버스에 타고 있었다는 걸 알아차렸다. 데니에게 어디에 있었는지 물었을 때, 몸이 안 좋아서 양호실에 있었다고 답했다. 간호사에게 확인한 결과, 데니는 양호실 문 안을 한 번 들여다보고 친구를 찾고 있다고 중얼거리면서 사라졌다는 사실이 밝혀졌다.

| 거짓말

데니는 잘도 빠져나간다. 이야기 주제를 바꿔 버리는 데 능숙해서 좀
처럼 붙들어 두기가 어렵다.

"데니야, 오늘 아까 어디에 있었니?"

"학교에요. 왜요?"

"너는 학교에 있었는지 모르겠는데, 과학 선생님은 네가 수업시간에

들어오지 않았다고 하시던데."

"아, 그거요."

"어디에 있었던 거야?"

"양호실에요."

"양호 선생님은 네가 거기에 1분밖에 있지 않았다고 하시던데."

"아, 속이 느끼해서 화장실에 갔어요."

"또 뭐 했는데?"

"언제요?"

"화장실 볼일을 본 후에."

"모르겠어요. 오랫동안 있었던 것 같은데."

"계속 화장실에 있었던 거니?"

"아, 그랬던 것 같아요."

"어제는 어땠니? 과학 선생님은 네가 일찍 나갔다고 하시던데."

"그 선생님은 멍청해요. 난 나쁜 짓을 하지 않았어요. 끝났다고 생각했

어요."

"왜 그렇게 생각했지? 벨이 울리지 않았는데."

"우린 아무 짓도 안 했고 그냥 뭘 좀 보고 있었고, 끝났다고 생각했어요."

"다른 애들은 그렇게 생각하는 것 같지 않던데."

"글쎄, 우리 친구들은 그랬어요."

"담임 선생님은 너와 로버트만 그랬다고 하시던데."

"어, 다른 애들도 오고 있다고 생각했거든요."

"그러고 나서 결국 교장실로 갔지, 응?"

"아뇨."

"아니라고?"

"글쎄, 분명하지는 않아요. 복도에서 교장 선생님을 봤어요."

"화가 나셨지?"

"모르겠어요. 그런 것 같았어요."

"어제 왜 이걸 말해 주지 않았지?"

"잊어버렸어요."

"잊어버렸다고?"

"글쎄, 별로 중요하지 않아서요."

　데니의 말은 수시로 바뀐다. 답을 '맞추려고' 애쓰면서, 자기가 무슨 말을 하고 있는지 아무 생각도 없는 듯하다. 그저 부모가 어떤 말을 듣기 원하는지 알아내려는 데만 집중하고 있다. 무슨 말을 해야 빠져나갈 수 있을까? 믿게 만들까? 따돌릴 수 있을까? 변명만 나열하는 듯하다. 말이 되든 안 되든 간에, 무슨 말이든 해서 자기 결백을 증명해 보이려고 한다. 자기 말에 책임을 지도록 해야 한다는 드산도 부부의 생각을 가드너 씨는 지지해 준다. 아이를 '거짓말쟁이'로 몰아세우지 않고 의심스러울 때는 분명한 방법으로 의사를 전달하도록 한다. 부모들은 아이의 부정직성에 화가 나고 신뢰할 수 있는 사람으로 가르치는 데 너무 몰두함으로써 자주 아이가 '거짓말쟁이', '도둑', '정직하지 못한 사람'이 될 거라는 생각을 한다.

　도둑질과 거짓말은 잘못 배운 실패 행동이거나 혹은 잘못 지도된 학습일 뿐이다. 이 아이들은 그런 행동은 해서는 안 된다는 걸 아마도 모를 수 있다. 많은 경우 나이 들어 입양된 아이들은 어른들로부터 시종일관 거짓말을 들어 왔었다. 어쩌면 "며칠 후면 너는 집으로 돌아올 것이고 모든 게 다 잘될 거야. 우리 모두 다시 함께 살게 될 거야"라고 하거나 방문을 약속했지만 단 한 번도 찾아오지 않았을 수 있고, 결코 도착하지도 않는 선물이 오고 있다는 말을 들었는지도 모른다. 위탁 부모들은 종종 그 집에서 머물 수 있는 기간을 잘못 약속하거나, 주사는 절대 아프지 않다거나, 결코 일어나지 않을 외식, 파티, 소풍 등을 약속하기도 했을 것이다. 아마 어른들은 아이를 달래려고, 죄책감을 완화시키려고, 귀찮게 하지 못하도록 하려고 이런 말들을 해 왔을 것이다. 아이는 과거 부모로부터 형성된 불신감과 부정직성을 새로운 부모에게 뒤집어씌우게 된다. 새 부모가 무언가를 약속할 때 아이는 과거에 지켜지지 않았던 모든 약속들을 기억해 내고는 그들의 말에 대해 아무 기대도 하지 않을 수 있다. 어떤 아이는 즐거움을 기대하려는 자기 자신을 허락하지 않는다. 어떤 아이는 "우리 언제 가요? 저를 데리고 갈 거라고 했잖아요. 왜 지금 갈 수 없어요?"라며 성가시게 한다. 그러면 새 부모는 아이가 그런 불신감을 갖는 게 이상해서 방어적인 태도를 취할 수 있다.

　이 아이들은 약속을 지키지 않아도 양심의 가책을 별로 느끼지 않는다. 아무 생각 없이 다른 애들에게 선물, 장난감, 다음을 약속해 놓고, 나중에 가서 '아마도'라고 했지 언제 그랬냐고 변명한다. 다른 애들은 속은 기분에 화가 난다.

이런 식의 '뒤집어씌우기'와 싸우려고 하는 새 부모는 아이의 부적절한 과거 기억을 떠올리게 만들 수 있다. "내 생각에는 네가 실망한 어떤 사람과 나를 혼동하는 것 같구나. 나는 내가 말한 대로 한단다." 아이가 자기 말의 결과를 감당치 못하고 있을 때, 부모는 이렇게 설명해 줄 수 있다. "집집마다 지켜야 할 규칙이 다를 수 있어. 우리 집에선 말과 행동이 일치해야 한다." 조만간 아이는 그 말을 수용하고 부모를 믿게 될 것이다.

새로 입양된 큰아이는 자랑하고 과장하면서 사실들을 잘 왜곡시킨다. 부끄러워서 그럴 수도 있다("어떻게 해야 하는지 알고 있었지만, 내가 원하지 않았을 뿐이에요"). 때론 강한 인상을 주려고 그럴 수 있다("다른 아빠는 항상 비행기를 태워 줬어요"). 때론 충성심에서 그럴 수 있다("첫 아빠는 큰 회사 사장님이었고 세계에서 키가 제일 커요"). 때론 동정의 대상이 되지 않으려고 그럴 수 있다("첫 가족은 우리가 먹고 싶을 때마다, 하루에 세 번이나 아이스크림을 먹을 수 있게 해 줬어요"). 때론 자기가 원하는 대로 조종하기 위해서 그럴 수 있다("위탁 엄마는 심야 프로를 볼 수 있도록 놔뒀어요"). 이러한 자랑거리들은 다른 아이들을 화나게 만드는 경향이 있다. 그리고 새 부모들은 그러한 비교에 집착하는 경향이 있다. 아이가 낮은 자존감 때문에 그런 행동을 한다는 걸 알아차리기보다 새 가족을 별로 좋아하지 않는다고 말할까 봐 두려워하기도 한다. 그러다가 이 가족이 이전의 가족들보다 얼마나 더 괜찮은지를 알려 주려고 애쓰는 실수를 범하기도 한다. 그것은 아이 자체에 가치를 부여하고 안전과 애정을 느끼고 싶은 아이 욕구에 초점을 맞추지 못하고 비교 의식을 키우게 된다. 이런 유형의 거짓말들은 아이의 자아개념이 긍정적으로 변하면서 점점 사라지게 되어 있다.

실제로 아이들의 말은 말이 의미하는 내용이 부정직한 경우가 많다. 부모에게 좋은 성적만 말하거나, 학교에서 있었던 나쁜 것들은 말하지 않는 것이 보통이다. 좋은 건 길게 가고 나쁜 건 잊어버린다. 드산도 부부가 데니에게서 맞닥뜨리는 문제도 그런 것들이다. 그럼에도 데니의 빠져나가고 태연한 정도는 심하다.

예를 들어, 어느 날 토니가 집에 왔는데 베스는 데니에게 화가 나 있었다. 베스와 데니는 요즘 방 상태에 대해 말하고 있었다. 매일 침대를 정리하고 더러운 옷을 치우라고 말하고 또 말했다. 오늘 오후 데니가 친구들과 야구하러 간다고 집을 나서는데 마지막 물음이 방을 치웠는지였다. "네~" 휙 답하고 문을 닫았다. 나중에 베스는 깨끗한 세탁물들을 들어 올려 보니 방바닥은 난장판이었다. 침대 정리는 물론이고 바닥엔 최소 이틀은 묵힌 옷가지들이 널브러져 있었다.

저녁 식사를 위해 들어왔을 때 묻는다.

"오늘 나갈 때 네 방 치웠다고 말했지?"

"네, 방 치웠어요."

"같이 가서 볼까. 너한테는 이게 치운 걸로 보이니?"

"음, 엄마가 방을 오늘, 치웠냐고 물었는지는 몰랐어요. 저는 그저…"

"그저 뭐라고 생각했다고?"

"글쎄… 아시잖아요."

단어 하나하나를 명확히 해야 한다. 그렇지 않으면 데니는 빠져나갈 구멍을 찾아 이용한다. 어처구니없이 하찮은 것이라도 일단 변명거리가 된다 싶으면, 데니는 그 말이 절대 진리인 양 붙들고 놓질 않는다.

데니와 같은 아이들은 어른에게 죄책감이 들도록 해서 부모를 조종하려고 든다. "엄마는 날 믿지 않아요." 어른의 동정심을 유발시키기 위해 이렇게 말할지도 모른다. 그러면 부모는 그런 말을 인정해서도 안 되며, 죄책감을 갖지 않고 답할 수 있어야 한다. "아니, 그렇지 않아. 난 믿고 싶어." 나중에 불신으로 인한 아이 행동은 사라질 것이란 믿음을 갖고 부모 자신의 감정을 정확하게 전달할 수 있어야 한다. 아이가 곤궁에 빠지게 되면 오늘 실수 하나 한 것 가지고 부모가 그런다고 하거나 자기 잘못도 아닌데 그런다고 말할 것이다.

거짓말 멈추기를 위해 부모가 할 수 있는 최선의 방법은 거짓말을 해서 얻는 유익을 최소화시키거나 혹은 아주 어렵게 만들어야 한다. 만약 자기가 정직하지 못해서 손해 본다는 걸 알게 되면 정직한 행동이 가장 유익하다는 것을 동시에 배우게 된다. 부모는 아이가 믿을 만해질 때까지 일상에서 발생하고 있는 실제 상황들을 계속 주도면밀하게 확인해야 한다. 다 아는 사실을 아이가 부인하지 못하도록 하고, 말을 바꿀 때는 지적해 줘야 한다.

믿을 수 있는 사람이 될 수 있으려면 먼저 부모에게 정직할 수 있도록 도와야 한다. 부모는 아이와 한 약속을 반드시 지켜야 한다. 조건이 붙은 계획도 지킬 수 있도록 명확히 해야 한다("내일 비가 내리지 않으면 바닷가에 간다"). 입양 초기에는 최소 24시간 내에 이루어질 수 없는 약속은 하지 않는 편이 현명하다.

부모의 행동은 철저하게 일관성이 있어야 한다. 하는 말과 행동이 일치된다는 느낌을 줄 수 있어야 한다. 아이를 때리고 싶다면 안지 말아야 한다. 만약 아이가 무언가를 하도록 두고 싶지 않은데 어쩔 수 없이 허락하는 것은 아이에게 갈등의 메시지를 주기 때문에 정직하게 표현하는 편이 낫다. 잠자리에 들지 않으려고 빠져나가는 아이에게 화가 난 부모는 인내하는 척 미소 짓기보다 솔직하게 표현할 수 있어야 한다.

▌ 양심이 있긴 하나?

아이의 부정직한 행동은 새 부모가 가장 예민하게 반응하도록 만든다. 대부분 내면의 두려움 때문에 그런 반응을 하는데, 부모는 아이가 잘못을 부정하고 정직하지 못한 비양심적인 사람으로 자랄 거라고 두려워한다.

> 양심Conscience이란 행동을 지배하는 내적 표준과 금지로 구성되어 대체로 인격으로 이어진다. 그 내적 기준 체계는 외적 통제가 필요없이 유지된다. 양심을 가진 사람은 외부의 '경찰관' 없이도 스스로 어떤 행동을 하지 못하게 하고, 스스로의 충동을 억제하고, 위반하면 죄책감을 느낄 수 있다(Fraiberg, 1959).

아이의 부도덕성을 걱정하는 부모들은 양심이란 지속적인 학습을 통해 발달한다는 점을 알 필요가 있다.

아이에게 양심은 부모의 기준을 이해하고 받아들일 때 생긴다. 아장아장 걸음마기 아이가 거실 탁자 위의 담뱃재로 꽉 찬 재떨이를 엎었을 때 부모가 불쾌해지는 과정을 예로 들어 보자. "안 돼, 안 돼, 만지지 마!" 엄마는 아이의 손을 툭 치고 재떨이를 치우면서 이렇게 말한다. 만약 아이가 담뱃재를 갖고 노는 걸 부모가 일관적으로 막는다면, 아이는 부모

말의 문맥을 이해할 수 있게 된다. 금지된 재떨이를 잡을 때, "안 돼, 안 돼"라고 자신에게 말하는 날이 올 것이다. 그런데 안 된다는 걸 알고 있다 하더라도 아이의 통제력은 여전히 약하다. 재떨이 가까이에 손을 슬그머니 뻗을 수 있고, 마치 자기가 엄마라도 된 것처럼 자기 손등을 찰싹 때릴 수 있다. 이렇게 하면서 결국 재떨이를 만지기 전에 자기 스스로를 막을 수 있게 된다.

합리적인 양심이 건강하게 발달한다는 건 간단한 과정이 아니다. 신체발달과는 달리 자기 충동을 통제할 수 있는 능력은 가르쳐지지 않는 이상 아이에게 (저절로) 생기지 않는다. 선과 악, 이기적 이타적, 자기 또는 기질을 통제할 수 있는 능력은 갖고 태어나는 것이 아니다. '애착 Attachment'이라고 불리는 과정을 통해 부모로부터 얻어지는 것이다.

애착은 음식과 신체적 돌봄이 필요한 아이가 갖는 불안과 불편함에서부터 시작된다. 부모가 아이의 욕구를 잘 알아채고 만족시켜 주면 불안과 불편함은 사라지고 안전감을 느끼게 된다. 곧 자기를 돌봐 주는 사람이 곧 자신의 안전이라고 생각하게 된다. 이런 애착 형성 과정에서 부모는 아이의 스트레스를 해소시켜 줄 뿐 아니라 더 큰 안전감과 만족감을 느끼도록 하여 긍정적인 상호작용을 주도하면서 애착을 견고하게 만든다. 어른하고 정서적 거리가 느껴지면 아이는 불안하기 때문에 어른이 화를 내거나 자기를 못마땅하게 여기지 않게 하려고 행동한다. 자기를 좋아해 주는 어른의 기대에 부합되도록 애쓰면서 그 기준을 자기 내면에 통합시키게 된다.

입양된 큰아이들의 양심발달이 지체되는 데는 다양한 이유가 있다. 어쩌면 과거에 애착이 되었어야 했던 어른이 충분한 애정과 관심을 주지 않았을 것이다. 어쩌면 자녀를 잃은 그 어른과 애착은 되었으나 버림

받았다는 생각에 아이가 애착을 버렸는지도 모른다. 그렇게 해서 이전에 배웠던 가치와 금기사항을 거부할 것이다. 어쩌면 여러 번 옮겨진 경험이 애착 형성 과정을 계속 방해했을 수 있다. 아니면 어떤 때는 괜찮다고 하다가 어떤 때는 안 된다고 혼란스럽게 기준을 갖다 대는 어른들과 살았을 것이다.

이런 아이들은 재떨이를 갖고 노는 것이 잘못된 거라고 알고는 있지만, 아직 그 같은 유혹에 저항할 만큼 충분히 강한 양심을 발달시키지 못한 걸음마 아기와 흡사하다. 또 어떤 아이는 유혹의 순간에는 얌전히 있다가 금기를 범한 후에 엄습하는 '행동 후 양심'이 발달된다. 이것은 마치 아이가 어려움에 처해 있을 때는 무관심하거나 돕지 않고 있다가 그다음에 생긴 불편함 때문에 아이를 급습하는 것과 흡사하다 (Redl&Wineman, 1951).

보통은 부모로부터 받는 애정과 인정 그리고 아이의 자존감 간에 긴밀한 연관성이 있기 때문에 부모가 나쁘다고 한 어떤 행동을 하면 아이는 죄책감을 느끼게 되어 있다. 그런데 새 아이는 가족의 금기가 무엇인지 아직 알 수 없고 새 부모의 애정과 인정을 받아들이기 어려우므로, 자신의 행동이 벌을 받게 될지 혹은 다시 옮겨지게 될지 모른다는 두려움에 통제받는다.

만약 죄책감 대신에 외부로부터 처벌받을 것 같은 위험신호가 느껴지면 수많은 핑곗거리가 생긴다. 그리고 나쁜 행동을 해도 발각되지 않을 거란 자기 확신이 필요하다. 혹은 쾌락과 고통의 위험도를 비교 계산을 해 보니 나중에 상응하는 대가를 치러야 할지언정 재미가 더 크다는 결론에 달할 수 있다. 어떤 아이들은 정교한 회계 시스템을 갖추고 있다. 회계 장부에서 '죄' 항목에 일정 금액의 빚을 지고, 자기를 때리게 만들어 처벌 항목에 상환 처리를 한다. 이런 회계 장부의 균형을 맞추면서 아이는 새로 출발하고 다시 빚을 진다(Fraiberg, 1959).

옮겨진 아이들은 자주 자기 양심에게 변명하는 법을 배워 왔기 때문에 금지된 행동을 허용해도 죄책감이나 불안감을 느끼지 못한다. "저 애가 먼저 했어요", "다른 애들도 다 하는데요", "저 애가 나보다 먼저 했어요", "걔가 하고 있었어요", "저는 나중에 했어요", "걔는 나쁜 애고 나쁜 놈이기 때문에 상관없어요", "모두가 나만 싫어해요", "아무도 나를 좋아하지 않아요", "걔들은 늘 나를 괴롭혀요" 등이다.

아동 심리학자들은 "아동에 따라 양심의 힘은 정도 차가 있긴 하지만 전혀 없는 아동은 있을 수 없다"고 말한다(Redl&Wineman, 1952). 아이들은 심지어 심각한 비행을 저지르는 아이들과 '거래'하거나 '비열한 짓'을 이해하며, 자기가 속한 집단에서의 '불공평'이 무엇인지를 알고 있다. 외국에서 입양되어 온 상당수의 아이들은 훔치는 행동은 나쁘지 않으며 또 그럴 필요가 있다고 배웠으며 다른 사람들의 범법 행위를 드러내는 것은 나쁜 행동이라는 깊은 확신을 갖고 있다. 대부분의 이 아이들은 과거의 관계를 지켜 내려는 어떤 허점을 갖고 있다. 따라서 부모들은 이런 가치를 잘 살피면서 가르쳐야 한다.

양심발달은 애착에 달려 있기 때문에, 아이가 새로운 가정 안에서 자기통제력을 키워 간다는 조짐으로 보이는 어떤 것들이 있다. 애착발달에는 시간이 걸린다. 즉 동일한 어른이 아이의 불편함과 불안을 완화시키는 데 오랜 시간 관여해야 한다. 그 시간의 길이는 매우 다양하다. 어떤 아이는 '애착 준비 완료' 상태에 있다. 마치 행복한 아동기를 보냈기 때문에 지금은 단지 애정을 전해 줄 적당한 대상을 기다리고 있는 것과 같다. 그 아이는 어른이 가진 가치의 일부를 자신의 것으로 통합하기에 오래 망설이지 않는다. 한편, 무관심하고 적대적인 어른의 잦은 변덕을 겪으면서 살아온 아이는 더 이상 새로운 사람을 좋아하는 방법을 거의 알지 못한다. 좋아한다는 것이 무엇을 의미하는지, 특히 애착의 의미가 무엇인지 그 모든 것을 다시 배워야 할 것이다(Redl&Wineman, 1951).

누굴 믿어서 상처받도록 자신을 내버려 둘 수 없는 아이는 애착 과정이 어렵다. 어떤 아이는 자기 인생에 새로 나타난 사람은 실제로 어떠한 사랑도 안전도 줄 수 없다는 생각을 하고, 애정 혹은 충족을 인정하지 않으려고 한다. 실제이든 상상이든 오히려 결핍에 더 초점을 맞춘다. 자기가 좋아서 선택한 새 운동화와 새 청바지, 수제 스웨터, 새 스포츠 점퍼를 지금 막 사 주었는데 요구한 10원짜리 풍선껌 하나를 거절당하면 "엄마 나한테 아무것도 안 해 주잖아요"라고 주장한다.

그 아이는 전체 가치체계를 Erik Erikson이 말한 '기본적인 불신'의 토대 위에다 세운다. 보통의 아이와는 달리 즐거운 경험으로 어른과 어울리는 걸 배우지 못했다. 예측 가능한 방식으로 자기의 필요를 어른이 채워 주거나 어려울 때 어른을 의지할 수 있다는 경험을 하지 못했다. 오히려 어른이란 불쾌한 경험과 연관되고, 자기 필요를 해결해 주기보다 심지어 위험하기까지 한 걸 배웠다. 이 아이의 행동은 사람들은 믿을 수 없고 의심해야 한다는 것을 의미한다. 그런 불신은 위협적이거나 예측하기 어려운 어른을 만났을 때는 도움이 되었으니, 새로운 부모를 향해서도 같은 방식으로 행동할 만하지 않겠는가. 아이의 눈으로는 그동안 많이도 속았던 어른들의 친절한 겉모습 뒤에는 믿어서는 안 되는 것이 있다. 그래서 새로운 어른이 또 다른 방식으로 확신시켜 주려고 노력한다면, 아이는 훨씬 더 의심하거나 두려워할 수 있으며, 자기 생각이 옳다는 걸 증명하기 위해 어떤 기발한 전략을 또 개발할지도 모른다.

우리가 공정하기에 수치심이나 죄책감을 느끼게 할 수 있는 수용적이고 친절한 성인의 태도에 의해 위협받는 아동들은, 우리가 화나고 쉽게 적대적으로 해석할 수 있는 행동을 하게 만들려고 애를 쓴다(Redl&Wineman, 1951).

어른이 어떤 순간에 어떻게 '미쳤고' 그리고 언제 더 부추기고 자극하는 것이 더 안전하다는 것을 알고 있는 자아^{Ego}는, 어른이 언제 사랑하고 공평하고 이성적인지를 알지 못한다(Redl&Wineman, 1952).

이런 아이는 어른이 해를 끼치지 못하게 만들려고 그 위에 올라선다. 그렇게 해서라도 어른이란 존재를 너무 무서워할 필요가 없게 만든다. 어른으로 하여금 자기 방어체계로 돌입하도록 만들어 어른의 영향을 무력화시킬 수 있는 놀라운 행동 레퍼토리를 개발한다. 때로는 무서워서 그만두고 달아나기를 원하면서도, 어른의 평정심과 능력을 홀라당 벗겨 버릴 수 있다. 자주 거짓말로 속이는 어른은 믿을 가치가 없다는 걸 증명하려 든다(Trieschman, Whittaker, Brendtro, 1969). Ner Littner(1956)는 새 부모가 거절되고, 좌절하고, 분노하도록 만드는 아이의 극단적인 행동이 어느 정도 인지를 기술하고 있다. 부모의 감정을 상하게 만들어서 철회하거나 거부하여 자기가 화를 낼 핑곗거리를 만들 수도 있을 것이다. 이러하다면 부모를 조종하려고 드는 아이의 노력에 대처하기 위해 부모에게는 도움이 필요하다. 자신들에게 벌어지고 있는 상황을 이해와 공감받을 수 있고 또 비록 화가 나더라도 철회, 거부, 보복하지 않을 수 있도록 도움을 받아야 한다.

아이가 새 부모와 거리두기를 하는 것은 다른 부모에 대한 불충이란 두려움에서 그럴 수도 있다. 특히 편들기 혹은 한 어른만 사랑하도록 강요당한 초기 경험을 가진 아이들에게는 더욱 그러하다.

새 자녀에게 끌리는 부모가 되고 애착관계를 견고하게 진행시키고자 하는 부모는 다음 세 가지 사항은 특히 피해야 한다.

1. *자녀가 알고 있는 다른 어른을 비판함으로써 자신을 높이는 것.* 이것은 아이가 자기 과거를 싫어하고 열등감을 느끼게 만든다. 많은 입양된 아이들은 이미 물려받았다고 생각이 드는 약점 때문에 스스로를 '나쁜 씨'라고 생각하는 경향이 있으니 이런 생각을 더 강화시킨다.
2. *지나치게 관대한 것.* 이 아이들 대부분은 외적 통제가 필요하다. 오히려 아이 쪽에서 그것을 요구할 수도 있다. 애착이 형성되고 양심발달이 수준을 따라잡을 때까지 처벌을 두려워하고 친절한 어른의 외적 통제가 필요하다.
3. *아이가 갱 일원이 되는 것.* 이 아이들이 배워야 하는 가장 큰 가르침은 권위 있는 어른과 관계를 맺는 법이다(Trieschman, Whittaker, Brendtro, 1969).

아이가 스트레스, 불안, 두려움, 병 또는 피곤한 상태에서 애착을 더 잘 받아들인다는 연구는 점점 더 많아지고 있다(Rutter, 1972). 새로운 가족으로 옮겨짐은 분명히 이런 상태에 처하게 됨을 의미한다. 먼저, 새 가정 안으로 들어가는 것은 생활에서 두려움, 스트레스, 피로를 느끼는 중요한 변화이다. 둘째, 이전 생활에서 좋았던 것들을 내려놓아야 하는 불안감을 느낀다. 셋째, 새로운 생활환경에 처한 자신을 다시 정립하는 것이다. 이 모든 것들은 아이 성격에 혼란을 일으키고 내적 불안정을 더하는 경향이 있다. 부모들은 이런 스트레스 상황에서도 지금 성장해 가고 있는 아이의 잠재능력을 잊어서는 안 된다. 아이가 애써 성장하려고 해도 옮겨진 후의 애착 관계는 취약할 수밖에 없다. 그럼에도 불구하고 자신의 새 방향을 세우고, 새 방법과 새 기준을 받아들여 다시 시작하려는 본능이 있다. 만약 어른이 아이를 편안하게 해 주고 아이가 노력하고 있는 바를 통과할 수 있도록 돕는다면 애착 관계는 만들어진다.

또한 Rutter는 "애착이란 아이의 개성을 존중하고 아이가 보이는 특이한 증상을 인지하면서 아이의 세세한 요구에 반응해 주는 사람들이 아마 가장 쉽게 이루어 낼 것이다. 중요한 것은 상호작용을 하는 시간의 길이보다 그 깊이에 있다"라고 지적한다(Rutter, 1972).

십 대 아이의 입양 배치에는 애착 형성이 재활성화될 때 나타나는 특이한 면이 있다. 새 가족의 구성원이 되고자 하는 욕망과 십 대의 발달 과업인 독립, 즉 가족을 떠나야 하는 준비가 동시에 나타난다. 이미 혼자 살아왔고, 가족이 주는 친밀함의 기쁨을 한 번도 느껴 본 적이 없거나 오래전에 잊어버린 십 대 아이들의 마음을 움직이기란 쉽지 않다. 이런 청소년은 어른의 동의나 소속감에 별로 관심이 없다. 도리어 어른 기준에 반하는 행동, 옷차림, 말투로 어른과의 차이를 직접적으로 과장해 보이려는 경향이 있다. 실제로 가족을 거절하고 입양 배치가 순조롭게 이루어지도록 내버려 두질 않는다. 그러나 다른 한편으로는 자신의 본보기가 될 만한 어른을 신중하게 둘러보는 시기라서 새 부모를 모델로 택하는데 오히려 개방적일 수 있다. 가족이란 안전지대를 갖지 못한 채 지내온 일부 십 대들은 충족되지 못했던 의존 욕구가 새 부모에게 소속되고 싶은 큰 갈망으로 나타난다. 옮겨진 대부분의 큰아이들에게서 나타나는

'나이 흔들기', '옮겨짐의 위기감', '역할 모델의 필요성'은 십 대들이 가진 회복을 가능케 하는 긍정적인 요소이며, 입양 배치를 자신과 가족 모두에게 탁월한 기회로 만드는 경향이 있다.

양심발달은 지속적인 과정이다. 그래서 부모를 떠나는 청소년 후기까지 아이는 외적 권위로부터 완전한 독립을 할 수 없기 때문에 거짓말하고, 훔치고, 이기적이고, 부주의하거나 고의로 해를 가할 수 있다. 이것들로 인해 아이가 점점 더 믿을 수 없는 사람으로 변할 것이라고 절망하고 두려워 할 필요가 없다.

┃ 성적 관심

때때로 새로 가족이 된 십 대에 대한 가족의 관심은 매우 특별한 이슈에 초점을 맞추게 된다. 젊은이는 확실히 매우 성적이다. 이 부분은 가족 관계를 깊이 흔들 수 있다. 가족 안에 새로운 구성원이 들어올 때마다 보통 생기는 삼각관계가 만약 신체적으로 성숙한 십 대일 경우에는 괴로울 정도로 복잡한 상황으로까지 발전할 수 있다. 청소년들이란 때때로 '사랑'을 성이란 일면으로만 보고, 다른 식으로 감정표현을 할 수 있는 능력이 부족하고 또는 성적 행위 외 다른 식으로 애정과 관심을 얻을 수 있다고 생각하지 못하기 때문에 문제가 발생한다. 노골적으로 유혹하고 새 부모 중 한쪽 또는 양쪽 모두를 긴장시킬 수 있다.

가정 내에서 십 대 청소년의 성 문제가 등장하면 때때로 부모에게 심리적 위협이 될 수 있다. 부모 자신은 매력 없이 늙었고 젊은 아이는 자신들이 할 수 없는 경험을 곧 하게 될 거라는 질투를 느낄 수 있다. 성숙하고 있는 십 대의 출현이 가끔은 부모끼리 과거에 문제가 있었다거나 성적으로 잘 맞지 않아서 불안했던 부분들을 들추어내게 만든다. 아이와 부모 모두에게 성적으로 취약한 부분들은 배치가 이루어지는 시기에 주의 깊게 고려해야 한다.

복지사들에게는 한창 성장 중인 젊은이가 있는 가족에다 십 대를 배치한다는 건 걱정스럽다. 사회적 금기를 소화해 낼 만큼 충분히 오랫동안 함께 지내지 못했던 아이들 간의 근친상간이 일어날지도 모른다는 염려다. 그렇지만 이런 문제가 발생하는 경우는 흔치 않다. 새로운 가족원이 가족의 친밀감으로 충분히 안정되어 갈 때는 같은 형제자매로 보이게 된다. 이와 유사하게 식사를 나눠 먹던 대학 공동 교육기숙사란 한 지붕 밑에서 생활하는 여성과 남성은 성적 관계가 억제되는 경향이 있다는 것을 발견했다.

이성의 부모는 십 대 자녀가 혼란스럽고 부적절한 자극을 하지 않도록 신체적인 애정 표현을 연습해 보는 편이 좋다. 그리고 문제가 일어나는 원인은 아이가 가진 성에 관한 정보의 양이 아니라, 그 정보를 사용하는 방법에 있음을 알아야 한다. 십 대의 성에 대한 진실과 재생산을 억제시키려는 생각은 결코 바람직하지 않다.

베스와 토니 드산도는 데니의 성 문제에 대해서는 특별히 걱정하지 않는다. 그들에게 어려운 문제는 매일 규칙을 세우고 허락해 주기 그리고 양심적인 생각과 그대로 하려는 노력이다. 부부 모두 십 대를 지나왔지만 십 대의 부모가 되어 본 적은 없다. 십 대 자녀인 데니에게 허용해야 하는 자유와 제한 장소를 지금은 한꺼번에 결정해야 한다. 어떤 결정이 합당한지 아는 게 어려울 수밖에 없다.

데니는 인생의 거의 모든 시간 동안 스스로를 지켜 왔다. 그러나 지금은 자기가 어디에 있는지, 누구와 함께 있는지, 무엇을 하고 있는지, 언제 올지를 알고 싶은 부모가 있다. 계획을 변경하면 전화로 알려 줄 것을 기다리는 부모가 있다. 데니는 계약서에 그렇게 하기로 동의하고 사인을 하긴 했지만 자기 권리가 필요 이상으로 침해당한다는 생각이 분명히 든다. 드산도 부부는 단지 간섭하려는 게 아니란 걸 데니에게 이해시키지 못했다. 가족의 규칙은 가족 모두에게 적용되고 유지된다. 엄마, 아빠는 아이들에게 자신들이 어디에 있을 것인지 그리고 언제 돌아올 것인지를 말하고 집을 나선다. 그러나 데니는 이 가족들이 왜 서로를 걱정하고, 왜 연락이 닿지 않으면 자기를 귀찮게 만드는지를 이해하지 못한다.

데니는 집에서 벗어날 궁리를 내내 하고 있다. 학교에 가서, 친구들과 오후 시간을 다 보내고, 저녁에는 살짝 빠져나가 잠잘 시간이 될 때까지 돌아오지 않는다. 베스와 토니는 데니가 집에서 하숙생처럼 살면 안 된다는 생각을 한다. 절대 가족의 주변인이 되어서는 안 되며 궁극적으로 가족의 일원이 되어야 한다는 생각이 확고하다. 그들이 데니를 걱정하는 한 가족과 함께 시간을 보내야 하고, 서로 관계를 만들어 갈 수 있다는 걸 의미한다. 지금까지 드산도 부부는 오후에 집 밖으로 나가 있으면 저녁에는 집에 있어야 하고, 반면 오후에 가족과 집에 있으면 저녁에 친구들과 나가 놀 수 있도록 정하고 그것을 지키려고 했다. 그 생각을 설명해 주었다. 그러나 데니는 역시 받아들이지 않는다. 집에 있기로 되어 있는 시간에 나가도 되는지를 반복해서 묻고 그 대답이 "안 돼"라고 하면 아이는 놀란다. 마치 자기가 잘못 들었다는 식으로 반응한다. 그러니 진지해질 수가 없다. 데니는 덤벼들 듯이 바라보면서 서너 번 질문을 되풀이한다. "그러니까, 제가 …할 수 없다는 건가요? 그럼, 만약에…? 글쎄,

어째서요…?" 베스는 버티기가 힘들다. 그러니 데니는 대개 베스에게 먼저 대들기를 한다.

허락해 주지 않으면 이 문제는 끝이 나지 않는다. 데니는 벌컥 화를 내고, 샐쭉해지며, 혼자 떨어져서 대화를 하지 않으려고 한다. 부모가 자기의 비합리적인 면을 들이대면 데니는 할 말이 없다.

입양된 큰아이들은 사람을 조종하는 데 매우 능숙하다. 부모를 설득시키기 위해 다음과 같은 기법을 많이 사용한다.

1. 삐치거나, 화를 내고, 시키면 마지못해 하고, 그러다가 부모에게 언짢게 비난을 붓는다. "엄마가 나를 그렇게 만들었잖아요" 혹은 "엄마가 못하게 해서(또는 하게 해서) 그랬어요".
2. 상황에 대해 대화하기를 거부하고 휙 뛰쳐나가 버린다.
3. 직접적인 질문조차 답하지 않고 꿍 하고 있는다.
4. 주제를 자주 바꿔 버리고, 과거의 불공평이나 불화 사건을 끄집어내어 "엄마(아빠)는 늘…"이나 "엄마(아빠)는 절대…"라고 시작한다.

▌규칙을 정할 부모 권한

베스와 토니는 데니의 행동에 특히 약하다. 십 대 자녀의 부모가 된 그들은 아이에게 어떤 규칙이 필요한지 또 어떻게 실행해야 할지를 잘 모르겠다. 더구나 가족 상황이 보통 집과는 다르다. 샘을 위한 열세 살의 규칙은 데니를 위한 것과는 아마 다를 것이다. 왜냐하면 샘은 좋은 것을 판단할 수 있는 능력을 키워 왔고 가족의 기대와 기준 내에서 활동할 기회가 많았다. 데니에게 이롭도록 제한시키는 것과 데니가 그들의 가치와 지지를 거부하고 화가 나서 자기주장을 하는 것 사이의 균형을 잡기 어렵다. 시간은 너무 빨리 지나가는 것 같다. 배울 것은 많은데 시간이 없다.

데니를 금지시키는 문제도 있지만 또한 다른 사람들과 함께하도록 만드는 문제도 있다. "싫어요. 엄마는 내 진짜 엄마가 아니잖아요"라고 거부하면 어떡하지? 큰아이를 입양한 대부분의 부모들이 자녀 훈육에서 좀 더 일찍 확고했어야만 했다고 후회하긴 하지만, 규칙을 강요할 만큼 분명한 부모 권리에 대한 감정이 모호하기 때문에 늦어지는 경향이 있다. Alfred Kadushin은 "부모 자격에 대한 양가감정이 적을수록 규율 적용에서 갈등이 적어진다"라고 지적한다(Kadushin, 1971).

결국 불안해진 베스는 데니와 다투게 된다. 지난주 금요일, 데니는 수학시험 결과를 집으로 가져왔다. 데니는 자신이 해야 할 일과 방법에 대해 잘 모르고 있는 것이 분명했다. 토니는 지난 주말 내내 데니가 헷갈리고 있는 부분을 도왔다. 오늘 아침 아빠는 숙제를 같이 할 수 있도록 수학책을 집으로 가져오도록 말했다.

그러나 오늘은 너무 뜨겁고 무더운 유월이라 그 누구도 의욕이 생기지 않는 날이다. 학교에서 돌아온 데니는 음료수를 들이킨다. 근처 YMCA에 자전거를 타고 수영하러 간다고 한다. 그 말을 들은 엄마는 뭔가가 불편한 기분이 들었다. "데니야, 수학책은 어디 있니?" 아이는 조용히 앉아 있다가 "잊어버린 것 같은데요"라고 답한다.

"데니야, 월요일에 수학 마지막 수업이 있어. 잊어버리려면 사물함까지 가서 두고 와야 하잖아. 이렇게 무더운 날에 수학을 하기 싫은 건 이해가 된다만 아빠는 내일 모임이 있어. 오늘이 아니면 널 도울 수가 없어."

데니는 그저 어깨를 으쓱하며, 이렇게 말한다. "글쎄요. 그래서 엄마가 나한테 원하는 게 뭔데요?" 베스는 내버려 두고 싶지만 최근에 이 같은 일들이 너무 자주 일어난다. 어찌하든지 어떤 행동을 취해야겠다고 결심한다. "안됐지만 말이다. 자전거를 타고 학교에 가서 책을 갖고 와라. 그러고서 수영하러 가렴."

데니는 그게 말도 안 된다는 열 가지 이상의 이유를 갖다 댄다. 지금은 너무 덥고 책을 내일 가지고 올 것이며 아빠는 아무 말도 안하는데 왜 그러냐고 하면서 방충망 뒤로 나타난 친구들을 부른다. "일 분 내로 나갈게." 그러나 베스의 태도도 확고하다. 데니가 수영하러 못 갈 이유는 없지만 우선 책부터 가지러 가야 한다. 그녀는 부엌에서 나와 신문을 집고 거실에 앉는다. 속이 조금 매스껍다. 데니가 자기를 무시하고 풀장에 가 버린다면 어떻게 할까? 애가 친구한테 뭐라고 말하는 것 같은데 뭔 말을 하고 있는지는 알아들을 수가 없다. 데니는 계단 위로 뛰어올라 방으로 간다. 베스는 소파에 머리를 기대고 눈을 감는다. 마음이 요동을 친다. 그녀가 느끼기에는 몇 시간이나 흐른 것 같았다. 데니는 수건을 팔에 감고 수영복을 입은 채 아래층으로 내려온다.

"책 갖다 놓고 풀장으로 바로 갈게요. 됐죠?" 도전적인 말투다. 안도의 숨을 내쉰 후, "그래, 좋은 시간 보내." 자전거를 타고 나가는 소리가 들린다. "그래, 해냈어. 이렇게 하는 거야. 우린 할 수 있어." 나중에, 베스는 이 이야기를 가드너 씨에게 해 주면서 데니가 자기 할 일에 대해 그녀의 말할 권리를 받아들였다는 점에서 그동안의 어떤 상황에서보다 아들처럼 느껴졌다고 말한다.

데니 또한 드산도 부부가 제시한 합리적이고 공평한 한계를 감당해 가면서 드산도 가족의 구성원이 된다는 느낌이 더욱 들게 된다. 옮겨진 아동, 특히 새롭게 배치된 십 대 청소년들에게는 무엇이 '진짜' 한계인지 어른들이 자기를 통제할 수 있을지 또 어떻게 통제할지를 알아보려고 하는 건 보통이다. 올바르고, 확고하고, 너무 감정적이지 않은 방법으로 아이의 행동을 다룰 수 있다면, 가족 적응은 진행될 뿐만 아니라 부모는 높은 입지를 취할 수 있다. 그렇지 못하고 허둥대고 너무 흥분하거나 깜짝 놀란다면, 청소년은 그들의 능력을 평가절하하고 심지어 실제 한계가 어디까지인가를 알 때까지 비행 수준을 높일 수 있다. 특히 어른이 상황을 '꿰뚫어' 볼 수 있고, 시험 행동을 잘 다룰 수 있는 건 큰아이와의 관계에서 긍정적인 영향을 미친다(Trieschman, Whittaker, Brendtro, 1969). 만약 부모보다 자기가 더 똑똑하고 싸워서 이길 것 같은 생각이 든다면, 보호받지 못한다는 느낌에 두려울 수 있다. 그 아이들에게는 강하고, 능력 있는 어른의 돌봄과 보호가 주는 안전감이 필요하다. 자기 조절이 필요시 새 부모는 의지할 만하고 그래서 외부로부터 다치지 않는다는 느낌을 받는다.

▌또래 집단의 영향

초기 적응 기간 동안 가드너 씨는 드산도 부부와 데니를 정기적으로 만났다. 몇 주가 지난 후 지지집단에 참여할지, 혹은 자신이 제공하는 지지 서비스를 이용하면서 지금처럼 계속해 나갈 건지를 결정하도록 한다. 베스와 토니는 가드너 씨가 큰 도움이 되고 있으며 이해심이 깊다는 걸 알고, 집단에 참여한다고 해서 특별히 얻을 것이 없다고 판단한다. 그들은 매달 가드너 씨에게 평가 기록지를 작성해서 제출하기로 한다. 거기에는 데니의 일반적 발달사항과 학교 적응사항을 기술하고, 성공한 영역과 향상될 필요가 있는 영역, 그리고 특별히 관심 두는 내용을 포함한 가족 관계를 기술하도록 되어 있다.

이번 달 베스와 토니의 걱정거리 중 하나는 새 학교에서 친구 선택에 관한 거다. 데니는 옛 무리와 비슷한 무리를 선택했고 그 애들과 같이 계속 말썽을 피웠고 어른들의 목적과 기준을 거친 궤변으로 둘러대는 걸 자랑스러워하는 것 같다. 이 무리가 데니를 어느 방향으로 끌고 갈지 드산도 부부는 걱정이다. 그 걱정은 가드너 씨에게도 동일하다. 그렇지만 이 세 어른은 청소년들의 가치 있는 우정을 인정하고 있으며, 방해하고 싶지는 않다. 반면 베스와 토니는 지혜롭게 친구들을 집으로 데려오도록 해서 들은 소문이 아니라 개인적으로 알 수 있게 되고, 그 무리가 어떻게 되어 가는지를 직접 볼 수 있게 된다. 데니는 자기 무리를 끌고 다니기를 좋아하는 듯하다. 매일 오후 베스는 게걸스럽게 먹어대는 아이들의 먹거리를 갖다 대며 거슬리는 시끄러운 음악, 하키 퍽을 쳐대고, 탁구공 튀는 소리와 함께 살고 있다. 하지만 그 애들이 어디 딴 곳에서 다른 짓을 할까 걱정하는 것보다 낫다는 걸 알고 있다.

여러 번 옮겨진 아이들은 새 가족과의 관계가 발전되기 전에 먼저 다른 아이들과 얽힌다. 학교와 같은 공공장소에서 점심 먹을 곳, 쉬는 시간에 같이 어울릴 애를 정해야 하기 때문이다. 또 새로운 가족에 맞추어 들어가는 방법보다는 친구를 만드는 방법을 더 잘 알고 있기 때문에도 그렇다. 어떤 아이든 특정 집단에 동조함으로써 자기가 누구인지를 내보이려고 한다. 그 안에서 자기를 위치시키고, 힘을 느끼고, 가치관을 갖게 된다. 긍정적인 자기 존재감을 취득하기 위해 이런 동조가 청소년에게 얼마나 영향력이 큰지를 알게 되면서, 새 부모는 자녀의 친구 선택이 종종 심각한 걱정거리로 대두된다. 자존감이 낮고 자기는 친구를 잘 못 사귄다고 생각하고 있는 아이는 자기를 쉽게 받아 주는 첫 번째 집단에 굴복하게 되는데, 이 집단은 대체로 사회적 어려움을 가진 아이들로 구성된다. 어떤 문제를 가진 아이는 같은 문제 성향을 가진 아이들을 잘도 찾아내는데 그 아이들의 행동이 자기를 지원하도록 활용할 수 있다. 어떤 경우이든 아이의 오래된 패턴에 새 부모가 깜짝 놀라면 더욱 강화되기 마련이다.

청소년 부모는 스카우트, 교회, 락 클럽, 스포츠 클럽과 같은 학교 밖 활동에 참여하는 것을 요령껏 격려할 수 있다. 한 집단에 너무 빠지지 않고 변화를 위해 선택의 대안이 주어지는 것이다.

청소년기에는 가족에서 떨어진 독립된 개체로서 자기를 나타내는 경향이 강한데, 보통 갱이나 클럽, 팀 또는 심지어 군대 구성원으로 자신을 규정한다. 청소년 후기에는 종종 이성과 밀접하게 동일시하는 쪽으로 기우는데("너와 나는 세상에 대항하고 있다"), 많은 부분에서 같은 맥락으로 이해할 수 있다. "나는 누구인가?", "어디가 안전하고 내가 수용되고 있는가"란 질문에 대한 답을 현재 집단이나 데이트 거절 혹은 가족을 전적으로 배제하면서 찾으려고 드는 청소년과는 싸우지 않는 편이 현명하다는 걸 부모들은 보통 알고 있다.

▌심한 옷차림

베스와 토니는 데니가 새 친구 무리의 액세서리들을 받아들이는 방법을 관심을 갖고 지켜봤다. 처음 왔을 때는 이전 친구들처럼 어딜 가나 온

갖 것을 다 달고 다니는 부츠와 헝겊을 덧댄 군복, 꼭 끼는 티셔츠, 커다란 데님 조끼를 입고 다녔다. 이제는 굽이 높은 검은 부츠와 군복 대신 그 동네에서 유행하는 운동화와 청바지를 입는다. 그러니 학교의 다른 아이들과 훨씬 더 비슷해 보이고 '불량스러운' 모습이 없어져서 한시름 놓였다.

그런데 데니는 이상한 짓을 한다. 이를테면 한 번에 여러 벌의 셔츠를 껴입는다. 기다란 소매 셔츠 아래에 원색 티셔츠를 입고 자기 조끼나 아빠의 스웨터를 모두 껴입은 채 아침 식사를 하러 온다. 베스는 반나절도 못가서 더위에 지쳐 떨어질 것이고 쓸데없이 빨랫감을 많이 만든다고 환기시켜 줘야 하니 괴롭다.

만약 베스가 어떤 아동 심리학자에게 데니의 지나친 옷차림에 대해 물어본다면, 옷차림은 아이들에게 상징적 의미가 있음을 알게 될 것이다. '특이하게 차려입고' 노는 어린 아이를 잘 지켜본 사람들은 이 사실을 알 수 있다. 새롭게 입양된 많은 아이들은 거의 방어용 갑옷처럼 옷을 껴입는 것이 데니의 습관과 비슷하다. 이런 옷차림은 물리적(신체적)으로 자기를 보호해 줄 뿐만 아니라 자신을 실제보다 더 크게 느끼도록 해 준다. 많은 아이들이 종종 강력한 힘을 내보이기 위해 데니의 조끼처럼 걸쳐 입거나, 혹은 크고 힘센 사람의 옷을 빌려 입고서 그 힘을 빌린다. 데니가 아빠의 스웨터에 집착하는 것처럼 말이다. 그 옷은 주로 안전담요처럼 생겨 보기 추하게 닳아빠졌다. 그러나 그것이 더 이상 필요치 않을 때까지 부모는 눈감아 주어야 할 것이다.

아이가 안전함을 느끼면 이런 행동들은 아마도 사라지겠지만, 아이가 온전히 정착될 때까지는 옷을 통해서 여러 변화를 거칠 수 있다. 모든 옷을 당장에 다 입어 봐야 할 것 같이 하루에 몇 번씩이나 갈아입다가 서서히 좋아서 선택하는 옷을 즐기는 단계로 나아갈 수 있다. 한번은 터프 한 멋쟁이처럼, 한번은 아프리카인처럼, 또 한 번은 전형적인 우리나라 청소년처럼 매일매일 스타일이 바뀔지도 모른다. 새로 산 옷을 좋아하다가 다음 날에는 내팽개칠 수 있다. 그렇게 하다가 결국 자기 스타일을 찾아 맞춰 나가게 된다.

그 후 몇 주가 지나자 가족과의 관계에서 데니의 변화가 조금씩 나타나기 시작한다. 마치 꾸물거림을 멈춘 것처럼, 마치 열여덟 살이 되기까지 더 이상은 마냥 기다릴 수 없다는 듯. 데니는 이야기하려고 엄마를 찾고, 엄마가 저녁식사 준비를 하는 동안에 주방에 앉아 이야기를 걸거나 다른 애들이 잠자러 간 뒤까지 질문을 던지고 이야기한다. 베스는 아들의 마음속에 있는 것들에 대한 좋은 느낌이 들기 시작한다. 데니가 그 친구들을 계속 만난다 하더라도, 이제 곧 여름방학이 될 것이고 더 이상 지금처럼은 만나지 못할 것이다. 데니는 집에서 더 많은 시간을 보내고 있다. 가족 나들이를 즐기는 것 같고 더 이상 이 가족과 관계를 거부하는 것처럼 멀리 떨어져서 걷지 않는다.

여전히 아빠는 어떻게 대해야 할지는 모르는 것 같지만, 토니와의 관계도 많이 나아지고 있다. 아빠가 심각하거나 농담할 때에 특히 말하기를 더 어려워하는 듯하다. 그래도 이전에 그랬던 것처럼 방어를 하지 않고 아빠가 웃고 있을 때는 더 잘 어울린다.

▎미래가 걱정이다

토니는 데니가 일을 끝내지 못하는 것이 걱정스럽다. 데니는 일정 급

여를 받기로 하고 폐품이나 식료품을 배달하는 일을 여러 번 시작했다. 아이는 돈이 생기면 어디다 쓸지, 얼마나 많은 돈을 계속 벌게 될지를 생각하면서 흥분한다. 그러나 곧 그 일에 대해 시들해진다. 임금을 받는다는 것은 알지만 그것을 위해 치러야 할 것은 이해하지 못하고 있는 것 같다. 토니는 아들이 일하기를 싫어하니 어떻게 할 바를 모르겠다.

십 대 아이들의 머릿속에는 "내가 무엇이 될 것인가?"라는 질문이 맴돌고 있다. 그 답을 아무리 건강한 방법으로 찾으려 해도, 자기 수준을 뛰어넘어 성장하려는 노력에 자주 낙심하게 된다. 어리석게 일하기보다, 즐기는 것이 위대한 것 같은 사회 분위기에 포위되어 있다. "젊음은 황금기이고 성인이 된다는 것은 환멸, 추한 늙음, 헛됨, 압박을 의미한다"고 말하는 성인 오락매체들에 둘러싸여, 음주, 흡연, 섹스 같은 쾌락을 종종 따르기도 한다. 많은 십 대 아이들은, 왜 자기가 어려운 일을 해야 하고, 가족을 돌보고, 직업을 가져야 하는지, 또는 왜 훗날 안락한 성인의 생활을 기대해야 하는지 그 이유를 알 수 없게 만드는 힘든 상황에 처하게 된다. 옮겨진 청소년들은 인생의 대처 방법을 잘 보여 주지 못한 부적절한 성인 모델에 둘러싸인 채 살아왔을 수 있다. 이 아이들은 '그들처럼' 실업, 고생, 가난으로 살게 될까 봐 두려워한다. 이런 문제들은 "넌 너무 어려서 몰라"라든가 "이해하지 못할 텐데"라는 식으로 반응하는 부모로 인해 더욱 심각해질 수 있다. 이것은 십 대가 느끼고 있는 혼란과 불안이 어느 한순간에 기적처럼 모두 알게 될 거라고 말하는 것과 흡사하다.

부모는 개인의 만족과 인생의 즐거움 그리고 어떤 일에 대한 성취감 등을 이해할 수 있도록 도와야 한다. 아이의 속도에 맞추어서 해야 한다. 그래야만 아이는 부모가 자기와 같이 애쓰고 있다는 마음을 알게 된다. 아이가 스스로 말한 것은 끝까지 해낼 수 있도록 하며 자기가 성취한 것에 대한 기쁨을 느낄 수 있도록 해야 한다. 인생에서 만족과 불만족은 각자 개인의 선택에 달려 있는 것이지, 이미 알아 온 다른 가족들의 생활 방식에 의해 미리 결정된 것이 아니라는 사실을 분명하게 해 줄 필요가 있다.

▌ 가족 균형이 변한다

놀랍게도 데니를 가장 완벽하게 따르는 가족원은 여섯 살의 아담이다. 학교에서 가장 선동적인 집단에 참여했고 샘을 속이고 괴롭히며 질리언을 늘 무시해 대는 데니가 아담만은 친절하게 돌보는 형으로 보이고 있다. 막내라서 가족들이 그저 귀엽게만 봐주고 용인해 주는 반면, 데니는 아담을 지독하게 보호하고 드러내 놓고 부드럽게 대한다. 데니의 거친 성격은 아담에게 자랑거리가 되며 제일 큰 형을 분명 영웅으로 삼고 있다. 데니에게는 아담이 뻑뻑한 구두끈을 묶어 주고, 셔츠 단추를 끼워 주고, 저녁 식사 전에 자기 방을 치우도록 도와줘야 하는 존재다. 어린 동생에게 수영을 가르쳐 주겠다고 자진해서 나선 형제가 데니이다. 아담과 함께 작은 '유아용' 얕은 풀 구석에서 앉아 놀고 있거나 혹은 방 바닥에서 어지러운 자동차나 병정놀이에 몰두하고 있는 모습을 자주 본다. 베스와 토니는 데니가 아담을 돌보고 있는 모습을 보면서 데니에게 마음이 더 가까이 이어지는 걸 느낀다.

가족 내에 나이 어린 동생의 존재는 새 아이가 점점 더 편안하게 느끼기 시작하면서, 부모 역할을 하도록 격려되는 것 같다. 데니는 더 어린 행동을 하여 새 부모가 자기를 돌보도록 두면서 동생에게는 자기가 그리워했던 돌봄, 관심, 보호를 주면서 자기가 부모가 되어 보는 것 같았다. 이것은 가족 '양동이'에 긍정을 더해 줄 뿐만 아니라 아이에게는 이전 발달과정에서 누락되어 있는 부분을 보충할 수 있는 방법이다. 큰아이가 나이에 걸맞지 않게 인형, 블록, 장난감 병정을 갖고 논다는 걸 뚜렷이 느끼면서 내적 발달을 따라잡고 있는 동안, 외적으로는 더 어린 동생과 놀이를 즐기면서 돌보는 나이에 걸맞는 행동을 한다.

데니와 부모 그리고 아담과의 관계는 점점 더 친해지고 있는 반면, 데니와 샘과의 관계는 더 멀어지고 있다. 그 둘은 거의 매일 사소한 것으로 싸우고 말다툼을 한다. 가끔은 크게도 싸운다. 샘도 역시 많은 적응의 어려움을 겪고 있다는 걸 부모는 알아가고 있다. 새 가족으로 옮겨 온 게 아닌데도 샘은 자기 가족 안에서 큰 변화를 겪고 있다. 더 이상 장남이 아니며 새로 적응해야 할 것들이 생겼다. 가장 시급한 문제는 지금까지는 늘 자기가 중요한 위치에 있었는데 자기보다 더 두각을 나타내는 형제가 생긴 것이다. 샘은 우수한 학생이긴 하지만 스포츠는 그다지 잘하지 못한다. 그런데 데니는 선천적인 운동선수이다. 데니가 그들 사이를 복잡하게 만들지만 않았더라면, 아마도 데니를 좋아했을 수 있었다. 그런데 데니는 지적인 면에서 밀리고 있는 어린 동생으로부터 압박감을 느끼면서 힘을 확보하기 위해 건장한 육체를 이용한다. 샘을 자꾸 패자처럼 보이게 만든다. 실제로 샘이 데니보다 여러 면에서 더 성숙한데도 불구하고 데니는 샘이 경험도 없고 약해 빠졌다고 여긴다. 샘이 자기와는 경쟁할 수 없는 영역들, 즉 스포츠, 여자, 신체를 가지고 샘을 놀리곤 한다.

토니와 베스는 가족 내에서 신체 싸움은 절대 금지란 규칙을 엄격하게 적용시키고, 데니가 더 이상 샘을 괴롭혀서 다툼이 일어나지 않도록 애써 왔다. 그러나 싸움은 멈추지 않고 계속 소리를 지르게 되고, 둘은 모두 상대가 전적으로 잘못했다고 주장한다.

오늘 드산도 가족은 일찌감치 집을 나서서 해변으로 나들이 간다. 점심 도시락을 싸고, 수건, 라디오, 깔개, 여러 잡다한 소지품을 정신없이 챙기는 중이다. 토니가 차로 짐을 옮기고, 베스가 애들을 재촉하는 동안, 큰아들 둘은 돕기는커녕 욕실에서 격투를 벌이고 있다. 평소 같으면 서로 화해하라고 도왔을 베스가 커지는 싸움 소리에 소리를 지른다. "야, 이 녀석들아, 그만두지 못해! 이런 꼴로는 여기서 한 발자국도 못 나가!"

갑자기 샘이 소리친다. "데니! 난 네가 싫어! 정말 싫어! 다시는 여기에 오지 말았으면 좋겠어! 나가 줘! 제발 우리 가족을 내버려 둬!" 다다닥 빠른 발소리가 났고, 문이 쾅 닫히고, 갑자기 정적이 흐른다. 차에 갔다가 방금 돌아온 토니는 죽은 듯 가만히 섰다. 베스는 기절할 지경이다.

부모 둘 모두는 동일한 행동으로 반응한다. 그래도 괜찮아 보이는 데니를 먼저 빨리 돌아본 후 샘의 방으로 간다. 침대 위에 입이 벌어진 체육복 가방이 놓여 있다. 짐을 싸는 중이다. "내가 여기서 나갈 거야, 이 집에서는 더 이상 같이 못 살겠어!"

많은 결핍을 가진 큰아이를 가정에 데리고 들어온 부모, 박탈 혹은 불안정을 크게 겪지 않았던 기존 아이들에게 너무 긴 시간 동안 잘 행동해 주기를 기대한다. 분노가 쌓이면 어느 시점에선 터진다. 이 아이들은 새 형제에게 더 깊은 연민의 정을 보여 줄 수 있다. 새 아이가 가족 적응을 돕기 위해 새 형제와 나누고 싶은 애정과 친절함을 자제하고 자신의 방식에서 벗어나는 행동을 바라보고 있었다. 그러나 부모는 그런 행동, 노력, 정서를 칭찬해 주기보다 당연하게 여기기 쉽다. 새 아이의 문제해결 과정에서 다른 아이들은 스스로를 돌볼 수 있을 거라고 기대한다. 그러나 많은 경우 가족 내 큰아이는 엄마, 아빠가 새로 입양한 아이를 자기보다 더 좋아하지 않을까 걱정한다. 왜냐하면 새 아이는 많은 잘못을 해도 부모가 관용적이고 새 아이는 부모의 관심을 훨씬 더 많이 받고 있기 때문이다.

샘은 이제 자기가 얼마나 힘이 드는지를 알아차리고 어떤 조처를 해주기를 부모에게 요구하고 있다. 이런 위기는 가족의 마음을 흔들기도 하겠지만, 근원적인 문제가 수면으로 드러나서 오히려 여러 면에서 가족이 더 좋아질 수 있는 기회가 된다.

후에 드산도 부부는 이 사건이 가족사에서 하나의 변환점이라고 생각할 수 있을 것이다. 먼저 샘을 향한 부모의 사랑을 더욱 분명하게 전달하려고 주의하게 되었다. 그들은 샘을 사랑하고 있고, 그들에게는 샘이 필요하고, 지금까지 아주 잘해 왔다고 인정하고 확신시켜 주었을 때, 샘은 다시 안정감을 되찾게 되었으며 데니에게서도 몇 가지 좋은 면들을 보기 시작했다. 둘째, 엄마, 아빠는 샘과 데니, 그 누구와도 헤어지지 않을 거라는 사실을 분명히 했다. 이것은 데니에게는 절대 내쫓기지 않을 거란 점, 그리고 샘에게는 새 가족원이 더해진 것은 영구적인 사실이란 점을 확인시켰다. 두 남자애는 서로 불평하고 서로 사라져 버리기를 바라는 데 시간을 낭비하지 않고 점점 형제로 대하기 시작했다. 마지막으로, 베스와 토니는 가정이란 가족 모두에게 좋은 공간이 되어야 할 것이며 그리고 남자애들의 문제는 해결될 수 있고, 해결될 것이라는 확신을 보였다. 정기적으로 아이들과 모여 앉아서 문제의 실제가 무엇이며, 무엇을 할 수 있을 것인지를 상의하려고 노력했다. 데니는 자기가 샘에게 끼치는 영향을 뚜렷하게 이해했고, 부모가 그것에 관해 무엇인가 하기를 자기에게 기대하고 있다는 걸 믿기 시작했다. 데니는 부모가 끝까지 해낼 수 있을 거라고 자기를 믿어 주는 만큼, 부모를 이해하게 된다. 샘은 긴장이 풀리고 엄마, 아빠가 자기 행동을 지켜보고 있다는 사실을 알 수 있게 되었다.

베스와 토니는 아들 각자가 유일하고 가치 있는 존재로 느낄 수 있도록 돕는 동시에 서로의 관계를 맺을 수 있는 공통 기반을 찾아주는 데 노력을 집중했다. 나이가 많은 두 아들과 함께 시간을 보내면서 둘을 묶어 주는 일을 하고, 같은 관심사에 대해선 좋은 추억거리를 만들도록 하였다. 그러면서도 서로 떨어져 있는 시간을 주어 아들 각자 자신만의 관심사를 추구하고, 한쪽 부모 또는 양쪽 부모와 단독으로 시간을 가지도록 했다.

몇 달이 지나자 데니와 샘의 관계는 변화되었다. 어느 정도 서로를 존중하고 이해할 만큼 발전했다. 여전히 둘은 성격이 매우 다르지만 결국 서로에게서 여유를 발견했고 실제로 아주 가까운 친구가 되어 부모를 놀라게 했다.

10장
조이

배치 과정

램버트 부부의 대기기간은 길어지고 있다. 입양정보교환소에 유사한
유형의 아이를 기다리고 있는 부모 명부에 그들의 이름이 올려져 있다
고 복지사는 말해 준다. 적합한 아이가 등록되는 대로 조만간 차례가 올
것이라고 들었다. 하루하루가 바쁜데도 아이를 갖고 싶은 마음은 어쩔
수가 없다.

기다리고 기다린 끝에 드디어 전화를 받는다. 소개장이 왔단다. 입양
이 가능한 아이는 열 살의 남아다. 이름은 조이고 몇 개 주 너머에 살고
있단다. 조이는 신체적, 지적 발달이 느린 편이었으나 지금은 괜찮고 학
교에선 비록 낮은 학년 반에 있어도 수업은 정상적으로 받고 있다고 복
지사는 말해 준다. 국어 읽기와 수학은 방과 후 나머지 공부로 도움받고
있다고 한다. 아이는 처음 15개월 동안 생모와 같이 살았는데, 그 엄마가
변덕스럽고 미숙하게 아이를 다루었기 때문에 발달이 늦었을 거라고 한

다. 조이는 매사에 관심을 쏟는 아주 열정적인 아이다. 특히 카우보이에 엄청 열심을 보인다. 꽤나 사랑스런 아이라서 위탁모와는 관계가 좋았다. 어떤 걸 실패하면 화를 내고 성질이 급한 편이란다.

계속되는 만남에서 램버트 부부의 복지사는 조이에 관한 정보에 관심이 쏠린다. 조이는 발달이 늦었는데도 불구하고 아무런 검사가 이루어지지 않았다는 사실에 놀란다. 딕과 엘렌은 자신들에게 조이는 어울릴 것 같다는 생각을 한다. 엘렌은 너무 오랫동안 아이를 기다렸으니 지금은 어떤 괴물 같은 아이라도 상관없을 것 같은 기분이다.

조이의 복지사와 접촉이 되었고 방문하기로 한다. 만약 일이 잘되면 램버트 부부는 조이를 바로 집으로 데리고 올 것이다. 실제 자신들과 관련되는 아이가 있다는 사실을 안 이상, 가만히 앉아서 기다릴 수가 없다. 드디어 약속은 이루어졌고 윌리암스톤행 비행기 표를 샀다. 달력에 동그라미를 쳐 둔 대망의 그날이 내일로 다가왔다. 엘렌은 여행 준비를 위해 목요일에 출근하지 않았다. 가방에 챙겨 넣어야 할 것들을 남편하고 같이 아주 신중하게 골랐다. 남편은 스포츠 코트와 터틀 스웨터를 입혀야 할 것 같다. 넥타이의 정장은 너무 딱딱하고 거리감이 느껴진다. 직장생활을 하면서 복장이 주는 인상의 중요성을 알고 있는 그녀는 생각해 본다. 아이가 어떤 옷을 입기를 원할까? 미장원에 가서 머리를 했어야 했구나. 아이참, 애가 좋아하지 않으면 어쩌지? 결국 빨간 원피스로 결정한다. 따뜻하고 화사해 보이면서 좀 더 엄마스러워 보인다. 엘렌은 좋은 인상을 만드는데 온통 신경을 쓰고 있다.

오후 내내, 집 안을 치우고 가구를 닦고, 꽃꽂이를 하면서 시간을 보낸다. 체크무늬의 침대보와 고심해서 골랐던 가구로 채워진 조이의 방을 다시 둘러본다. 준비가 잘되어 있어야 한다. 월요일 즈음에는 이 집이 엄마, 아빠 그리고 아들이 있는 새로운 보금자리가 될 것이다. 오늘 저녁은 끝남과 재출발을 축하하는 날이다. 남편이 퇴근해서 집으로 돌아올 때 자기만 봐 줄 날이 마지막이란 사실에 엘렌은 매우 신경이 쓰인다. 둘이서 벽난로 앞 마룻바닥에 앉아서 작은 찻상으로 식사를 하는 것도 마지막이 될 것이다. 다음번 저녁 식사시간에는 램버트집에 세 명이 있을 것이다.

6시가 되자 모든 준비가 끝났다. 바람이 쌀쌀하다. 촛불은 켜져 있다. 남편이 좋아하는 쇠고기 요리가 준비되었고, 샐러드는 섞이지 않은 채 놓여 있다. 감미로운 음악과 꽃향기 가득한 가운데 조이에게 주려고 구운 쿠키 냄새가 은은하다. 딕과 엘렌은 부드러운 카펫 위에 누워 깜부기 불이 타는 걸 보고 있다. 결혼 생활이 얼마나 행복했는지, 또 이 순간은 얼마나 행복한지를 이야기하고 있다. 미래의 바람도 이야기한다. 변화가 시작되는 엄숙한 시간이다.

다음 날 오후, 딕과 엘렌은 윌리암스톤에 있는 입양기관의 놀이방에 있는 유아용 의자에 앉아 있다. 작은 노란 의자 위에 얹혀 있는 딕의 모습이 우스꽝스럽다. 무릎이 거의 어깨에 붙어 있다. 엘렌은 계속 웃음이 나온다. 사람들이 난쟁이라고 하지 않겠어? 맙소사, 내 감정을 다스려야겠어, 내가 흥분하고 있어. 곧 조이의 복지사인 그린 여사의 목소리가 들린다. 손에 작은 남자아이를 이끌고 방으로 들어온다. 싫든 좋든 이 아이가 조이다.

먼 곳에서 아이를 입양하는 부모는 아이를 만나기도 전에 자주 마음을 쏟아 버리는 경향이 있다. 특히 해외입양인 경우에는 즉각적인 배치가 이루어진다. 입양 가족의 일원이 되기 위해 비행기에서 내리는 아이가 있다. 이전에 만나 본 적 없다. 옮겨오는 데 시간도 그다지 걸리지 않는다. 이건 엄청 급작스런 변화다. 이런 방식으로 입양을 하는 부모들의 반응을 몇 가지로 나눠 볼 수 있다. 즉각적으로 동질감을 느끼고 인정하는 부모가 있다. 혹은 아무리 아이가 사진 속의 아이와 닮았다고 하더라도 자신들이 상상해 왔던 아이가 아니라 눈앞의 아이로 인해 고통의 시간이 되는 부모도 있다. 또 어떤 부모는 감정이 너무 격해서 꿈속을 헤매듯 행동하기도 한다.

엘렌 램버트는 복도에 버티고 선 그 남자아이를 보고 기뻐한다. 사진보다는 덜 단정하다. 아이고, 저 머리를 자른 꼴 좀 봐! 느껴지는 첫인상이 채 정리가 되기도 전에 그 꼬마 아저씨는 그 상황을 책임질 듯 방 안으로 튀어 들어온다. 선반 위에 있던 장난감 자동차를 모두 쓸어내리면서 "나랑 놀래요?"라고 한다. 마룻바닥에 흩어진 작은 자동차들을 발로 눌러 밀면서 놀기 시작한다. 딕은 가까이 해 보려고 마루에서 조이와 같이 논다. 대화가 시작된다. 딕은 옆집에 사는 아홉 살 아이와는 비교도 안 되게 덩치가 작은 것에 놀란다. 얼굴은 꼬집혀서 홀쭉하고, 윤기가 없어 노인 같다.

놀이는 오래가지 못한다. 조이의 집중은 다른 장난감에 끌려 곧 흩어진다. 자동차들은 내버려두고 플라스틱 병정들을 탁자 위에 가득 올려놓고선 팀별로 줄을 세우기 시작한다. 엘렌은 질문을 던지면서 아이가 제대로 줄을 세울 수 있도록 돕는다. 군대놀이는 총을 쏘고 폭탄이 터지고 거칠어진다. 놀이가 끝나는 것 같아서 딕은 조이에게 가져온 쿠키를 먹고 동물원에 가자고 제안 한다.

조이의 손에는 몇 개의 쿠키가 들려 있다. 제일 큰 것을 입안에 넣고는, 동물원에 관해 묻는다. 그 다음에는 어디 갈 거냐고 연신 쿠키 부스러기를 튀기면서 말한다. 조이가 점점 산만해지자 딕과 엘렌은 놀이방을 처음대로 정돈해 두려고 한다. 쿠키는 다 먹었고 이제 달아날 준비가 되었다. 복지사는 물품은 자기가 챙길 테니 어서 가라고 말해 준다. 인사를 하고 자동차로 향한다.

동물원에서 조이는 황홀하다. 원숭이를 보고 너무 좋아한다. 놀라우리만큼 깊고 걸걸한 소리로 웃는다. 곰한테 땅콩을 던져주고, 뱀을 보고 덜덜 떤다. 사자 우리 안에서는 조금 순해진다. 그러면서 큰 고양이를 너무 무서워하는 어떤 남자애의 이야기를 들려준다. 자기는 그러지 않는다고 한다. 자기는 아무것도 무섭지 않단다. 진짜인지 볼래요? 느닷없이 사자 한 마리가 으르렁댄다. 조이는 바짝 긴장한다. 갑자기 딕의 손을 잡아끈다. 출구 쪽으로 가면서 코끼리를 보러 가자고 한다. 분명히 놀랐는데 용감한 인상을 주려고 작심한 이 작은 남자아이에게 엘렌과 딕은 마음이 짠해진다. 아이도 자기들만큼이나 예민해질 수 있을 거라고 이해한다. 엘렌은 조이를 보호해 줘야겠다는 생각에 긴장이 풀린다. 아이에게 좋은 시간이 되도록 열심을 낸다. 사자 우리에서 나오자 조이는 다시 행동을 개시한다. 아이 뒤를 따라가면서 천천히 달리고 기다리라고 해도 마구 달아난다.

저녁에 시설로 돌아갈 시각이 되자, 엘렌과 딕은 진이 다 빠졌다. 그러나 상당히 괜찮은 하루였다. 사무실에서 복지사를 만난다. 조이는 엘렌의 허리를 껴안으며 자기가 같이 갈 수 없는 이유를 묻는다. 자기 가족이 되어 주지 않으려는 걸까? 엘렌은 허리를 구부려서 아이를 안는다. "조이야, 내일 우린 다시 만날 거야. 일요일에는 집으로 갈 거야." 조이는 믿을 수가 없다. 그들이 영영 사라질 것 같아서 그들 곁을 떠날 수가 없다. 딕은 집에서 가져온 상자를 아이에게 건네준다. "자, 이거 가져. 이걸 보면 아침에 우리가 다시 만나게 될 게 생각날 거야." 그 안에는 카우보이

모자와 가죽 케이스에 든 권총 세트가 있다. 조이는 믿기지 않는다. "이게 다 내 거예요? 나 주려고 가져왔어요?" 엘렌의 도움으로 아이는 권총집을 허리에 차 본다. 머리에 쓴 모자는 조금 크다. 그 모습이 너무 귀여워서 엘렌은 아이를 다시 덥석 안는다. 갑자기 아이가 변한다. "안녕!" 조이는 복지사와 함께 깡충거리면서 떠난다.

이틀 후, 엘렌과 딕은 조이와 함께 세 시간의 비행기 여행을 겨우 마치고, 그들 집에 도착했다. 아침 일찍 위탁집에서 데리고 나온 조이를 줄곧 지켜봐야 했었다. 비행기를 처음 타보니 너무 열광했다. 공항에서 달리는 차들도 아랑곳하지 않았다. 주차장에서 혼잡하게 달리고 있는 차들 사이에 뛰어들었다. 겨우 사고는 면하고 딕의 손을 잡고 터미널에 들어가면서 아이는 너무 좋아했다. 나중에 가방을 체크하는 동안 내려가는 계단에서 아이를 잃어버릴 뻔했다. 좌석 안전띠에 매여 있으면서도, 자리 주변의 단추와 다이얼이 궁금하고 정신없이 질문을 해 댄다. 자리에 기대어 얌전히 앉아 있었던 시간보다 식판과 공기 배출구를 접었다 폈다 하느라 더 많은 시간을 보낸다. 비행기가 뜰 때 "무시무시"하다고 말했다. 딕은 조이의 입가가 바짝 죄어들어 하얗게 둥근 자국이 생긴 것과 비행기가 안 흔들릴 때까지 좌석 옆 팔걸이에 몸을 꼭 붙이고 있는 모습을 보았다. 기내 화장실에는 뭐가 있는지 몇 번이나 뒤지느라 거의 정신이 없었다. 아이를 자리에 앉혀 두기가 여간 어려운 게 아니었다. 엘렌은 여행 내내 끊임없는 질문 공세에 온통 신경을 다 쓰고 나니 지쳤다. 저녁 식사를 하고 따뜻한 목욕을 한 후 일찌감치 잠자리에 들고 싶다. 그러나 램버트 가족으로 온 조이에게는 첫날밤이다. 잠이 들기에는 아직도 멀어 보인다. 이 집이 너무 좋다. 아빠랑 엄마랑 후딱 둘러보고는 이방, 저 방을 뛰어다니며 다 뒤져 본다. 전기 스위치를 툭툭 쳐 보고, 텔레비전의 리모컨을 작동시켜 보고, 보이는 대로 안 해 보는 것이 없다. 행동파이자 호기심 많은 남자아이의 소리와 움직임으로 느닷없이 습격을 당한 집은 너무나 작게 느껴진다. 저녁 식사를 마친 후 조이는 새 잠옷으로 갈아입는다. 딕의 인내는 바닥이 보일 지경이고 엘렌은 진이 다 빠졌다. 새 아들을 침대에 눕혀 놓은 후, 램버트 부부는 부엌에 앉아 아수라장이 된 저녁 식탁과 거실에 풀어 헤쳐진 여행 가방을 내려다보고 있다. '즉석 부모Instant parents'와 '즉석 자녀Instant kid'가 한 집에 있다.

▌새로움의 공포

조이의 행동이 비록 신경계 훼손으로 인함인지 잘은 모르지만, 설쳐대고, 신경질적으로 모든 것들을 만져 봐야 하고, 작동시켜 봐야 되고, 뒤져 봐야 되는 심한 욕구는 새로운 상황에서 아이가 느껴지는 압도된 걱정 즉, '새로움에 대한 공포' 때문일 수 있다. 새 상황을 알아보려고 애쓰는 것이 아닐지도 모른다. 아이는 묻고 있는 것이 아니다. 사실은 알지 못하는 것에 대한 공포를 피하고자 하는 갈망이 너무 커서, 새로운 상황을 설명하려고 하면, 오히려 아이의 고통은 더 가중되어 이성을 잃게 만들 수 있다. 어떤 아이들은 '친숙함의 망상Delusion of familiarity'으로 이 같은 고통에 반응한다. 친숙하지 못한 상황에다 상상된 물건, 장소, 인물들의 기억을 겹쳐 떠올리는 망상이다("나 이 주유소 알아", "나 항상 여기에 왔었어", "전에 꼭 아저씨같이 생긴 사람 봤어요" 혹은 "저 트럭을 운전하고 있는 사람이 우리 삼촌이에요~"). 이런 친숙함의 망상은 자랑으로 보인다. 아이는 어디에서나 있었고, 무엇이든 다 해 봤고, 모든 걸

다 안다. 그러나 이것은 새로움을 부정하거나, 이상한 상황을 압도적으로 다루려는 하나의 방법이다. 어떤 아이는 우스꽝스럽고 멍청한 짓을 해서 새로움의 고통을 극복하려고 하고, 이상한 기분을 없애 버리려고 한다. 새 것, 새 사람은 이상하고, 바보 같고, 웃기고 재미있다. 찡그리고, 획 돌아서고, 관련 없는 듯한 몸짓을 하고, 빈둥거리고, 광대처럼 행동한다. 그다지 우습지도 않은데 너무 재미있어 죽겠다는 듯 행동한다 (Redl&Wineman, 1951).

▍자는 문제

조이와의 첫날밤은 아직 끝나지 않았다. 딕이 막 잠이 들려고 하는데 공포에 질린 소리에 깜짝 놀라 벌떡 일어난다. 가슴이 뛴다. 조이 방으로 뛴다. 엘렌이 뒤를 따른다. 사시나무처럼 떨고 있는 아이를 엘렌은 침대에 걸터앉으며 감싸 안는다. "뭐야? 무슨 일이야?" 다그친다. 조이는 그녀를 밀쳐 버린다. "나 집에 갈 거야. 엄마한테 갈 거야" 하며 훌쩍거린다. 엘렌은 절망적인 눈으로 딕을 바라본다.

"얘, 얘! 아무 일 없어. 진정해. 여기가 네 집이야. 알겠어? 이 사람이 네 엄마란 말이야." 딕이 말한다.

"아냐, 아냐." 조이는 팔로 무릎을 감싸고, 몸을 웅크린 채, 몸을 앞뒤로 흔든다. "나, 진짜 엄마한테 갈 거야." 어제만 해도 자기를 데리고 가 달라고 애걸했던 꼬마였었는데 램버트 부부가 자기를 원하지 않는지도 모른다는 생각에 이렇게 놀랄 수 있는 걸까?

결국 조이를 진정시키긴 했지만 한동안 밤을 보내기가 어렵다. 밤마다 아이는 잠들기가 힘들고 엘렌이 옆에 있어 주기를 원한다. 거의 매일 밤 엄마를 부르면서 돌아다닌다. 엘렌은 밤이 무섭다. 조이가 부르는 대로 깨어 있어야 하니 숙면을 취할 수 없다. 이렇게 쉴 수가 없으니 편하게 잠자고 아침에 개운하게 일어날 수 있는 날이 언제 오려나 싶다.

잠자는 패턴은 새로이 온 아이마다 다양하다. 어린 영아들은 잠의 양이 보통 이상으로 필요하다. 일찍 잠이 들고, 쌕쌕 잘 자고, 다른 가족들이 모두 일과를 시작했을 때야 눈을 뜬다. 큰애들은 조용히 놀거나, 책을 읽거나, 라디오를 들을 때 잠잠해지면서 낮잠에 들기도 한다. 이 아이들에게 잠이란 과거 가족으로부터 분리되어 새 가족으로 동화될 필요 때문에 느껴지는 고통을 치유하는 과정처럼 보인다. 향수를 흐리게 만들 만한 아무런 사건도 일어나지 않는 잠들기 전처럼 조용한 시간에 고통과 슬픔이 차오르는 걸 종종 볼 수 있다. 자는 동안 꿈이라도 꾸게 되면 갑자기 혼자 일어나 겁을 먹거나 생각이 혼미해지는 것 같다.

아무리 이전 집에서 나쁜 해를 당했고 내버려졌다 해도 아이에게는 그 가정이 친숙하다. 다른 집으로 간다는 건 아이가 이미 알고 있는 모든 것을 전복시키는 것을 의미하고 아이가 믿어 왔던 모든 사람들의 죽음을 의미한다. 조이는 Sigmund Freud가 명명한 '애도Mourning'로 곤두박질치고 있다.

▌ 애도

상실에 대한 첫 번째 반응은 흔히 무감각과 슬픔으로 나타난다. 아이는 거의 쇼크 상태에 있는 것과 흡사하다. 느낌과 흥미가 없고 어떤 것을 모방하는데 두드러지게 무능력해 보인다. 얼이 빠져서 주어진 지시를 아무렇게나 하고 기계적인 하루를 보낸다. 슬픔에 갇힌 아이는 너무 골몰하고 외롭다. 웃는다고 해도 웃는 게 아니다. 때때로 거부반응을 보인다. 계속 움직이고는 있지만 무의식적으로 자신의 상실로부터 도피 중이다.

상실의 첫 반응은 벌컥 화를 내고 반항하는 것이다. 고통, 죄, 상실, 슬픔의 느낌을 다루고 있을 때 아이는 격하게 화를 내고 억울해한다. 쉽게 좌절하고, 울고, 소리 지르고, 달려들어 때릴 수 있다.

상실의 끝을 인정하면서 확연히 우울해지는 아이들도 있다. 자기 자신이나 그 어떤 것에도 관심이 없어 보인다. 먹는 것도, 씻는 것도 무관심하고 자신을 돌보지 않는다.

아이에게는 조금 고통스러운 작업이 되겠지만, 애도^{Mourning} 작업을 하지 않고서는 새 부모를 사랑할 수 없다. 만약 표현되지 않고, 해결되지 않은 슬픔이 있다면 매우 피상적인 수준에 머물게 되고, 지속적으로 무능력하게 만들 수 있다. 때로는 사랑의 에너지가 정상적으로 다시 생기는 경우도 있다. 심하게 빨고, 흔들고, 자위하며 신체적인 발산을 한다. 애도하지 못한 아이는 환상의 세계로 끌려가게 된다.

아무리 아이를 잘 준비시켜서 옮긴다고 해도 이별이 다가올 때 아이의 고통을 줄여 줄 수 있는 특별한 의식이나 기술은 없는 것 같다. 자칫 아이에게 죄의식을 느끼게 만들 수 있다. 아이 자신은 참담한 기분이 드는데 사람들은 새 가족으로 가면 얼마나 행복할지를 말해 준다. 이전 부모가 갑자기 죽은 것처럼 슬퍼하는 아이를 주변 어른들은 공감해 주어야 한다.

입양 부모에게는 애도 기간이 어려울 수 있다. 고통스러워하는 아이를 도울 수 없고 이전 부모에게 애착이 된 아이를 보면서 처음에 흥분하고 기뻤던 감정을 유지하기 쉽지 않다는 걸 알게 된다. 이전 부모가 준 편지, 사진, 장난감, 옷가지들을 보물같이 여기면서 과거에 집착된 행동으로 문제는 더해질 수 있다. 그 사람이 누구이며, 어떠했다란 말을 자주 한다. 그럴 경우에 새 부모는 거절감과 경쟁심을 갖기보다 오히려 아이에게 애착할 수 있는 능력이 있음을 이해하고 기뻐해 준다면 종국에 아이의 상실감은 해결된다. 새로운 관계에 더 힘을 실을 것이고 과거는 점차 덜 언급하면서 퇴색되어 간다.

▎먹는 문제

딕과 엘렌은 조이의 정서 상태뿐 아니라 신체 상태도 역시 걱정스럽다. 남자아이가 나이에 비해 '심하게' 작다. 먹을 때 보면 식욕은 왕성한 것 같은데 아마도 소화에 문제가 있는 것 같다. 먹은 후에는 자주 토한다. 처음에는 장에 세균이 감염되어 탈이 났다고 생각했다. 그러나 뭔가가 잘못된 것이 있을 수 있다고 걱정이 될 만큼 오래 지속되고 있다. 엄마가 너무 오버 한다는 느낌을 주고 싶지 않아서 엘렌은 의사 부르기를 미루고 있었다. 그러다 급기야 너무 걱정스러워서 이웃 사람들이 잘 가는 소아과에 예약을 한다. 의사는 아이가 새 환경에 적응해 가는 과정에서 생기는 증상이라고 말해 준다. 아이를 잘 관찰해 보고 나아지는 기미가 없으면 다시 데리고 오라고 말한다.

나이 들어 입양된 아이가 나이에 어울리지 않게 신체가 너무 작다는 건 그리 특별하지 않다. 보통은 새 가족이 자신의 영구 가족으로 느껴지기 시작할 때, 성장은 박차를 가하여 결국에는 평균을 따라잡게 된다. 이런 급등 성장은 사이즈가 작은 아이에게 너무 흔히 일어나는 현상이므로 경험이 많은 복지사들은 아이가 잘 적응하고 있다는 표시로 이 점을 예의 주시한다.

너무 자주 옮겨지는 아이들에게 나타나는 구토 문제를 조이도 갖고 있다. 잘 살펴보면 너무 많이 먹거나 느끼해지리만큼 마구 입에다 밀어 넣는 걸 아마도 램버트 부부도 발견할 수 있을 것이다. 과하게 먹으면 보통 아이는 살이 찐다. 입양된 큰아이들은 과거에 배가 고팠기 때문에 그럴 수 있다. 자주 옮겨진 아이는 다음 식량을 어디서 먹게 될지 확신이 없어서 가능한 한 먹을 수 있는 만큼 먹어두려고 한다. 가끔 너무 먹고 싶었던 음식을 못 먹어서도 토한다. 채워지지 않은 욕망은 먹은 것 때문에 불편한 기분으로 남는다. 어른도 행복하지 못하고 아플 때면 닭 스프나 과일 통조림처럼 위로가 되는 음식을 먹고 싶어 한다. 아이가 아플 때 위탁모가 어떤 음식을 주었는지를 물어보면 도움이 될 것이다. 어떤 아이는 불만이라서, 외로워서, 속이 허해서 음식으로 채워 보려다가 토한다.

이렇게 먹는 것으로 문제를 보이는 아이와 할 수 있는 최선의 방법은 음식을 천천히 먹게 하고 잘 씹어 삼키도록 권하는 것이다. 식탁에서 음식을 건네주기보다 아이가 요구하는 양보다 조금 더 자기 그릇에 덜어 준다면 새 부모가 자기에게 주고자 하는 양에 대해 안심하게 된다. 아이에게 더 많이 먹으라고 강요하지 말아야 한다. 토하는 아이들은 실제로 자기가 소화할 수 있는 양보다 더 많이 원하지 않는다. 주어지니까 먹을 뿐이다.

▌충동성

부모로서 한 달 정도를 지내다 보니 조이에 대해 많은 것을 알게 되었다. 기관에서 매월 갖는, 배치 후 지지 집단에 참석해서 그것들을 나눈다. 먼저 조이가 가진 충동성이다. 조이는 신체적인 행동을 하는 면에서 어떠한 주저함도 없다. 그냥 마구 뛰어든다. 딕은 아이를 데리고 배를 타러 갔다가 어떤 일이 일어났던가를 이야기한다. 아이는 부두 끝으로 달려들어 가다가 그 비싼 구명복을 옆으로 떨어뜨렸다. 무슨 일이 일어났는지 아무도 모르는 사이에 아이는 그것을 잡으러 벌써 물속으로 뛰어들고 있었다. 보기에는 분명 자기가 수영을 할 줄 모른다는 사실을 잊어버린 것 같았다. 낚여 올려져야 했고 기침을 하고 이를 덜덜 떨면서도 젖은 옷가지를 잘난 듯이 흔들어 보이고 있었다. 부모는 새 자전거도 맘껏 타지 못하게 해야만 했다. 자전거를 탈 때마다 달리고 있는 차들을 아랑곳하지 않으니 엘렌은 아이가 치여 죽을까 두렵다. 집 안 마당에는 아이가 잘못 사용해서 부서지고, 또 다시 고친다고 망치질로 완전히 휘어져 정말 고쳐 쓸 수 없게 된 것들이 나뒹굴고 있다.

끌리는 게 있으면 아무거나 집어 호주머니에 넣어 올 것 같아서 조이를 데리고 쇼핑을 하거나 어딜 가질 못하겠다. 누구 것이든 상관없이 아무거나 만지작거린다. 충동과 주변 유혹에는 맥을 못 추고 생각조차 못하는 것 같다.

이러한 행동은 신경계가 훼손된 증상으로 볼 수 있겠지만 심하게 박탈당한 아이들에게서 발견된다고 Jone Bowlby는 말한다.

이 아이들의 행동은 충동적이고 통제되지 않는다. 순간적 변덕의 피해

자들이기 때문에 장기적인 목표를 추구할 능력이 없다. 원함이 곧 행동이다. 자기를 점검하고, 세상을 효능적으로 사고하게 하는 힘이 없고 매우 약하다. 매번 충동적이고 옆으로 샌다. 경험에서 배우지 못한 비효능적 성격은 결과적으로 자기 자신에게 최악의 적이 된다(Bowlby, 1965).

충동적인 아이는 학교에서 문제가 발생한다. 학교에서는 당장의 즐거움을 참을 줄 알아야 하고 장기적인 목표를 위해 공부해야 한다. 이 아이들은 원인과 결과를 잘 이해하지 못한다. 충동성은 결과를 염두에 두고 뭔가를 하려고 하는 아이를 가만두질 않는다. 문제를 파악하기보다 답하기에 급급하다. 읽기에 어려움이 있다. 어려운 단어를 알아보려고 하지만 불쑥 추측해서 말할 뿐이다. 이런 식의 접근이 실패하면 거의 전 과정을 포기할 수 있다.

충동성Impulsiveness 교정은 시간이 오래 걸리기도 하겠지만, 아이도 어느 정도는 준비되어야 한다. 욕구를 참을 수 있고, 대리 만족도 할 수 있고, 아이의 원하는 것이 아닌 것도 가르쳐야 한다. 여유를 가지고 특별히 만족할 수 있는 적절한 방법을 찾아야 한다. 치환Substitution이나 창작Invention을 가르칠 수 있다(질문에 답하거나 자신을 위기에게 빠뜨리기 전에 심호흡하면서 생각하고 그리고 행동하는 것).

조이는 자신을 통제해 보면, 주변 영향 때문에 당장에 행동하는 것이 줄어들 것이며, 앞을 내다보며 계획을 세울 줄 알게 된다. 램버트 부부는 조이가 조금씩 주변 환경의 유혹을 이겨나가고 있다는 걸 발견할 것이다. 그러나 조이의 문제가 치료되었다고 믿게 된 한참 후에도, 휴가 때와 같이 낯선 곳으로 떠나는 일상의 큰 변화가 있을 때는 충동성이 재발될 수 있다. 자기를 사랑해 주는 부모와 닮으려 하고 그 부모를 기쁘게 만들려고 노력하면서 도덕적 양심이 발달해 가듯이, 조이의 자기 통제력 또한 그렇게 발달해 갈 것이다.

▌ 분노발작

조이의 충동성은 욕구가 좌절되면 참지 못하는 성질하고 맞아 떨어진다. "매사에 소리를 지르고 웁니다." 부모 모임에서 딕이 말한다. "주말에 대단한 사건이 세 건이나 일어났어요. 하나는 토요일 아침에 별안간 일어났는데… 아내와 아침 식사를 조용히 하고 있었습니다. 조이가 제 방에서 서랍, 장, 물건들을 쳐 대면서 시끄럽게 돌아다니는 소리가 들렸습니다. 이런 불쾌한 소리를 내도 우리는 심각하지 않았습니다. 그러다가 아래층으로 갑자기 뛰어 내려와서는 엄마에게 카우보이 셔츠를 잃어버렸다고 성질을 냅니다. 세탁기 안에 있다는 걸 알고는 갑자기 소리를 지르고 마룻바닥을 주먹질, 발길질을 해 대면서 뒹굴고 몸부림을 치다가 나가 버립니다. 그러는 순간에는 아이한테 가까이 갈 수가 없습니다. 아무 말도 안 들리고 묻는 말에 답도 못합니다. 잠시 후 진정되었지만 우리는 이미 식욕을 다 잃어버렸습니다."

"두 번째, 그날 오후 우리는 마당에 있었습니다. 새로운 정글짐을 조립하면서, 잘들 아시겠지만, 같이 놀아 주고 싶었습니다. 그래서 렌치를 아들한테 건네주고 볼트를 조이라고 말했습니다. 같이 참여시키고 싶어서였지요. 그런데 애는 볼트에다 제대로 갖다 대지도 못하고 계속 미끄러뜨렸습니다. 내가 어떻게 하는지를 보여 주기도 전에, 렌치를 던져 버리고 가 버렸는데 애가 어디 있는지는 하늘만 압니다. 잠시 후 살얼음판을 걷는 기분이 듭니다. 일요일에는 신발 끈이 묶이지 않는다고 해서 자동차 밖으로 냅다 던져 버립니다. 또 시작입니다."

모인 부모들은 아이가 성질부릴 때 할 수 있는 호의적인 충고를 많이 들려준다. "애는 단지 관심을 원해요. 보이지 않으려고 가 버리잖아요." "나는 그렇게 생각하지 않아요. 애는 기가 꺾여서 놀랐던 것 같아요. 잡고 달래세요. 그러면 자기를 돌봐 주는 당신들이 거기에 있다는 걸 알게 될 거에요." "나는 애가 자기 맘대로 하려고 당신들을 갖고 놀고 있다는 생각이 드는데요. 애한테 지지 마세요."

*분노발작*Temper Tantrums에 대한 토론에서 Trieschman, Wittaker, Brendtro 는 이것들 모두는 부분적으로나마 일리가 있다고 말한다. 발끈 화를 내는 것은 투쟁하는 힘이고 관심을 끌게 만드는 장치이자 동시에 어린아이에게는 좌절과 공포의 표현이다. "아동을 격리시키는 것"만큼이나 단시간 치료할 수 있는 간단한 방법은 없다. 아이 내면에서는 위기감과 무기력감이 밀려들면서 궁지에 몰리니 자존심을 유지하려는 일련의 시도로 볼 수 있다. 세 명의 저자는 이 행동들을 아래 여섯 단계로 나누어 설명한다. 모든 발작적인 분노 행동을 다 포함하지는 못하지만 이런 식의 분석은 분노하는 아이를 돕기 위한 좋은 아이디어를 줄 수 있다.

불평·불만. 먼저 아이는 편치 못하고 토라져서 오만상을 찌푸린 채 돌아다닌다. 기분 내키는 대로 물건을 친다. 뭘 해도 불만이다. 뭔가를 시켜도 불평하고 자기가 선택해서 하게 해도 불만스럽기는 매 한가지다.

터지기 일 초 전이다. 결국 아이는 자신의 희미한 기분에다 맞추기 위해 중요하다고 생각이 드는 하나의 명확하고 구체적인 트집을 잡는다. 가끔 트집 잡힌 그것이 바로 아이의 압도적인 기분을 나타내는 것이기도 하다. 깊은 상실감을 느끼는 아이는 지금은 없어진 그러나 그것에 대한 기억은 있는 어떤 장난감을 트집 잡을 수 있다. 파괴된 가정에서 온 아이는 엉망으로 부서진 장난감을 찾으려고 할 수 있고 수리해 달라고 요구할 수 있다. 자는 시간, 식사 시간, 여행 시간은 아이에게 특별히 어려웠던 기억과 감정을 불러일으키게 하여 폭발시킬 수 있다.

잘 살펴본다면 언제, 어디서, 어떤 문제에 특히 취약하고 성질을 부리는지 부모는 발견할 수 있다. 폭발하기 전에 커지고 있는 불편함을 이해해 주는 어른에게 말로 표현할 수 있도록 돕는다. "너는 없애 버리고 싶은 기분을 갖고 있구나"와 같은 문장은 자기가 방어하고 있는 감정을 알아차릴 수 있도록 한다.

도와줘, 도와줘. 일단 트집거리가 생기면 보통은 도와달라는 신호를 보낸다. 눈에 띄게 자주 고의로 규칙을 어기는데 아이는 그런 행동이 어른의 주의를 끄는 방법으로 생각한다. 어른이 못하게 하려고 아주 가까이 다가오게 만든다. 자기 충동을 철회시키기에는 스스로가 역부족을 느끼고 어른에게 구조 요청을 보내는 식이다. 어른의 손길, 목소리, 접근과 같이 아이 스스로는 가질 수 없는 안전함과 관리를 받는다. 이 순간에는 안전을 위해 붙들어야 할 필요가 있는 아이도 있다.

이 단계에서는 규율을 어겼으니 벌을 줄 거란 말은 가능한 한 하지 말고, 아이를 침대나 이불이 있는 편안한 곳으로 데리고 가는 편이 낫다. 어떠한 지시도 크고, 명확하고, 반복해 주어야 한다. 미루거나 피하는 것이 안전하다면 아이를 제지하지 않도록 한다. 만약 큰아이를 붙들 필요가 있다면 필요 이상 세게 잡지 말아야 하고 아무도 다치지 않게 하기 위해 등 뒤에서 붙들도록 한다. 아이에게 지금 왜 그렇게 하고 있는지를 설명해야 한다. "난 널 해치려고 하는 게 아냐. 너는 너뿐만 아니라 다른 사람들도 다치게 할 수 있어. 네가 네 몸을 가눌 수 있을 때까지 붙들고 있을 거야."

양자택일. 이 순간의 아이는 가능치도 않은 선택을 계속, 자주 하는 행동을 보인다. 이를 갈면서 소리를 지르거나 중얼거린다. "당신이 이걸 하든지 아니면…" 이 단계에선 자주 어른을 향해 욕이 나온다("돼지야", 혹은 "바보야"). 이것은 자기 통제력을 잃은 아이가 억울해서 표현하는 내적 몸부림이다. 이때는 모욕을 주고 위협하고 선택권이 없다는 등의 시비에 말려들 때가 아니다. 비록 그러고 싶은 유혹이 들더라도 아이를 공격할 때가 아니다. 어른이 할 수 있는 것은 제한된 시간과 장소를 지배하는 것이 더 중요하다. "우리 둘 다 여기에 똑바로 서 있기다. 나는 네가 스스로 멈출 수 있을 때까지 널 붙들고 있을 거다. 저녁밥을 먹을 때까지(혹은 아이가 알고 있는 일정한 시점까지)는 괜찮아지겠지…. 계속 이런 식으로 가진 않아." 만약 둘 중에 하나를 택할 수 있는 대안을 제시한다면 상황을 더 적절하게 다룰 수 있게 돕는다("네 생각엔 그 방법뿐이 없다는 거겠지. 그런데 다른 방법도 있어", "난 네가 다른 선택을 할 수 있도록 할 거야"). 이 단계에서 좀 더 이성적으로 화를 표현하는 방법을 아이에게 보여 준다면 또 다른 도움을 주는 것이다. 통제력을 잃지 않고 화가 난 목소리와 표정으로 당신이 화가 났다고 전달할 수 있다.

적절한 양자택일하기, 선택의 폭 넓히기, 시·공간 제한하기, 분노 표현하기 이런 것들이 분노 발작을 제지시키는 데 효과가 없다면 다음 단계로 넘어갈 수 있다.

아냐, 아냐. 많은 걸음마기 아기처럼 부모의 원함을 거부하면서 성질을 부리고 자기주장을 하는 이 단계의 아이는 어른을 대적한다. 만약에 어른이 아이의 팔을 살짝 당기면, 아이는 반대 방향으로 당긴다고 Trieschman, Wittaker, Brendtro는 말한다. 만약 어른이 누우라고 하면 아이는 거꾸로 일어난다. 만약 어른이 쉬 조용히 하라고 하면 아이는 소리를 지르고 소동을 일으킨다. 만약 어른이 도우려고 하면 아이는 몸을 뒤틀고 해치려 한다. 이 단계는 당신이 얼마나 도와주기를 원하는지("날 해치려고 하고 있잖아요"가 답이다), 당신이 여전히 사랑하고 있는지("날 미워할 거야"), 잠시 후에는 어떻게 기분이 좋아질 건지("난 끝까지 당신을 미워할 거야")를 아이에게 말해 주는 것은 소용이 없다. 아마도 어른이 취할 수 있는 가장 안전한 태도는 아이가 자신의 길을 회복하기를 희망하는 것일 거다("네가 이런 바보 멍청이같이 발악하고 미친 짓을 하지 않겠다고 너 자신에게 말할 수 있다면 진정 네 자신의 주인이 다시 될 수 있는 거야").

혼자 내버려 둬. 아이는 점차 슬퍼 보이면서 조용히 진정되기 시작한다. 비록 간간히 돌발적인 부정이 튀어나올 수는 있겠지만, 어른이 자기를 더 편안하게 해 주도록 내버려 둔다. 울고, 소리 질렀던 것이 공허하게 느껴지고 목소리는 냉랭하게 변한다. 입을 오물거리거나 빨고, 입술을 핥거나 씹는다. 아이는 자신을 점검해 본다. 팔다리를 만져보고,

눈을 비비고, 옷매무새를 바로 해 본다. 어른은 한숨을 돌리게 된다. 얼굴이 벌겋게 달아올랐고, 눈이 충혈된 참전자에게 찬물이나 젖은 수건은 반가울 것이다.

아이는 어른의 간섭을 막거나 피하고 싶은 말투와 행동을 보인다. 이불 밑에다 머리를 박고, 귀를 막든지 해서, 접촉을 피하려고 하고 간간히 침대 밑이나 옷장 속으로 숨어 버린다. 다정하고 친근한 대화에 낀다거나 다시 정상적인 활동을 할 준비가 아직 되어 있지 않다. 그렇게 하라고 밀어붙이면 아이는 다시 무너질 것 같다.

이 단계에서는 아이가 위축되어 있다는 점을 고려해야 한다. 귀를 틀어막고 이불 밑에 들어가거나 세상과 차단시키려는 행동을 내버려 두는 편이 낫다. 어떤 말을 해도 그럴 수 있다는 관심을 보이고 아이의 슬픔을 인정하고, 짧고, 조용히 그리고 침착하게 행동한다. 어른은 실제로 떠나진 않지만 다른 것에 관심을 돌리고 약간 자리를 옮기고 싶기도 할 것이다. 성질부리기가 끝났다고 인정하는 건 종종 유용하다.

이 단계는 아주 짧게 지속될 수도 있고, 혹은 서너 시간 넘게 걸릴 수도 있다. 아이는 잠이 드는 경우가 많다.

숙취. 비록 성질을 부린 이후 아이는 아무 일도 없었다는 듯 보이고 행동하지만, 많은 아이들은 죄책감, 자책감, 자기 비난으로 버티고 있다. 확실히 성질을 부린 기억은 있고, 그렇게 된 게 어느 정도는 괴롭기까지하다. 어른은 지금이 아이가 성질을 부리게 된 계기를 알아차릴 수 있도록 도울 때다. 기분 조절을 할 수 있는 기회가 있었다는 것 그리고 그렇게 폭발하게 만든 원인을 말해 줄 수 있다. 부모 눈에 아이는 퍼즐 같아 보일 뿐만 아니라 부모 자신도 빠지고 잃어버린 조각들로 인해

자주 혼란스럽다.

힘든 시간이 지난 후 나누는 대화에서는 어른이 관찰한 것을 알려 주니 아이는 몰랐던 조각들을 끼워 맞추고 자신의 행동 패턴을 알아차리도록 한다.

그런 행동에 끌려들어 가는 것에 대한 서로의 이해가 더 커지는 건 유익하다. 그렇게 아이는 "잃었던 어떤 것", "깜깜한 느낌", "거친 기분"을 알아차리게 된다. 그것들을 아이가 걱정이 되어 어른의 도움이 필요하다는 신호이다(Trieschman, Wittaker, Brendtro, 1969).

어떤 아이는 울화통이 터지는 걸 피할 수 없다. 그렇다고 하더라도 부모나 아이도 죄의식을 느낄 필요는 없다. 그 아이는 한 번에 세 가지 어려움에 봉착한다. 엄청난 욕구와 두려움, 불만의 고통 그리고 좌절감을 표현할 길이 없다는 것이다. 분통을 자주 터뜨리는 나이가 있는데 그 나이 때는 다른 때보다 더 많이 좌절하기 때문이다.

분통을 자주 터뜨리는 원인은 감정을 말로 표현할 수 있는 능력의 발달이 매우 저조하다는 것이다. 이것은 아이가 신체적 행동을 통해서만 감정을 발산하도록 한다. 부모는 성질이 시작되려고 하면 행동 패턴을 말로 다루어 주고, 언어로 자기표현을 할 수 있도록 관심을 가져야 한다. 숙취 단계에서 어른은 아이를 '비난'하지 말고, "네가 말로 해 줘서 기쁘다"라고 말해 줄 수 있어야 한다. 아이가 점점 말로 표현할 수 있게 됨에 따라 아이의 신체를 부드럽게 만져 주면서 또 다른 소모전을 피할 수 있다. 그리고 "너는 불평불만이 많은데(혹은 성질을 다 부린 후에 더 친숙한 문장을 써서), 나한테 말로 해 줄래?" 혹은 "네가 놀랐을 것 같아(혹은 슬프다는 걸) 몸으로 하지 말고 말로 하자꾸나"라고 말해 줄 수 있다. 심하게 자극하고 조작하는 아이는 일시적 격려로 호흡을 가다듬고 사태를 다시 바라볼 수 있도록 한다. "네가 네 자신을 조절할 수 있을 때에 이쪽으로 올 수 있어"라고 해 주는 말은, 자기는 자신의 책임이라는 것을 느끼게 한다. 격리시킨 시간을 사람이 아닌 부엌 조리용 타이머로 정해 주는 것도 한 묘안이 된다.

비록 성질부리는 것을 매번 다 막을 수 있지는 않고 또 불가능할지라도 부모는 아이가 엄습해 오는 감정을 다룰 수 있는 적절한 방법을 더 찾을 수 있도록 도와야 한다. 아이는 통제력 상실에 대한 두려움을 갖고 있다. 자기 스스로 멈추지 못할 때 제동을 걸어 주는 부모로 인해 안심한다 (Fraiberg, 1959).

어찌하든 아이가 성질을 부리지 않고 자기 존중감을 키우도록 돕는 건 중요하다. 신체적 기술을 습득했을 때 자신을 능력자로 여기는 것처럼, 스스로를 자기감정을 조절할 수 있는 통제력 있는 사람으로 여길 수 있도록 배운다. 자기 성질에 못 이기는 아이는 스스로를 '나쁘고', '다르고', '약하게' 보는 경향이 크다. 만약 다시는 그러지 말라고 부모가 압력하지 않았는데도 성질부리는 시간의 간격이 늘어지고 있다는 것을 아이와 함께 알아차리게 된다면 도움이 된다. 그런 감정이 밀려들어 올 때 아이는 저항할 수 있고, 신체로 성질을 부리지 않을 때, 부모는 스스로를 조절하는 법을 배우는 중이고, 잘하고 있다고 확신시켜 줄 수 있다. 비록 조이의 충동성과 참을성 없는 기질이 부모를 피곤하게 만드는 경향이 있더라도, 딕과 엘렌은 아이가 행동을 잘해서 부모 사랑과 애정을 벌도록 하지 말고 계속 퍼다 주는 것이 중요하다. 이 시점에서 부모의 긍정적 관심은 조이에게는 치료약이 된다. 스물네 시간 내내 토하는 상태의 환자에게 믿음직한 페니실린과 같은 것이다.

▌옛 부모 그림자

아빠에 대한 조이의 반응은 정상이라고 말할 수 없다. 아빠가 아들을 만지려고 손을 내밀면 조이는 움츠리고 긴장한다. 딕이 갑자기 움직이면 조이는 마치 때리려는 걸 피하려는 것처럼 머리를 감싸고 바닥에 나뒹군다. 어깨에 얹었던 그 친절한 손으로 얻어맞을 거란 생각을 미리 하는 것 같다. 정말 당혹스럽다. 딕은 아이가 그토록 겁내는 행동을 했을 거라고 이웃사람들로부터 확실히 의심하는 눈길을 몇 번 받았다. 만약 가게나 공원 같은 공공연한 장소에서 그랬다면 전혀 모르는 사람도 딕에게 와서 비난했을 것이다. 정말이지 어이없다. 딕은 조이를 절대 때리지 않았다. 기록에는 그런 게 전혀 적혀 있지 않지만 램버트 부부와 복지사는 어쩐지 조이가 어디에선가 학대를 당했다는 확신이 점점 커지고 있다. 딕은 "아뇨, 아뇨. 나 아니에요." 사람 잘못 봤다고 말하고 싶다. 딕은 그 말을 농담처럼 하고 있지만 마음속에서는 상처가 되고 있다.

설령 그들의 상상대로 아이가 학대받지 않았다 하더라도, 분명히 아이는 보통 수준에서 양육되진 않았다. 조이의 개인 습관을 보자면 끔찍하다. 열 살 나이에 손 씻는 법, 손·발톱 깨끗이 하는 법, 이 닦는 법, 머리 감는 법, 샤워하는 법을 배웠어야 했다. 아직까지 욕조에서 뛰고, 한 주 내내 입은 속옷을 다시 입으면 엄마가 왜 그렇게 짜증을 내는지 이해하지 못하고 있다. 조이가 쓰는 문법은 이 지구에서 사용되는 것이 아니다. 또 온통 "아니야"로 반복되는 부정 일색이다.

입양 아동과 가족 사이의 이런 식의 '어긋남'은 아이가 수입이 적은 위탁가정에서부터 생활수준이 더 높은 입양가정으로 옮겨 올 때 자주 발생하는 것 같다. Kadushin(1971)은 입양 아동의 가족적응을 돕기 위해 부모를 안내할 때, "하나의 가정에서 다른 가정으로 옮기는 수준이 아니라 하나의 문화층에서 다른 문화층으로의 전이라고 본다"라고 한 말에 주의해 본다. 요구되는 적응과 융화가 때때로 아이로 하여금 이전 가족을 그리워하게 만든다. 그 아이는 '구제'되었다고 한다. 그러나 아이 자신은 그런 순수한 축복으로 느끼지 못한다. 자기를 변화시키려는 새 가족의 시도가 자기뿐만 아니라 여전히 충성하고 있는 과거 부모를 비판하는 것으로 인식된다.

> 아동은 배워야 하고, 배우지 말아야 할 것들이 달라서 혼란스럽다. 그리고 다른 식의 행동패턴으로 답하도록 가르쳤던 부모-선생님에게 애정을 갖고 있기 때문에 여전히 정서적인 어려움을 갖는다. 지금까지 자신과 동일시했던 그 부모가 했던 답을 이제는 포기하고 부정해야 하기 때문이다. 새 부모는 자신들의 기준으로 봐서는 용납되지 않는 이방인이 집 안으로 갖고 들어온 행동들을 먼저 참아야 하고, 받아들여야 하기 때문에 어려움이 발생한다. (중략) 부모들은 변화 과정에서 아동은 받아들이겠지만, 아동의 행동은 거부하려는 데서 어려운 문제에 봉착하게 된다(Kadushin, 1971).

새 부모는 분명하게 방임했고 학대까지 했던 과거 부모에게 충성하고 변호하려는 아이의 마음을 보면서 자주 놀라게 된다.

> 보통, 아주 나쁜 부모에 대한 아이의 애착은 그들을 돕고자 하는 사람들을 끊임없이 의심하게 만드는 원인이 된다. 친절한 위탁 부모들과 함께한 때조차 이 아이들은 자신들의 뿌리는 아마도 자기들이 방임되

었고 함부로 다루어졌던 그 집에 있다고 느끼며, 그 부모들을 비판하는 소리에 예민하게 화를 낸다. 이러한 감정을 갖는다는 건 심한 방임을 받았음에도 불구하고 한쪽 혹은 다른 한쪽 부모는 거의 셀 수 없을 만큼 태어난 날부터 계속 친절했었고 또 아무리 겉으론 비난받아야 할 것 같지만 아이가 그것을 감사로 기억한다는 것은 그다지 놀라울 게 없다. 그 엄마는 변변치 않았다고 하더라도 그나마 자기를 돌봐 주었다. 그것은 어떤 여자가 그만큼 혹은 더 의존할 만하다고 느껴지지 않는 이상은 그 엄마를 신뢰하는 이유가 된다. (중략) 자기 아이를 방치할 정도로 나쁜 부모조차도 아이를 위해 많은 것들을 주고 있다는 것을 잊어서는 안 된다. 최악의 상태가 아니라면 적어도 음식과 잠자리를 주고 어려움에 처한 아이를 위로하고 간단한 기술을 가르친다. 그 무엇보다도 안전감을 느끼게 하는 인간적인 돌봄을 지속적으로 주고 있다. 아이는 제대로 못 먹고, 못 자고, 불결한 질병으로 고생할 수 있다. 제대로 대우받지 못할 수 있다. 그렇다고 하나 부모가 그 아이를 전적으로 거부하지 않는 이상, 아이는 자기가 누군가에게는 가치 있는 존재이고, 비록 방법이 합당하지 않을지라도 스스로를 돌볼 수 있을 때까지 자기에게 주려고 애쓰는 누군가가 존재한다는 것은 안전하다 (Bowlby, 1965).

이러한 이유 때문에 우리 눈에는 나쁜 부모인데 아이는 왜 그렇게 애착이 되어 있는지를 알 수 있을 것 같다.

▌분열된 부모상

많은 입양된 아동과 가족 간의 문제는 '분열Splitting'된 메커니즘에 있다. 성인이 될 때까지 친생 부모와 계속 같이 사는 아이는 자라면서 기쁨과 만족함을 주는 '좋은' 부모가 실망시키고, 거부하고, 벌주는 '나쁜' 면도 같이 갖고 있다는 걸 생각할 줄 안다. 싫고 좋다는 역설적인 반응에도 불구하고 아무도 전적으로 좋거나 전적으로 나쁘지 않다는 걸 이해하고 자신과 부모의 '전체성Wholeness'을 받아들일 줄 안다.

그러나 입양된 아동은 한 명 이상의 부모를 가진다. 만약 사랑과 미움의 상반된 감정이 한 부모에게는 전적으로 좋고, 한 부모에게는 전적으로 나쁘다는 식으로 투사된다면, 아이의 적응은 어려워진다. 과거 부모와 경쟁심을 느끼는 입양 부모는 스스로를 당연히 '좋은' 부모로 여기고 이전 부모는 '나쁜' 부모라고 무의식적인 메시지를 보내면서 문제를 악화시킬 수 있다.

이런 분열은 아이가 자기를 낳은 부모와 동일시함으로 인해 입양 부모와의 관계에서 더욱 심각한 문제에 노출될 수 있다. 만약 이전의 부모가 나쁘다면 아이는 '자기 엄마, 아빠와 똑같이 되어 버릴' 운명이라고 예감하고 두려워한다. 아이의 자존감과 자신감은 부모를 얼마나 좋게 생각할 수 있느냐에 달려 있다. 만약 입양 부모가 아이를 집으로 데리고 왔기 때문에 자신들만 좋은 부모로 인식하게 한다면, 만약 아이의 행동과 불행에 자신들의 몫을 인정할 수 없다면, 그리고 모든 비난을 아이와 이전 부모에게 돌린다면 결과적으로 어린 아이를 황폐화시킬 수 있다.

입양 부모는 생활 속에서 아이의 이전 부모가 가진 좋은 점뿐만 아니라 나쁜 점에 대해서도 여유를 가질 수 있어야 한다. 입양된 아이는 자기가 있을 곳을 좋아하고, 충성심을 고수하고, 다른 부모에 대해 연민을 갖고 현실적으로 바라볼 수 있는 자유가 필요하다. 만약 입양 부모가 이전 부모를 수용하면 아이는 자신이 수용된다는 느낌을 갖는다. 그래서 과거 일들을 생각하면 화가 난다고 해도 그런 어른들이 만들어 낸 문제뿐만 아니라 자기가 물려받았던 장점 또한 찾아보려는 진지한 시도를 틀림없이 할 것이다.

> 어른들은 보통 아무 관계가 없어도 심지어 적대적이기조차 한 사람들과도 긍정적인 정서를 유지할 수 있지만 아이들은 그렇지 못하다. 아이는 의문스러운 어른들이 서로에게가 긍정적으로 느끼는 경우에만, 한 명 이상의 어른을 자유롭게 사랑할 수 있다. 이것이 안 된다면 아이의 충성심은 심각하게 불구가 되어 서로 충돌하게 된다(Goldstein, Freud, Solnit, 1973).

▎도발성

엘렌은 정말 심각한 어려움을 맞고 있다. 조이는 매 맞는 걸 겁을 내는 게 분명한데도 불구하고 부모를 화나게 만들어서 맞을 짓을 자초하고 있다. 매사를 싸움으로 시작한다. 충동적Impulsive이고 도발적Provocative인 조이의 행동을 신체적으로 제재를 가해야 할 필요가 많다 보니 엄마는 '지긋지긋'해 하면서 하루를 지내게 된다. 엘렌은 아무리 마음을 다잡아도 매번 소리를 질러대는 시끄러운 여자가 되고 만다. 자신은 고약한 엄마라는 기분이 종일 들고 있다. 너무 피곤하고 조이의 과잉 행동을 저지하기란 좀처럼 쉽지가 않다. 조이를 돌보는 일은 시소 위에서 춤을 추는 것 같다. 만사가 오르락내리락 한다. 사람들이 "어때요?"라고 물어 오는 게 싫다. 겁쟁이 조이가 그녀를 잠 못 자게 만들었던 끝이 안 보였던 밤은 멈추었으나, 이제는 엘렌 자신의 문제가 시작된다. 그렇게도 휴식을 바랐는데 이제는 잠이 오지 않는다. 죄책감과 걱정에 압도되어 도무지 잠을 편하게 잘 수 없다.

처음에는 조이가 아빠를 무서워하도록 만든, 보지도 알지도 못한 사람을 향해 엘렌은 분노했지만 지금은 그 사람이 이해가 되고 공감도 된다. 자기가 아이를 갖지 못했을 때, 아이를 때리고 학대하는 사람을 혐오했다. 그런데 지금은 너무 도발적이라 도무지 어쩌지 못하는 조이를 가져 보니, 아이를 치고, 때리고, 통제가 안 될 때는 머리카락을 잡아당기지 않는다는 게 얼마나 힘든지 스스로가 놀라고 있다. 그래도 그 순간에는 그렇게 할 수밖에 없었다고 생각하면서 그런 자신에서 더욱 놀라고 있다. 가끔은 보복하듯이 조이를 거부하고 있는 자신이 걱정스럽다. 어떻게 될까? 내가 미쳤나? 나는 사람도 아닌 것 같아….

주로 화가 난 상태에서 관심을 주는 어른과 살아온 아이는, 화가 난 엄마라도 엄마가 아예 없는 것보다는 낫다고 무의식적으로 인정한다. 자기가 사랑스럽지 못하고, 나쁘다는 두려움을 없애려면 긍정적 관심을 받아야 하는데, 아이는 어떻게 하는지를 모른다. 반면 부정적인 관심은 쉽게 끌어낼 줄 안다. 부모가 초조해하고, 화내고, 심지어 증오해야 자기가 원하는 완전하고, 강렬하고, 더 직접적인 큰 관심을 얻어 낼 수 있다는 걸 발견해 왔다. 아이는 부모란 벌 받고 있는 상태를 더 좋아한다고 믿고 그런 상황을 매번 만들어 낼 수 있다.

이런 식의 상호작용에는 또 다른 측면이 있다. 부정적인 관심은 그 자체로 벌과 허락이 동시에 이루어진다. 아이는 죄책감 때문에 끝없이 자기를 벌줄 거리를 찾아낼 것이다. 마치 회계 장부의 끝을 맞추듯이, 부모를 부추겨서 자기를 철썩 때리게 만들어서 빚을 갚아 버린다. 아이는 금지된 행동을 반복할 준비가 되어 있는 동시에 그 부모를 계속 응징하는 허가증으로 부모의 화를 사용한다. 벌은 자극하는 아이에게는 그다지 도움이 안 된다. 부모가 큰소리로 위협하면 금방 따라 한다. 그래서 부모는 화, 비난, 처벌 이런 것들은 사용하지 않고 제한시킬 수 있는 방법을 찾아야 한다. 아이가 한계선을 넘었을 때 가하게 될 결과에 대한 결정에 아이를 참여시키도록 한다. 가능한 아이의 불신감을 자극시키는 직접적인 명령("당장 앉아")은 하지 않도록 한다. 도전적인 맞대응은 하지 않도록 한다("넌 꼭 또 하지…").

하루 일과를 구조화시키면 도움이 된다. 아이의 짧은 집중력에 맞추어 매일의 계획을 세워라. 만약 무언가를 해야 할 때마다 폭발한다면, 일상에서 정면충돌은 피하라. 예를 들어 아이와 긴장 상태라면 직접 깨우지 말고 알람 시계를 곁에다 두는 것이다.

"…를 안 할 거야"와 같은 아이가 던진 미끼에 걸려들지 말아야 한다. 아이는 실제 상황에서 뭔가를 하지 않으려고 자주 거부하면서 반응한다. 그런데 언어적 저항을 '허락'하는 부모는 짜증 내거나 적대적이지 않기 때문에 매력이 없다는 걸 알게 된다.

부정적인 아이 행동에는 대부분 감정이 섞여 있다. 아이가 혼란함을 말로 표현하도록 하는 것("너는 신경을 쓰고 싶은 게구나" 혹은 "신경 쓰고 싶지 않구나"), 그리고 아이의 감정을 인정하는 것("넌 너무 화가 나서, 너 자신이 무얼 하고 싶은지를 모르고 있구나")이 도움이 된다.

아이의 행동 개선은 부정적 사건이 얼마나 빈번하게 일어나고 있는지를 점검하여 기준을 잡도록 한다. 매일 하던 행동이 일주일에 한두 번으로 감소되면 개선되고 있는 것이다. 계속 기록하는 것은 좀처럼 안 나아질 것 같다고 느끼는 부모를 안심시킬 수 있다.

▌공격적 행동

조이가 가진 문제는 때리고 덤벼드는 것이다. 아빠는 때릴까 봐 겁을 낸다. 그러나 엄마는 거의 때리고 싶도록 자극한다. 이웃 애들과 늘 싸운다. 처음에는 조그마한 아이가 툭하면 싸움질을 하는 것이 딕의 눈에는 재미있었다. 그러나 이제는 즐기고만 있을 수 없다. 이웃으로부터 항의 전화가 온다. 아이의 공격적^{Aggressive} 행동으로 온몸이 긁히고, 상처나고, 옷은 찢기고, 이제는 더 이상 같이 놀아 줄 애가 없이 늘 혼자 있는 걸 보게 된다. 조이는 스스로가 자기를 좋아하지 않도록 만든다. 다른 애들이 놀리고 들볶는 표적 대상이 된다. 조이는 점점 더 나빠지고, 괴롭힘을 당할까 봐 항상 방어하고 싸울 태세가 되어 있다.

옮겨진 아이들에게서 나타나는 공격과 싸움질의 패턴은 그다지 특별하지 않다. 마치 온 사방에서 자기를 위협한다는 듯 항상 경계하고 공격에 대비한 행동을 한다. 아이의 성격은 지나치게 공격적이고 반항하는 티가 난다(Fraiberg, 1959). 만약 아이가 진짜 공포를 일으키는 원인-폭력적인 신체 공격 혹은 위협이 동반된 부모의 분노 등-을 가지고 있다면 쉴 새 없이 위험한 인물들로부터 자신을 지켜야 한다는 신념을 갖는다. 무차별적으로 이웃이나 학교 아이들을 공격한다. 공격을 당하기 전에 먼저 공격을 해야만 할 것 같은 느낌이 든다. 옆에 있는 아이가 약간 움직이거나, 악의 없는 농담을 해도 적대적인 의도로 해석할 수 있다. 확실히 그 애가 자기를 때리려고 했기 때문에 자기가 그럴 수밖에 없었다고 나중에 확신에 찬 주장을 하는 경우는 비일비재하다(Fraiberg, 1959). 자존심이 상할까 봐 다른 아이들을 찍소리도 못하게 만들어 버리고, 무시해 버리고, 거절해 버리기에 바쁘다.

교사, 부모, 어른이 자기를 때린다고 자주 불평한다. 공격받고 있다는 예감이 너무 심해서 일어나지도 않았던 일조차 일어났다고 믿는다. 이런 불신은 너무 깊이 박혀 있기 때문에 장기적으로 문제가 된다. 물론 극복할 수 있는 문제이긴 하지만 부모님, 선생님, 상담 선생님과 같은 사람들로부터 아이는 적극적으로 지지를 받을 필요가 있다.

여름의 끝자락이 지나고 있다. 엘렌은 휴가가 빨리 끝나면 좋겠다. 여름 내내 직장을 떠나 있었다. 그것은 현명하고 필요한 결정이었다. 그러나 이제는 전업주부가 되고 싶었던 것과 하루 종일 조이를 돌보는 소모전은 그만하고 규칙적인 직장 생활로 너무 돌아가고 싶다. 직장에서 다시 일을 하게 된다면 자기 자신을 되찾을 수 있을 것 같다.

▌ 학교생활

한편 개학이 다가오니 엘렌은 두렵다. 조이에게 무슨 일이 일어날지 겁이 난다. 조이는 엄마의 정신을 쏙 빼놓는 짓을 하지만 또 한편으로는 잘도 안기고, 재미있고, 사랑스런 아이인 것 같다. 그러나 만약 부모한테 하는 것처럼 학교 선생님을 자극시키고, 다른 애들과 사이가 나쁘고 충동성이 줄지 않고, 참지 못하는 성격이 나아지지 않는다면, 딕과 엘렌은 절망이고 조이의 학교생활은 비극이 될 것이다.

학교에 등록하러 갔을 때, 생활지도 교사와 엘렌은 걱정거리를 나눈다. 여름방학 내내 아이가 보여 준 문제들과 초기에 방치되고 박탈되었던 부분을 교사들에게 설명했다. 학교 측에서는 너무 걱정 말라고 안심시킨다. 전에 다니던 학교생활 기록을 봐서는 조이를 3학년에 넣는 것이 적절하다고 한다. 스노우 선생님 반으로 결정되었다.

조이의 방어 태세와 충동성은 3학년 교실 안으로 따라 들어간다. 무엇보다 줄서기를 할 때 조이는 힘이 든다. 줄을 서는 동안 어떤 애가 조이를 밀고, 건들고, 팔꿈치로 치면 싸움이 일어난다. 눈 깜짝할 사이에 일어나기 때문에 교사는 그 장면을 알아차리지 못한다. "쟤가 날 때렸어요." "쟤가 날 밀었어요." "쟤가 날 먼저 때렸어요." "난 안 그랬어요." 제각각 주장을 하는데 헷갈린다. 줄서기를 명령하면 조이는 맨 앞에 서려고 거칠게 밀고 들어간다. 그렇게 급하게 하니 외투를 잃어버리고 책은 책상에 두고 나오기가 십상이다. 다시 가지러 가는 사이에 다른 애가 앞자리를 차지하거나 조이가 먼저 서 있었던 곳으로 옮긴다. 그러면 조이는 거칠게 줄 안으로 밀고 들어가 자기 자리를 요구하는 바람에 난투가 벌어진다.

수업시간이 되어 교실에서 자리를 잡는데도 역시 난리도 아니다. 아침마다 서서 주변을 어슬렁거리고 있고, 구석에 전시되어 있는 과학 기구들을 만지작거리고, 지구본을 빙빙 돌리고, 연필을 깎아 대고 있다. 선생님은 하던 수업을 중지하고 계속 반복해서 조이에게 주의를 줘야 한다. 느닷없이 불쑥 말을 하고, 주변 애들에게 말을 걸고, 괴롭히고, 빈둥거리기만 하니 별수 없이 조이를 제자리에 바로 앉혀야만 겨우 수업을 진행할 수 있다.

조이가 얼마나 공부를 잘 피할 수 있는지를 눈치채기까지는 시간이 걸렸다. 선생님이 "학습장 꺼내요"라고 하자마자 기분이 나빠서 낑낑거리는 소리가 들린다. 중얼대면서 책을 찾는답시고 마룻바닥에 물건을 떨어뜨리고 책상을 손톱으로 찌익 긁어 대고 있는 동안 다른 애들은 선생님의 다음 지시를 위해 늘 기다려야만 한다. 수학 시간에는 일어나 나가 화장실을 들락거린다. 교사의 눈에는 조이가 정말 많은 시간을 화장실을 왔다 갔다 하거나 물을 마시거나 해서 교실에 앉아 수업에 참여하는 걸 거의 보지 못했다. 나갔다가 다시 들어올 때는 항상 다른 애들의 시선을 끌면서 들어오니, 교사는 아이들을 다시 불러서 수업에 집중시켜야만 했다.

조이는 독서 그룹 활동을 하는 시간이 되면 머리가 아프다고 아스피린을 받으러 양호실에 가야 한다고 자주 요구한다. 만약 허락되면 시간 내내 돌아다니게 되어서 대부분의 읽기를 놓친다. 만약 허락되지 않으면 안절부절못하면서 중얼거리기를 "말도 안 돼. 약도 못 먹게 한단 말이야. 누가 이따위 감옥 같은 게 필요하다고 해!" 수업 진행이 어렵다. 읽을 차례를 전혀 알지 못하고, 주저주저하면서 대강 짐작으로 그것도 아주 느리게 읽는다. 조이를 그룹 활동에 참여시키기가 여간 어렵지 않다. 다른 아이들에 비해 능력이 너무 떨어진다.

조이는 개인 지도가 필요한 것이 분명하다. 특수 교사가 읽기와 수학을 더 많이 시키기로 결정했다. 조이가 부담스러워하는 시간에는 교실에서 데리고 나와 개인 지도를 받게 한다. 다른 아이들과 경쟁하거나 산만해지지 않고 학습을 따라갈 수 있도록 돕는다. 그러나 그런 도움에도 불구하고 조이의 학교생활은 나아지지 않고 있다. 아이는 툭하면 버스에서 싸움질로 하루를 시작하고 교실 안에 제일 먼저 들어가려고 복도를 급히 뛰다가 어떤 어른에게 제지를 당한 후에 겨우 멈춘다. 이러하니 교실에 늦게 도착하는 건 물론이고 하루가 좋을 리가 없다.

구별시켜서 개인 수업을 해 보니 문제점이 드러날 수밖에 없었다. 처음 생각보다 조이는 또래에 비해 심각하게 뒤떨어져 있음이 밝혀졌다. 학교에서는 조이의 배치 문제로 이미 토의된 바 있었다. 읽기와 산수를 너무 어려워한다. 아이는 자기가 미워하는 만큼, 자기를 미워하는 그 사람들이 일부러 어렵게 만들어서 자기를 손들게 만들려고 하는 적으로 여긴다.

스노우 선생님은 조이를 더 이상 낙관적으로 보지 않고 참아 주지도 않는다. 처음에는 용기를 북돋아 주었고, 이해 안 되는 것도 좋게 해석해 주었다. 그러나 지금은 점점 인내가 바닥에 이른다. 같이 시간을 보내다 보니 조이가 해 대는 방해에 민감해졌다. 몇 주 후 그녀는 너무 짜증이 나서 더 이상 견딜 수가 없을 지경이 되었다. 조이는 생각이 없고, 쉬지 않고 산만하다. 말을 불쑥 내뱉고, 애들을 괴롭히고, 변덕스러워서 엄청 애를 먹인다. 조이에게는 부정적인 대답을 하지 않는 것이 어렵다. 점점 교실에서 내쫓아 교장실로 보내는 것만이 아이에게 먹혀드는 유일한 방법이 되고 있다.

아이의 문제가 쉽게 이해되지 않거나 곧바로 수정되지 않을 때, 불행히도 부모와 교사는 위협과 도전을 받는 느낌이 든다. 왜냐면 아이를 다룰 수 없을 것 같아서 압력을 더 세게 가하면서 대처할 때가 많기 때문이다. 스노우 선생님은 다른 어떤 교사들보다 더 노력했다. 그러나 그녀도 보통의 실수는 하게 된다. 문제 해결을 위해 부모를 호출하지 않았다. 많은 교사들은 부모의 도움 없이도 아이를 잘 다룰 수 있을 것이라고 생각한다. 게다가 아이를 잘 가르치지 못하고 있다는 사실이 알려지는 것을 꺼려한다. 부모가 눈치채기 시작할 즈음엔, 이미 학교에서는 사태가 극적으로 악화되어 있을 수 있다. 가끔 큰아이를 입양한 부모는 교사와 학교 직원들로부터 입양된 아이가 '보호'되어야 한다는 생각을 한다. 부모 자신들이 너무 힘들어하고 또는 아이의 낮은 지능, 지체됨, 규율 문제가 있다는 것이 알려지면 혹시 학교에서 내쫓겨 버릴지도 모른다는 상상을 할 수 있다.

아이가 여러 문제를 지니고 학교에 들어갔다는 걸 알고 있는 램버트 부부 같은 부모는, 처음부터 학교와 접촉을 확실히 해두고, 교사들에게 정보를 유용하게 활용하도록 하고, 기꺼이 참여할 의사를 밝히면서 격주에 한 번씩은 정기적으로 만나는 편이 현명하다. 교사와의 미팅에서 해결할 수 없는 건 아니지만 그 정도로 상황이 악화될 때까지 부모는 들어 보지도 못했던 문제를 알게 된다. 부모는 특별히 의논할 사안이 없다 해도 격주 미팅에 참여할 수 있기를 바랄 것이다. 결국 미팅은 한 달에 한 번, 분기에 한 번으로 횟수가 줄어든다. 담임교사와 함께하는 시간은 정말 좋은 투자가 된다.

부모는 교사에게 받은 정보를 이용해서 혼내고, 벌주고, 놀라게 만들지 말고 학교생활을 잘하도록 돕는다는 메시지를 아이에게 분명히 전달해 둔다.

엘렌은 집에서 휴식을 취하면서 다음 행보를 생각 중이다. 즐거운 직장으로 돌아가는 것, 조이가 아닌 다른 일을 생각하면서 약간의 해방감으로 미래를 생각해 본다. 그러나 아들에 대한 긴장감은 커지고 걱정은 여전하다. 밤에 조이는 방 안에서 혼자 흥얼대고 침대에서 몸을 흔들기 시작했다. 삐걱거리는 침대 소리와 섞여서 흥얼거림 속에서 '쓰레기 학교', '쓰레기 선생'이란 단어를 딕과 엘렌은 듣는다. 학교에서 무슨 일이 있었는지 물어보면, 별말 하지 않고 애들이 쉬는 시간마다 자기를 욕한다고 불평할 뿐이다. 딕과 엘렌은 학교에다 전화를 해 봐야 한다는 생각을 해 보지만 부모가 너무 압력을 넣는다는 인상은 주고 싶지 않다.

시월 초순, 조이의 학교에서 오픈 하우스가 있었다. 딕은 자기가 조이 나이일 때 부모님이 오시는 날 밤에 얼마나 흥분했는지를 기억하고 있다. 그날을 위해 교실 청소를 깨끗이 하고, 꾸미고 축제 분위기를 만들었다. 운동장에서만 뛰어다니던 친구들도 그날만은 평소와 달리 머리를 빗어 넘기고 셔츠 소매를 걷어 올려 온갖 폼을 잡고 온다. 칠판에 걸려 있는 카드 속에서 우리 가족 찾기는 정말 재미있었다. 아빠가 자기 자리에 맞춰 앉으려고 애쓰는 모습도 그랬었다. 그러나 조이는 아무 관심도 없어 보였다.

3학년 교실 복도에는 그림들로 뒤덮여 있다. 조이의 연필 그림이 여러 장 걸려 있다. 엄마, 아빠는 조이가 그렇게 그림을 잘 그리는 줄 몰랐다. 자신들이 알지 못하는 면을 분명 아들이 갖고 있었다. 아들에게 어느 그림이 가장 맘에 드는지를 묻고 그림에 대해 말해 본다.

조이의 교실은 부모가 기억하고 있는 것과는 거리가 멀었다. 흥미로운 도구들이 많았다. 타자기, 테라늄, 햄스터 장 등등. 이곳 3학년 교실은 정말 재미있을 것 같다.

램버트 부부는 담임을 만나려고 줄을 섰다. 조이는 기운차게 뛰고 부딪히면서 돌아다닌다. 딕은 무심히 "우리 애가 어떤가요?"라고 묻는데, 스노우 선생님은 다음에 만나서 이야기하는 편이 낫겠다고 제의한다. 말하는 태도로 봐서는 "아, 힘들어요"라고 들린다.

스노우 선생님과의 만남으로 조이 부모는 기운이 쑥 빠진다. 아들은 학습 면에서 특히 읽기와 수학에 심각한 문제가 있다. '말썽꾸러기'로 낙인찍히기 시작했다. 그들은 어떻게 해야 할지를 모르겠다. 담임은 아이 행동에 대한 지혜가 바닥났고, 조이를 정말 싫어했다. 아들이 이렇게 비정한 교사와 교실 안에 갇혀서 지내면서, 아니면 하루 대부분을 교장실에서 보내면서 어떻게 자기 문제를 극복할 수 있겠는가? 램버트 부부는 어찌할 바를 모르겠다.

복지사와는 계속 연락을 취하고 있고, 기관의 사후 부모 모임에서 공감받고 이야기할 수 있는 여러 명을 만날 수 있기 때문에 딕과 엘렌에게 제일 먼저 떠올랐던 생각은 기관에다 전화를 하는 것이다. 복지사를 만나서 좌절감과 걱정거리를 털어놓는다.

엘렌은 사무실에 앉아 눈물을 줄줄 흘리고 있다. "이렇게 어려우리라 생각지도 못했어요. 조이가 계속 이런다면 어떡하죠? 앞으로는 어떡하죠? 우리는요? 아이는 문제가 있어요. 진짜 문제에요. 난 어떻게 해야 할지, 어떻게 애를 도와야 할지 모르겠어요. 아마도 우리는 잘못된 부모인가 봐요, 아마도 우리는 아이를 되돌려 보내야 할까 봐요."

아이를 출산했든, 입양했든 간에 어느 부모라도 조이와 같은 문제를 가진 아이를 받아들이기엔 매우 어렵다. 노골적으로 아이를 거부할 수 있다. 설사 겉으로는 아이에 대한 책임을 다하고 있는 것처럼 보일 수는 있겠으나, 속으로는 자신들이 겪은 엄청난 상처와 실망으로 인해 아이를 비난할 수 있다. 만약 아이를 포기하고 싶은 마음이 든다면 정말 부모가 필요한 힘없고, 상처받은 어린애를 거절했다는 죄책감이 따라 든다. 만약 부모가 절대로 만족할 줄 모르는 아이로 단정한다면 보통 상황은 더욱 악화된다. 아이의 주변 문제를 해결하려는 노력보다는 포기하게 되고 그 예감은 현실이 될 수 있다.

마침내 램버트 부부의 복지사는 그들과 대화한다. 딕과 엘렌이 감정을 표출해 낼 수 있도록 하고 판단치 않고 지지해 주면서 듣고 있다. 조이가 얼마나 그들의 생활을 크게 바꿔 버렸는지 그리고 얼마나 오랫동안 아이에게 맞춰 주려고 애써 왔는지, 이 두 면을 봐서라도 그들이 느끼고 있는 분노를 충분히 이해할 수 있다. 복지사는 지금 부모가 아이가 어떻게 성장해 갈 것이고 그리고 아이를 키울 에너지와 시간에 대한 걱정을 갖는다는 것은 당연하다고 생각한다. 그리고 만약에 이 상태대로 계속 버틴다고 해도 간단하게 해결되지는 않을 것이라고 말해 준다.

기관과 이 정도의 친밀한 접촉을 갖지 못하고 있다면 정말 어려운 상황으로 치닫게 되는 경우가 많다. 그들은 입양이 최종 결정될 때까지 도움을 청할 수 없다고 종종 생각한다. 영구적인 가족 구성원으로서의 모호함이 결국 수면으로 떠오르게 되고, 조이의 복지사는 답이 없을 때 그녀를 찾을 정도로 가족과의 관계를 충분히 잘 만들어 놓았기 때문에 입양 배치를 살리기에 아주 좋은 위치에 있다.

때때로 상황을 말로 표현하기만 해도 문제는 해결될 수 있다. 부모는 아이 마음속에 있는 어떤 좋은 면을 발견할지도 모른다. 그렇게 해서 덜 암담하게 느끼고 마음의 평정을 되찾을 수 있다. 아마도 부모는 인내력을 더 발휘하게 될 것이고, 태도를 바꿀 수 있는 기회가 될 것이다. 아이와 함께 가정으로 들어온 문제를 수용하고 아이를 키울 수 있다는 다짐을 하면서 아마도 더 열심히 또 다른 방법을 찾을 것이다.

▌입양 결렬[3]

만약 이런 결과가 아니라 입양 과정을 멈추고 끝내 버리기로 램버트 부부가 결정하게 된다면, 여러 문제에 봉착하게 될 것인데 대부분은 깊은 실패감에 빠진다. 담당 복지사는 가족과 아이에게 실패했다고 느낄 것이다. 부모는 자신에게, 아이에게, 입양기관에게 실패했다고 느낄 것이다. 그리고 아이는 또 다시 거절되어 생각지도 못했던 모든 사람들에게 실패했다고 느낄 것이다. 이런 느낌들 때문에 관계된 모든 사람들은 또 다시 좋은 계획을 세우기 위해 협력하지 못하게 된다.

1975년도에 결렬된 입양에 대한 토론을 하기 위해 90명이 미시간주의 첼시시의 쌩볼 교회에 모였다. 두 시간에 걸친 공개 토론 후, 다음 몇 가지 주요 내용을 도출해 냈다.

1. 주로 상처가 많은 아동을 배치할 때 결렬이 일어날 확률이 높다. 그래서 입양 배치가 가장 절실한 아동에게서 결렬이 발생한다는 것이다.

2. 가족과 사회복지사 간의 견고한 신뢰 관계는 필수적이다. 복지사는 배치 전에 아동에 대한 정확한 정보를 준비해야 한다. 가족은 적응 문제에 대해 적극적이어야 한다. 가족과 아이에게 있을 수 있는 결렬 가능성의 여부는 배치 전에 조사되어야 한다.

3. 모든 배치가 성공하는 건 아니다. 가족과 아이 간에 좋은 결과보다

---

3) '입양결렬(Adoption disruption)'은 아이가 예비 가정에 배치되어 지내다가 입양 합법화 전에 입양 절차를 중단하는 것이다. 한편, '파양(Adoption dissolution)'은 입양 합법화가 이루어진 이후에 부모의 학대나 유기 또는 자녀의 패륜 행위로 인해 법적 가족 관계를 해소시키는 것(개정입양특례법 제17조)으로 다른 개념이다.

나쁜 결과가 더 많이 예상되고 돌이킬 수 없는 미래가 분명해질 때까지는 통상 지원을 계속해야 한다.

4. 사회복지사는 자신의 죄책감과 우울감을 다룰 수 있어야 하고, 부모와 아이와의 관계 변화를 숨기지 않고 문제를 극복할 수 있도록 도와야 한다. 결렬에 연루된 사회복지사는 동료, 상관, 다른 입양 가족들, 지역사회의 폭넓은 지지 자원이 필요하다.

5. 누구 탓으로 돌리는 것은 문제를 안고 있는 가족이나 아동 그 누구에게도 도움이 되지 않는다.

6. 가장 고통스러운 사람은 상황에 관련된 당사자들이다.

7. 가족은 결렬을 극복해 본 다른 입양 가족들 그리고 입양 결렬에 대한 복잡성을 잘 이해하고 있는 사회복지사의 도움을 받을 수 있다. 그들은 친인척이나 공동체로부터 받는 압박감이 적지 않을 것이다. 그러나 결렬된 이유가 잘 알려진 것이고 또한 이해할 수 있는 것이라면 그 가족에게 또 다른 입양 배치를 고려하지 못할 이유는 없다.

8. 결렬은 분리와 슬픔의 패턴이 뒤따른다는 걸 예측할 수 있다.

9. 결렬은 사회복지사로 하여금 아동에 대해 더 많은 것을 알게 되고 한편 최대한 빠른 시일 내에 다른 입양 배치 가능성을 실현하려고 다짐하는 기회가 된다.

결렬을 겪은 사회복지사는 한동안 다른 가족에다 아동을 배치하려고 할 때, 지나치게 조심스럽다. 그때 다른 직원들의 지지와 도움을 받으면서 자신감을 가질 수 있어야 한다.

아동이 자신에 대한 느낌과 상실감을 다루고 있을 때 보통 전문가를 여러 번 만나 조언을 듣게 된다. 이런 상담이 배치 전에 미리 있었더라면 상황은 다르게 전개되었을 수 있다. 노련한 전문가와 훌륭한 사회복지사는 아동이 자신의 문제를 바로 인식할 수 있고 또 다른 가족 안으로 성공적으로 합류해 들어갈 수 있도록 돕는다.

여기에 결렬에 연루된 아동에게 말해 주는 방법 몇 가지를 제시한다. 담당 복지사는 많이 듣고 확신을 갖고 알아들을 수 있도록 대화하도록 한다.

- 엄마, 아빠와 너 사이에 일이 제대로 진행되지 못하고 있단다.
- 일이 잘못된 것은 네 잘못이 아니다. 정말이지 누구의 잘못도 아니란다. 왜 잘 안 되는지는 나도 잘 모르겠어. 우리는 최선을 다해 노력했단다.
- 우리 같이 모여서 왜 잘 안 되는지 이야기하면서 알아보도록 하자. 다음번에는 잘되도록 만들 수 있으려면 아마도 서로한테서 배울 것이 있을 것이다.
- 네가 좋아하는 것과 싫어하는 것을 나한테 말해 준다면 많은 도움이 될 것 같다. 너와 네 엄마, 아빠 사이의 일이 이렇게 된 것에 대해 서로의 생각이 어떠한지를 알 수 있도록 도우려고 한단다.
- 분명히 너는 많이 슬프고 화가 날 거야. 괜찮아. 괜찮아. 나도 네 기분과 같거든. 네 엄마, 아빠도 그럴 거야. 너무 원하는데 잘 안 될 때는 정말 힘든 법이거든.
- 입양이 잘 안 된 아이는 너 혼자만 있는 건 아니란다.
- 처음에는 항상 잘 안 돼. 어느 누군가가 나쁘다는 뜻이 아니란다. 부모와 아이 짝 맞추기가 잘못되었다는 뜻이란다.
- 두 번째는 잘되는 경우가 많아. 우리는 될 때까지 노력할 거야.

- 무슨 일이 있어도 나는 널 돌봐 줄 누군가를 찾아 줄 거야. 넌 혼자 살지 않을 거야. 네게 가장 잘 맞는 엄마, 아빠를 찾아 주는 것이 내 일이야. 지금은 네가 정말이지 무섭고 슬프겠지만, 새 가족과 같이 살게 된다면 모든 게 다 괜찮아질 것이다.

가족으로선 처음에 아이를 너무 갈망했기 때문에 아이를 되돌려 보내는 결정과 처절하게 싸울 수밖에 없다. 가족으로서 아이의 '죽음'과 자신들의 꿈이 사라진 슬픔은 다루어져야 한다. 이런 경우 너무 자주 혼자에게 책임이 가해지는 경향이 있다. 실패했다는 것, 그것으로 인한 합당치 못한 기분 때문에 그리고 지지그룹의 무관심 때문에 자주 '성공적'인 입양 친구들의 지지가 끊긴다. 친구나 친척으로부터 "내가 그렇다고 말했잖아"란 냉정한 말을 듣는다. 더구나 입양기관을 더 이상 활용할 수 없게 된다. 부모든 직원이든 누군가는 화가 나고 비난으로 느껴진다. 부모 자신들은 일시적으로나마 너무 고통스러워서 서로를 위로, 지지하려고 하지 않을 수 있다.

집에 있는 다른 아이들도 결렬로 인해 죄책감과 두려움으로 약해진다. 사태가 험악했을 때 입양 배치된 아이를 되돌려 보내기를 원했기 때문에, 죄를 지은 것만 같고 조만간 그 같은 운명이 자기에게도 떨어질 줄 모른다는 두려움을 느낄 수 있다.

입양기관은 배치가 결렬된 가족을 위한 서비스를 제공해야 한다. 기관 내 직원이 도움을 줄 수 없다면 다른 상담원에게 의뢰해야 한다. 만약 막 결렬을 경험했거나 유사한 경험을 가진 부부가 기꺼이 돕고자 한다면 더욱 좋다. 어떠한 지원도 제공되지 않는다는 것은 전적으로 공평치 못하고 부당한 처사다.

딕과 엘렌 램버트는 조이와 잘 진행되기를 진심으로 원하고 있다. 그러려면 아무튼 해결 방법을 찾아야 한다. 무엇이 문제인가? 아이는 어느 정도로 심각한 상태인가? 아직 시도해 보지 않았던 방법은 무엇인가?

딕과 엘렌은 심리상담사를 찾을 때가 된 것이다. 조이를 진단하고 문제를 더 정확하게 설명해 달라고 요청한다. 그리하여 어떤 해결 방도를 찾을 수 있게 된다. 행동적 문제이거나 혹은 인지적 문제일 수 있다. 아니면 몸이 성장하는 과정에서 생긴 시각, 청각, 정보처리 방식의 오작동 때문일 수도 있다.

기관은 램버트 부부가 원할 때 안내해 줄 준비가 되어 있어야 한다. 이런 검사를 누가 하든지 간에 입양된 큰아이 혹은 옮겨진 아이를 경험해 본 사람이어야만 한다. 이 아이들의 가족들은 자동적으로 문제 원인이 아이가 입양될 당시의 나이 혹은 입양하기에는 부적절한 부모의 인격 때문이라고 여기는 정신건강 전문가들을 찾아 간다. 그들은 입양 배치를 끝내는 것이 문제 해결 방법이라고 제안한다.

문제 해결 과정에서 부모와 학교가 협력할 수 있는 전문치료사를 찾는 것이 중요하다. 문제에 연루된 어른들의 협력은 유용하다. 부모 모임, 학교생활 지도실, 소아정신과 의사는 이 걱정스런 어린아이를 검사하고, 진단하고, 치료할 수 있는 또 다른 의미 있는 정보를 제공할 수 있다.

▌아동발달 검사

숙련된 전문가에 의해 시행되는 종합검사는, 아동의 어려움의 원천이 지능, 정서 생태적 기능장애, 혹은 이것들의 복합적으로 작용했는지를 알게 해 준다. 다음은 많이 사용되고 있는 아동용 종합검사들이다.

1. *아동용 웹슬러 지능검사*^{WISC-R: Wechsler Intelligence Scale for Children-Revised}는 언
  어와 동작, 두 영역으로 구분된다.
- 언어성 검사
   ① 기본지식. 일주일의 일수와 같이 기본적 사실 정보를 이해하는가?
   ② 이해문제. 일상에서 판단력을 갖고 아는 것을 활용, 적용할 수
      있는가?
   ③ 산수문제. 일 단계에서 서너 단계까지 복잡한 문제를 풀 수 있는가?
   ④ 공통성문제. 분류하여 범주화시킬 수 있는가?
   ⑤ 어휘문제. 추상적, 개념적 그리고 기능적, 묘사적으로 사고할 수
      있는가?
   ⑥ 숫자 외우기. 기억할 수 있는 숫자의 수와 차례로 그리고 거꾸로
      정확하게 다시 반복해서 셀 수 있는가?
   이 검사는 문제 영역을 눈으로 확인할 수 있고, 문제의 원인이 교
   육, 문화 박탈, 발달지체 어디서 기인했는지를 밝혀 준다.
- 동작성 검사
   ① 빠진 곳 찾기. 그림에서 빠져 있는 부분을 찾을 수 있는가?
   ② 차례 맞추기. 흩어져 있는 그림을 정돈하고 이야기 순서대로 재
      배치할 수 있는가?
   ③ 토막 짜기. 색 블록들로 다양한 형태를 만들어 낼 수 있는가?
   ④ 모양 맞추기. 퍼즐 조각들을 조립할 수 있는 조직화 기술을 갖고
      있는가?
   ⑤ 바꿔 쓰기. 얼마나 빨리 할당된 기호들을 찾아서 활용할 수 있는가?

2. 스탠포드 성취 검사$^{SAT: Standford Achievement Test}$는 기본적으로 읽기 검사
   인데, 아동은 한 문단을 읽고 제한된 시간 내에 내용에 대한 질문에
   답한다.

3. 제스텍 광범위 성취 검사$^{WRAT: Jastak Wide Range Achievement Test}$는 아동의 해
   독기술과 이해하지 못하고 있는 학습 요소들(읽기와 철자법과 같
   은)을 측정하기 위해, 빠른 머리글자를 대략 비춰 준다. 아동의 지
   적 수행 범위와 그 나이와 학년의 평균 수준을 비교한다. 부연검사
   로 자주 사용된다.

4. 주제 통각 검사$^{TAT: Thematic Apperception Test}$는 다양한 상황의 그림들로 구
   성된다. 그림 안에서 일어나고 있는 것들을 이야기하라고 하여 주
   변 환경을 느끼는 감각을 평가한다.

5. 로샤 검사$^{Rorschach Test}$는 아동의 뇌 손상이나 성격장애를 진단한다.
   잉크 얼룩들을 이야기하도록 한다.

6. 벤더 게슈탈트 검사$^{Bender Visual Motor Gestalt Test}$, 벤톤 검사$^{Benton Visual Retention}$
   ^{Test}, 그라함 켄달 검사$^{Graham Kendall Test}$는 아동에게 일정한 기하학 모양
   을 만들어 내기를 요구한다. 눈과 손의 조화로운 작동과 신경계 손
   상을 검사한다.

7. 그림검사는 아주 흔히 이용되는데, 사람, 집, 나무, 가족을 그리게
   한다. 아동의 기능 일치, 몸에 대한 이해, 사회적 인지에 대해 부가

적 정보를 얻을 수 있다.

검사를 실시하는 동안 심리상담사는 아동의 자신감, 좌절 처리법, 충동성과 산만함이 문제에 미치는 영향을 평가하기 위해 아동이 검사 과제들에 임하는 태도를 관찰한다.

딕과 엘렌은 기관에서 추천받은 심리치료사와 약속을 한다. 약속 날을 기다리고 있는 3주 동안 조이의 학교생활은 더 심각해진다. 더욱 공격적이 되어 싸우고, 때린다. 너무 산만해져서 애들을 긁어 놓기를 수차례 한다. 벌을 받게 되면 지시를 따르긴커녕 "에이! 아무렇게나 돼라!"라고 소리치고 울며 반항한다.

아침에 아이를 깨워서 옷 입히기가 점점 더 힘들어진다. 매일 아침 조이는 몽롱해져 따뜻한 이불속에서 좀처럼 나오질 않는다. "그래, 차라리 집에서 그렇게 있는 게 낫겠다." 아빠는 조이의 기분을 떠 본다. 아빠도 가끔 너처럼 하고 싶다고 말한다. 어찌하든 일어나면 얼굴엔 짜증과 적대감이 꽉 찼다. 하루가 성질로 시작하여 벌써 지쳐 버린 상태에서 스쿨버스에 오르는 날이 너무 자주 있다.

마침내 검사가 시작되었다. 결과가 나오기도 전에 벌써부터 딕과 엘렌은 위로받는 느낌이다. 심리상담사는 조이의 문제를 별로 심각하게 보지 않는 것 같다. 할 수 있는 거라고 느끼는 것 같다.

검사 결과는 조이의 사고력이 평균 범주 하한선에서 기능하고 있음을 보여 준다. 이 결과는 배울 수는 있지만 느리게 배울 것이고, 같은 내용을 여러 번 반복해야 내용을 파악할 수 있는 정도다. 실제로 조이는 읽는 것이 심하게 안 되고 말해 준 것을 이해하고 기억하는 데 많은 어려움을 갖고 있다. 학교 수업 중에 가르쳐지고 있는 지식 내용이 조이에게는 거의 쓸모가 없다. 의심할 여지없이 이것이 좌절감을 키워 왔고 충동성을 억제하도록 도울 수가 없었다. 심리치료사는 조이가 학교에서 자기 능력에 맞도록 배치되지 않았다고 생각한다.

조이를 위한 몇 가지 대안이 논의되었다. 덜 혼란스럽고 덜 시끄러운 작은 교실 분위기, 학년 조정, 사립학교 등록하기 등이다. 결국 심리치료사, 부모, 학교 측은 조이를 읽기, 쓰기, 산수는 개인 지도 프로그램에 포함시키고 나머지 과목인 미술, 체육, 과학, 사회는 현재 교실에 그대로 두기로 결정한다. 심리치료사는 스노우 선생님과 생활지도 교사를 만나 조이를 위한 더 개별화된 특별 프로그램에 대한 설명을 한다. 그 프로그램은 조이가 흥미를 느끼고 지체된 학습 내용을 배울 수 있도록 할 것이다. 또한 검사가 진행되고 있는 동안에 스노우 선생님은 가능한 조이에게 압력을 가하지 말 것이며, 하나하나 큰 소리로 말하게 해서 잘 되지 않는 쓰기 때문에 듣고 표현할 수 있는 능력까지 방해받지 않도록 돕게 한다. 아이가 안절부절 할 때는 칠판을 닦게 하거나 심부름을 보내든지 해서 조이의 에너지를 건설적인 방향으로 돌릴 수 있도록 어른들이 함께 돕는다.

특수 교사들이 조이를 계속 개인 지도 할 것이다. 심리치료사는 그들이 조이의 강점은 키우고 약점은 극복할 수 있도록 도울 계획을 한다. 조이와 같은 아이는 주제에서 마음이 벗어나 있다거나, 듣고 있는 모두 것을 이해하지 못하고 있다는 것을 자기 스스로 알지 못한다고 심리치료사는 설명한다. 조이는 단어 때문에 스트레스를 받지 않는 것이 좋다. 아이가 알아야 하는 내용은 길게 설명하지 말아야 한다. 교사는 잠시 멈춰서 방금 말해 준 것을 반복 말하게 함으로써 빠뜨린 것이나 잘못 이해한 것을 수정해 줄 수 있다. 이런 기술은 부모에게도 도움이 된다.

딕과 엘렌은 조이에게 일어나고 있는 것들을 새롭게 이해하게 되면서 활기를 되찾는다. 문제가 해결되지 않을 거란 생각 때문에 오는 긴장감을 더 이상 느끼지 않는다. 조이 행동에 점점 자신감이 들기 시작한다. 아이의 행동 개시에서 결과까지 어떻게 진행되는지, 그리고 어떤 상호작용이 일어나는지를 더 쉽게 분석할 수 있다. 심리치료사는 한동안 자신의 행동을 수정하려고 애쓰는 조이를 지켜보고 있을 것이다. 이렇게 당장 램버트가의 문제가 모두 해결된 건 아니지만 이미 시작되고 있었다.

조이와 같은 특수 욕구를 가진 아이 양육을 위해 슈퍼우먼, 슈퍼맨이 될 필요가 없다. 그러나 기꺼이 많은 시간을 보내야 함은 분명하다. 때때로 진전이 매우 느릴 수도 있다.

램버트 부부에게는 또 하나의 희망이 생겼다. 다가오는 여름에는 보트를 태울 준비로 조이에게 수영을 가르치려고 풀장에 데리고 다녔다. 조이는 수영에 엄청난 재능을 보이고 있다. 아이는 수영 강습을 단지 듣거나 분석하지 않고 몸 전체로 배운다. 아이에게 수영은 산만해지지 않는 에너지 분출구가 되어 주었다. 아들이 수영에 자신감을 키워 가고 있는 모습을 엄마, 아빠는 즐겁게 바라본다. 조이가 할 수 있는 활동 중에 진정으로 칭찬해 줄 수 있는 걸 발견하게 되어 정말이지 대만족이다.

조이와 같은 아이를 키우는 데 가장 고통스러운 점은 대부분의 시간을 학교에서 보내야 하는 걸 보고 있어야 하는 것이다. 학교생활에서는 아이의 재능이 어디 있는지를 알 수가 없다. 지적으로는 떨어지고, 문화적으로는 박탈당했고, 정서적으로는 방임되었던 아이, 말썽만 피우니 칭찬과 인정을 받을 기회란 거의 없다. 이루어 내는 것들이 다른 애들에 비해 빈약하기 때문에 보통은 그 상태대로 평가 절하된다. 이 아이가 성공하려면 더 많은 노력과 인내가 필요하다. 어떤 아이에게는 칭찬과 인정이 아무런 의미가 없을 수 있다. 그런 것들로부터 오는 만족감을 완전히 박탈당했기 때문이다. 부모와 교사는 아이가 비록 모든 과제를 마스터하지 못했다하더라도 개선된 만큼은 칭찬해 줄 수 있어야 한다. 아이에게는 힘들게 얻은 진전임에는 틀림없기 때문이다. 부모가 아이의 강점과 약점을 알게 해 주고 유머 감각, 활동력, 노력과 같은 좋은 면을 스스로가 볼 수 있도록 도우면 좋다.

램버트 부부는 조이의 수영 재능을 이용해서 사람들이란 잘할 수 있는 능력이 모두 똑같지 않다는 걸 아이가 이해할 수 있도록 한다. 어떤 아이는 수영이나 자전거 타기가 너무 어려워서 못 배우는 아이들이 있다고 말해 준다. 그런 아이는 연습하고 또 연습해야 한단다. 반면에 아주 쉽게 배우는 아이들도 있단다. 이처럼 어떤 아이들에게는 글 읽고, 계산하는 것이 너무 어렵단다. 그래서 연습하고 또 연습해야 한단다. 그 누구도 자신의 재능을 원하는 대로 선택할 수는 없는 거야. 그러나 하고 싶다면 배우고 연습을 해서 습득할 수 있는 거야.

집과 학교에서 제공되는 새로운 처방에 조이는 반응하고 있다. 엘렌은 학교가 파하는 오후까지만 일하고, 아이를 바로 데리고 나와 간식을 먹여 수영장으로 향한다. 그녀도 자유형과 다이빙을 하면서 아이를 지켜본다. 조이는 꽤나 능력 있는 수영 선수로 변하고 있다.

몇 주가 지나자 조이는 한정시킨 교실 안에서 아이들과 관계가 아주 많이 좋아지고 있다. 그래서 하루에 더 많은 시간을 교실에 남게 된다. 진행 중인 심리 상담이 다른 아이들과의 관계를 좋게 만든 것 같고, 이제는 집에 돌아와서 하나둘씩 학교에서 있었던 일들을 말하게 되었다. 엘렌은 조이의 입에서 나오는 남자애들과 동네 이웃 애들을 매일 가는 수

영장에 같이 데리고 다닌다. 조이는 이런 외출과 멋진 수영 실력으로 조금씩 사회적 자신감을 얻어 가고 있다. 그리고 자신을 더 통제할 수 있게 되면서 새 친구들을 사귀기 시작했다.

한 해가 끝나 갈 무렵, 학교에선 조이를 위한 상담 프로그램이 종결되었다. 아이는 점점 더 나아질 것으로 기대된다. 조이는 반의 다른 애들과 같이 진급될 것이고 약간 줄어든 특수반 프로그램은 계속 진행시키도록 학교 측에선 계획한다.

조이와 부모는 결국 해내고 말았다.

11장
그 후

입양 배치를 한 후 3년이 지났다. 가드너 씨는 데니의 집을 방문한다. 데니는 많이 안정이 되었고, 듬직하고, 의욕이 왕성한, 진짜 열여섯 살 청소년 같아 보였다. 지금 고등학교 2학년이며 학교의 야구 대표팀과 축구 대표팀에서 활동하고 있었다. 그동안 상당한 시간을 학업에 투자한 결과 평균 'B' 학점은 안정적으로 유지하고 있었다. 데니의 목표는 대학 진학이다.

록 음악과 전자 기타에 대한 흥미가 사라졌고 여자애들한테 관심이 생겼다. 최근 데니는 한 여자애와 시간을 보내고 있다. 둘은 거의 저녁마다 드산도 가족의 식탁에 앉아 TV를 본다. 베스는 십 대 여자애가 남자애만큼이나 많이 먹는다는 걸 처음 알았다. 만약 데니가 집에서 계속 데이트를 한다면 '최소한의 서비스비'를 청구해야겠다고 장난스런 불평을 한다.

여자 친구에 대한 데니의 관심이 질리안과의 관계를 더 친밀하게 만들었다. 데니는 열두 살의 꼬마 숙녀인 자기 여동생이 데이트에 관한 이야기를 같이 나눌 수 있을 정도로 관찰력이 꽤나 괜찮다고 생각한다. 솔직하게 데니는 자신의 가족을 자랑스러워한다. 샘, 질리안, 아담 그리고 부모님의 친구들에게도 애정을 느끼고 편이 되어 준다. 토니와 베스는 많은 기쁨을 느끼고 있으며, 때때로 자신들이 얼마나 큰 행운을 잡았는지를 자랑한다.

매력적인 고등학생 두 딸이 있는 앨런의 집에서는 전화와 욕실이 늘 불이 난다. 제나의 활달함은 신입생으로서는 유일하게 응원단을 만들 정도로 탁월했다. 집 안에서 줄리와 같이 응원 연습을 한답시고 온 집 안을 들썩거리게 만든다. 제나는 여전히 동아리 활동을 하고 애완동물을 아주 잘 돌본다. 제나는 수의사가 되기를 희망한다.

토미와 마크는 더 이상 떨어질 수 없이 친한 사이가 되어 버렸고, 같은 관심거리에 정신이 온통 빠져 있다. 지난봄 숲속에다 나무로 자기들만의 요새를 짓기 시작했다. 요새는 단층 수준에서 창문이 달린 이 층으로 발전했다. 지붕도 달고, 마을 쓰레기장을 여러 차례 뒤져 모을 수 있었던 사치품들로 장식을 했다. 부모님의 허락으로(성냥, 불, 촛불은 절대 금지를 이해하고) 이 두 청소년은 여름을 지내기 위해 자신들만의 '성'으로 옮겼고, 밤마다 그곳에서 잠을 잔다. 잡다한 가구들을 나무 기둥 위로 그리고 좁은 현관을 통해 올리기 위한 정교한 방법들을 궁리한다. 봅과 린다에게는 토미가 엄마에게서 떨어지지 않으려고 무서워서 겁에 질렸던 작은 남자애였다는 사실을 기억조차 할 수 없다.

최근에는 고가구 사업의 소득이 늘어나면서, 앨런 부부는 또 다른 한 명 아니면 두 명의 아이를 가족에 더해 볼까를 생각 중이다.

모린 레일리는 2년 전부터 매기의 학교에서 비서로 일할 수 있었다. 남편과 함께 근처 개발지의 작은 목장이 있는 집을 매입하려고 할부금을 열심히 모았다. 그들의 새집은 너무 좋다. 잭은 잔디 깎는 걸 좋아한다.

매기는 부모를 많이 기쁘게 만든다. 더 이상 침대를 적시지 않고, 해야할 일을 알아서 하고, 거짓말과 훔치기를 하지 않는다. 비록 책 읽는 걸좋아하진 않지만, 학교 성적은 평균 위로 조금씩 올라가고 있다. 그 무엇보다 가장 큰 변화는 솔직함이다. 매기의 얼굴은 실제로 더 정직하고 생기 있어 보인다. 사람들과 눈을 똑바로 바라보면서 대화하고, 얼굴은 예쁘게 빛난다. 어린 애들은 잘 다룰 수 있어서 아기를 봐 달라는 요청을 많이 받는다. 매기는 책임감 있고 능력 있는 아가씨가 되었다.

최근 레일리 부부는 담당 복지사로부터 소식을 기다리고 있다. 복지사는 매기를 위해 남동생이나 여동생을 찾고 있는 중이다. 매기는 자기가 동생을 데리고 오자고 호소하고, 부추기고, 졸라 댔기 때문에 부모가항복했다고 믿는다. 하지만 모린과 잭은 자신들이 입양을 또 하기로 결정한 것은 매기가 그들의 삶에 가져다준 행복 덕분임을 알고 있다. 더 이상 입양을 두려워하지 않을 것이고 새 아이의 적응을 준비하고 어려움도 충분히 예상하고 있다. 그렇다고는 하나 성공하리라는 확신에는 조금도 변함이 없다. 이제 입양기관이 조금만 서둘러 주기만 하면 좋겠다.

조이의 램버트 가족은 이미 커졌다. 딕과 엘렌은 여전히 입양 부모 모임에 적극적으로 참여한다. 지난가을 신문에서 조이가 처음 왔을 때와똑같은 문제를 가진 데이빗라는 이름의 열한 살 아이가 있다는 걸 알게되었다. 그들은 이런 문제에 대해서는 각별하게 잘 알 수 있게 되었고 그래서 데이빗에게 손을 내밀 수 있게 되었다. 그들이 염려되는 건 잘하고있는 조이에게 미칠 영향이다.

데이빗을 입양하려고 한다는 말을 했을 때 조이는 기뻐했다. 조이는새 형을 아주 잘 따랐고 데이빗의 음식과 심한 욕구 문제에 놀랄 만큼 잘 참아 준다. 어쩐지 데이빗 입양으로 조이가 자신을 더 잘 이해하는 것 같다. 자기의 악명 높은 공격 행동에 대해 "내가 처음 왔을 때"라고 하면서 종종 회상의 말을 한다.

처음에는 예상했던 대로 데이빗의 가족 합류는 혼란스러웠다. 그렇지만 사태는 이미 진정되기 시작했다. 딕과 엘렌은 데이빗이 가진 독특한 문제 해결방법을 찾으려다가 두 아들에게서 닮은 점을 발견했다. 두 번째 입양을 함으로써 그들은 대처하는 끈기가 늘어났고 반면 해결할 수 없을 거란 두려움은 상당히 감소되어 있음을 확인했다.

조이는 매우 끈기 있는 학생이 되었다. 수학과 읽기는 여전히 어렵지만, 최선을 다하기로 결심했기 때문에 열심히 노력하고 있다. 가끔 방향을 잃거나, 지적 유연성이 부족한 건 여전하지만 보충수업을 잘 받아서 공부시키는 어른들로부터 인정을 받고 있다. 중학교를 졸업하고 근처 기술 고등학교로 진학할 예정이다. 그래픽과 상업 디자인 분야의 직업을 가질 예정이고 그렇다면 조이의 그림 실력은 충분히 발휘될 것 같다. 지역팀에서 우수한 수영 선수로 활동하고, 요트는 거의 아빠만큼이나 잘 탄다.

이런 종류의 입양은 관련된 모든 사람들에게 변화를 가져다준다는 점에선 의심할 여지가 없다. 사랑하기, 돌보기, 인정하기, 가치 공유하기에 하루 종일 몰두함으로써 치료적인 환경이 조성된다. 입양된 아이에게 치유와 변화는 두드러지게 나타난다. 아이는 '영구적 가족'이라는 안정감을 갖게 되면 진실로 다른 사람을 사랑한다는 것이 가치 있는 일이란 걸 배우게 된다. 새로운 가족원이 되기 위해서 위험에 처해지는 것과 노력으로 얻은 것은 서로 상쇄된다는 것을 배운다. 사랑하고 돌볼 가치가 있음을 배우고, 스스로를 통제하고, 환경을 변화시키면서 문제를 해결할 수 있게 된다. 자신을 유일하고 귀중한 존재로 여길 수 있으며 다른 사람에게 행복을 줄 수 있다.

나이가 든 큰아이를 입양한 부모들은 아이와 적응하면서 큰아이 입양 Older child adoption 이란 삶에서 가장 의미 있는 경험이라고 생각한다. 진정 의미 있는 도전이었고 마침내 해냈다는 만족감을 얻는다. 부모 자신을 크게 성장시킨 기회였으며 누군가와 큰 가치를 공유한 것은 특권이었다고 말한다.

큰아이를 입양한 대부분의 부모들은 입양은 어려웠기에 가치가 더 컸고 그것이 보상이었다고 말한다. 이 경험은 그 어떤 것으로도 대신할 수 없었다는 확신 또한 갖게 되었다.

이런 종류의 입양은 인격의 성장과 완성을 위해 비교할 수 없는 기회라고 믿는 부모들이다. 그들은 진실로 또 한 아이를 사랑할 거란 스스로에게 한 약속을 갖고 또 다시 입양기관을 방문하게 된다.

입양을 생각 중인 사람들 그리고 부모를 기다리고 있는 아이들에게 그들이 전하는 메시지다.

아이야

너는 하면 안 돼

하지 마

되지 않을 거야

불가능해

절대 안 돼

이런 말들을 들었니?

그럼

나에게 가까이 오렴

그리고

내 말을 들어 보렴

아이야

너에겐 어떤 일이든 일어날 수 있고

너는 무엇이든 할 수 있단다

—Shel Siverstein

역 자 의 말

입양이란 말로 표현해 내기가 참으로 어렵습니다. 생명, 탄생, 성장, 아이, 가족이라는 인간 삶의 본질적인 이슈들이 복잡하게 응축되어 있고 한 아이의 운명을 바꿀 수 있는 인위적인 과정이라, 그 누구도 입양을 간단히 정의할 수 없는 것 같습니다. 그래서 가계 중심, 부모 중심 그리고 아동 중심이란 관점으로 접근하는 정도이고 오늘날은 아동 중심의 입양이 크게 강조되고 있습니다.

한 생명을 출산함으로써 부여받게 된 부모 권한을 포기하거나 혹은 포기할 수밖에 없는 상황에서 입양이 필요한 아이들이 발생합니다. 입양은 아이에게는 트라우마를 남길 수 있는 분리^{Separation}와 상실^{Loss}을 전제로 이루어집니다. 아이에게는 평생 영향을 미칠 수 있는 인생의 대사건입니다. 그래서 입양을 계획하고 실천하는 사람들은 이전 가정보다는 더 안전하고 또 회복 가능한 환경으로서의 입양 가정을 선택해야 하는 원칙을 범할 수 없습니다.

이 책은 나이가 충분히 많이 든 큰아이가 입양되어 새 가족에 적응하고 다시 자기로 성장해 가는 모습을 사례를 통해 보여 주고 있습니다. 사회보호용 파일 속에서 자칫 묻혀 잊힐 수 있었던 아이들을 끄집어내어 입양 가정으로 옮기고 그 부모들을 도와 한 가족으로 통합해 가는 데 기여하는 입양 전문 복지사의 활약이 두드러집니다.

역자가 이 책을 접한 지는 이십 여 년이 지났으나 이제야 번역서를 출판하게 된 것은 우리나라에서는 대체로 어린 아기 입양이 대다수를 차지하는지라 사례 내용이 먼 나라 이야기로만 들릴 거라는 주저함이 있었습니다. 만 한 살만 되어도 '연장아'라 칭하여 특수욕구아동으로 분류되는 국내 입양 문화에서는 학령기 아동이나 십 대 청소년의 입양은 매우 특별한 사람만이 하는 선택이라는 편견이 있습니다. 나이 든 아이는 키우기가 '어렵다' 하여 피하거나 혹은 역으로 아기처럼 육체노동이 들지 않아 키우기가 '쉽다'라는 막연한 비현실적인 기대가 큰아이 입양을 어렵게 만들고 있습니다.

입양이 필요한 아이의 나이는 출산 아동처럼 일정하지 않고 아동기 전체로 펼쳐져서 다양합니다. 출생 가정으로부터 분리되는 시점, 사회의 일시보호 제도권에서 지낸 시간의 길이가 입양 시 아이의 나이를 결정 짓습니다. 양육권을 이양받게 되는 입양 부모는 입양 당시의 아이 나이로부터 부모 역할을 시작합니다. 입양 당시 아이의 나이는 다른 생태계에서 자라온 아이와의 적응과 그 아이의 부모 역할을 다할 수 있도록 준비를 돕는 중요한 입양의 구성요소입니다. 그래서 입양되는 당시의 아이 나이는 입양의 가능성 여부를 가르는 준거가 되기보다 출산과 다른 입양의 특징으로 볼 수 있어야 합니다.

학대, 방임, 유기란 아이들에게 어른들이 가하는 패악한 행태들을 표현하는 말입니다. 이것들을 '입양'이 다소나마 희석시킬 수 있으면 좋겠습니다. 우리나라는 최근 학대 가정에서 분리되어 사회 보호 속에서 나이가 들어 가고 있는 아이들이 늘고 있습니다. 인격발달에 가장 중요한 아동기 전체를 가정 밖에서 모두 허비하고 고아 아닌 고아가 되어 사회로 홀로 내몰리고 있는 청소년들이 한 해에 2천 명이 넘고 있습니다. 이런 부모 부재의 사회에서 집단적인 방임을 당하고 있는 아이들도 여느 아이들처럼 영구적인 가정에서 자기만의 부모를 가지고 성장할 권리를 갖고 있습니다.

이 책을 남겨 주신 저자 Claudia L. Jewett(1940~1999)에게 깊은 감사를 드립니다. 입양 가정에서 회생^{Recovery}되고 있는 입양된 큰아이들의 이야기를 담은 그녀의 책이 출간된 지 45년이 지나고 있습니다. 어떠한 나이의 아이라도 건강한 입양 가정에서 치유될 수 있고 아이답게 자라 갈 수 있다고 역설하는 듯 지금까지도 이 먼 나라 독자의 마음에 커다란 공명을 일으키고 있습니다.

10년 전부터 입양아카데미[4] 과정에서 이 책을 교재로 사용하면서 우리나라의 큰아이 입양에 대한 오해와 편견을 토로해 왔습니다. 입양아카데미 학생들은 입양 부모로 혹은 사회복지사로서 부끄럽고 고통스러웠던 경험을 공유하고 서로의 공감과 지지를 아끼지 않았습니다. 그들은 낯선 환경에서 다시 새 부모를 믿고 사랑하며 자라가는 아이들의 용기를 보았으며, 그 아이와 함께 가족 모두가 성장할 수 있었던 도전의 기회였다고 말합니다.

나이가 들었다고 해서, 남자아이라고 해서 또는 발달이 늦다고 해서 국내에서 입양하려는 사람을 찾지 못하고 외국으로 보내지거나 또는 부

---

[4] 사단법인 입양가족상담교육협회(www.kaafc.org)가 주관하는 입양 전문 교육과정임

모를 기다리다가 사회 보호가 종료되는 청소년들의 숫자가 줄어들기를 기원하는 마음으로 이 번역서를 내밀어 봅니다.

김외선

▌ 참고문헌

1. 도서

Ackerman, Nathan W. 1966. *Treating the troubled family*. New York: Basic Books.

Berkowitz, Leonard. 1964. *The development of motives and value in the child*. New York: Basic Books.

Berne, Eric. 1964. *Games people play*. New York: Grove press.

Bettelheim, Bruno. 1950. *Love is not enough*. New York: Macmillan.

Bios, Peter. 1962. *On adolescence: a psychoanalytic interpretation*. New York: Free Press.

Bowlby, John. 1965. *Child care and the growth of love*. 2nd ed. New York: Penguin Books.

Bricklin, Barry, and Bricklin, Patricia, 1970. *Strong family, strong child*. New York: Delacorte Press.

Chapman, A. H. 1971. *The games children play*. New York: Berkley Publishing.

Charnley, Jean. 1961. *The art of child placement*. Minneapolis: University of Minnesota press.

Coopersmith, Stanley. 1967. *The antecedents of self-esteem*. San Francisco: W.H. Freeman.

Coopersmith, Stanley, and Feldman, Ronald. 1974. *The formative years*. San Francisco: Albion Publishing

de Hartog, Jan. 1969. *The children*. New York: Atheneum.

Despert, J. Louise. 1965. *The emotionally disturbed child: an inquiry into family patterns*. Garden City, N.Y.: Anchor Books.

Donley, Kay. 1975. *Opening new doors*. 4 Southampton Row, London: Association of British Adoption Agencies.

Dreikurs, Rudolf, and Grey, Loren. 1968. *Logical consequences*. New York: Meredith Press.

Dreikurs, Rudolf, et al. 1974. *Family council*. Chicago: Henry Regnery.

Felker, Donald. 1974. *Building positive self-concepts*. Minneapolis: Burgess Press.

Fraiberg, Selma. 1959. *The magic years*. New York: Scribner's.

Gesell, Arnold; Ilg, Frances L.; et al. 1946. *The child from five to ten*. New York: Harper.

Ginott, Haim G. 1965. *Between parent and child*. New York: Macmillan.

Glickman, Esther. 1957. *Child placement through clinically oriented casework*. New York: Columbia University Press.

Goldstein, Joseph; Freud, Anna; and Solit, Albert. 1973. *Beyond the best interests of the child*. New York: Free Press.

Gordon, Thomas. 1970. *Parent effectiveness training*. New York: Peter H. Wyden.

Harris, Thomas. 1967. *I'm O.K you're O.K*. New York: Avon.

Holt, John. 1964. *How children fail*. Belmont, Calif.: Pitman Publishing,

_____. 1967. *How Children learn*. Belmont, Calif.: Pitman Publishing.

Ilg, Frances L., and Ames, Louise Bates. 1955. *Child behavior*. New York: Harper.

James, Murial. 1974. *Transactional analysis for moms and dads*. Reading, Mass.: Addison-Wesley.

James, Muriel, and jongeward, Dorothy. 1975. *Bom to win*, Reading, Mass.: Addison-Wesley.

Kadushin, Alfred. 1971. *Adopting older children*. New York: Columbia University Press.

Kravik, Patricia, ed. 1976. *Adopting children with special needs*. Kensington, Marylan: Colophon Press.

Littner, Ner. (n.d.) *The child's need to repeat his past-some implications for placemen*. New York: Child Welfare League of America.

_____. 1956. *Some traumatic effects of separation and placement*. New York: Child Welfare League of America.

McNamara, Joan. 1975. *The adoption adviser*. New York: Hawthorn Books,

Mogal, Doris P. 1972. *Character in the making*. New York: Parents' Magazine Press.

North American Center on Adoption. 1976. *The plight of the waiting child.* New York: Child Welfare League of America.

Pringle, Mia Kellmen, 1975. *The needs of children.* New York: Schocken Books.

Redl, Fritz, and Wineman, David. 1951. *Children who hate*, New York: Free Press.

_____. 1952. *Controls from within.* New York: Free Press.

Rose, Ann Parrott. 1950. *Room for one more.* Boston: Houghton Mifflin.

Rowe, Jane. 1966. *Prents, Children, and Adoption.* New York: Humanities Press.

Rutter, Michael. 1972. *Maternal deprivation, reassessed*, Middlesex, England: Penguin Science.

Satir, Virginia. 1967. *Conjoint family therapy.* Palo Alto, Calif.: Science and Behavior Books.

_____. 1972. *Peoplemaking.* Palo Alto, Calif.: Science and Behavior Books.

_____. 1976. *Making contact.* Millbrae, Calif.: Celestial Arts.

Steiner, Claude M. 1974. *Scripts people live.* New York: Grove Press.

Taichert, Louise C. 1972. *Childhood learning, behavior, and the family.*: New York: Behavioral Publications.

Trieschman Albert E.; Whittaker, James K.; and Brendtro, Larry. 1969. *The other 23 hours.* Chicago: Aldine Publishing.

Wahlroos, Sven. 1974. *Family communication.* New York: Macmillan.

Wheelis, Allen. 1973. *How people change.* New York: Harper Colophon.

Winnicott, D.W. 1964. *The child, the family, and the outside world.* Middlesex, England: Penguin.

Wolff, Sula. 1969. *Children under stress.* Middlesex, England: Penguin.

2. 저널

Bass, C. 1975. "Matchmaker-matchmaker":older child adoption failures. *Child*

Welfare 54:505-12.

Bell, Velma. 1959. Special consideration in the adoption of the older child. *Social Casework* 40:327-34.

Bellucci, Matilda T. 1975. Treatment of latency-adopted children and parents. *Social Casework* 56:297-301.

Chema, Regina, et al. 1970. Adoptive placement of the older child. *Child Welfare* 49:450-58.

Fraiberg, Selma. 1962. A therapeutic approach to reactive ego disturbances in children in placement. *American Journal of Orthopsychiatry* 32:18-31.

Gerard, M., and Dukette, R. 1954. Techniques for preventing separation trauma in child placement. *American Journal of Orthopsychiatry* 24:111-27.

Goodridge, Carolyn. 1975. Special techniques in the group adoptive study for children with special needs. *Child Welfare* 54:35-39.

Hammell, Charlotte L. 1949. Helping children move into adoptive homes. *Child Welfare* 28:9-14.

Krugman, D.C. 1971. Working with separation. *Child Welfare* 50:528-31.

Lawder, E.A. 1958. A limited number of older children in adoption- a brief survey. *Child Welfare* 37:1-5.

Leatherman, Anne. 1957. Placing the older child in adoption. *Children* 4:107-12.

McEwen, Margaret T. 1973. Readoption with a minimum of pain. *Social casework* 54:350-53.

McCoy, J. 1961. Identity as a factor in the adoptive placement of the older child. *Child Welfare* 40:14-18.

Neilson, J. 1972. Placing older children in adoptive homes. *Children Today* 1:7-13.

Sharrar, Mary Lou. 1970. Some helpful techniques when placing older children for adoption. *Child Welfare* 49:459-63.

Welter, Marianne. 1965. Comparison of adopted older foreign and American children. *Social Service Review* 39:355-56.

Young, L. 1950. Placement from the child's viewpoint. *Social Casework* 31:250-55.

Adopting the Older Child by Claudia L. Jewett
Copyright @ 1978 by The Harvard Common Press

Korean edition @ 2022 by Korean Counselling Center for Adoptive Family (KCCAF)
with korean permission of Quarto Publishing Group USA Inc.

큰아이 입양하기

한국어판 ⓒ 한국입양가족상담센터 2022, Printed in Seoul, Korea

초판 1쇄 발행 2022년 10월 17일

지은이   Claudia L. Jewett
옮긴이   김외선
펴낸이   김외선
편집   좋은땅 편집팀
펴낸곳   한국입양가족상담센터
주소   경기도 안양시 동안구 시민대로 273, 1212(관양동)
전화   031-425-6011
이메일   kccaf1@gmail.com
홈페이지 http://www.kaafc.org

ISBN   979-11-967404-2-9 (03330)

- 가격은 뒤표지에 있습니다.
- 이 책은 저작권법에 의하여 보호를 받는 저작물이므로 무단 전재와 복제를 금합니다.
- 파본은 구입하신 서점에서 교환해 드립니다.